히틀러의 매니저들

Hitlers Manager by Guido Knopp

All rights reserved by the proprietor throughout the world in the case of brief quotations embodied in critical articles or reviews.

Korean Translation Copyright © 2018 by Ulyuck Publishing House, Seoul
Copyright © 2004 by C. Bertelsmann Verlag, a division of Verlagsgruppe Random House GmbH, München, Germany

This Korean edition was published by arrangement with Verlagsgruppe Random House GmbH, München through Bestun Korea Literary Agency Co., Seoul

이 책의 한국어판 저작권은 베스툰 코리아 출판 에이전시를 통해 저작권자와 독점 계약한 도서출판 울력에 있습니다. 저작권법에 의해 한국 내에서 보호를 받는 저작물이므로 무단 전재와 무단 복제를 금합니다.

히틀러의 매니저들

귀도 크놉 지음
신철식 옮김

울력

히틀러의 매니저들

지은이 | 귀도 크놉
옮긴이 | 신철식
펴낸이 | 강동호
펴낸곳 | 도서출판 울력
1판 1쇄 | 2018년 4월 30일
등록번호 | 제25100-2002-000004호(2002. 12. 3)
주소 | 서울시 구로구 고척로12길 57-10, 301호(오류동)
전화 | 02-2614-4054
팩스 | 02-2614-4055
E-mail | ulyuck@hanmail.net
가격 | 24,000원

ISBN | 979-11-85136-41-7 03920

이 도서의 국립중앙도서관 출판예정도서목록(CIP)은 서지정보유통지원시스템 홈페이지
(http://seoji.nl.go.kr)와 국가자료공동목록시스템(http://www.nl.go.kr/kolisnet)에서
이용하실 수 있습니다. (CIP제어번호: CIP2018011198)

· 잘못된 책은 바꾸어 드립니다.
· 옮긴이와 협의하여 인지는 생략합니다.
· 저작권법에 의해 보호 받는 저작물이므로 무단 전재나 복제를 금합니다.

차례

서문 _ 7
군수 기획자 _ 19
로켓 연구자 _ 103
장군 _ 183
병기 제작자 _ 263
기술자 _ 343
은행가 _ 423

옮긴이의 글 _ 505
참고 문헌 _ 507

일러두기

1. 이 책은 Guido Knopp이 쓴 Hitlers Manager(Goldmann Verlag, 2007)를 텍스트로 하여 번역하였다.
2. 본문 중 [ ] 안에 있는 글은 모두 옮긴이의 주이다.
3. 이 책은 원서의 체제를 따랐으며, 저자가 이탤릭체로 강조한 것은 중고딕 서체로 표기하였다.
4. 이 책에 표기된 독일 인명 및 지명은 옮긴이의 뜻에 따라 표기하였다.
5. 이 책에서는 띄어 쓰는 것을 원칙으로 하였으나, 국립국어원 표준국어대사전에 수록된 용어는 붙여 썼다.

서문

 그들은 자발적으로 나치를 돕는 데 앞장선 사람들인가? 그들은 자신의 영달만을 염두에 두었던 사람들인가? 그들은 히틀러 독재 체제에 참여하는 것을 회피할 수 없었을까? 그들이 그러길 원했다면, 그렇게 할 수 있었을까?
 슈페어, 브라운, 요들, 포르쉐, 크룹, 그리고 샤흐트. 이 여섯 명은 독재 시스템 내에서 아주 상이한 영향력을 행사하고 있었다. 비록 나치 정권이 전후에 생긴 매니저라는 용어를 사용하지는 않았지만, 이 정권은 매니저들을 필요로 했다. 그들의 전문 분야에서 "대가"였던, 즉 은행가, 기업가, 설계사, 엔지니어, 그리고 군인으로서 최고였던 그들이 없었다면, 히틀러 제국은 효율적으로 운영되지 못했을 것이다. 그렇게 해서 그들은 벼락출세를 할 수 있는 기회와 엄청난 이윤을 얻고 기업을 키울 수 있는 기회를 잡게 되었다.
 정권에 동조하지 않았던 사람들은 출세가 보장된 일에 참여하지 않았다. 그러나 망명길에 오르지 않았던 저명한 인물들은 필연적으로 권력의 영향력 아래 놓일 수밖에 없었다. 히틀러의 매니저가 되었던 사람들 중 다수는 자신들의 직업을 염두에 두고 한 행동이었을 뿐이지 정권의 음모에 대해서는 몰랐다는 논거를 갖다 댔다. 모든 이들이 정권에 찬성하든 반대하든 간에 결정을 해야만 했다. 다시 말해, 자신의 경력에 도움이 되든 해가 되든 결정을 해야만 했다. 그러나 대체로 성공이 양심을 지키는 것보다 훨씬 더 중요한 요소로 작용했다. 그들 대다수가 선량하고 재능이 뛰어난 사람들이었다. 그들이 어떻게 개인적으로 연루되게 되었는지 살펴보는 것은 우리 모두에게 그리고 모든 시대에 교훈이 될 것이다.

건축가이자 군수 기획자였던 알베르트 슈페어는 나치 이데올로기를 건축을 통해서 구현했다. 히틀러가 총애하던 이 건축가는 건축물을 통해 자기현시욕을 구현할 수 있는 장소를 설계했다. 멘토였던 히틀러는 자신을 위해 '세계의 수도인 게르마니아'를 건설해 줄 이 수양아들의 작업에 매우 열광했다. 슈페어는 수십 년이 지난 뒤에 "이 위대한 건설을 위해 나는 파우스트처럼 내 영혼을 팔았다"고 회상했다. "이제 나는 나의 메피스토를 찾았다."

슈페어와 히틀러는 마치 연인 사이 같았고, 건축에 대한 열정을 통해 결합되어 있었다. 슈페어는 종전 후에 만약 히틀러에게 친구가 있었다면 그것은 자신이었을 것이라고 말했다.

그가 지은 건축물들은 화염에 휩싸여 잿더미가 되었다. 남아 있는 것은 사진뿐이다. 그중에는 밤에 연출된 빛의 돔 모습을 담은 사진도 있는데, 이 엄청난 빛의 돔은 슈페어 스스로 언급한 것처럼 "자신이 작업한 가장 아름다운 공간 창출"이었다.

히틀러는 토트[프리츠 토트. 나치 고위 인사로 토트 조직을 만들었으며 아우토반을 설계하고 건설한 인물. 슈페어의 장관 전임자로 1942년 2월 8일 비행기 사고로 사망]가 죽은 뒤에 다방면에서 재능을 갖고 있던 그를 "병기 및 군수품 장관"[일반적으로 군수장관이라는 명칭으로 표현]으로 임명하였다. 정력적이었던 슈페어는 "군수 분야에서 기적을 이루어 내겠다"고 약속했고, 수십만 명의 강제수용소 포로들과 강제 노역자들의 목숨을 대가로 그 약속을 지켰다.

슈페어는 스스로를 정치적 집행자로, 더군다나 확신범으로 생각한 적이 결코 없었다. 제바스치안 하프너[저널리스트] 같은 사람은 1944년에 가명으로 기고한 글에서 이 기술 관료의 업적을 높이 평가했다. "우리는 슈페어에게서 매니저 혁명이 실현된 것을 본다. … 그는 전쟁을 치르는 모든 국가에서 점점 더 중요해지는 타입, 즉 순수한 기술자상을 상징적으로 보여 준다. … 지금은 그들의 시대이다. 우리는 히틀러와 히믈러 같은 사람들에게서 벗어나게 될 것이다. 그러나 슈페어 같은 사람들은 우리 곁에 오래 머물 것이다."

알베르트 슈페어는 평생 홀로코스트에 대해 알고 있었다는 비난에 대해 부인했다. 그가 뉘른베르크 재판에서 정권이 저지른 범죄에 대한 "지도부의 총체적 책임"을 인정한 유일한 사람이었지만, 그 스스로는 "무죄"라고 주장했다. 그러나 오늘날 우리가 슈페어는 사형선고를 받아야 했다는 것을 알고 있듯이, 재판부도 그 당시 그가 유죄라는 사실을 알고 있었다.

로켓 개발자 베른헤어 폰 브라운은 "우주의 콜럼버스," "1969년 달로켓의 아버지"로 간주된다. 이는 히틀러 치하의 독일에서 군수산업의 최전선에 서 있던 이 엔지니어가 지닌 경력의 정점이었다. 그는 친위대원이었고, "기적의 무기" V2를 고안한 사람이었다. "제3제국"의 멸망이 이미 명백해진 시점에 이 로켓은 전세를 역전시킬 무기가 되어야 했다. 그는 히틀러가 자신의 꿈을 실현시켜 줄 수단을 제공해 주었기 때문에 히틀러를 위해 일했다. 그가 민간 우주여행에 대한 꿈을 갖고 있었고, 유인 우주선으로 달과 화성을 탐사하는 꿈을 꾸고 있었다는 점은 분명하다.

하지만 그는 곧 나치 정권이 자신의 연구를 오직 군사적 목적으로만 이용하는 데 관심이 있다는 사실을 깨닫게 되었다. 1942년, 후에 "보복 무기" V2의 원형이 되는 A-4 로켓의 첫 번째 프로토타입이 발사되었다. 이 로켓은 마하 4의 속도에 도달했고, 서유럽의 주요 수도에 도달할 수 있는 사거리를 가졌다. 히틀러는 이에 열광했고, V2는 양산 체제에 돌입했다. 3,170기가 발사된 이 로켓은 5천 명 이상의 목숨을 앗아 갔다. 그러나 로켓을 만드는 과정에서 그보다 더 많은 희생자가 나왔다. 튀링엔 주에 위치한 "도라-미텔바우" 지하 작업장에서, 소위 "기적의 무기"를 생산하는 과정에서 1만 명 이상의 강제수용소 수용자들이 목숨을 잃었다. 끔찍한 작업환경과 영양 부족에 따른 결과였다. 전후에 베른헤어 폰 브라운은 그런 상황을 기억 속에 떠올리지 않으려고 했다. 그는 항상 강제 노역자들이 비인간적인 취급을 받았던 것에 대해 유감을 표명했지만, 이런 일에 대해 개인적으로 공동 책임을 져야 한다는 것에 대해서는 거부했다. 브라운은 자신을 "1943년 말까지 정치권에 발을 들이지 않으려고 회피하고 다녔던" 순수한 기술자로 생각했다. 그는 강제 노역자들의 참담한 처지를 바꿀 수 있을 만한 위치에 있지 않았다고 말했다.

 이러한 방패막이는 수십 년간 견고하게 유지되었다. 전후에 브라운은 자신과 가까운 몇몇 동료들과 함께 미국을 위해 일하게 되었는데, 미국인들은 로켓 건조 능력에만 관심이 있었고, 답하기 매우 불편한 질문은 던지지 않았다. 브라운은 미국에서 우주여행과 달 착륙 프로그램을 위한 중추적 역할을 담당했다. 이민자인 이 로켓 연구자는 달로 날아간 최초의 유인우주선 새턴 5호를 개발했다.

 브라운은 65세의 나이로 사망함으로써 자신의 과거를 둘러싼 무자비한 논쟁으로부터 벗어났다. 젊은 역사가들은 다음과 같은 연구 결과를 내놓았다. 페네뮌데에서의 소위 "깨끗한" 로켓 연구와 도라-미텔바우에서 나치 정권이 저지른 범죄는 실제로 다른 차원에서 진행된 것이 아니었다. 그 일들은 아주 밀접하게 연관되어 있었다. 베른헤어 폰 브라운이라는 인물도 역시 밀접하게 연관되어 있었다.

그를 "배후 조종자"로 얘기하는 것은 너무 지나쳐 보일 수 있다. 그러나 그는 결코 상아탑의 과학자가 아니었다. 어떤 희생을 치르더라도 자신의 비전을 실현하려는 제작자의 억누를 수 없는 열망이 그를 기회주의자로 만들었다. 나치가 아니었던 브라운은 그에게 모든 수단을 제공해 준 정권의 유혹에 넘어갔다. 그것은 자신의 운명을 대가로 치르고 내린 선택이었고, 그의 전 생애에 무거운 짐을 지우게 될 계약이었다.

군인으로서의 직분에 광적으로 집착했던 장군 알프레트 요들은 전쟁 문제를 담당한 매니저였다. 국방군[제3제국의 군을 일컫는 용어] 최고사령부 작전본부 본부장으로서 그는 전선을 제대로 목도한 적이 거의 없었지만, 전쟁 전 기간 동안 히틀러와 가장 밀접한 관계에 있었던 군사고문이었다. 다른 장군들이 자신의 부대를 이끌고 전투에 참여하는 동안, 요들은 본부에서 5천 회 이상의 전황 회의에 참석했다. 전쟁이 개시된 날부터 종료된 날까지 매일매일 그는 군 최고 통수권자인 히틀러에게 군대 상황에 대해 보고했고, 히틀러의 지시를 문서로 만들었으며, 해당 지휘관과 관청에 그 지시가 도달되도록 관리했다. 그 업무량이 엄청나서 이 부지런한 군대 관료는 종종 새벽 3시까지 일을 하곤 했다.

그가 이 지위에 오른 것은 그가 나치 성향을 가지고 있어서가 아니라 그의 전문적인 능력 덕분이었다. 요들은 정치에는 크게 관심을 가지고 있지 않았다. 하지만 그는 바이마르 공화국과 프리드리히 에베르트 대통령의 등장을 반겼던 몇몇 장교들 중 하나였다. 그는 1933년 히틀러가 집권한 것에 대해 회의적인 시선을 던지고 있었다. 그러나 전쟁 초기에 그의 매력에 사로잡히고 나서는 입장이 확 바뀌었다. 물론 그가 결코 예스맨은 아니었다. 그는 종종 이 독재자에게 반대 입장을 제시하기도 했다. 하지만 반대의 논거는 항상 그의 전문 분야인 군사적인 이유였고, 결코 도덕적인 이유는 아니었다. 그에게는 언제나 자신이 국가원수의 지시를 효율적으로, 헌신적으로, 그리고 충실하게 수행하는 군인이라는 것이 너무도 분명했다. 그 지시가 비록 국제법에 위배되는 것이었다고 할지라도 말이다.

독일이 패전을 면하기 어려워졌을 때에도, 이 히틀러의 군사 매니저는 자신의 우상에게 몸을 바쳤다. 그 자신도 부상을 입은, 1944년 7월 20일의 암살 시도 사건에 대해 그는 분노를 감출 수 없었다. 요들은 자신의 옛 상관이었던 루드비히 벡 장군의 사상 세계와 그가 말한 "그대들의 군인으로서의 복종에는 한계선이 있습니다. 그대들의 지식, 그대들의 양심, 그리고 그대들의 책임감이 명령을 실행하는 것을 지지하는 그곳이 그 한계선입니다"라는 말을 이해하지 못했다.

히틀러가 자살한 후에 요들은 되니츠의 대리인으로서 1945년 5월 7일 프랑스 랑스에서 항복문서에 서명했다. 뉘른베르크 법정에서 그는, 비록 국제법에 위배되는 여러 지시들이 자신을 통해서 하달되었음에도 불구하고, 개인적으로 유죄라고 생각하느냐는 질문에 단호하게 아니라고 답했다.

요들이 이데올로기에 집착한 무지몽매한 사람도 아니었고, 자신의 상관인 카이텔처럼 줏대 없는 예스맨도 아니었다는 점은 확실하다. 그러나 그는 군인으로서 복종의 의무를 처절하도록 과도하게 지키며 살았다. 그래서 도덕성만이 한계를 지을 수 있는 그 선을 넘었다. 요들은 비록 히틀러가 독일을 재앙에 빠트린 장본인이라고 생각했음에도 불구하고 히틀러에게 충성하는 것이 독일에 충성하는 것이라고 믿었다. 지위가 높을 수록 더 많은 책임을 져야 한다는 점을 그 스스로는 결코 받아들이지 않았다. 독재자에 대한 이런 확고한 충성심은 그가 연루되었던 일에 의구심을 품는 것을 허락하지 않았다. 알프레트 요들은 교수형에 처해졌다. 하지만 그는 죄책감을 느끼지 않았다.

"폴크스바겐"[국민차라는 의미의 독일어]의 고안자 페르디난트 포르쉐는 히틀러처럼 오스트리아인이었다. 히틀러는 "모든 사람들이 탈 수 있는 소형차"에 대한 생각을 홍보하고 다녔던 그를 같은 나라 출신으로서 좋아했다. 히틀러는 "폴크스바겐 공장"의 초석을 직접 놓았는데, 그는 포르쉐에게 "KdF 자동차, 즉 폴크스바겐"['Kraft durch Freude(즐거움을 통한 힘)'이라는 국가사회주의 조직이 주도한 중요한 프로젝트 중의 하나]을 만들어낸 것을 치하하여 "독일 국민상"을 수여했다.

전쟁이 발발하자 포르쉐는 폴크스바겐 공장에서 민간 자동차 대신 국방군용으로 전투기, 어뢰 케이스, 원반형 지뢰, 퀴벨바겐[다목적 군용 차량]을 만들었고, 특히 구축전차 "페르디난트" 또는 "마우스"와 같은 괴물 전차들을 만들었는데, 궤도를 장착한 요새라고 불린 마우스 전차는 아마도 2차 세계대전 중에 개발된 무기 가운데 가장 잘못 만들어진 것 중의 하나일 것이다.

그 밖에도 폴크스바겐 공장에서는 1944년과 1945년 사이에 대략 1만 4천 기의 "보복 무기 V1"이 생산되었는데, 이는 전체 생산량의 절반을 넘는 양이었다. 이 공장은 건립자의 뜻에 따라 "노동자들의 천국"이 될 수도 있었을 것이다. 하지만 전쟁 말기에 그곳은 음산한 수용소 단지가 되어 있었다. 그곳에서 강제 노역자, 전쟁 포로 그리고 강제수용소 수용사들이 누려움에 떨며 궁핍한 삶을 부지하고 있었다.

포르쉐는 자신을 그저 기술자이자 설계자로 생각했다. 그는 자신의 목적을 달성하는 데 필요한 한에서만 정치에 관심을 두었다. 그는 히틀러와 가까운 관계를 유지하려고 했다. 그에게 있어 히틀러는 잠재적인 자본 공급자였던 것이다. 그러나 그는 전쟁 말기에 이르러서는 하인리히 히믈러와 직접 접촉해 그에게 "3,500명의 인력이 필요하고, 지하에서 작업이 진행되는 비밀 무기 제작 공장을 강제수용소처럼 운영해 줄 것"을 부탁했다. 포르쉐는 제국친위대장을 통해서 이 테러 기관과 점점 더 긴밀한 관계를 맺었다. 히믈러는 그에게 친위대 상급 지휘관 계급을 부여하고 친위대의 해골 반지를 수여했다. 포르쉐가 인간을 경시하는 히믈러의 대중 이데올로기에 공감했다는 데는 의구심이 든다. 그렇지만 그는 잔혹한 조직의 일원이 되는 것을 마다하지 않았다. 폴크스바겐 공장에 강제수용소 수용자를 요구하고 그들에게 비인간적인 생존 조건을 제공함으로써 그도 어찌되었든 친위대의 일원이 된 것이었다.

페르디난트 포르쉐가 나치는 아니었다. 하지만 나치가 그에게 쓸모 있는 한 그는 그들처럼 행동했다. 그는 또한 마지막 순간까지 끝내 승리할 것이라는 주장을 믿었던 것처럼 보인다. 그의 아들 페리는 후에 "아버지는 실제로 그랬던 것처럼, 전쟁에 지고 나서야 비로소 실감을 했었다"고 밝혔다.

알프리트 크룹 또한 이미 1937년에 친위대를 후원하는 회원이 되었고 후에 국가사회주의노동당에 가입했음에도 불구하고 결코 나치는 아니었다. 그 당시 행동은 이데올로기와는 상관이 없었고, 단지 "여기서 정치 얘기는 하지 않는다"라는 오래된 크룹 가의 원칙에 충실하게, 순수하게 자기 이익을 위한 계산만이 작용했다. "크룹"이라는 이름은 예전부터 독일 군수산업의 아이콘이었다. 크룹 사는 "제국의 병기 공장"으로서 이미 1차 세계대전 당시 물자 전투에서도 이득을 보았다. 크룹 사는 "모범이 되는 나치 기업"으로서 그 어떤 기업보다 히틀러의 군수 정책의 덕을 많이 보았고, 히틀러가 전쟁을 치르는 것을 가능하게 만든 엄청난 양의 무기들을 공급했다. 초기에 히틀러에 의존했던 관계는 곧 이윤을 추구하는 협조 관계로 바뀌었다.

히틀러의 매니저 알프리트 크룹 폰 볼렌 운트 할바흐는 나치 치하에서 매우 중요한 역할을 했다. 1943년에 그는 히틀러가 금장 당 배지와 함께 "국방 경제 지도자"에 임명했던 아버지 구스타프 크룹으로부터 크룹 제국을 넘겨받았는데, 이 크룹 제국은 히틀러가 "크룹 법"을 제정해 줌으로써 주식회사에서 가족 소유의 개인 기업으로 바뀌어 있었다. 이로써 알프리트 크룹은 전체 기업의 유일한 소유주이자 회장이었을 뿐만 아니라, 예를 들어 "부헨발트 강제수용소와 '프리트. 크룹' 강제 노동 수용소"에서 10만 명 이상의 강제 노역자와 강제수용소 수용자를 착취한 데 대해 주요한 책임을 져야 하는 사람이 되었다.

아버지 구스타프 크룹은 마지못해 히틀러의 매니저가 되었다. 그는 매니저가 되는 것을 거부하지는 못했지만, 체제 비판가들을 후원했고 유대인을 도왔다. 그와 달리 알프리트 크룹은 기회주의자였다. 그는 히틀러 정권에 대해 아무런 입장도 가지고 있지 않았다. 그는 정권을 추종하는 사람도 아니었고, 정권에 반대하는 사람도 아니었다. 그는 나치 지도자들과 가까워지려고도 하지 않았고, 그들의 눈에 띄려고도 하지 않았다. 그는 후에 이에 대해 다음과 같이 설명했다. "경제는 안정적으로 상향 성장을 할 필요가 있다. 우리는 히틀러가 그러한 건전한 성장을 이룰 것이라는 인상을 받았다. 실제로 그는 그렇게 했다." 그 외에 다른 모든 것은 상관이 없는 것처럼 보였다. 알프리트 크룹은 강제 노역자나 강제수용소 수용자 가운데 어느 누구도 사지로 내몰지 않았다고 주장했다. 그러나 그는 자신의 공장에서 영양을 제대로 공급받지 못하고 착취당한 사람들이 죽어 가는 것을 감수했다.

은행가인 히얄마르 샤흐트는 위대한 금융의 귀재, 임기응변에 강한 천재, "생산적 신용 창출"의 대가로 여겨졌다. 1920년대에 그는 인플레이션을 잡고 국가 재정을 구해 냈다. 1930년대에 그는 대량 실업 사태를 해결하고, 비록 다소 의심스런 수단을 동원했지만, 독일의 첫 번째 경제 기적을 이뤄냈다. 소위 "메포" 어음[군비 확충 자금을 확보하기 위해 만든 일종의 특수 목적 어음]을 통해 샤흐트는 히틀러 제국의 군비 확충에 재정 지원을 했다. 그는 국가원수인 히틀러가 이 어음을 상환할 생각이 전혀 없다는 것을 깨달을 때까지 재정 지원을 했다.

이를 깨달은 그는 히틀러에게 맞섰고, 점차 모든 "관직"에서 물러났다. 베를린의 민주당 정치인들이 그의 제안을 무시하자 그들에게 훈계를 늘어놓았던 때와 똑같은 결과였다. 1944년에 나치는 그를 강제수용소로 보냈는데, 이는 이미 오래전에 관직에서 물러난 그가 히틀러 암살 사건에 관여하거나 가담했다고 의심했기 때문이다. 이것은 후에 그가 나치가 아니라는 증빙이 되었다. 그러나 다른 한편으로 그가 히틀러의 벼락출세를 도운 후원자였다는 비난도 있다. 독재자 히틀러는 샤흐트의 금융에 관한 천부적인 재능을 자신의 파괴 능력을 구축하는 데 이용했다. 샤흐트는 국가사회주의노동당을 지원함으로써 시민사회가 나치 벼락출세자들을 받아들이는 데 일조했다.

제국은행 총재와 경제장관이었던 샤흐트는 "제3제국" 지도층 내에서 아웃사이더였다. 그의 능력을 존중하기는 했으나 제대로 평가해 주지 않았으며, 그를 히틀러가 중시했기 때문에 받아들이기는 했으나 결코 대접해 주지는 않았다.

어떻게 자유주의 사고를 가진 이 프리메이슨 단원이 인간을 경시하는 체제에 이처럼 효과적으로 봉사하는 것이 가능했을까? 좌파 자유주의 정당인 독일민주당의 공동 창립자인 그가 어떻게 반민주주의자인 히틀러의 충복이 될 수 있었을까? 성공한 은행가이자 자유 기업의 신봉자인 그가 어떻게 완전한 경제 자립과 이웃에 대한 착취를 지향했던 제국을 알리는 사람이 될 수 있었을까?

후에 샤흐트는 자신과 같은 사람이 있었기에 최악의 경우를 막을 수 있었다고 주장했다.

히얄마르 샤흐트는 법적으로는 아무 비난도 받지 않았고, 지금도 받고 있지 않다. 뉘른베르크 법정도, 독일 법정도 그의 과오를 조금도 증명할 수 없었다. 그러나 역사 앞에서 히얄마르 샤흐트의 명예는 손상을 입었다. 그것은 그가 히틀러의 후원자였기 때문이 아니라 자신이 저지른 치명적인 역사적 오류를 받아들이려 하지 않았기 때문이다. 히얄마르 샤흐트는 자신은 언제나 정당했다고 주장했다.

우리는 이 사람들의 삶을 통해서 무엇을 배우는가? 언급한 여섯 명 중 어느 누구도 처음부터 비인간적인 행위에 연루되도록 운명이 정해져 있었던 사람은 없었다. 모두가 평범한 다른 시대에 살았다면, 눈에 드러나지 않지만, 아마 뛰어난 경력을 쌓았을 수도 있었을 것이다. 그러나 범죄적인 독재 체제에서 권력과 연루된 자는 독재 체제의 어두운 면에서 자유로울 수 없다. 만약 범죄 국가에서 정의와 불의 사이에 쳐진 울타리가 허물어진다면, 유용성의 유혹보다 도덕률을 더 중시하기 위해서는 강력한 내면의 힘이 필요하다. 그러나 히틀러의 매니저들은 이런 힘이 매우 모자랐다. 그들의 아주 개인적인 이야기들은, 예나 지금이나 계속 던져지는, 권력과 대결하게 된다면 도덕이 이길 가능성이 있는가라는 질문에 답하는 데 있어 참고 자료가 될 것이다.

군수 기획자

회의에 참석한 사람들은 적잖이 놀랐다. 회의석상에서 파일을 회람시킨 것은 매우 오만불손한 행위였기 때문이었다. 그 문서는 며칠 전에 막 "병기 및 군수품 장관"으로 임명된, 히틀러가 "총애하는 건축가" 알베르트 슈페어에게 "군수 분야에서 통일된 지휘"에 필요한 전권을 부여한다는 내용으로, 슈페어에게 직접 교부된 것이었다. 새 군수장관이 직접 회의를 소집했는데, 이 회의는 그의 첫 번째 직무 행위였다. 1942년 2월 18일 옛 베를린 예술원 회의실에 전시경제를 담당하는 지도부 인사들과 군수청 지도부 인사들이 모습을 드러냈다. 그중에는 주무부 차관인 에르하르트 밀히 원수, 예비군 지휘관인 프리드리히 프롬 육군 대장, 육군 무기청장 리터 폰 레프 장군, 국방군 최고사령부 국방경제청 및 군수청 청장 게오르크 토마스 장군이 있었다. 알베르트 슈페어는 이 회의를 5일간 치밀하게 준비했다. "그 일이 그처럼 당혹스럽게 보일 수도 있었지만, 내게 있어 원칙은 분명했다. 나는 첫날부터 시스템 운영을 위한 확실한 방향을 잡았다. 이 시스템을 통해서만 성공적인 군비 확충이 이루어질 것이다"라고 슈페어는 후에 자신의 『회고록』에 기록했다. 그 이면에 숨겨진 의도는 범죄적인 전쟁을 위해 모든 역량을 가차 없이 동원하고 독일

> 만약 히틀러에게 친구가 있었다면 그것은 나였을 것이다.
> 슈페어

의 공업과 군수산업에 대한 권한을 슈페어가 넘겨받는 것이었다. 슈페어는 신속하게 군수품 생산에 전기를 마련할 새로운 조직을 구상했다. 건축가였던 그는 원근을 넣은 새로운 조직도를 작성해, 그것을 2월 18일에 놀라서 당황하고 있던 회의 참석자들에게 보여 주었다. 연이어서 슈페어는 자신에게 주어진 전권에 대한 문서를 회람시키고는 참석자 개개인들에게 그 조직안에 대해 서명할 것을 요청했다. 슈페어와 우호적인 관계에 있던 밀히가 맨 먼저 서류에 서명했다. 다른 사람들은 잠시 주저하긴 했지만 그를 따라 서명했다. 다만 해군 군수청장이었던 카를 비첼 해군 대장이 이의를 제기했지만, 결국 조건부로 서명을 했다. 이의를 제기하면서 주저한 사람은 그가 유일했다. 회의 참석자들은 서명을 함으로써 자신이 갖고 있던 권한의 상당 부분을 새 군수장관에게 넘겨주었다. 알베르트 슈페어는 이로써 새 군수장관으로서 첫 번째 승리를 거두었고, 그의 전임자들이 예전에 가졌던 것보다 더 많은 권한을 행사하게 되었다.

　슈페어의 군수장관 임명은 예상하지 못했던 일이었고 전격적으로 이루어졌는데, 그 자신에게도 급작스런 일이었다. 1942년 2월 7일 오후, 그에게 동프로이센의 라스텐부르크에 있는 히틀러 사령부인 늑대성채를 처음으로 방문하게 되는 우연한 기회가 주어졌다. 슈페어는 악천후 때문에 예정대로 출장지인 우크라이나에서 베를린으로 바로 비행하지 못하고 라스텐부르크를 경유할 수밖에 없었다. 그가 예정에도 없이 늑대성채에 도착한다는 사실은 히틀러에게 즉각 보고되었다. 건축가와 "총통"은 12월 이래로 서로 얼굴을 보지 못했다. 슈페어는 히틀러가 보통 때처럼 그를 직접 맞이할 것이라고 생각했다. 그러나 그렇게 되지 않았다. 슈페어는 "병기 및 군수품 장관" 프리츠 토트 박사가 히틀러와 만나는 일정이 있다는 것을 들어 알고 있었는데, 그 일정이 늦은 저녁 시간까지 계속

되고 있었다. 때문에 슈페어는 히틀러를 바로 만나지 못했다. 대신 그는 토트를 만났는데, "피곤에 지친" 이 박사는 히틀러와 가진 "길고, 얼굴에서 나타나듯이, 쉽지 않은 면담"을 마치고 나오는 중이었다. "장관"은 풀이 죽어 있다는 인상을 주었다. 프리츠 토트는 국가사회주의노동당의 초창기 멤버였고, 히틀러의 헌신적인 추종자로 여겨지는 사람이었다. 정권을 잡고 얼마 지나지 않아 히틀러는 공학도인 그를 "도로 부문 총감독관"으로 임명했다. 1938년에 창건된 "토트 조직"은 아우토반 건설과 이른바 서부 방벽[독일 서쪽 국경을 따라 630km에 달하는 지역에 건설한 방어 시스템으로 지그프리트 방어선이라고도 불림]과 동의어였다. 1940년 3월에 히틀러는 그에게 "표할 수 있는 모든 존경심을 표"하면서 그를 "병기 및 군수품 장관"으로 임명했다. 그러나 단 1년 만에 독재자와 그 추종자 사이에 금이 가기 시작했다. 토트에게 러시아와의 전쟁은 국가적 재앙이나 다름없었다. 1941년 11월에 토트는 동부전선의 상황을 직접 설명하기 위해서 군수산업 분야의 전문가들과 함께 오렐로 날아갔다. 거기서 그는 전쟁에서 승리하는 것이 불가능하다는 것을 곧 깨닫게 되었다. 그는 군 최고 통수권자인 히틀러에게 국면이 독일에 불리하게 전개되기 이전에 평화협정을 체결할 것을 여러 번 촉구했다. 토트는 아마 1942년 2월 7일에도 히틀러에게 전황이 가망 없다고 설득하려 했을 것이다. 그 날 밤 토트가 사령부에서 슈페어와 와인을 마시며 앉아 있었을 때, 그는 "총통"과 나눈 대화 내용에 대해서는 아무 말도 하지 않았다. 대신 그는 슈페어에게 다음 날 아침 베를린으로 돌아갈 생각이라고 말하고는 자신이 탈 비행기에 남는 자리를 제공하겠다고 말했다. 슈페어는 그의 제안을 감사하게 받아들이고는 이른 아침에 떠나자고 약속을 했다. 하지만 그 약속은 지켜지지 않았다. 새벽 1시에 히틀러의 부관이 슈페어에게 와서 "총통"께서 보고 싶어 한다고 전했다. 슈페어는 "히틀러도 토트처럼

"토트의 죽음으로부터 득을 보았는가?" : 전임 군수장관 프리츠 토트와 함께 한 슈페어

지쳐 보였고 의기소침해 있었"지만, 히틀러가 좋아하는 주제인 건축에 대해 대화를 나누는 동안에 눈에 띄게 생기를 되찾았다고 그 재회 순간을 기록했다. 슈페어는 새벽 3시에 히틀러와 헤어지고 나서 토트 박사와의 비행 일정을 취소했다.

 다음 날 아침, 알베르트 슈페어는 전화벨 소리에 잠에서 깼다. 히틀러의 주치의인 카를 브란트 박사가 흥분된 목소리로 토트가 탄 비행기가 방금 추락했다고 전했다. 이륙 직후에 토트가 탄 비행기가 폭발했다. 아직 늑대성채가 보이는 지점에서 조종사가 선회를 시도했는데, 비상사태가 발생했던 것으로 추정된다. "그 순간, 아마도 폭발로 인한 것 같은데, 비행기 앞부분에서 화염이 솟구쳤다. 비행기는 그 직후 약 20미터 상공에서 추락했는데, 기체가 기울면서 꼬리부터 추락했고, 거의 수직으로 기운 채 비행 방향과 반대 방향으로 땅에 충돌했다"고 목격자들은 전했

> 그날 내게 충격적인 소식이 들려왔다. 토트 박사가 아침에 총통 사령부를 방문한 뒤 라스텐부르크 비행장에서 비행기를 타고 이륙하다가 추락해 사망했다. 비행기는 4백 미터 상공에서 추락했고, 바닥에 충돌해 폭발했다. 탑승객들은 불에 타 형체를 알아보기 힘들었다. 이 손실에 비통함을 금할 수 없다. 토트는 국가사회주의 정권에서 매우 중요한 인물 중 한 명이었다.
>
> 1942년 2월 9일자 괴벨스의 일기 중에서

다. 탑승자 중 어느 누구도 살아남지 못했다.

슈페어의 시대가 도래했다. 사령부 식당에서 토트의 후임자 문제로 격렬한 토론이 벌어지고 있었는데, 한 사람이 다른 사람들보다 이에 대해 더 잘 알고 있는 것처럼 보였다. "이 시점에 이미 내게 확실해 보였던 것은 토트가 담당한 광범위한 임무 중에서 중요한 일부 분야가 내게 주어질 것이라는 점이었다"라고 슈페어는 자신의 『회고록』에 적었다. 1940년 여름에 이미 히틀러는 토트의 임무가 지나치게 과중하다고 보고 슈페어에게 전체 건축 분야와 대서양에 짓고 있는 건조물에 대한 권한을 넘기려고 했었다. 그 당시에 슈페어가 건축과 군수 분야를 한 사람이 관리한다면 더 좋은 효과를 낼 것이라고 히틀러를 설득했을 수도 있다. "그 때문에 내가 통상 늦은 시간인 약 오후 1시쯤에 히틀러의 부름을 받은 첫 사람이 되었을 때, 나는 이런 종류의 임무가 주어질 것으로 생각했다"라고 슈페어는 자신의 『회고록』에 기록했다.

얼마 뒤에 슈페어가 히틀러의 방 안에 들어섰을 때, 지난 밤 공통 주제를 가지고 대화을 나눌 때 느꼈던 친밀한 분위기는 더 이상 찾아볼 수가 없었다. 히틀러는 서서 그를 맞이했다. 그는 조의를 표명한 슈페어를 "진지하게 격식을 갖추어" 대했다. 그리고 나서 그는 엄숙한 어조로 "슈페어 씨, 나는 당신을 토트 장관이 가졌던 모든 보직의 후임자로 임명합니다"라고 선언했다. 슈페어는 깜짝 놀라며 토트 박사가 담당했던 건축 임무를 대리하는 데 전력을 기울이겠다고 답을 했다. 그러나 히틀러는 다음과 같이 말을 받았다. "아니, 그가 가진 모든 보직의 직무, 즉 군수장관으로서의 직무를 포함한 모든 직무를 맡아야 합니다." 슈페어가 건축가인 자신은 군수 분야에 대해서는 잘 모른다고 대꾸하자, 히틀러는 그의 말을 가로막았다. "나는 당신이 이 일을 해낼 것이라고 믿고 있습니다. 게다가 나는 당신 외에 대안이 없습니다!" 물론 그 말은 맞지 않았다. 카를-오토 자우어, 에르하르트 밀히 원수와 같이 토트의 군수부에서 함께 일한 경험 많은 동료와 "토트 조직"의 크사버 도르쉬 같은 이들이 후임자로 나설 수 있는 인물들이었다. 그러나 히틀러는, 슈페어의 전기 작가인 요아힘 페스트가 표현한 것처럼, 일종의 "딜레탕티슴적인 기질"과 "전문가들에 대한 도저히 극복할 수 없는 불신감"을 가지고 있었다. 게다가 히틀러는 나치 지도부에서 기댈 수 있는 동지가 극히 소수에 불과했고, 지난 몇 해 동안 항상 엄청나게 헌신하는 모습을 보여 주었던 이 젊은 건축가를 자신의 의도대로 "순순히 따르는 도구"로 쓸 수 있다고 생각했다. 슈페어는 분명 군수 분야의 문제에서 토트처럼 히틀러에게 맞서는 일은 하지 않았을 테니까.

  비록 슈페어가 정치적 책략에 대한 경험이 일천하기는 했지만, 뜻밖의 군수장관 임명에 대해 그는 권력을 다투는 노회한 싸움꾼처럼 대처했다. 그가 처음으로 요청한 것은 자신에게 "무조건적인 지원 약속 못지않은 것"을 보장해 주는 "총통"의 지시였다. 슈페어는 후에 이 요구를 "내 생애에서 가장 뛰어나고 확실히 유용했던 착상"이라고 했다. 히틀러는 "간결하게" 그의 요구를 받아들였다. 이로써 슈페어는 공개적으로 히틀러의 지원을 확보하는 데 성공했다.

토트의 비행기 추락사 직후에 이미 공작이 있었을 것이라는 소문이 돌았다. 히틀러와 심각한 언쟁을 한 뒤에 그가 죽은 것이 우연이란 말인가? 알베르트 슈페어도 추락과 관련이 있다는, 적어도 그 추락에 대해 알고 있었다는 의심을 받았다. 토트의 죽음으로 득을 보았다는 사실 외에도, 그가 원래 사고가 난 비행기에 타려고 했다가 돌연 취소를 했다는 점이 의심을 품게 만든 계기가 되었다. 슈페어는 『회고록』에서 자신은 결코 "병기 및 군수품 장관" 자리에 오르려고 애쓴 적이 없었다고 자신을 변호했다. "내게 있어 건축가로서의 활동은 계속 일생의 업으로 남아 있었다. 갑자기 장관에 임명된 것을 나는 전시 상황에 따른 비자발적인 활동 중단 또는 전시 복무 개념으로 생각했다." 그는 히틀러에게 전쟁이 끝난 뒤에 자신을 다시 건축가로 쓰겠다는 약속을 해 줄 것을 요구했었다고 주장했다. "히틀러는 전혀 망설이지 않고 그러겠다고 했다. 그도 내가 최고의 건축가가 되는 것이 자신과 그의 제국을 위해 가장 가치 있는 기여를 하는 것이라고 믿고 있었다"라고 『회고록』에 기록되어 있다. 히틀러도 같은 생각을 가지고 있었는지 여부는 확실하지 않다. 그러나 슈페어가 나치 국가에서 가장 중요한 부처 중의 하나인 군수부장관직을 넘겨받았고 대단한 야심을 보여 주었다는 점은 사실이다. 그는 전쟁이 끝난 뒤에 "내 서명 하나로 엄청난 예산을 사용할 수 있고 건설 현장에 있는 수많은 사람들을 다룰 수 있게 되었을 때, 나는 무척 들떠 있었다"라고 자신의 『슈판다우 일기』에 적었다.

오늘날까지 친위대 또는 히틀러가 직접 토트가 탄 하인켈 111기의 폭발을 계획했다는 소문이 돌고 있다. 친위대장 히믈러는 비행기 추락이 있기 며칠 전에 히틀러와 둘이서 여러 차례 대화를 나누었다. 그때 암살을 모의했을까? 토트는

> 히틀러는 내가 이 임무를 전시에만 국한된 임무로 생각하는 것을 용인해 주었고, 전쟁이 끝난 뒤에는 다시 건축가로서의 내 직업을 찾을 수 있도록 해 주겠다고 약속했다.
> 1946년 6월 19일 뉘른베르크에서 슈페어가 한 진술

> 그는 기뻐서 어쩔 줄 몰라 했다. 그는 승리했고, 세상이 그의 것이 되었다.
> 안네마리 켐프, 슈페어 여비서

사망하기 직전에 금고에 상당한 돈을 넣어 두었는데, 이 돈은 그에게 무슨 일이 생기면 그의 여비서가 수령하도록 되어 있었다. 현직 군수장관이 목숨을 잃을 수도 있다고 두려워하고 있었던 것일까? 슈페어의 전기 작가인 기타 시리니는 토트가 살해되었다고 확신하고 있다. "그 근거는 그가 히틀러에게 전쟁에서 이길 수 없다고 말했다는 점이다. 이 말은 당연히 히틀러가 받아들일 수 없는 것이었다. 그는 결코 이런 말을 받아들일 수 없었다. … 이 비행기는 추락하도록 꾸며졌다. 그 자리에 바로 슈페어가 임명되었는데, 이는 히틀러가 슈페어를 위해 생각하고 있던 정치 경력의 시작을 의미했다."

진짜 사고 원인은 오늘날까지 밝혀지지 않고 있다. 히틀러는 추락 직후에 바로 사고 조사를 지시했다. 제국 항공부의 보고서는 다음 내용을 담고 있다. "특별히 공작이 있었다고 의심할 만한 점은 없다. 때문에 다른 조치가 필요하지도 않고 할 계획도 없다."

어떻게 슈페어는 그토록 짧은 시기에 나치 정권에서 가장 중요한 직책 중 하나인 그 자리에 오를 수 있었을까? 취임할 즈음에 그는 겨우 36살이었고, 따라서 히틀러 정권에서 가장 젊은 장관이었다. 군수부 간부들 중에 몇몇이 장관이 될 만한 인물들이었음에도 불구하고, 왜 독재자 히틀러는 군수 분야에 거의 경험이 없는 그를 선택했을까? 슈페어 자신의 견해에 따르면, 그는 이 자리에 맞는 두 가지 중요한 조건을 갖추고 있었다. 그것은 조직하는 능력과 히틀러에 대한 조건 없는 충성심이었다. 이 때문에 알베르트 슈페어는 "병기 및 군수품 장관" 직책에 "이상적인 인물"이었고, 장차 "군수 분야를 설계하는 사람"이 되었다.

히틀러를 충실히 따름으로써 알베르트 슈페어는 벼락출세를 했다. 히틀러가 "총애하는 건축가로서 그는 돌과 시멘트에 국가사회주의 이념을 불어넣었고, 나치를 상징하는 기념비적인 건축물의 설계를 담당했다. 1905년 3월 19일 만하임에서 태어난 알베르트 슈페어는 부유한 환경에서 성장했다. 건축은 가업이었다. 할아버지도 건축가였고, 아버지도 "만하임에서 가장 잘나가는 건축가" 중의 한 사람이었고, 꽤 많은 주택과 관공서 건물을 지어서 "상당한 재산"을 축적했다. 1900년, 그가 부유한 마인츠 상인의 딸과 결혼했을 때, 가족 소유의 재산은 눈에 띄게 증가했다. 4형제 중 둘째였던 알베르트 슈페어는 방이 14개나 되고 운전기사에 "금단추에 연보라색 유니폼을 입은" 하인들이 시중을 드는 저택에서 근심 걱정 없이, 하지만 애정이 결핍된 유년시절을 보냈다. 슈페어의 전기 작가인 기타 시리니가 말하듯이, 부모가 가까이 있지 않은 것이 그가 매우 "차가운 무관심"을 가지게 된 근원이었는데, 이 무관심은 슈페어의 본성을 평생 규정하는 특징이 되었다.

아버지의 건축 사무소는 거실과 바로 연결되어 있었다. 푸른색 기름종이 위에 그린 건축 설계도, 제도판과 자는 알베르트 슈페어가 아주 어릴 적부터 친숙한 물건들이었다. 그가 1922년에 칼스루에에서 건축 공부를 시작했을 때, 이것은 자연스럽고도 필연적인 과정으로 보였다. 그러나 허약하고 병치레가 잦았던 이 둘째 아이는 먼저 수학에 관심을 보였다. 후에 알베르트 슈페어는 "아버지는 분명한 논거를 대면서 이런 나의 생각에 반대했는데, 내가 아버지의 뜻에 따르지 않았다면, 나는 논리에 능한 수학자가 아니었을 것이다"라고 적었다. 그렇지만 이 순종적인 아들은 다른 분야에서 놀라울 정도의 성취 능력을 보여 주었다. 17살에 그는 가구공 장인의 딸과 사랑에 빠졌다. 아버지와 어머니는 아들의 선택을 별로 탐탁지 않게 여겼다. 그들은 알베르트가 학업을 시작하면 "정

"엄청난 예산을 사용할 수 있고 수많은 사람들을 다룰 수 있는": 군수장관에 임명된 이후의 슈페어

"차가운 무관심": 1912년경 자신의 형제 헤르만(가운데)과 에른스트(오른쪽)와 함께 한 알베르트 슈페어(왼쪽)

신"을 차릴 거라고 생각했다. 슈페어가 "선택한 여인" 마그렛 베버는 그 사이 그녀의 부모에 의해 기숙학교로 보내졌다. 그러나 양가 부모의 전략은 실패로 돌아갔다. 1928년 알베르트 슈페어는 베를린 공과대학에서 공학사 학위를 받은 뒤에 어릴 적 애인과 결혼했다. 그들은 결혼 날짜를 괴테의 생일인 8월 28일로 정했다.

갓 23살이 된 슈페어는 시험을 치른 직후에 대학 은사인 하인리히 테세노우 밑에서 조교로 일하게 되었다. 이로써 그는 대학에서 가장 젊은 직원이 되었다. 건축학 교수와 그의 젊은 제자는 얼마 안 되는 시간에 서로에게 만족감을 나타냈다. "가장 단순한 것이 항상 최선은 아니다. 하지만 최선의 것은 언제나 단순하다"고 테세노우는 가르쳤는데, 슈페어는 그의 명료하고 꾸밈없는 건축 스타일에 감탄했다. 슈페어는 테세노우 교수 수업에 등록한 직후에 장차 아내가 될 마그렛에게 "새 교수님은 내가 만나 본 사람들 중에서 가장 탁월하고 명료한 분이시다"라고 적었다. "나는 완전히 그에게 열광하고 있고 열과 성을 다해 일하고 있어. 나는 1년 안에 그의 '장인(匠人) 학교'에 들어가도록 노력할 거야. 그리고 그 1년 뒤에는 그의 조교가 될 거야." 얼마 지나지 않아 슈페어는 자신의 목표를 성취했다. 그가 학위 시험을 치른 직후에, 점쟁이는 그에게 "너는 일찍이 명성을 얻을 것이다"라는 예언을 했다.

1920년대 초 베를린은 격렬한 정치적 논쟁의 각축장이었다. 요제프 괴벨스가 1926년 "대관구장"으로서 베를린 국가사회주의노동당을 이끌게 된 이후로, 정치적 적대 세력들과 선술집에서 유혈이 낭자한 난투극을 벌이고 피 튀기는 시가전을 치르는 일이 베를린의 일상이 되어 버렸다. 괴벨스가 획책한 충돌들이 매일 언론에서 엄청난 반향을 불러일으키고 있었지만, 알베르트 슈페어는 이에 대해 거의 알지 못했다. 후에 슈페어는 "20년대 베를린은 내 학창 시절에 영감을 가져다준 무대였다"

"함께 있지만 어딘가 낯선": 결혼식이 있은 해에 베를린 거리를 걷고 있는 아내 마그렛과 알베르트 슈페어

> 나의 가족은 아마도 감정이 약간 모자란 것 같다. 감정 표현을 하지 않는다. 어머니는 매우 용감한 여성으로 여섯 명의 자식에게 공을 들이셨다. 하지만 그녀는 엄한 분이시기도 했다. 나는 어머니가 눈물을 보이시는 것을 딱 한 번 본 적이 있었는데, 그것은 내가 처음으로 아비투어[고등학교 졸업 자격시험]에서 떨어졌을 때였다. 부모님에 관해 말하자면, 결혼식 후에 찍은 사진이 하나 있는데, 그 사진이 모든 것을 말해 준다. 두 분이 쿠담 거리[베를린 중심가에 있는 거리명]를 걷고 있는데, 팔짱도 끼지 않고 적당히 거리를 두고 걷고 있다. 두 분 사이가 꼭 그랬다. 분명히 함께 있지만 어딘가 낯설었다.
>
> 알베르트 슈페어 주니어, 아들

고 회상했다. 1928년에 찍은 결혼 초기 사진은 베를린 중심가를 거닐고 있는 젊은 부부의 모습을 보여 주고 있다. 멋지게 차려입은 마그렛과 알베르트 슈페어는 교양 있고 자신에 찬 모습을 보여 주었다. 근대 세계에 살고 있는 두 명의 근대 인간의 모습이었다. 슈페어의 『회고록』에는 극장에 가고, 최신 영화를 보았다는 내용이 적혀 있고, 또한 "기근과 실업"에 대한 인상과 "인플레이션, 도덕의 상실, 그리고 무기력한 제국의 모습을 보여 주는 로마 말기와 비슷한, 몰락의 시대에 살고 있다"는 확신에 찬 생각이 적혀 있다.

슈페어처럼 느끼는 동시대 사람들이 적지 않았다. 1차 세계대전 이후에 독일이 겪었던 "수모," 불행한 바이마르 공화국이 탄생할 때부터 처해 있었던 위기는 너무도 많은 사람들을 "통합, 명예, 그리고 부흥"을 설교하고 청중들을 감격의 도가니로 몰아넣은, 자칭 "구세주"라 불린 아돌프 히틀러에게 빠져들도록 만들었

> 아이들은 그에 대해 거의 알지 못했다. 아마도 그는 큰 아이들에 대해서는 약간은 알고 있었을 것이다. 전쟁이 일어나기 전에는 가끔 하루 정도 휴가를 내기도 했다. 그러나 그는 막내 둘에 대해서는 실질적으로 아는 것이 없었다. 엄밀하게 말하면, 아이들에게는 아버지가 없었다. 아주 짜증이 나는 순간에는, 가끔 내가 알베르트에게 "당신"이라는 존칭을 붙일 생각을 하기도 했다.
> 마그렛 슈페어

다. 1929년에 나치들은 "대학으로 돌격"을 부르짖었고, 슈페어가 다닌 공과대학은 국가사회주의 운동의 중심이 되었는데, 그 운동의 추종자들이 테세노우 교수 주변에서 많이 배출되었다. 테세노우 교수는 히틀러에 반대한다고 밝혔지만, 의도하지 않았음에도 불구하고 그의 가르침과 나치 이데올로기 사이에는 유사점이 있었다. "스타일은 민족으로부터 나온다." 그리고 "국제적인 것은 진짜 문화가 될 수 없다"와 같은 테세노우의 원리들은 많은 사람들에 의해 왜곡되었다. 그의 세미나 중에 종종 학생들 간에 격렬한 정치 논쟁이 벌어지기도 했다. 슈페어는 이때 대개는 뒤로 물러나 있었다. 그는 나중에 "나는 뒤떨어진 것처럼 느꼈다"라고 밝혔다.

 1930년 12월 4일에 히틀러는 베를린 대학과 공대 학생들을 대상으로 연설을 했다. 슈페어의 세미나에 참석하는 학생들이 그에게 노이쾰른[베를린의 구 이름으로 당시 노동자 거주 지역], 하젠하이데에 있는 "신세계" 강당에서 열리는 행사에 참석할 것을 촉구했다. 평상시에는 베를린 노동조합의 거친 맥주 축제나 열리는 퇴락한 홀에 이번에는 "양질"의 청중들이 나타났다. 슈페어는 나중에 그 장면을 회상하며, "베를린의 거의 모든 대학생들이 이 사람의 연설을 듣고 그를 보길 원하는 것처럼 보였는데, 추종자들은 그에게 무척 경탄했고, 반대자들은 그에게 악의적인 말을 해댔다"라고 묘사했다. 5천 명이 넘는 사람들이 지저분한 축제 홀로 몰려들었다. 분위기는 히틀러가 등장하기 전에 이미 가열되어 있었다. 교수들도 행사에 참석했다. 슈페어는 자신의 『회고록』에 "교수들이 참석함으로써 비로소 이 행사가 주목받았고, 상류사회에도 통하는 행사가 되었다"고 기록했다. 알베르트 슈페어는 그때까지 히틀러를 포스터나 캐리커처를 통해서만 접했었다. 히틀러는 포스터나 캐리커처에서 대개는 제복을 입고 어깨띠를 두른 채 팔에는 하켄크로이츠[나치의 갈고리 십자형

"나는 히틀러에게로 다가갔다": 베를린 "신세계" 강당에서 있은 당 지도자의 연설은 슈페어에게 "뭔가를 각성하게 만든 경험"이었다

상징] 완장을 찬 모습으로 그려졌다. 슈페어가 처음으로 그를 자신의 두 눈으로 직접 보게 되었을 때, 그는 놀랐다. 히틀러는 격이 높은 청중들에 맞추어 넥타이에 짙은 정장 차림으로 나타났다. 슈페어는 "그가 보여 준 시민적인 태도는 인상적이었다. 모든 것이 이성적으로 만족스럽다는 느낌을 주었다"고 회상했다. 히틀러는 지지자들로부터 열렬한 환영을 받았다. 요란한 박수소리가 가라앉을 때까지 몇 분이 걸렸다. 그런 다음 그는 낮고, "거의 들릴까 말까 한" 목소리로 연설을 시작했다. "이 민족으로부터 다시 한 번 최고로 가치 있는 조직, 이상적인 조직이 만들어져야 한다"는 그의 메시지가 모여 있던 대학 교수와 학생들에게 전해졌다. 그는 본색을 숨겼다. 그는 논쟁이 될 만한 말을 능숙하게 피했고, 대신

"민족, 국민, 그리고 조국"이라는 부분을 집중적으로 다루었다. 몰락에 대해 얘기하는 대신에 새로운 세계상을 제시하면서 적극적으로 확신과 신뢰감을 불러일으켰다. "유대인 문제"는 그저 "중요하지 않은 것으로 언급되었다." 슈페어는 과장되게 말하는 히스테리컬한 연설가, "유니폼을 입고 소리를 지르며 손짓발짓을 섞어 연설하는 광신자"를 기대했었다. 그러나 이제 그는 깊은 인상을 받았다. "내게는 이제 새로운 희망이 주어진 것처럼 보였다. 여기에서 새로운 이상, 새로운 이해, 새로운 과제가 제시되었다."

> 그는 히틀러의 연설을 처음 듣고 나서 히틀러에게 깊은 인상을 받았다. 그는 밤새 산책을 했고, 다음 날 당에 가입했다. 이데올로기적으로 일치하는 부분이 분명 있었다. 그러나 나는 이날 밤 인간 히틀러가 그에게 더 큰 인상을 준 것으로 생각한다.
> 기타 시러니, 슈페어 전기 작가

> 나는 국가사회주의노동당을 선택한 것이 아니라 히틀러를 선택한 것이었다. 그가 등장한 처음 만남에서 나는 마치 최면에 걸린 듯 빠져들었고, 그 이후로 더 이상 그에게서 자유로울 수가 없었다.
> 슈페어

모임이 끝난 뒤에 슈페어에게 혼자만의 시간이 필요했다. 어느 것도 예전과 같지 않았고, 그는 "다른 사람"이 되어 자리를 떴다. 이 밤을 맥주를 마시며 마치려는 동료들과 어울리는 대신에, 그는 차를 타고 하벨 강으로 갔다. 히틀러는 그를 "처음 만남에서 마치 최면에 걸린 듯 빠져들게 했다." 히틀러가 슈페어를 더 이상 자유롭게 놔두지 않았다.

1931년 3월 1일, 슈페어는 국가사회주의노동당에 가입해 당원 번호 474481번을 받았다. 그는 이를 회상하면서 "결코 극적인 결심은 아니었다"고 주장했다. "또한 나는, 그때도 그랬지만, 영원히 자신을 당원이라고 생각하지는 않았다. 나는 국가사회주의노동당을 선택한 것이 아니라 히틀러를 선택한 것이었다.

슈페어가 히틀러를 개인적으로 만나게 되기까지 근 2년이 걸렸다. 1932년 초 베를린 공대 교직원들의 보수가 감축되자, 슈페어는 테세노우 교수 곁에서 조교직을 유지하는 것을 그만두고 아내와 함께 만하임으로 갔다. 그는 그곳에서 지금까지 "아무 명성도 없이 지내 왔던" 건축가로서의 경력을 가족 관계를 이용해서 제대로 시작할 수 있을 것이라고 기대했다. 그러나 경제위기 때문에 설계 주문이 끊겼다. 때문에 슈페어에게는 설계 경쟁에 참가해서 주문을 따내는 것 외에 다른 방도가 없었다.

1932년 7월에 드디어 고대하던 설계 주문을 받게 되었는데, 이 주문은 슈페어의 향후 경력을 위한 발판이 되었다. 베를린에서는 선거 준비가 한창이었다. 슈페어는 아내와 함께 베를린으로 갔는데, 이는 "흥분되는 선거 분위기를 약간이나마 경험"하고 난 뒤에 동프로이센 해로 보트 여행을 떠나기 위해서였다. 슈페어는 국가사회주의노동당 지역 지도부에 차 소유주로 신고를 했고, 문서를 전달하는 운전수로 일할 것을 제안 받았다. 그가 임무를 수행하면서 한번은 히틀러를 다시 보게 되었는데, 히틀러가 이번에는 "단정한" 것과는 전혀 딴판인 행동을 보여 주었다. 그는 신경질적이고 명령적인 어조로 "자신의 장화에다 개 채찍을 휘두르며 직원들에게 모욕적인 행동을 하는, 전체적으로 자제심도 없고 툭하면 화를 내는 사람 같다는 인상을 주었다." 그러나 이 모습이 슈페어에게 조심하라는 경고로 받아들여지지는 않았다. 동프로이센으로 떠나기 직전에 베를린 지역 당이 포쓰 가(街)에 있는, 새로 구입한 "대관구 청사" 개축을 맡기고 싶어 한다는 소식을 접하자, 슈페어는 지체 없이 그 일을 받아들였다. 그 건물은 정부 건물이 밀집한 지역 한가운데 있었는데, 재정적으로 어려움을 겪고 있던 당으로서는 무척이나 비싼 건물이었다. 하지만 당은 "시각적인 효과를 위해서라도 정치권력의 중심지와 가장 가까운 곳으로 옮기려" 했는데, 이는 이런 식으로 권력을 잡겠다는 의중을 알리려는 뜻이었다. 슈페어가 맡은 일은 그렇게 까다로워 보이지 않았다. 벽은 새롭게 칠해야 했고, 자잘한 개수 작업이 필요했다. 가구는 자금이 부족해서 최소한도로 구입해야만 했다. 젊은 건축가에게 쉽지 않았던 것은 빡빡한 개축 기간을 맞추는 것이었다. 슈페어는 처음으로 자신의 조직 능력을 증명해 보일 수 있었다. 일정에 맞게 대관구 청사 개축이 완료되었다. 대관구장 요제프 괴벨스가 그에게 서면으로 "공로를 인정하고 심심한 사의"를 표했다. 히틀러도 포쓰 가에 있는 새 "대관구 청사"를

> 아주 빡빡한 개축 기간에도 불구하고 당신이 일을 제때 마쳐 줘서 우리가 선거 관련 업무를 새로운 청사에서 시작할 수 있게 된 것을 특별히 매우 기쁘게 생각합니다.
> 베를린 국가사회주의노동당 "대관구청사" 개축 후에 괴벨스가 슈페어에게 한 말

살펴보고는 찬사를 보냈다. 슈페어는 "자부심으로 가득 차서" 만하임으로 돌아왔다. 첫눈에 보면, 그의 상황이 별반 달라지지 않은 것으로 보였다. "대관구 청사" 개축은 재정적인 면에서는 실패작이었고, 다른 주문이 이어진 것도 아니었다. 그러나 슈페어는 임무를 빠르고 믿을 수 있게 처리할 수 있다는 명성을 얻었다. 이로써 히틀러 제국에서 자신의 경력을 쌓을 수 있는 초석이 마련되었다.

슈페어가 만하임에 있는 자신의 사무실에서 전화 한 통을 받았을 때, 히틀러는 더 이상 석 달짜리 제국수상이 아니었다[1933년 1월 제국수상에 임명된 지 3개월 뒤에 선거를 새로 치러 압도적 다수당이 된 것을 뜻함]. 대관구 조직부장인 카를 항케가 건 전화였는데, 그는 슈페어에게 베를린으로 올 것을 청했다. "여기에 분명 당신이 해야 할 일이 있습니다." 이제 "자신"의 당이 집권하게 되면 결국 건축할 기회가 주어질 것이라고 슈페어는 생각했다.

젊은 건축가 슈페어가 얼마 후에 카를 항케를 통해 5월 1일에 있을 대규모 집회 계획을 보게 되었을 때, 그는 거침없이 자신의 의견을 밝혔다. "이것은 사격 대회에나 맞는 장식처럼 보입니다." 그러자 항케는 "당신이 더 잘 만들 수 있다면 해 보시오!"라고 말했다.

1933년 5월 1일은 새 정권에게 전략적으로 중요한 날이었다. 정적들

상: "공로를 인정하고 심심한 사의를": "대관구 청사" 개관식에 베를린 국가사회주의노동당 거물들과 자리를 같이 한 슈페어(회색 정장 차림), 1932년

하: "정권의 연출가": 동프로이센에 있는 탄넨베르크 기념비에서 히믈러가 슈페어(왼쪽에서 두 번째)와 함께 힌덴부르크 대통령의 장례를 논의하고 있다, 1934년 8월

의 투쟁일인 그날이 "민족 공동체"의 축제일로 바뀌어야만 했다. 새 제국수상은 황제 시절에 이미 열병식 장소로 사용되었던 템펠호프 평원에서 "제3제국"의 첫 번째 대규모 집회를 개최하려고 했다. 슈페어는 재빨리 이것이 새로운 임무가 될 것임을 알아챘다. 이 건축가는 라디오에서 자신의 구상을 설명했다. "우리는 길이가 약 1천 미터인 평원이 필요하고, 총통께서 연설하실 중심부를 눈에 띄도록 만들어서 멀리 있는 사람들도 그 효과를 확실하게 느끼도록 해야 한다고 확신했습니다." 슈페어의 계획에 대해 히틀러는 큰 지지를 보냈다. 다만 슈페어의 옛 스승인 테세노우는 그 구상에 대해 그리 공감하지 못했다. 슈페어가 그에게 도안을 보여 주자, "당신이 무언가를 해냈다고 생각합니까?"라고 건축학 교수는 자신의 옛 조교에게 질문을 던졌다. "이것이 모든 것이라는 인상을 줍니다." 이 건축가가 의도한 것이 바로 그것이었다.

  5월 1일은 슈페어에게만 성공적인 날이 아니었다. 수십만 명의 "국민 동지"들이 참여한 새 정권의 첫 대규모 집회는 결국 슈페어의 연출 덕분에 정권의 위력을 과시한 행사가 되었으며, 남아 있던 적들을 완전히 움츠러들게 만들었다. 식이 보여 준 거의 종교와 같은 아우라는 연대감과 민족 공동체라는 계산된 감정을 북돋워 주었다. 슈페어는 행사가 성공한 뒤에 "국민은 살아 있는 국가의 대들보가 되었다. 때문에 그들의 축제는 단어가 가진 가장 본래적인 의미에서 '국민 축제'이다"라고 정리했다. 슈페어는 첫 검증 시험에 합격했고, 나치 정권은 얼마 뒤에 그를 "선전지도부 내에서 대규모 집회를 예술적으로 형상화하는 부서장"으로 임명했다. 이로써 슈페어는 정권의 연출가로 신분이 격상되었다. 그러나 건축에 관련된 일은 허락되지 않았다. 히틀러에게 있어 "셍켈 이후 가장 위대한 건축가"였던 파울 루드비히 트로스트 교수가 건축을 맡고 있었다. 슈페어의 임무는 우선 무대를 만드는 데 국한되어 있었다. 5월 1일의 축제가 끝나자 슈페어에게 첫 뉘른베르크 전당대회를 위한 "격조 높고 행사에 알맞은 행진 무대"를 만들라는 요청이 들어왔다. 이번에도 당의 권력에 대한 의지가 무대 양식을 통해 표현되어야만 했다. 히틀러는 이 일을 직접 챙기기로 했고, 슈페어에게 뮌헨의 "브라운 하우스"[뮌헨에 위치한 당 본부 건물의 명칭]로 자신을 보러 오도록 명령했다. 처음으로 슈페어가 "총통"을 마주 대하게 되었다. 그러나 이 만남은 예상과는 완전히 다르게 진행되었다. 슈페어가 히틀러의 집무실에 들어섰을 때, 히틀러는 자신의 권총을 소제하고 있었다. "당신이 그린 스케치를 여기 위에 올려놓으시오"라고 히틀러가 슈페어를 쳐다보지도 않은 채 지시를 내렸다. 그런 다음 그는 권총 부품을 옆으로 밀친 뒤 슈페어의 스케치를 살펴보고 나서 간단하게 말을 했다. "좋습니다." 그리고 슈페어는 방에서 나왔다.

비록 히틀러와 슈페어의 첫 만남이 이렇게 짧게 끝났지만, 얼마 뒤에 이 독재자는 젊은 건축가를 기억해 내게 되었다. 히틀러는 베를린의 제국수상 청사를 새로 정비하기로 마음먹었다. 그의 "총애하는 건축가" 파울 루드비히 트로스트가 개축 임무를 맡았다. 하지만 이 뮌헨 출신 건축가는 제국 수도의 건축 시장을 잘 알지 못했다. 때문에 개축 계획을 빨리 완성하기가 어려웠다. 이미 괴벨스의 대관구 청사를 개축할 때 자신의 조직 능력을 증명해 보인 바 있던 슈페어는 이 임무에 안성맞춤인 사람처럼 보였다. 히틀러는 그에게 베를린에서 회사를 선정하는 데 도움을 주고 현장에서 작업을 감독하라는 임무를 주었다. 드디어 슈페어가 "제대로 된" 건축 현장을 갖게 되었다. 진척 상황을 확인하기 위해 히틀러가 거의 매일 현장에 나타났다. 슈페어의 진술에 따르면, 비로소 1933년 말에 그곳에서 히틀러가 그를 주목하게 되었다고 한다. "시찰하는 동안 당신이 나의 주의를 끌었소. 나는 앞으로 내 건설 계획을 맡길 수 있는 건축가를 찾고 있소. 당신도 알다시피, 이 계획은 먼 미래에 진행될 것이기 때문에, 그는 젊어야만 하오. 나는 내가 죽은 뒤에도 내가 부여한 권한을 가지고 계속 작업을 할 수 있는 그런 사람이 필요하오. 나는 그런 인물을 당신에게서 발견했소"라고 히틀러가 이 건축가에게 말했다고 한다.

> 히틀러가 갑자기 건축 현장에 있는 그에게 다가와서 "같이 식사하러 갑시다!"라고 말했는데, 이날은 슈페어의 삶에서 가장 중요한 날이었다. 이 28살의 젊은이가 "총통"의 초대를 받았는데, 당연히 이 사실이 그를 엄청나게 기쁘게 만들었다.
> 기타 시리니, 슈페어 전기 작가

이 독재자는 날씬하고 키가 큰 젊은이에게 분명 호감을 갖고 있었고, 이 젊은이는 그에게 거리감을 느끼고 있었지만 그렇다고 두려워하지는 않았다. 게다가 그는 슈페어를 점심에 초대했다. "물론 나는 이런 예기치 않았던 우호적인 제스처에 기뻤다. 더구나 나는 냉정한 그의 성격 때문에 이런 일을 생각하지도 못했었다"라고 슈페어는 나중에 기술했다. 슈페어가 입은 재킷이 건축 현장의 모르타르에 의해 얼룩이 졌기 때문에, 독재자는 그에게 자신의 재킷을 빌려 주었다. 이는 그가 호의를 가지고 있다는 분명한 증거였다. 식탁에는 히틀러의 충복들이 모여 있었다. 그중에는 선전장관 괴벨스와 제국원수 괴링이 있었는데, 새내기의 등장에 놀란 그들은 불쾌감을 역력하게 드러내며 그를 맞이했다. 슈페어는 최측근에 속한다는 것이, "총통"의 관심을 얻으려고 애쓰고 서로 견제하는 그 최측근의 일원이 된다는 것이 무슨 의미를 갖는지 처음으로 경험하게 되었다. 독재자는 이 무리들 위에 군림하고 있었다. 그는 심복들의 간계를 은근히 칭찬하거나 정확하게 비판함으로써 싸움을 부추기는 것을 좋아했다. 슈페어는 이런 일에 끄덕도 하지 않았다. 그는 28살이었는데, "다년간의 노력 끝에" 마침내 그에게 성공의 문이 열린 것처럼 보였다. "공명심에 가득 찬" 그에게 도덕적인 문제는 전혀 문제가 안 되었다. 그는 건축가였고, 건물을 짓길 원했다. 히틀러를 모시면서 건축 역사를 새로이 쓸 수 있다는 기대가 그에게서 모든 의구심을 몰아냈다. "위대한 건축을 위해서라면 나는 파우스트처럼 내 영혼

> 슈페어는 상류층 출신이었다. 그는 노력하는 젊은 건축가이며, 유명한 건축가인 테세노우의 조교였다. 그는 히틀러 주위에 있는 나치 거물들의 비굴한 스타일을 좋아하지 않았다. 그 자신에 대해 스스로 평가했던 것처럼, 그는 "구겨지는 기질의 사람"이 아니었다.
>
> 그는 객관적인 사람이었고, 뛰어난 조직 능력을 갖춘 재능 있는 사람이었다. 히틀러의 건축에 대한 꿈을 모두 실현시킬 수 있는 것처럼 보였던 한 사람이었다. 매머드급 건축에 대한 몇 시간에 걸친 설계 협의가 히틀러에게 가장 행복한 시간을 가져다주었다. 그리고 슈페어는 이런 호의를 이용해서 자신이 요구하는 권한을, 또한 히틀러에 대한 어느 정도의 독립성을 얻어 냈다. 슈페어처럼 히틀러에게서 뭔가를 얻어 낼 수 있는 사람은 아무도 없었다.
>
> 요하임 페스트, 저널리스트

을 팔 수도 있을 것이다. 이제 나는 나의 메피스토를 찾았다"라고 그는 후에 회상했다.

이제 슈페어는 히틀러로부터 점점 더 자주 식사 초대를 받거나, 긴 산책 코스를 그와 함께 했다. 히틀러와 이 젊은 건축가의 대화는 곧 사무적인 내용에서 사적인 내용으로 바뀌었다. 독재자와 건축가를 이어 준 것은 바로 둘이 공통적으로 갖고 있던 건축에 대한 열정이었다. 이제 슈페어는 한밤중에 부관으로부터 "총통께서 기분 전환이 필요하니" 그에게 새로운 계획을 제출해 달라는 전화를 받게 될 수도 있었다. 야간 회의를 통해서 히틀러와 이 젊은 건축가는 이때까지의 모든 차원을 뛰어넘는 기념비적인 건축물의 비전을 발전시켰다. 그러나 건축에 대한 열정만으로 이 "특이한 우의"를 설명할 수는 없어 보였다. 슈페어가 군수장관이 되었을 때도 히틀러는 이 건축가에게 다른 충복들에게는 결코 보이지 않은 호의를 거듭 보여 주었다. 슈페어도 이에 대해 자신의 회고록에서 직접 언급을 했다. "그와 유사한 우대를 받는 사람은 나 외에는 거의 없었다. 히틀러는 내가 성격상 수줍어하고 말수가 없었음에도 불구하고 내게 분명 특별한 호감을 가지고 있었다. 나는 종종 스스로에게 그가 나를 통해서 자신이 이루지 못한 어렸을 적 위대한 건축가의 꿈을 투사해 보는 게 아닌가 하고 질문해 보곤 했다. 그러나 가끔 보여 주는 히틀러의 완전히 직관적인 태도만으로는 그의 눈에 띄는 호의를 만족할 만하게 설명할 수가 없다." 그렇다면 히틀러의 "눈에 띄는 호의"를 어떻게 설명할 수 있을까? 전문적인 경험과 능력이 모자라는 젊은 건축가에게서 그는 무엇을 본 것일까? 분명 그와 슈페어를 이어 준 것은 건축 예술에 대한 열정 그 이상의 것이었다. 1939년 히틀러는 어느 글에서 그가 슈페어에게 "최고로 따뜻한 인간적인 감정"을 느끼고 있다고 적었다. 당시 외교장관 요하임 폰 리벤트로프의 비서였던 라인하르트 슈피치와 같은 목격자들은 다음과 같이 확인해 준다. "내가 리벤트로프와 함께 처음으로 오버잘츠베르크에 갔을 때, 슈페어가 총통의 호의를 최고로 향유하고 있다는 사실을 내 스스로 확인할 수 있었다. 슈페어가 그곳에 있을 때면 그는 중요 인사가 되었다. 히틀러도 마치 연인이 그를 방문한 것처럼 흥분해 있었다." 심리학자인 알렉산더 미처리히와 같은 많은 사람들이 이런 태도를 보고 "강한 동성애적인 요소"를 볼 수 있다고 주장한다. "이 관계에서 슈페어는 분명 여성 역할을 맡았다. 히틀러가 영감을 주면 그는 결실을 맺었는데, 이것은 히틀러가 그를 수태시킨 것이었다. 히틀러는 그에게 세상을 바쳤다. 보통 이런 제스처는 남자가 여자에게 하는 것이다." 분명한 것은 한 사람에게 감정을 온전히 내보일 수 없었던 히틀러가 마찬가지로 자신의 이웃들에게 항상 거리를 두고 있던 슈페어를 영혼의 동반자로 생각했다는 것이다. 그는 슈페어를 충성스런 추종자이자 재능 있는 건축가로 여겼을 뿐만 아니라 또한 "친구"로 생각했다. 그러두 사람이 같이 일하는 모습은 정말 즐거워 보였다. 그러나 우리 비서들에게는 재앙과 같았는데, 왜냐하면 결재 받을 서류를 들고 2-3일을 기다렸기 때문이었다. "슈페어가 모든 시간을 잡아먹었다"는 말이다. 그럴 때면 아무 일도 진척되지 않았다.
라인하르트 슈피치, 외교장관 요하임 폰 리벤트로프의 비서

슈페어는 대단히 겸손한 사람이었다. 겸손하고 호감이 갔다. 그는 매력적인 사람이었고, 베르크호프에 모인 사람들 중에서 편안하고 호감을 주는 사람이었다.
트라우들 융에, 히틀러 비서

물론 동성애적인 관계에 대한 얘기가 나올 수 있다. 그러나 나는 그런 느낌을 전혀 받지 못했다.
베른트 프라이타크 폰 로링호벤, 참모본부 장교

나 히틀러와 슈페어가 "진정한 친구"처럼 사귀었다는 생각은 말아야 한다. 히틀러가 슈페어에게 매우 호감을 갖고 있었다 하더라도 그를 둘러싸고 있는 냉혹함의 벽을 완전히 허무는 것은 불가능했다. 슈페어가 뉘른베르크 법정에서 히틀러와의 관계에 대해 질문을 받았을 때, 그는 "만약 히틀러에게 친구가 있었다면, 그것은 나였을 것"이라고 대답했다.

그렇다면 슈페어 본인은 어땠을까? 그는 자신의 『회고록』에서 인정한 것처럼 히틀러에게 "빠져 있었다." 그는 히틀러를 처음 만난 순간부터 모든 것이 변했고, 그의 전체 삶이 항상 극도의 긴장감 속에 놓이게 되었다고 적었다. 슈페어와 강도 높은 대화를 나누었던 런던 출신의 작가 기타 시리니는 다음과 같이 확신하고 있다. "히틀러의 의미, 젊은 사람에게 갑자기 말을 건 이 인물 그리고 히틀러의 권력, 이 모든 것이 물론 그들 관계에서 매우 중요했다. 그러나 다른 중요한 요소가 있었다. 이 인물에 대한 존경심을 가지고 있었는데, 아마 연애 감정일 수도 있었다. 그러나 히틀러나 슈페어 모두 결코 동성애자가 아니었는데, 이는 의심의 여지가 없는 것이다. 그러나 그들이 아버지와 아들 같은 관계였을 수는 있었다. 즉, 히틀러는 그를 슈페어 또는 슈페어 씨라고만 불렀고, 이름을 부른 적은 없었다. 전혀 언급한 적은 없었지만, 두 사람은 서로에게 대단한 감정을 가지고 있었다." 히틀러는 그러면서 그가 자신의 젊은 건축가와 함께 위대한 일을 계획하고 있다는 것을 믿어 의심치 않았다. 트로스트 교수가

1934년 1월 21일에 사망했을 때, 당원 한 명이 슈페어에게 "이제 당신이 1인자입니다!"라고 축하 인사를 건넸다.

그로부터 얼마 지나지 않은 1934년 초에 히틀러는 슈페어에게 뉘른베르크 전당대회지구에 대한 기획안을 준비하도록 맡겼다. 이로써 슈페어는 매년 성대하게 개최되는 당 행사의 "주임 연출가"에서 전체 시설을 총괄하는 건축가로 승격했다. 제펠린 평원에 나무로 만들어진 가설무대를 단단한 시설물로 바꾸어야 했는데, 이것이 슈페어가 처음으로 만든 석조 건축물이었다. 그의 계획은 요구했던 수준을 훨씬 뛰어넘는 것이었다. 뮌헨 출신의 대 건축가의 미망인인 게르디 트로스트에 따르면, 건조물의 길이가 1백 미터는 되어야 한다고 히틀러가 요구했을 때, 슈페어는 이에 대해 반대하면서 "2백 미터는 되어야 합니다, 총통 각하!"라고 말했다. 뉘른베르크에 만들어질 연단은 로마의 카라칼라 공중목욕탕 길이의 거의 두 배가 되는 것이었다. 히틀러는 열광하며 과대망상적인 이 석조 건축물을 승인했고, 건축 작업은 즉시 시작되었다.

슈페어는 원하는 효과를 내는 본능적인 감각으로 가을 전당대회를 새로이 연출했다. 이 장관의 하이라이트는 "빛의 돔"이었다. 약 15만 명이 운집한 사람들 주위로 12미터 간격으로 배치된 150개의 스포트라이트가 밤하늘에 몇 킬로미터 높이까지 빛줄기를 쏘아 올렸다. 공식 전당

> 그는 히틀러의 인품에 사로잡혔다. 상대적으로 젊은 사람으로서 매우 막중한 책임을 지게 되고 권력에 다가설 수 있었기 때문에, 그는 그런 점에 사로잡히게 되었다.
> 존 K. 갤브레이스, 1945년 슈페어를 심문한 장교

> 히틀러는 내 아버지를 재능이 많은 젊은이로 보았는데, 아버지는 그런 사람이 되고 싶어 했다. 확실히, 이것은 두 사람이 서로 의지하게 된 것을 설명하는 근본적인 동기이다.
> 알베르트 슈페어 주니어, 슈페어 아들

> 총통께서 우리들에게 뉘른베르크 제펠린 평원의 설계도를 보여 주셨다. 정말 장엄했다. 유례가 드문 웅대함이었다. 슈페어가 일을 잘했다.
> 1935년 12월 20일자 괴벨스의 일기 중에서

> 국가사회주의노동당이 정치적 도구로서 만든 이 행진이라는 형식을 생각하지 않고서는 이 건축 양식을 이해할 수가 없다.
> 뉘른베르크 제국전당대회지구에 대해 슈페어가 한 말

"성스러운 소나기": 슈페어가 고안해 낸 "빛의 돔," 1937년 국가사회주의노동당 뉘른베르크 전당대회장 모습

대회 소식지는 "이날 저녁에 참석한 모든 사람들이 성스러운 소나기를 맞으며 독일이라는 신화를 그들의 가슴속에서 느꼈는데, 이는 오직 독일 혈통만이 완전히 이해할 수 있는 것이다"라는 찬사를 보냈다. 슈페어는 자신이 생각해 낸 이 작품을 나중에 아무런 의도 없이 "자신이 작업한 가장 아름다운 공간 창출"이라고 불렀다. 항상 그의 임무를 "비정치적"이라고 했던 그는 사람을 유혹하는 도구를 만들었다. 이 도구는 사람을 현혹하는 상징이 되었다. 물론 슈페어는 국민들을 유혹하는 데 자신도 책임이 있다고는 결코 생각하지 않았다고 주장했다. "나는 당시에 감격했다"고 말하면서 "아무 생각 없이 히틀러를 사방팔방으로 쫓아다니

는 데" 주저하지 않았을 것이라고 덧붙였다. 유혹하는 도구를 만든 사람이 스스로는 유혹을 당했다는 느낌을 가졌다. 히틀러의 "최고 건축가"로서 그는 건축주의 생각에 복종할 준비가 되어 있었다. 그리고 그는 건축주로부터 거대한 건물을 지을 수 있는 기회를 제공받았다.

슈페어의 절대 복종은 히틀러에 의해 보상을 받았다. 1936년 여름, 히틀러는 그에게 베를린에 대한 전체 프로그램을 구상하는 임무를 맡겼다. 이 계획은 우선은 비밀에 부쳐졌다. "권력 장악" 기념일인 1937년 1월 30일에 슈페어는 "제국수도 건설총감독관"으로 임명되었다. 슈페어는 새 관직에 대해 광범위한 전권을 부여받았다. 그는 당이나 제국 관청 소속이 아니었고, 히틀러 직속으로 그에 대해서만 책임을 졌다. 독재자에게는 슈페어를 신뢰하지 않을 이유가 없었다. 그사이 31살이 된 이 건축가는 오래전부터 충실한 종복이 되어 있었다. 히틀러는 트로스트 교수로부터는 항상 자신이 제자라는 느낌을 받았다면, 슈페어에게서는 마침내 자신의 "건축적 재능"을 펼칠 수 있었다. 이 시기에 만든 다큐 영화가 슈페어와 "총통" 사이의 관계를 보여 준다. 두 사람이 건축 현장에 들어선다. 슈페어는 히틀러에게 건축 설계도에 대해 설명한다. 히틀러가 연필과 종이를 건네도록 한다. 종이를 무릎에 대고 그가 스케치를 그리기 시작한다. 슈페어가 옆에서 "대가"가 하는 일을 집중하며 바라본다. 이어서 이 대가가 그의 손에 스케치를 쥐어 준다. "그렇게 일이 이루어졌다." 그럼에도 불구하고 히틀러는 슈페어를 확실히 "천재적"이라고 생각했다. 한번은 슈페어가 히틀러에게 건축가로서의 자신의 능력에 대해 의구심을 나타내자, 히틀러는 질투 섞인 목소리로 "아 이런, 당신은 항상 해낼 겁니다"라고 말했다.

베를린을 새롭게 만들기 위해 히틀러는 이 건축가에게 — 그가 말한 나의 1937년 1월 30일자 명령에 의거하여, 나는 공학사 건축가 알베르트 슈페어 교수를 제국수도 건설총감독관으로 임명한다.
히틀러의 지시, 1937년 1월 30일

슈페어가 베를린의 재건을 위한 임무를 부여받았다. 건설총감독관. 좋은 일이다. 그는 분명 이 일을 해낼 것이다. 우리 모두 함께 매진할 것이다.
1937년 1월 31일, 괴벨스의 일기 중에서

백화점이나 은행 및 대기입의 사무용 건물이 도시의 인상을 좌우해서는 안 되고, 총통의 건물이 이를 좌우해야 한다.
슈페어

것처럼 바빌론과 고대 이집트의 건축 역사만이 이와 비견될 수 있는 ― "미증유의 대형 건축"을 의뢰했다. 그것이 새로운 세계 수도 "게르마니아"였다. 과대망상이나 다름없는 이 계획을 위해 건축가와 건축주는 향후 수십 년을 투자해야 했다. 설계도와 청사진 위로 몸을 구부린 채 셀 수도 없이 많은 스케치에 둘러싸여 두 사람은 ― 대개는 밤에 ― 흥분된 목소리로 베를린의 새로운 모습에 대해 얘기를 나누었고, 실제로 이 거대한 계획을 발전시켜 나갔다. 이때 종종 슈페어가 히틀러의 영감을 넘어서는 생각을 하기도 했고, 거대한 건축물을 특히 좋아하는 자신의 기호를 흘러넘치는 무한의 상상력으로 풀어내기도 했다. 슈페어의 회상에 따르면, 심지어 히틀러조차도 너무나 과도하게 구상된 설계 때문에 잠깐 동안 쇼크를 받기도 했다고 한다.

"게르마니아"의 출발점은 중앙을 가르는 남북 축선이었는데, 폭이 120미터나 되는 이 축선은 "세계 수도의 화려한 중심가"가 될 예정이었다. 파리의 개선문보다 약 5배나 큰 엄청난 크기의 개선문과, 마찬가지로 엄청난 크기의 돔 양식의 건축물이 중심축선의 출발점과 마지막에 웅장한 모습을 드러내게 되어 있었다. 220미터 높이의 이 건물 꼭대기 장식물에 "독수리가 하켄크로이츠 위에 서 있어서"는 안 된다고 히틀러는 이 건축가에게 말했다. "세계에서 가장 큰 이 거대한 건물의 대미는 지구의 위에 앉아 있는 독수리가 장식해야 합니다." 그 건물 앞에 조성되는, 백만 명을 수용할 수 있는 거대한 광장에서는 장차 당의 중요 행사, 국가 기념일, 그리고 "승전 행사"를 치를 예정이었다. 슈페어는 돔 양식의 강당 건물 옆에 "총통궁"을 배치했는데, 이 건물에 들어서는 사람들이 "세계의 주인을 방문하는" 느낌을 받도록 구상을 했다.

그러나 우선 "게르마니아"를 만드는 데 필요한 공간을 확보해야만 했다. 5만 2천여 채의 건물이 "총통의 건축물"에 자리를 내줘야 했고, 전체 구역이 해체되어야 했다. 전체 베를린 주택의 약 4퍼센트가 그에 해당되었다. "해체 대상 주택 세입자"들에게 대체 주택을 제공하기 위해 해결책을 빨리 찾아야만 했다. 1938년 9월 14일자 내부 협의 회의록에는 다음과 같이 적혀 있다. "…슈페어 교수는 강제적으로 유대인들을 내쫓아 필요한 대규모 주택 수요를 확보하자는 제안을 했다."

1939년 1월 초에 "이주 책임 부서"가 만들어졌는데, 이 부서는 해당 지역의 모든 주택을 등록하고 거주자들에게 대체 숙소를 지정하는 임무를 갖고 있었다. 슈페어 휘하의 새 행정기관은 1939년 초부터 23,765채의 이른바 유대인 주택을 등록했다. 1939년 4월에 공표된 "유대인과의 임대차 관계법"은 유대인 세입자들을 "주택에서 소개"시키고 "유대인 거주지"로 이주시킬 수 있는 법적 토대를 제공했다. "제국수도 건설총감독관" 알베르트 슈페어에게 "선매권 내지 새로운 첫 번째 임대계약에 대한 결정권"이 주어졌다.

슈페어는 1940년 11월 27일에 전보를 통해 부서장으로부터 "유대인 주택 1천 채에 대한 소개 작업 진척 상황"을 보고받았다. 건설총감독국 연감 1941년 8월 26일자에는 다음과 같이 기록되어 있다. "슈페어의 지시에 따라 유대인 주택 5천 채에 대한 추가 소개 작전이 시작되었다. 전시 상황에 따른 모든 어려움에도 불구하고, 최대한 빨리 유대인 주택을 정비하고 긴급 소개 지역에 있는 해체 대상 주택 세입자를 이전시키기 위해 기존 부서의 규모가 커졌다." 이 지시가 실제로 어떻게 집행되었는

상: "마치 연인이 온 것처럼 흥분했다": 종종 하루 종일 진행된 회의에서 히틀러와 이 건축가는 기념비적인 건물에 관한 엄청난 비전을 발전시켜 나갔다
하: "비길 데 없는 웅장함": "세계 수도 게르마니아"에 대한 슈페어의 계획은 웅장함을 기괴한 수준으로 격상시켰다. "대강당" 모형 건물 쪽을 바라본 조망

"그렇게 일이 이루어졌다": 슈페어는 히틀러가 가진 건축에 대한 생각을 무조건 따를 준비가 되어 있었다

> 동서 축선에 대한 협의가 예전에 있었다. 그때 히틀러가 갑자기 다음과 같이 말했다. "맙소사! 도대체 이 보기 흉한 승전 기념탑을 어떻게 할 거죠? 우리는 이 탑을 없앨 수 없습니다. 이 탑은 그야말로 역사적인 기념비니까요. 그렇지, 슈페어, 내게 연필과 종이를 줘 보세요! 뭔지 생각해 봐요? 우리는 이 기념탑을 더 높게 만드는 겁니다. 그러니까 하나 내지 두 개의 원통형 기둥을 더 끼워 넣는 거지요." 그렇게 일이 이루어졌다.
>
> 라인하르트 슈피치, 외교장관 요하임 폰 리벤트로프의 비서

지에 대해서 베를린 출신의 베르너 크리쉬가 증언하고 있다. 부모 형제와 함께 그는 당시 뵈초우 가(街) 53번지에 살고 있었다. 1941년 10월 27일 오후 11시 30분경에 게슈타포가 그곳에 들이닥쳤다. "꼭 필요한 것만 챙겨 가방을 꾸리라는 지시가 우리에게 떨어졌다. 다른 모든 것은 그대로 놔두어야만 했다. 이런 식으로 우리는 집에서 쫓겨났다." 같은 날 저녁에 크리쉬 가족은 집 열쇠를 내주어야만 했다. 게슈타포는 값나가는 귀중품을 모두 압류했다. 레베초우 가에 있는 유대인 교회당에는 막 "주택에서 소개당한" 유대인 거주자들이 모였다. 나중에 가족들은 화물차에 실려 그루네발트 역으로 보내졌다. 열차가 그들을 폴란드 우치로 날랐다. 베르너 크리쉬는 그의 부모 형제를 다시는 만나지 못했다. 그는 4명의 가족 중 유일하게 홀로코스트에서 살아남았다.

신축 지역에서의 유대인 거주자에 대한 "이

> 총통의 건축은 국가사회주의적이어야 한다. ... 건축은 총통에게 있어 심심풀이 소일거리가 아니라 국가사회주의 운동에 대한 의지를 돌의 형태로 특별하게 표현하도록 만드는 진지한 작업이다.
> 슈페어
>
> 총통께서는 완전히 건축 계획에 빠져 있다. 슈페어는 그에게 아주 도움이 되는 사람이다. 베를린은 기념비적인 모습을 갖게 될 것이다.
> 1937년 4월 7일자 괴벨스의 일기 중에서
>
> 아버지가 할아버지에게 베를린에 대한 자신의 계획을 보여 주었다. 할아버지는 머리를 절레절레 흔들며 "너희들 모두 미친 것 아니냐"라고 말했다.
> 알베르트 슈페어 주니어, 슈페어의 아들

주"와 "주택 소개(疏開)"는 일련의 조치들의 시작이었는데, 이 조치의 절정을 이룬 것은 베를린 유대인들에 대한 소멸 조치였다. 이로써 슈페어가 자칭 "비정치적인" 건축의 영역에서 정치의 영역으로 넘어서고, 따라서 정권의 범죄 영역으로 넘어서는 것이 최종적으로 완료되었다. 그 스스로는 이 시기에 대해 다음과 같이 적었다. "내 주위에 있는 유대인, 프리메이슨 단원, 사회민주당원 또는 여호와의 증인 들이 마치 짐승처럼 취급받는다는 얘기를 들었을 때, 나와는 무관한 일이라고 틀림없이 느꼈을 것이다. 나는 내가 직접 그 일에 관여하지 않은 것으로 충분하다고 생각했다." 처음으로 알베르트 슈페어는 국가사회주의가 저지른 범죄에 연루되었고, 그리고 그 책임을 "자신의 주위 사람들"에게로 전가했다. 그러나 범행을 저지른 자와 공모한 자만 죄가 있는 것이 아니다. 무슨 일이 벌어질지 알면서도 묵과한 사람들 그리고 더 이상 알려고 하지 말아야 한다는 사실을 잘 알고 있을 정도로 충분히 알고 있었던 사람들도 죄가 있는 것이다. 그가 봉사한 정권의 범죄적인 특성에 대해 알베르트 슈페어는 항상 눈을 감았던 것처럼 보인다. 슈페어는 자신의 『슈판다우 일기』 초판에서 유대인에 대한 점증하던 박해 행위에 대해서 한 마디도 하지 않았다. "제국 수정의 밤"이라는 이름으로 역사에 기록된 1938년 11월 9일에 대해서도 아무 기록도 하지 않았다. 자신의 『회고록』 2판에 가서야 비로소 그에 대한 구절이 나온다. 하지만 저널리스트 기타 시리니가 고백한 것처럼, 이것도 이 책을 출판한 폴프 욥스트 지들러의 희망에 따라 그가 추가한 것이었다.

> 베를린 유대인들의 비극적인 운명을 생각해 보면, 부족하고 실패했다는 느낌을 억누를 수 없다.
> 슈페어, 1981년

> 10월 18일부터 11월 2일까지의 기간 동안 베를린에서 약 4,500명의 유대인이 소개되었다. 이를 통해 추가적으로 1천 채의 주택을 확보해 건설총감독관이 자유롭게 사용할 수 있게 되었다.
> 베를린 건설총감독국 연감, 1941년 11월

> 유대인 살해에 대해 나는 아는 바가 없다.
> 슈페어

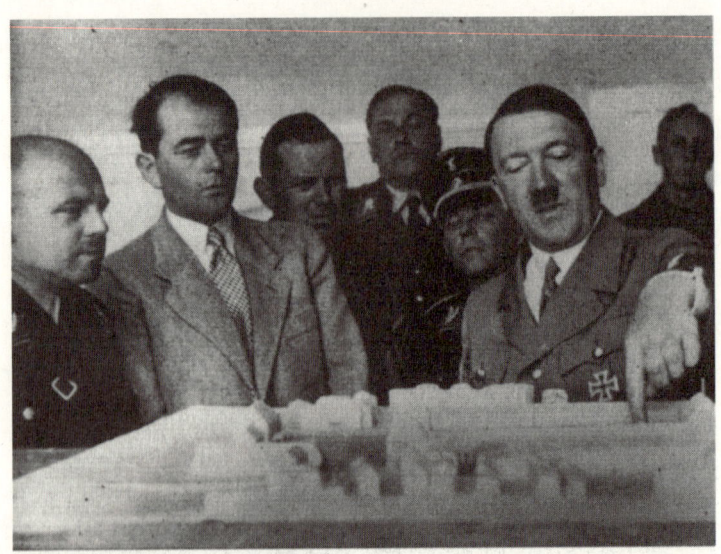

상: "2백 미터는 되어야 합니다, 총통 각하": 히틀러는 열광하며 과대망상적인 이 석조 건축물을 승인했다
하: "건축물로 표현된 자기과시욕": 슈페어가 설계한 베를린 제국수상 청사 상량식, 1938년 8월

"전례 없는 성과": 얼마 전에 완공된 제국수상 신(新)청사를 둘러보고 있는 보어만, 히틀러 부관 샤웁, 히틀러와 슈페어, 1939년 초

> 슈페어가 대규모로 자행된 유대인 섬멸에 대해 알고 있었다는 엄청난 양의 증거가 있다. 그가 죽기 몇 달 전에 나는 다시 한 번 그에게 이에 대한 질문을 했는데, 아마도 이 질문이 그를 약간 곤란하게 만든 것 같았다. 어쨌든 그는 갑자기 피로에 지친 것 같은 목소리로 대답했다. "아, 내게 이처럼 대답할 수 없는 질문을 계속 던지면 안 됩니다." 이 말이 내게는 그가 실토한 것과 다름없다고 여겨졌다.
> 요하임 페스트, 저널리스트

1938년 초, 히틀러는 기쁜 마음으로 건축가에게 처리해야 할 "긴급한 임무"가 있다고 알렸다. 그가 집권 후에 옮겨 간 제국수상 청사는 "비누 회사에나 적합"하지 "역사상 가장 위대한 건축물 중의 하나"는 아니었다. 그는 건축가에게 "넓은 홀과 방을 갖춘" 신청사를 지어 줄 것을 요구했다. 비용은 이 건축주에게 "문제가 아니었"지만, 공사는 1년 뒤인 1월 10일 외교단 신년 하례식에 사용할 수 있도록 완료되어야 했다. 공사 기간이 너무 빡빡하게 주어졌지만, 슈페어는 히틀러에게 자신의 조직 능력을 마지막으로 증명할 수 있는 도전에 나서기로 했다. 그는 그날 밤에 벌써 건축 설계도를 작성하는 데 착수했다. 특히 그를 괴롭게 만든 것은 길게 늘어진 모양의 대지였는데, 전면부가 360미터나 되었다. 필수적인 사전 설계를 거친 뒤에 슈페어에게 남아 있는 순수 공사 기간은 9개월이 채 못 되었다. 그는 미친 사람처럼 건축 공사를 몰아붙였고, 2개 조로 투입될 4,500명의 인부를 대 줄 것을 요구했다. 당시 건설총감독국에서 슈페어와 매우 가까웠던 직원 빌리 셸케스는 다음과 같이 기억하고 있다. "그는 건물 뼈대 공사를 한 회사에게만 맡긴 것이 아니라 셋에서 다섯 회사에 맡겨서, 각각 다른 곳을 동시에 작업하도록 했다." 슈페어는 정말로 "제국수상 신청사"를 요구한 시간 내에 완공하는 데 성공했다. 마지막 몇 주 동안에는 8천 명 이상의 인부가 건축 현장에 투입되었다. 기한 종료 이틀 전에 있은 준공 검사에 슈페어는 "총통"을 자랑스럽게 초대했다. 총통은 이 건축가의 성과에 깊은 인상을 받았으며, 칭찬을 아끼지 않았다. 신청사는 "새로운 위대한 독일제국의 첫 번째 건축물"이며 "수 세기를 견뎌 낼 것"이라고 했다. 이 작품은 "전적으로 천재적인 건축가의 공로이고, 그의 예술적 재능의 공로이며, 그가 가진 전례 없는 조직 능력의 공"이라고 하며, "천재적인 건축가이자 창작가인 알베르트 슈페어"를 칭송했다. 슈페어의 구상에 따라 만들어진 유일한 이 대형 건물의 흔적은 오늘날 그 어디에도 남아 있지 않다. 신청사는 히틀러의 "천년 제국"과 함께 1945년에 붕괴되었다. 컬러사진과 선전 영화가 독재자의 세계 지배에 대한 광기에 틀을 제공해 줄 건물의 화려함을 보여 준다. 방문자는 빌헬름플라츠에 있는 정문을 통해 기둥으로 둘러싸인 안마당으로 들어섰다. 이 안마당의 끝은 계단을 통해 소규모 응접 홀로 이어졌다. 약 5미터 높이의 양쪽으로 여는 대문이 모자이크 홀로 가는 길을 열어 주었다. 둥근 원형 공간을 지나면 방문객은 145미터 길이의 회랑에 도착했는데, 이 회랑은 슈페어가 베르사유의 거울의 방 느낌이 나도록 만든 것이었다. 특히 건축주가 기뻐했던 것은 이 회랑이 역사적인 모범으로 삼았던 베르사유의 그것보다 두 배 이상 길었다는 점이었다. 슈페어는 건물의 내부 인테리어에도 공을 들였다. 약 400평방미터

> 제국수상 청사 공사는 상대적으로 짧은 기간에 완성해야 하는 어려운 임무였다. 이 일은 슈페어가 대단한 조직가였기 때문에 비로소 가능했다. 예를 들어 그는 건물 뼈대공사를 한 회사에게만 맡긴 것이 아니라 셋에서 다섯 회사에 맡겨서, 각각 다른 곳을 동시에 작업하도록 했다.
> 빌리 쉘케스, 슈페어 부서 소속 건축가

> 이것은 아직까지 존재한 적이 없었습니다. 나도 건축을 알기 때문에 이게 무엇을 의미하는지 압니다! 이것은 유일무이한 성과이며, 여기에 참여한 개개인은 오늘 이를 자랑스러워해도 됩니다! 또한 이것은 독일 국민의 능력을 보여 주는 상징입니다!
> 히틀러가 신청사 개관식에서 한 연설, 1939년 1월 9일

> 식사 후에 총통께서는 우리에게 신청사를 보여 주셨다. 신청사는 전체 시설을 볼 때 압도적이었다. 이것은 슈페어가 만든 걸작이었다.
> 1939년 1월 20일자 괴벨스의 일기 중에서

> 한번은 그가 내게 자기가 만든 건물 중 한 곳에 설치된 지구의에 대해 뭔가 설명을 했다. 그리고 내가 말했다. "맙소사! 정말로 당신은 그것으로 인해 히틀러가 세계를 정복하려고 했던 것을 눈치 채지 못했단 말입니까?" 슈페어가 대답했다. "그런데 도대체 이해를 못하시는군요. 나는 정말로 그가 세계를 정복하기를 원했다고요!" 물론 슈페어는 그 당시에 히틀러가 어떤 방법을 택할지 그리고 그 와중에 얼마나 많은 범죄를 저지르게 될지에 대해서는 몰랐다.
>
> 기타 시리니, 슈페어 전기 작가

나 되는 히틀러의 집무실에 배치된 책상은 특히 이 독재자의 마음에 들었다. 책상 표면에 새긴 조각은 칼집에서 꺼낸 칼을 형상화했다. 히틀러는 "좋습니다, 좋아요"라고 말하며 흡족해했다. "이것을 내 앞에 앉는 외교관들이 본다면 두려움을 느끼게 될 것입니다."

바로 그것이 그가 의도하던 바였다. 오래전부터 이 독재자는 팽창 정책을 목표로 했다. 1938년 3월, 그는 독일 국방군이 오스트리아로 진군하도록 했고, 이어서 "합병"을 완성했다. 1년 후에 히틀러는 체코슬로바키아를 쳤다. 1939년 여름에 그는 결국 항상 의중에 두고 있었던, 이유도 없는 전쟁을 시작했다. 1939년 9월 1일 독일군이 폴란드를 침략했을 때, 슈페어는 전혀 놀라지 않았다. 그는 1979년 기타 시리니와의 대화에서 "물론 나는 그가 세계 지배를 열망하고 있다는 것을 너무나도 잘 알고 있었다"고 인정했다. "오늘날 많은 사람들이 이해하지 못하는 것은 그 상황이 나에게는 최상이었다는 점이다. 오로지 내가 짓는 건축물에 관한 의미에서 말이다. 만약 히틀러가 독일에만 안주하고 있었다면 내 건축물은 기괴하게 보였을 것이다. 내가 정말로 바랐던 것은 이 위대한 인물이 지구를 지배하는 것이었다."

전쟁 옹호자로서 슈페어는 전쟁에 일정 부분 기여하는 것을 의무로 느끼고 있었다. 그는 히틀러에게 건축 현장 노동자들 중에서 특임 기술 부대를 조직해 도로 건설과 교량 재건에 투입하자는 제안을 했다. 그러나 군 최고 통수권자인 히틀러는 군에 특임 기술 부대를 투입하는 것을 허락하지 않았다. 대신 그는 슈페어에게 공사를 계속 진행하라고 명령했다. 슈페어는 "총통"의 지시를 무시하고는 베를린과 뉘른베르크에서 진행중이던 공사를 중지시켰다.

그 후 몇 달 동안 히틀러의 "총애하는 건축가"는 점점 더 뒷전으로 밀려났다. 히틀러가 베를린이나 오버잘츠베르크로 올 때마다 자신이 좋아하는 주제에 대해 논의하기 위해 슈페어를 부르기는 했지만, 슈페어는 군사적 조언을 하는 것에서는 완전히 배제되어 있었다. 그는 1939년 말에 서부 독일에 "총통" 사령부를 건설하라는 임무를 받고 나서야 비로소 히틀러의 다음 전쟁 목표를 알게 되었다. 후에 슈페어가 고백하기를, "프랑스에서 신속하게 승리한 뒤에, 나는 히틀러가 이미 독일 역사에서 가장 위대한 인물 중 한 사람이 되었다는 것을 확신하게 되었다." 슈페어만 그렇게 생각한 것은 아니었다. 성공적인 프랑스 원정 이후 베를린을 가로질러 진행된 히틀러의 승리 퍼레이드는 개선행진이었다. 빌헬름 카이텔 장군의 견해에 따르면, 수십만 명의 군중들이 "역사상 가장 위대한 최고 지휘관"인 히틀러를 환호하며 맞았다. 1940년 6월 22일, 콩피에뉴 숲에서 항복문서가 조인되었을 때, 히틀러는 자신의 생애에서 "가장 행복한 날"이라고 말했다. 며칠 후에 그는 자신의 건축가에게 "며칠 뒤에 파리로 갈 것입니다. 당신이 같이 가면 좋겠습니다"라고 기분 좋게 말했다. 촬영된 필름에는 6월 23일 새벽 프랑스 수도를 둘러보고 있는 히틀러의 "여행단"이 보인다. 명소들을 잠깐 들른 이 시티 투어는 아침 9시에 몽마르트 언덕에서 일찌감치 끝이 났다. "파리를 둘러보는 것은 나의 꿈이었습니다. 오늘 그 꿈이 이루어져서 얼마나 행복한지 말로

"베를린이 완성되면 파리는 그림자에 불과하게 될 것이다.": 히틀러를 수행한 수행단의 일원으로 파리에 온 슈페어, 1940년 6월 23일

표현할 수가 없습니다"라고 히틀러는 슈페어에게 말했다. 같은 날 저녁, 다시 오버잘츠베르크 산장에서 그는 자신의 건축가에게 베를린 공사를 재개하라고 지시했다. 그의 수도는 파리보다 더 아름다워야 했다. 이 독재자는 "베를린이 완성되면 파리는 그림자에 불과하게 될 것이다"라고 공표했다.

> 3월 1일에 총통께서 파리저 플라츠에 있는 모형 전시홀을 방문하셨다. 슈페어 씨가 작업할 준비가 끝났다고 설명한 대강당의 새 모형과 신작으로 주변의 건축물들을 보여 주었다.
> 베를린 건설총감독국 연감, 1941년

1941년 6월, 히틀러가 소련을 침공했을 때, 슈페어는 처음으로 의구심을 가졌다. 군 최고 통수권자가 "화강암과 대리석을 우리가 원하는 만큼 거기서 가져오게 될 것입니다"라고 낙관론을 폈음에도 불구하고, 슈페어는 회의적이었고, 그래서 전략상 중요하지 않은 모든 공사를 일시 중단하자는 새로운 제안을 했다. 그러나 히틀러는 그 말을 듣자마자 다시 베를린 공사를 모든 수단을 동원해서 추진하라고 요구했다. 1941년 겨울, 독일군이 모스크바 앞에서 진군을 멈추고 있었을 때에도 히틀러는 완고했다. "전쟁 때문에 내 계획이 방해받아서는 안 된다." 그러나 슈페어의 건설총감독국은 "슈페어 건설지휘부서"로 개칭되고, 이로써 더 이상 베를린의 새 건축물만을 담당하는 부서가 아니게 되었다. 전쟁 발발 이후 슈페어는 육군과 공군에 대한 공사 주문도 맡기 시작했다. 1941년 말에 그는 전략적으로 중요한 프로그램에 투입된 2만 6천 명의 인부들을 책임지고 있었다.

슈페어는 후에 "이 시기에 나는 전쟁에 작은 기여를 할 수 있어서 매우 자랑스러웠다. 이로써 나는 히틀러의 평화 시의 계획을 위해서만 일하지 않는다는 생각에 마음이 진정되었다"라고 적었다. 곧 그는 "전쟁에 작은 기여" 이상을 할 수

> 전쟁에도 불구하고 평화 시를 위한 건축물 공사는 1941년 12월까지 계속되었다. 그리고 러시아에서 겨울 재앙을 겪고 나서야 비로소 이 공사가 중단되었다.
> 뉘른베르크에서의 슈페어의 진술, 1946년 6월 19일

있게 되었다.
 1942년 1월 30일, 슈페어는 드니프로[우크라이나 중남부에 위치한 도시]로 날아갔다. 자신의 건설지휘부서가 우크라이나의 이 도시에서 철도 시설 보수를 담당하게 되었는데, 이 시설은 소련군이 퇴각하면서 파괴해 버린 것이었다. 슈페어는 작업을 감독한 뒤 2월 초에 베를린으로 돌아갈 생각이었다. 그러나 계속되는 눈보라 때문에 돌아가는 일정이 계속 연기되었다. 마침내 2월 7일에 비행기가 출발했다. 그러나 알베르트 슈페어가 목적지를 마음대로 정할 수는 없었다. 이 비행기는 친위대 상급 부대장인 제프 디트리히 장군 휘하에 소속되어 있었는데, 그는 "추가 승객"인 슈페어에게 자리를 제공했을 뿐, 자신은 동프로이센의 히틀러 사령부로 가고자 했기 때문이다. 그래서 1942년 2월 7일 오후에 슈페어가 뜻밖에도 히틀러가 있는 늑대성채에 내리는 일이 벌어졌다. 슈페어가 이틀 뒤에 동프로이센에서 베를린으로 떠날 때, 상황은 이전과 전혀 딴판이었다.

 "나는 독일 제국과 국민의 총통이신 아돌프 히틀러에게 충성을 다하고, 독일 국민의 안녕을 위해 나의 역량을 다하고, 법을 준수하며, 내게 주어진 의무를 성실하게 완수하고, 누구에게나 공정하게 나의 직무를 수행할 것을 맹세합니다." 이 선서와 함께 36살의 알베르트 슈페어는 공식적으로 "병기 및 군수품 제국장관"으로 임명되었다. 2월 8일 아침에 프리츠 토트가 비행기 추락으로 숨졌고, 놀랍게도 사고로 숨진 군수장관의 후계자로 슈페어가 임명되었다. 이로써 슈페어는 나치 제국에서 가장 중요한 지도급 인물 중의 한 명이 되었다. 그는 토트의 후임으로서 군수장관 직위뿐만 아니라 "독일 도로 분야 총감독관," "수자원 및 에너지 총감독관," "4개년 계획 건설 경제 분야 전권 대리인," "4개년 계획 특별 문제에 관한 총감독관," "국가사회주의노동당 기술 분야 본청 청장," "국가사회주의 독일기술연맹 회장"의 직위를 넘겨받았다. 그 외에도 기존에 그가 이미 보유하고 있던 직위도 그대로 유지했다. 1942년 2월 15일, 슈페어가 "총통"에게 선서를 할 때만 해도, 그가 몇 년 뒤에 히틀러와 갈라서게 되리라고는 생각지도 못했다. 여전히 그의 조직 능력은 자신의 새로운 임무를 능숙하게 처리하기에 충분했다. 그는 히틀러를 예방하는 자리에서 그에게 "군수 분야에서 기적을 이루어 내겠다"고 약속했고, 군수부를 전체 전시경제를 조정하고 관리하는 컨트롤 타워로 재편하겠다고 설명했다. 이를 위해서 그는 우선 부처 내 직원들의 신임을 얻어야만 했다. 이는 결코 쉬운 일이 아니었다. 토트는 매우 인기 있는 사람이었고, 후임인 그는 경험도 일천하고 무능력하다고 여겨졌다. 파리저 플라츠에 있는 군수부 안마당에서 행한 첫 인사말을 통해서 슈페어는 공개적으로 직원들의 호의를 얻고자 했다. "나는 특별히 여러분들에게 부탁드립니다. 저를 오래 근무한 직원 여러분의 동료로서 받아들여 주십시오. 그럼으로써 여러분은 나의 신뢰를 얻게 되고, 우리 총통께서 하신 것처럼, 나는 여러분의 개인적인 근심 걱정을 나 자신의 일처럼 생각할 것입니다." 그러나 가장 고참 직원인 크사버 도르쉬의 대답은 분명했다. "토트 박사

> 물론 나는 이미 몇 년 전부터 히틀러 "궁정"의 일원이었다. 그러나 모든 일이 갑자기 어떤 식으로 바뀌게 될지 아무도 모르는 일이었다. 특히 내가 임명된 순간부터 우리 관계에 변화가 있었다. 내가 그의 건축가로 일했던 시기에는 우리 관계가 애정이 두텁고 매우 친밀한 관계였던 반면 — 아마 그와의 관계가 친밀할 만큼 친밀했다고 할 수 있을 것이다 —, 1942년 2월 8일 그날 아침 이후로 그는 나와 거리를 두었고, 나를 차갑게 대했다. 자유로움은 물론 편안함이 완전히 사라져 버렸다.
>
> 슈페어, 1979년

> 총통께서는 슈페어를 토트의 후임으로 임명하셨다. 그가 죽은 토트의 위대한 유산을 그의 뜻과 계획에 맞게 관리할 자격이 있는 유일한 인물임은 의심할 나위가 없다.
> 1942년 2월 10일자 괴벨스의 일기 중에서

님은 우리들의 무한한 신뢰를 받으셨습니다. 신뢰는 저절로 생기는 것이 아니라, 획득해야만 합니다."

이런 거부에도 불구하고 슈페어는 미친 사람처럼 새로운 임무에 몰입했고, 무기 종류와 생산 수량에 대해 공부를 했으며, 심지어 전차 모는 법을 시범 보이기까지 했다. 슈페어는 후에 "엄밀하게 말해서, 나라를 전시경제 체제로 전환하는 것이 관건이었다"고 적었다. 이 목표를 달성하기 위해서 그는 우선 엄청난 반대를 극복해야만 했다. 특히 그의 "최대 라이벌"인 히틀러의 비서 마르틴 보어만과 "제국원수" 헤르만 괴링은 "초보자"에게 선수를 빼앗기려고 하지 않았다. 그러나 히틀러는 이 신임 장관을 전적으로 지원했다. 슈페어는 착실하게 자신의 관할권은 확대하고 정적들의 관할권은 축소시켜 나갔다. 국방군 최고사령부 소속 경제 및 군수국의 1943년 3월 23일자 서류의 메모에는 다음과 같이 기록되어 있다. "슈페어는 오늘 단독으로 무언가 할 말이 있다. 그는 모든 분야에 관여할 수도 있다. 그는 이미 모든 분야를 평정하고 있다." 적대자들의 불쾌한 서한을 해결하기 위해 슈페어는 간단하면서도 매우 효과적인 방법을 개발했다. 군수장관은 "반송! 전략상 중요하지 않음"이라는 스탬프를 만들었는데, 이는 그에게 계속되던 성가신 서신 왕래의 부담을 덜어 주었다.

슈페어가 추구한 새로운 조직 원칙은 "산업을 스스로 책임"지는 것이었는데, 그 단초는 이미 프리츠 토트에 의해 마련되어 있었다. 새로운 조직 체계에 대한 기본 생각은 무기 종류에 따라 13개로 구성되는 주요 위원회를 구성하는 것이었는데, 이 위원회는

> 우리 업무의 성공적 완수는 독일의 승리를 위해 중요합니다. 나는 총통께 내 모든 역량을 오직 이 목표를 위해 쏟아붓겠다고 약속했습니다.
> 군수장관 취임 후 슈페어가 한 말

상: "독일의 승리가 우리의 목표다!": 군수장관 임명 직후의 슈페어, 1942년 2월 13일
하: "총통께서 요구하신 수치를 능가하다": 슈페어의 비호 아래 군수품 생산이 비약적으로 증가했다. "티거"형 전차 생산, 1943년

특정 군수품 생산을 책임지게 되어 있었다. 소위 "서클"이라고 불리는 부서가 하청업체의 공급을 담당했다. 군수 조직의 새로운 개선을 이끌기 위해 슈페어는 토트 박사와 오래 근무한 직원들을 중용했다. 카를-오토 자우러가 "주요 위원회"를 이끌게 되었고, 발터 쉬버가 "서클"을 이끌었다. 이 두 부서가 "노동력과 에너지"를 견인하는 양축이었다. 이외에도 슈페어는 개발위원회를 설립했는데, 이 위원회에는 육군 장교들과 기술자 및 고안자 들이 참여하고 있었다. 슈페어는 이를 통해서 경험과 생각을 교환하도록 했으며, 긴급히 요구되는 합리적인 조직 구성을 도출해 내고자 했다.

한때 7만 명 이상의 직원으로 나치 정권에서 가장 큰 부처였던 군수부의 행정적인 관행을 근절시키기 위해 슈페어는 효과적인 인사 원칙을 고안해 냈다. "55살 이상"의 간부급 인사들은 "40살 미만"의 대리인을 곁에 두게 되었다. 젊은 피와 늙은 피가 다투게 되는 것이었다. 곧 슈페어의 군수부에는 긴장 어린 경쟁 분위기가 조성되었다. 군수장관이 직원들에게 징계를 하겠다고 위협을 가하는 것이 드문 일은 아니었다. 심지어 슈페어는 규율을 잡기 위한 수단으로 강제수용소로 보내는 것을 사용하기도 했다.

"자치"를 추구하는 슈페어 체제가 옛 조직 규범에 비해서 전체적인 조망이 용이하지 않고 군수품 생산과 민간 생산을 적절히 분리하는 시스템이 없어서 새로운 혼란이 야기되었음에도 불구하고, 그는 곧 첫 성공을 거두게 되었다.

1942년 여름, 첫 번째 군수산업 관련 지표가 공표되었다. 무기 산업의 총 생산능력은 약 60

> 때때로 부득이하게 그러한 모진 작업에 강제로 투입된 노동자들은 나머지 기간 동안에도 언제나 정상적인 근무시간에만 근무한 노동자들보다 더 분발했다. 우리가 한 달 내지 두 달 동안 매주마다 일요일 근무를 시켜도 전차 생산에 전혀 지장이 없었다.
> 소위 "돌격작업"에 대해 슈페어가 한 말
>
> 이 예가 다시 증명해 주듯이, 슈페어는 매우 철저했고, 매우 명확했으며, 매우 비관료적이었다. 그는 상당히 광범위한 영역에서 토트를 대체하고 있었다.
> 1942년 5월 14일자 괴벨스의 일기 중에서

군수 기획자 **67**

상: "점령지에서의 인간 사냥": 독일로 수송되기 전의 우크라이나 강제 노역자들, 1942년 5월
하: "이 사람들은 쉬지 않고 작업에 투입되었다": 한 독일 군수공장의 체코 강제 노역자들, 1943년 8월

퍼센트 상승했고, 탄약 제조는 약 두 배가량 늘었다. 하지만 인적자원은 이전과 그대로였다. 히틀러의 군수장관은 이 성과를 매우 자랑스럽게 받아들였다. "군수산업에 대한 총통의 요구 사항이 매우 많고, 따라서 그가 요구하는 공급 물량을 달성하는 것이 엄청나게 어렵다는 것을 고려해야 합니다. 시간이 지나면서 점차 생각지 않았던 결과물이 나왔습니다. 총통께서 요구하셨던 물량을 달성하였을 뿐만 아니라 그 이상을 달성해 낸 것입니다." 히틀러 측근 인사들 대부분이 슈페어를 군수장관에 임명한 것을 놀랍게 받아들였다면, 그가 성공적인 "병기 제작자"임을 증명한 것은 더 큰 놀라움으로 다가왔다.

취임할 때부터 이미 슈페어는 전시경제의 확대는 오로지 노동력의 대량 투입에 의해서만 이루어질 수 있다는 것을 알고 있었다. 그러나 두 개 전선에서 전쟁을 시작한 이후부터는 계속해서 노동력이 모자랐으며, 독일 예비 노동력은 고갈되어 있었다. 그와 달리 히틀러는 확신하고 있었다. "우리에게 노동력을 제공해 줄 지역에 2억 5천만 명 이상의 인력이 있습니다. 우리가 이 사람들을 남김없이 작업에 투입할 수 있다는 것에 대해 의구심을 가져서는 안 됩니다." 1942년 초부터 "노동력 투입 전권 대리인"으로 임명된 프리츠 자우켈은 이 상황을 잘 파악하고 있었다. 곧 점령지 곳곳에서 특임 부대가 인간 사냥에 나섰고, 남자들과 여자들이 고향에서 납치되어 슈페어의 작업장에 강제

대부분의 노동력은 그들의 의사와 상관없이 독일로 보내졌으며, 그들이 자신의 의사와 상관없이 독일로 오는 것에 대해 나는 아무런 이의도 제기하지 않았다. 나는 초창기인 1942년 가을까지 나의 모든 역량을 투입해서 적극적으로 가능한 많은 노동력을 이런 식으로 독일로 데려오려고 했다.
뉘른베르크에서 슈페어가 진술한 말

슈페어는 계속적으로, 비록 확보하기가 매우 어렵지만, 지금 가용한 독일 예비 노동력을 생산 작업에 투입하는 데 진력했다. 상당수가 여성 인력으로, 직업여성 또는 전쟁 기간 동안 가사노동 외에 할 일이 없는 계층의 여성들이었다.
뉘른베르크에서 에르하르트 밀히 장군이 진술한 말

그는 독일군이 진주한 나라에서 체계적인 약탈과 착취를 계획한 지도급 인사 중 한 명이었다.
랠프 G. 앨브레히트, 뉘른베르크 전범 재판 미국측 검사

노역자로 투입되었다. 1942년 8월까지 70만 명에 불과했던 "외국인 민간 노역자"들이 약 1년 뒤에는 350만 명으로 늘어났고, 1944년 말에는 7백만 명이 제국 군수산업을 위한 노역자로 일하고 있었다. 그러나 히틀러의 군수장관은 이에 만족하지 않았다. 독일 내의 마지막 예비 노동력도 전시경제를 위해 동원되어야만 했다. 이때까지 당의 이론가들은 여자들을 군수품 생산에 투입하는 것을 반대하고 있었다. 히틀러는 군수장관에게 "다리가 길고 늘씬한 독일 여성들"이 "다리가 짧고 초라하고 건장한 러시아 여성들"과 비교되어서는 안 된다고 설명했다. 그러나 스탈린그라드에서의 재앙 이후로 국방군이 보충대를 요구했다. 이 시점까지 그 직원들이 "u.k."[필수 불가결이라는 독일어 단어의 약자]로 분류되었던 소위 "보호 대상 공장"에서도 남성 숙련공과 엔지니어들이 차출되었다. 군수품을 생산하는 슈페어의 핵심 공장의 인력 공백을 메우기 위해 이제는 여성 노동력도 이용해야만 했다. 그럼에도 불구하고 모자라는 인력이 수십만 명에 달했다. 총통은 슈페어가 직면한 문제에 대해 귀를 기울이지 않았다. 군 최고 통수권자인 그는 교전 상태를 피할 준비도, 독일 국민에게 추가적인 고통을 요구할 준비도 되어 있지 않았다.

슈페어는 그럼에도 불구하고 자신의 목표를 달성하기 위해서 지금까지 거리를 두고 있던 선전장관 괴벨스와 연대했다. 이 선전장관은 1943년 2월 18일 베를린 스포츠궁에서 행한 유명하고도 악명 높은 연설을 통해서 "전면전" 구호를 내세웠고, 다음과 같이 촉구했다. "국민 여러분, 이제 일어나서 폭풍처럼 나아갑시다!" 대규모 군중 앞에서 연설하는 것을 피하던 슈페어도 마침내 6월에 괴벨스와 함께 베를린 스포츠궁 연단에 섰다. "군수장관"의 전략이 실행에 옮

> 우리가 직접적인 전선의 수요를 감당할 군수공장을 확장하기 위해서는 철과 나무뿐만 아니라 노동력도 부족했다. 그런 와중에, 나는 마우트하우젠 강제수용소를 방문하던 중에 친위대의 계획이 실행되는 것을 보게 되었다. 나는 이 계획을 현재 상황에서 아주 대단한 계획이라고 생각했다.
> 슈페어, 1943

"최소의 수단을 투입하여 최대의 성과를 얻는": 강제수용소 수용자들이 강제 노역을 했던 북부 오스트리아의 한 공장을 방문한 슈페어

겨졌다. 독일 도시 위로 연합군의 폭격 세례가 퍼부어지는 동안 군수품 생산량은 종전 1년 전인 1944년에 새로운 기록을 달성했다. 이를 위해 1,400만 명의 노동력이 투입되었다. 강제 노역자, 전쟁 포로와 강제수용소 수용자들이 이에 동원되었다. 그러나 슈페어는 나중에 이에 대해 자신은 아무런 책임도 없다고 단언했다. 강제수용소의 비참한 상황, 채석장과 갱도에서의 죽음에 대해 그는 전혀 알지 못했다고 주장했다. 1943년 3월 30일, 알베르트 슈페어는 처음으로 악명 높은 강제수용소 한 곳을 방문했는데, 그곳은 오스트리아 린츠 인근의 마우트하우젠 강제수용소였다. 죄수들은 이곳에서 "독일 토목 및 석조 공사 유한회사" 소유의 채석장에서 작업하고 있었다. 이 "회사"의 소유주는 친위대였다. 친위대는 군수장관 겸 "건설총감독관"에게 특히 그가 짓는 새로운 건물에 필

요한 건축 자재를 공급했다. 친위대장 히믈러는 이 "사업 파트너"를 위해 "VIP급 인사에 대한 안내"를 제공했다. 슈페어에게는 정돈된 방과 꽃밭 그리고 "만족하는 수용자"들이 소개되었다. 그러나 군수장관은 불쾌감을 느꼈다. 그는 베를린으로 돌아온 직후에 히믈러에게 항의 편지를 썼다. "…나는 현 상황에서 아주 대단한 계획이라고 생각했던 친위대의 계획이 실행되는 것을 보아야 했습니다." 이는 수용자들의 막사에 대한 생각이었는데, 슈페어에게 이 건물은 너무도 "사치스럽게" 보였다. "우리는 현재 요구되는 군수 물량을 조달하기 위해서 최소의 수단을 투입하여 최대의 성과를 얻는, 효과를 극대화할 수 있는 관점에서 강제수용소를 확장하는 새로운 계획을 실행해야만 합니다. 즉, 우리는 즉각 단순한 건축 방식으로 바꿔야만 합니다." 사람 목숨을 하찮게 여기는 친위대 간부에게도 이런 방식은 "심한" 것이었다. 친위대 경제관리국장 직을 맡고 있던 오스발트 폴 친위대 상급 부대장은 히믈러에게 도움을 청하는 편지를 보냈다. 그는 슈페어의 요구에 응하는 것은 완전히 어리석은 일이라고 했다. "단순한 건축 방식"으로 돌아가는 것은 필연적으로 "수용소 내에 예상 외로 높은 사망률"을 초래하게 될 것이 틀림없다고도 했다. 1981년 자신이 히믈러에게 보낸 편지를 직접 접하고 나서 슈페어는 다음과 같이 자신을 변호했다. "실제로 나는 내가 내린 명령 중 하나를 인용한 것인데, 그 명령에 따르면 전쟁 기간 동안 모든 건물 공사는 가장 간단한 형태로 이루어져야만 한다고 되어 있다." 슈페어는 건축 규정을 기억해 낸 것이었는데, 그에게 인간은 전혀 중요하지 않았다.

모든 노동력을 가차 없이 동원하는 데 지칠 줄 모르고 진력했던 슈페어에게 돌아온 보상은 군수물자 통계 수치 상승만이 아니었다. 1943년 중반에 이 군수 기획자는 자기가 누렸던 권력의 정점에 도달하게 되었다.

그 어떤 장관도 그처럼 많은 특권을 누리지 못했고, 그 어떤 인물도 그처럼 많은 직원을 휘하에 두지 못했다. 군수장관으로서의 공적인 명성은 취임 이래 엄청나게 높아졌다. 슈페어는 결정이 냉철하고 합리적이며, 조직 능력이 탁월하고, 자신의 요구를 관철시키는 데 있어서 무자비하다는 명성을 얻었다. 괴벨스가 일기에 기록한 것처럼, 슈페어는 자신의 정적들을, 특히 헤르만 괴링을 "완전히 못살게 굴었다." 알베르트 슈페어에게는 단 한 가지, 히틀러의 칭찬만이 중요했다. 그사이 그들 관계가 눈에 띄게 식었고, 그들의 대화도 친구 간의 대화가 아니라 사무적인 성격으로 바뀌었다 하더라도, 슈페어는 예나 지금이나 자기 멘토가 보여 주는 총애에 기뻐했다. 히틀러는 참모총장 쿠르트 자이츨러와 협의하는 자리에서 슈페어를 "새로 뜨는 해"로 불렀다고 한다. 그는 슈페어의 성과를 "획기적"이라고 했다. 그러한 칭찬들 때문에 곧 소문이 돌기 시작했는데, 그 소문은 군수장관이 히틀러의 후계자로서 적임자라는 것이었다. 헤르만 괴링이 전쟁 발발 당시에 히틀러에 의해 "대리인"으로 임명되었지만, 그가 지휘하는 공군의 거듭된 실패와 조롱의 대상까지 된 "제국원수"의 과시욕 때문에 내부적으로 그의 자격이 박탈되기에 이르렀다. 히틀러는 분명히 "예술가 기질"을 가진 슈페어를 다른 측근들보다 선호했고, 그에게 "큰 임무를 맡기고 총통 후계자 리스트에 괴링 다음의 2순위

> 슈페어는 내게 그가 장관이 된 다음에 히틀러와의 관계가 어떻게 바뀌었는지 설명해 주었다. 그가 단순히 건축가였을 때는 두 사람이 동일한 위치에서 대화를 나눌 수 있었다. 두 사람에게 있어 건축은 공동 관심사였다. 그러나 내각의 일원이 되자 히틀러가 갑자기 그의 상관이 되었다. 슈페어도 그로부터 지시를 받게 되었고, 전과는 아주 다른 대접을 받았다.
>
> 빌리 쉘케스, 슈페어의 부하 건축가

"히틀러 다음으로 가장 강력한 사람": 슈페어는 확고한 목표 의식을 가지고 나치 위계질서에서 위로 올라가려고 노력했다. 1943년에 그는 자기가 누렸던 권력의 정점에 있었다

에 놓겠다"고 다짐했다. 슈페어는 이 약속으로 인해 도취 상태로 빠져들었다. 그는 여전히 한편으로는 "비정치적인" 예술가와 건축가의 이미지에 신경을 썼고, 다른 한편으로는 권력이 보장되는 이 자리를 얻기 위해 "가라앉히기 어려운 야심"에 몸을 맡겼다. 그의 부하 건축가였던 빌리 쉘케스는 다음과 같이 기억하고 있다. "나는 그가 몇 해 동안 히틀러 다음으로 가장 강력한 사람이었다고 생각한다. 그리고 그는 그의 뛰어난 지위가 존경받을 수 있도록 신경을 썼다."

그러나 슈페어의 고공 행진은 그리 오래가지 못했다. 그가 부하 직원들과 함께 자신이 "총통으로 적합한지" 논의하고 있는 동안에, 그가 정치적으로 각광받던 분위기는 벌써 가라앉기 시작했다. 그의 적수들, 특

> 슈페어는 매우 거만했다. 거물급 인사들 중에서도 몇몇 우리와 얘기를 나누었다. 심지어 괴링조차도. 하지만 슈페어는 절대 그러지 않았다.
> 로쿠스 미쉬, "총통" 벙커의 무전병

> 그것은 야누스의 머리였다. 한쪽은 군비 확충을 조직했던 사람의 머리로 조직 능력을 가졌고, 다른 한쪽은 예술가적인 성향을 가졌는데, 이를 통해 우연하게도 비슷한 생각을 가진 히틀러와 조우하게 되었다.
> 베른트 프라이타크 폰 로링호벤, 참모본부 장교

> 슈페어는 매우 단순한 사람이었다. 그는 단순한 사람을 좋아했다.
> 기타 시리니, 슈페어 전기 작가

히 보어만과 히틀러는 배후에서 "당의 근본적인 적"이라는 이유를 들어 슈페어가 히틀러의 불신임을 받도록 만들기 위해 전력을 기울였다. 슈페어 자신이 빌미를 제공했다. 이미 취임할 때부터 슈페어는 특히 당 간부들과 대관구장들의 미움을 샀는데, 그가 사냥 별장, 집안 관리인과 고급 차와 같은 모든 특별 권리를 포기하라고 요구했기 때문이다. 대관구장들은 이에 대해 강력히 항의했고, 성공을 거두었다. 보어만은 히틀러가 취소 명령을 내리도록 만들었고, 슈페어는 결국 굴복할 수밖에 없었다. 1943년 가을, 그는 새로운 돌파를 시도했다. 보어만은 10월 6일 포젠 성에서 개최되는 회의에 전체 제국지도자들과 대관구장들을 불러들였다. 군수장관의 강연도 예고되어 있었다. 물론 참석자들은 슈페어로부터 찬사를 받을 것이라 생각하지 않았다. 하지만 그가 그들 앞에서 행한 연설 내용은 마치 폭탄이 터지듯 엄청난 위력을 보였다. 우선 슈페어는 참석자들에게 단호한 어조로 나라의 위기 상황을 생생하게 전해 주었고, "전쟁에서 이기고자 하면 우리가 맨 먼저 희생을 해야 합니다"라고 촉구했다. 그리고 나서 군수장관은 한 발 더 나아가 민간 생산의 중단을 촉구했다. "나는 여러분께 이런 상황에 대해 주의를 기울여 주실 것을 부탁드립니다. 개별 대관구가 소비재 생산의 중단을 배제한 채 기존 방식을 고수하는 것은 더 이상 적합하지 않습니다. 따라서 대관구에서 14일 이내에 내 요구를 들어주지 않는다면 내가 직접 중단을 발표할 것입니다. 나는 여러분들에게 무슨 일이 있어도 내가 제국의 전권을 실행할 의지가 있다는 것을 장담할 수 있습니다. 나는 힘러 친위대장과 얘기를 했습니다. 나는 이제부터 이 조치에 따르지 않는 대관구에 대해 그에 상응하는 대접을 할 것입니다." 슈페어의 요구 사항보다 마지막 두 구절이 대관구장들로 하여금 분개하며 자리에서 일어나게 만들었다. "목소리를 높이고 손짓으로 항의 표시를 하며" 대관구장들이 군수장관에게로 몰려갔고, "총통의 근위대"인 자신들을 강제수용소로 보내겠다고 위협했다며 그를 비난했다. 슈페어가 히틀러의 개인 비서인 보어만에게 "오해"였다고 해명을 해보려 했지만 소용이 없었다. 보어만은 "짐짓 친절한 척하며" 손짓으로 그만하라고 했다. 얼마 뒤에 그는 히틀러에게 슈페어를 중상모략 했다. 슈페어는 "자명한 일이었지만, 이때부터 나는 더 이상 히틀러로부터 존중받는 것을 기대할 수 없게 되었다"고 회고했다.

> 우리가 그에게 한 번은 다음과 같이 물어보았다. "죽음의 수용소에 대해 무엇을 알고 있습니까?" 그는 누군가가, 그러니까 힘러의 참모 중의 누군가가 자신에게 그 사항에 대해 설명해 주고는 "그것은 당신이 결코 알아서도 안 되고 결코 보아서도 안 되는 일"이라고 말해 주었다고 대답했다. 그것이 자신과 아우슈비츠를 거리를 두도록 만들 때 쓰는 방식이었다.
> 존 K. 갤브레이스, 슈페어 심문 장교

> 나는 누군가가 내가 있는 자리에서 모든 유대인들을 때려 죽여야 한다고 말했다고 해서, 그것이 나와 개인적으로 상관이 있다고는 전혀 생각하지 않았다.
> 슈페어

그러나 1943년 10월 6일 포젠에서 연단에 오른 사람은 슈페어만이 아니었다. 오후에 친위대장 힘러가 연설을 했다. 음성 기록이 남아 있는 그의 연설은 "제3제국"에 대한 가장 충격적인 증언이 되었다. 힘러는 제국지도자들과 대관구장들 앞에서 나치 정권의 근절 정책에 대해 낱낱이 얘기했다. "'유대인들은 근절되어야만 한다'라는 문장. 여러분, 그 몇 마디 단어로 간단하게 표현이 됩니다. 그 문장이 요구하는 것을 실행해야만 하는 것이 가장 힘들고 어려운 일입니다." 친위대장은 대관구장들에게 더 이상 아무것도 감추지 않겠다고 작정했다. "우리에게 질문이 주어졌습니다. 여성들과 아이들은 어떻게 합니까? 이 문제에서도 아주 명확한 해결책을 찾기로 나는 결심했습니다. 나는 남자들은 근절시키고,

그러니까 죽이거나 죽게 만들고 우리 아들들과 손자들에게 복수를 할 아이들을 크도록 놔두는 것이 정당하지 않다고 생각했습니다. 이 민족을 지구상에서 사라지게 만들기 위해서는 어려운 결정을 내려야만 했습니다." 이어서 히믈러는 다음과 같이 알렸다. "우리가 점령한 나라에서는 이 유대인 문제가 올해 말까지 완료될 것입니다…. 이로써 나는 유대인 문제를 마무리 짓고자 합니다. 여러분들은 이제 알게 되었습니다. 그리고 여러분들은 이 얘기를 발설하시면 안 됩니다. 아마도 시간이 많이 흐른 뒤에는 독일 국민들에게 이에 대해 더 많은 얘기를 해 줄 것인지 생각해 볼 수 있을 것입니다. 나는 우리 모두가 우리 민족을 위해 이 문제를 행하고, 책임은 우리가 지는 것이 나을 것이라고 생각합니다."

히믈러가 연설하는 동안 홀에는 "무거운 정적"이 지배했다. 그리고 보어만이 일어나서 다음과 같은 말로 회의를 끝마쳤다. "당원 동지 여러분, 이제 옆 홀에 마련된 식사를 즐기시기 바랍니다."

오늘날까지 알베르트 슈페어가 히틀러의 연설을 들었는지 여부는 명확하게 밝혀지지 않았다. 그는 항상 유대인 근절에 대해 알고 있었다는 주장에 대해 격렬하게 반발했다. 슈페어의 말에 의하면, 그는 자신의 연설이 끝난 뒤에 히틀러에게 가기 위해 포젠 성을 떠났고, 따라서 히믈러의 연설을 들을 수 없었다고 한다. 1972년, 미국의 역사가 에릭 골드하겐은 슈페어에게 히믈러가 연설 중에 직접 슈페어를 호명했는데, 슈페어가 그 자리에 없었다면 왜 친위대장이 그런 행동을 했을까 하고 의문을 표시하며 반론을 제기했다. 그 때문에 슈페어는 히믈러의 연설이 오후 5시 30분경에서야 시작되었고 자신은 이미 정오경에 떠났다는 것을 증명하기 위해 광범위한 조사를 했다. 자신의 주장의 근거로 그는 여러 명의 증인을 댔다. 그중에는 포젠을 떠날 때 슈페어와 동행했던 기업가 발터 로란트도 있었다. 그러나 의문은 여전히 남아 있다. 기타 시리니는 알베르트 슈페어와 가진 자세한 대화들을 통해 그가 알고도 묵과하지는 않았는지, 죄는 없었는지를 다루어 보았다. "슈페어는 문서고에서 자신이 그곳에 없었다는 증거를 찾는 데 2년을 소비했다. 그리고 나는 그가 그곳에 있었는지 여부를 관찰하는 데 6개월을 보냈다. 결국 내가 말할 수 있는 것은 모르겠다는 것이다. 아마 그가 주장하는 것처럼, 그는 정말로 히틀러에게 갔었을 수도 있다. 그러나 다음 날 히믈러의 연설을 들었던 모든 대관구장들이 히틀러를 찾아왔다. 거기에는 슈페어도 있었고, 그는 유대인들에게 무슨 일이 일어났는지 그들로부터 들었다. 이제 많은 사람들이 말하듯이, 슈페어도 그 사실을 사전에 알고 있었음이 분명하다고 말할 수 있다. 나는 슈페어가 인간들이, 유대인과 다른 사람들이 수없이 많이 살해된 사실을 알고 있었다고 생각한다. 그러나 히틀러가 유럽에서 유대인종을 근절하려는 의도를 갖고 있었다는 사실을 슈페어가 알고 있었는지 여부에 대해서는 나는 확신이 서지 않는다."

슈페어가 알고 있었거나 알고 있었음이 분명한 그것이 무엇이었는지에 대한 질문이 그의 전기가 다루고 있는 요점이다. 슈페어가 히틀러 주위의 "이너서클"의 일원이자 군수장관으로서 유럽 유대인을 절멸시키고자 했던 행위에 대해 아무것도 몰랐다는 말은 솔직히 믿기 어렵다. 포젠에서뿐만 아니라, 이전에 행해진 다른 연설들을 통해서도 나치 정권의 의도는 이미 명확하게 드러났다. 선전장관 괴벨스는 1943년 6월 5일 베를린 스포츠궁에서 있었던 집회에서 청중들에게 "전 세계가 유대 민족으로 인한 위험 앞에 노출된 상황에서 감상주의가 끼어들 자리는 없습니다"라고 알려 주었다. "유대 민족을 유럽에서 제거하는 것은 도덕의 문제가 아니라 국가 안위의 문제입니다…. 콜로라도 딱정벌레가 감자밭을 파괴하듯이, 유대인은 국가와 국민을 파괴합니다. 이를 막기 위한 방법이 단 한 가지 있습니다. 위험 요소를 근본적으로 제거하는 것입니다."

이 연설이 행해질 때, 슈페어는 "먼저 자리를 떠나지" 않았다. 그는 청중석 제일 앞자리에 앉아 있었다.

1946년에 슈페어는 뉘른베르크 전범 재판에서 "제3제국"의 행위에 대한 포괄적인 책임을 떠맡았지만, 자기 자신의 직접적인 책임은 항상 상대화시키려고 했다. 새로 발견된, 알베르트 슈페어가 친위대장 히믈러에게 보낸 서한은 이 군수 기획자가 정권이 저지른 범죄에 얼마나 많이 연루되어 있는지 증명해 준다. 뉘른베르크 "제국전당대회단지 문서보관센터"는 1941년 9월 2일자 편지를 근거로 알자스 지역에 있는 나츠바일러 강제수용소가 특별히 슈페어의 요청에 따라 지어졌을 개연성이 매우 높다고 입증해 주었다. 예를 들어, 친위대 소유의 "독일 토목 및 석조 공사 유한회사"(DEST)는 1938년부터 슈페어에게 그의 거대한 건축 프로젝트에 필요한 건축 자재를 공급해 주었다. DEST를 "활성화"시키기 위해 슈페어는 건설총감독관으로서 자기 부처 예산에서 건설 융자금 명목으로 950만 제국마르크를 무이자로 지원해 주었다. 같은 해에 DEST는 플로센뷔르크와 마우트하우젠에서 채석장을 취득했고, 강제수용소 바로 옆에서 채석장을 운영했다. 슈페어는 DEST에 뉘른베르크에 짓는 건물용으로 특별히 좋은 자재를 보내 줄 것을 요구했다. 그 자재는 알자스의 나츠바일러에서 채굴한 것과 같은 붉은색 화강암이었다. 1941년 9월 2일, 슈페어는 친위대장 히믈러에게 다음과 같이 편지를 썼다. "귀하의 6월 15일자 서한에 대해 나는 당신에게… 나츠바일러 채석장에서 나온 붉은색 자재는 뉘른베르크의 '독일 스타디움'에 사용될 자재라는 것을 알려 드립니다. … 나는 이 건축 계획을 긴급도 우선순위 1등급으로 편성함으로써 나츠바일러의 준비 작업을 마무리할 수 있다고 생각합니다." 슈페어가 말한 "준비 작업"은 특별히 자신의 요구를 위해 사용될 강제수용소의 설립을 의미했다. 수용자들은 나츠바일러의 공포의 채

군수 기획자 **79**

"범죄에 연루된": 나츠바일러에서와 같이 플로센뷔르크에서도 강제수용소 포로들이 슈페어의 거대한 건축 프로젝트에 희생되었다

석 부대에서 장차 슈페어의 건축물에 사용될 석재를 캐야만 했다. 더 이상 걸을 수도 없는 많은 사람들이 외바퀴 수레에 실려 작업장으로 보내졌다. 수용자의 절반 이상이 몸무게가 50킬로그램이 채 나가지 않았다. 너무나 배고픔이 심해서 인간성을 상실한 수용자들은 제일 허약한 동료 수용자들을 때려죽이고는 죽은 동료의 얼마 안 되는 하루치 식량을 차지했다. 때로는 하룻밤에 30명 이상이 죽었다.

친위대와 알베르트 슈페어의 협력 관계는 1946년에 열린 뉘른베르크 법정에서도 알려지지 않았다. 수천 페이지가 넘는 방대한 문서가 "건설총감독관의 전체 서신 교환"이라는 이름으로 연방문서고에 수십 년 동

"몰락하는 정치계 스타": 페네뮌데에서 있었던 로켓 발사 시범을 참관하고 있는 괴벨스와 슈페어(오른쪽), 1943년

안 방치되어 있었다.

계속 늘어난 군수 물량에도 불구하고 "병기 및 군수품 제국장관"도 전황이 가망 없다는 것을 모르지 않았다. 1943년 말부터 슈페어를 보좌했고, 지금은 유명을 달리한 부관 만프레트 폰 포저는 다음과 같이 회상했다. "슈페어는 전쟁에서 질 것이라고 생각했다. 그는 도처에서 결함이 생긴 것을 보았다. 우리는 수많은 피를 흘렸고, 자원은 거의 없는데, 수요는 계속 늘어났다. 왜냐하면 우리 군이 바뀐 상황에서, 즉 퇴각하고 있는 상황에서 패전을 많이 했기 때문이었다. 재원은 모자랐고 대체되어야만 했다. 하지만 더 이상 이를 맞출 수가 없었다." 슈페어는 자신의 『회고록』

> 내가 슈페어에게 갔을 때, 그가 내게 던진 첫 번째 질문이 "아직도 전쟁에서 이길 수 있다고 생각합니까?"였다. 그런 질문을 받을 것이라고는 생각하지 못했기 때문에, 나는 물론 처음에는 매우 당황했다. 하지만 정신을 차리고는 다음과 같이 말했다. "여전히 전쟁에서 이길 수 있다고 생각하지 않습니다. 서부전선과 동부전선에서 현 위치를 고수하지 못한다면, 더 이상 버텨 낼 수 없습니다." 그는 이 대답을 조용히 듣고서는 아무런 반응을 보이지 않았다. 나는 그가 진실을 듣고 싶어 했다고 추측했다. 우리는 그런 생각에는 변함이 없었다.
>
> 만프레트 폰 포저, 슈페어의 부관

에서 1942년 말에 생산기술적인 관점에서 보면 전쟁에서 더 이상 이길 수 없다고 생각했다고 적었다. 그럼에도 불구하고 이 군수 기획자는 "기적의 무기" V1의 개발을 진척시켰고, 심지어 전후에 이 V1과 V2가 "나란히 투입되면 우리 산업을 파괴하려는 연합군의 공습을 분쇄"할 수 있었을 것이라고 주장했다. 1943년 12월 10일, 군수장관은 하르트 산맥에 위치한 소도시 노르트하우젠에서 멀지 않은 곳에 있는 "도라 미텔바우"의 지하 공장을 방문했다. 8월부터 이곳에는 귀가 먹을 정도의 소음과 질식할 것 같은 먼지 속에서 수천 명의 강제수용소 수용자들이 길이가 20킬로미터에 달하는 벙커 시스템을 구축하는 작업을 하고 있었는데, 이 벙커에서는 "보복 무기" V1과 V2가 생산될 예정이었다. 당시 갱도에서 일한 죄수 알렉산더 폰 자밀라는 가혹하고 고되었던 일에 대해 다음과 같이 말한다. "계속해서 굴삭 작업과 폭파 작업이 이어졌다. 그 안에서 잠을 자면 다른 사람들이 매를 맞았기 때문에 제대로 잘 수가 없었다. 항상 벌로 25대를 맞았다. 운 좋게도 나는 7번만 이런 매질을 당했다."

마우트하우젠을 시찰했을 때와는 달리, 이번에는 알베르트 슈페어에게 "만족하고 있는" 죄수들을 보여 주지 않았다. 그가 "중앙 작업장"에

도착했을 때, 친위대가 마침 죄수 한 명을 "징계 조치"로 처단하려던 참이었다. 역시 "중앙 작업장"에서 일했던 레온 필라르스키는 그런 처형이 일상적인 일이었다고 확인해 준다. "하루는 우리가 야간 작업조로 투입되던 중이었다. 그때 점호 장소에 모이라는 명령이 떨어졌다. 악대가 그곳에서 바이올린을 연주하고 있었다. 그리고 친위대 사람들이 30명의 남자들을 끌고 왔다. 모두 입이 테이프로 봉해져 있었다. 그들은 우리가 보는 앞에서 교수형에 처해졌다."

슈페어는 당황했다. 그는 처형을 제지하는 데 성공했다. 그러나 그는 매일매일 갱도에서 발생하는 죽음, 죄수들의 끔찍한 위생 상태와 부족한 식량문제를 해결하기 위한 조치는 아무것도 취하지 않았다. 슈페어는 후에 그때 상황을 돌이켜보며 "죄수들은 영양실조 상태였다"고 적었다. "동굴의 갈라진 틈은 차고 축축했으며, 똥오줌으로 인해 악취가 났고, 공기가 혼탁했다. 산소가 모자라 현기증이 났다." 뉘른베르크 전범재판소는 알베르트 슈페어에게 유죄 판결을 내릴 당시에 그가 도라-미텔바우 강제수용소를 방문했다는 사실에 대해서 전혀 모르고 있었다. 1968년 슈페어가 증인으로 증언을 해야만 했던 "도라 재판" 관련 조사를 통해서 비로소 진실이 백일하에 드러났다. 그는 전기 작가 기타 시리니에게 "살아가면서 그렇게 놀란 적이 없었다"라고 말했다. 그는 같은 날에 막사 수용소를 짓도록 하기 위해 모든 조치를 취했다고 주장한다. 그러나 마우트하우젠 강제수용소의 수용자들을 수용하기 위해 "단순한 건축 방식"을 요구했던 것과는 달리, 슈페어가 이런 조치를 취했다는 증거는 없다.

"도라"에 대한 충격은 오랫동안 지속되었다.

"도라"에서도 노동을 통한 절멸 작업이라고 불렸다. 나는 세 곳의 강제수용소에서 살아남았다. 그러나 "도라"는 제일 끔찍한 곳이었다.
에발트 한슈타인, 도라-미텔바우 수용소의 강제 노역자

스스로 질문해 본다. 얼마나 오래 버틸 수 있을까, 내 차례는 언제일까?
알렉산더 자밀라, 도라-미텔바우 수용소의 강제 노역자

슈페어는 살아가면서 종종 그랬듯이, 보고 경험한 것에 맞서지 않고 현실로부터 도주했다. 슈페어는 크리스마스 연휴를 히틀러 제국에서 멀리 떨어진 북유럽의 라프란드에서 보냈다. 그는 마술사와 바이올린 연주자를 대동한 채 긴 스키

> 그는 항상 노예 같은 작업자들의 끔찍한 고통에 대해 알지 못했다고 주장했다. 그는 이 노예 같은 작업자들의 고통에 대해 죄책감을 느끼고 있지 않았다.
> 기타 시리니, 슈페어 전기 작가

여행을 떠났고, 낭만적인 캠프파이어를 하면서 "꺼림칙한 생각"을 떨쳐 버리려고 했다. 독일로 돌아오자마자 그는 다시 자신의 일에 몰입했고, 분주한 일정을 소화했으며, 여러 회의에 참석하고 밤늦게까지 보고서와 지시 사항 그리고 명령 사항을 검토했다. 분명 그는 이렇게 "일에 중독되어" 자신이 알고 싶지 않은 일을 떨쳐 내려고 했다.

1944년 초에 그의 몸이 더 이상 신체적, 정신적 부담을 견뎌 낼 수 없는 지경이 되었다. 1월 18일, 거의 탈진한 슈페어는 베를린의 호엔뤼헨 친위대 병원으로 실려 갔다. 기타 시리니는 다음과 같이 확신한다. "어릴 때부터 그랬다. 뭔가를 견뎌 낼 수 없게 되면, 그는 병이 났다. 형제들이 자신을 괴롭히면, 그는 실신했다. 그리고 그 당시 두 가지 사실, 유대인 살해와 노예 같은 노역자들에 대해 알게 되자, 그는 병이 났다. 정신적인 병이 신체적인 병으로 바뀌는 경우는 흔한 케이스다. 그는 정신적인 부담으로 인해 제대로 병이 났고, 다섯 달 동안 누워 있었다.

담당 의사였던 카를 게브하르트 교수는 친위대장 히믈러와 막역한 친구 사이였다. 그는 환자에게 충분한 휴식을 취하도록 처방하면서 깁스를 대 주었다. 행동의 제약을 받게 된 슈페어는 이제 히틀러 가까이서 지원을 받을 수도 없게 되었고, 정적들에게 좋은 먹잇감이 되고 말았다. 히믈러는 마침내 자신의 라이벌을 제거할 시간이 왔다고 생각하고는 음흉한 간계를 꾸몄다. 몇 주간 병상에 누워 있은 뒤에 슈페어의 병세가 급속도로 악화되기 시작했다. 고열, 혈담, 그리고 흉곽에 나타난 극심한 통증

1944년 초에 네 달간 병에 걸려 있었는데, 많은 이해 당사자들이 이를 내 입지를 약화시키는 데 이용했다. 7월 20일 이후 내가 장관 후보로 되어 있었던 사실[히틀러의 암살이 성공한 뒤 세울 정부 내각 명단에 슈페어의 이름이 포함되어 있었던 것을 뜻함]은 분명 히틀러에게 충격을 주었을 것이다. 보어만과 괴벨스는 나를 공개적으로 공격하는 데 이것을 이용했다.
뉘른베르크에서 슈페어가 진술한 말

을 근거로 게브하르트 교수는 "근육 류머티즘"이라고 진단했다. 그는 키닌, 설폰아미드, 그리고 밀독 마사지를 처방했다. 그러나 슈페어의 여비서가 문 뒤에 숨어서 히믈러와 게브하르트가 나눈 대화를 엿들었는데, 그 내용은 끔찍한 의심을 품게 만드는 것이었다. 여비서는 친위대장이 의사에게 "그래, 그럼 그는 죽은 거나 다름없군"이라고 말하는 것을 들었다. 그리고 끝으로 "충분해! 이 상황에 대해 말을 많이 하지 않을수록 좋아!"라고 말했다. 슈페어도 종종 병상에서 의심스럽다며 "그가 나를 죽이려고 한다는 생각이 들어"라고 말했었다. 그러나 이 대화를 엿듣기 전까지 여비서는 슈페어의 의심을 "병자의 망상"이라고 여겼었다. 그러나 이제 그녀는 슈페어 가족에게 심각한 상황이라고 경고했고, 가족들은 즉각 외과 의사인 자우어브루흐[20세기 중반까지 독일에서 가장 유명하고 영향력이 있었던 외과의 중의 한 사람]의 동료인 프리드리히 코흐 박사를 호엔뤼헨으로 불렀다. 코흐는 곧바로 슈페어의 증상이 폐색전임을 발견하고는 필요한 조치를 취했다. 그러나 슈페어의 병세는 심각했다. 그는 "최악의 상황까지 마음의 준비를 하셔야 합니다"라고 슈페어의 아내에게 알렸다. 이틀 동안 슈페어는 사투를 벌였다. 그리고 위기를 극복했다.

슈페어가 자리를 비운 동안 그의 부하 직원인 크사버 도르쉬와 카를-오토 자우어가 군수부를 이끌었다. 슈페어는 정적들이 자신의 명성에 흠집을 내기 위해 의도적으로 중상모략과 악소문을 살포하고 있는 것을 그대로 지켜보고 있어야만 했다. 실제로 슈페어를 히틀러와 떼어 놓으려는 그들의 간계가 성공한 것처럼 보였다. 히틀러가 "군수장관"의 건강

군수 기획자 85

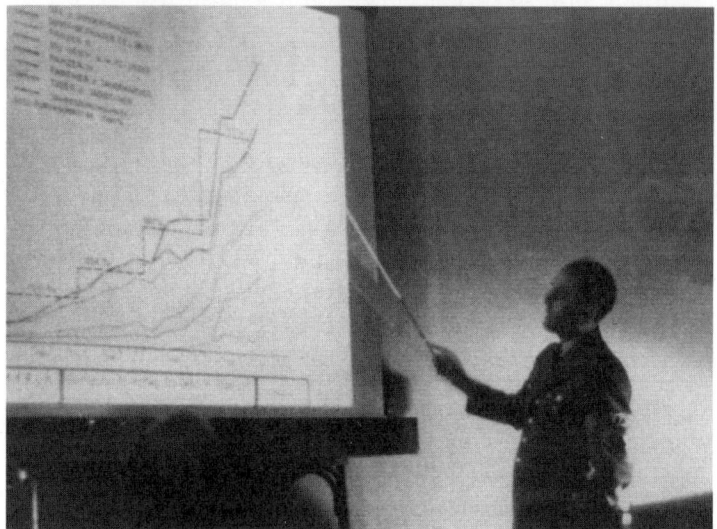

상: "슈페어에게 내가 좋아한다고 전해 주시오": 건강을 회복한 군수장관과 밀히 원수, 오른쪽은 미헹기 설계사 메서슈미트
하: "슈페어가 거둔 성과가 전쟁을 연장시켰다": 1944년 중반에 독일 군수물자 생산은 최고 수준에 이르렀다

밀히가 이탈리아 메라노에서 요양을 취하고 있던 슈페어를 방문했다. 슈페어가 그에게 "자신은 끝났으며 물러나겠노라"고 말했다. 밀히는 즉각 이 소식을 히틀러에게 전했다. 그 소식을 듣고 히틀러는 "슈페어에게 내가 좋아한다고 전해 주시오"라고 말했다.
기타 시리니, 슈페어 전기 작가

상태를 알아보기 위해 몇 번 호엔뤼헨으로 전화를 했지만, 직접 병원에 가지는 않았다. "별 내용 없는 평범한 문구를 타자기로 친" 카드가 들어간 꽃다발은 슈페어가 히틀러의 관심에서 멀어졌다는 것을 보여 주는 상징이었다. 슈페어는 자신의 『회고록』에 "내가 중요한 정부 인사 중 한 사람임에도 불구하고 실제 서열에서는 가장 낮은 단계라는 것을 알게 되었다"라고 적었다. 알베르트 슈페어도 이 시기에 히틀러와 거리를 두었다고 주장하고 있다. 그가 1944년 3월 중순에 메라노로 가는 도중에 잘츠부르크 근교의 클레스하임 성에서 오랜만에 "총통"을 만났을 때, "모든 것이 여느 때와 마찬가지였지만, 완전히 달라진 느낌이었다"고 했다. 히틀러와 슈페어 간의 대화는 겨우겨우 이어졌으며, 슈페어는 히틀러가 "추해" 보인다는 것을 깨닫고는 매우 놀랐다고 했다. "내가 10주간의 휴식 뒤에 그를 다시 보았을 때, 그를 알게 된 이후 처음으로 그의 넓은 코와 창백한 피부색 그리고 험상궂은 얼굴이 나의 눈에 띄었다." 슈페어는 이런 "확인의 순간"을 회고하면서, 이것이 "그와 거리를 두고 그를 얽매이지 않은 상태에서 바라보기 시작했다는 징후"였다고 해석했다. 그러나 사람들은 이런 그의 해석에 회의적인 입장을 취하고 있다. 슈페어가 얼마 지나지 않아서 여러 음모들 때문에 히틀러에게 사임하겠다고 했지만, 상처받은 자존심, 사라진 총애, 그리고 반항 어린 후퇴라는 감정이 혼재된 그의 사임 표명은 그저 자포자기의 제스처로 보인다. 그가 에르하르트 밀히 원수를 통해서 히틀러가 화해의 표시를 취하도록 만들었을 때, 히틀러는 밀히에게 그가 요구한 화해의 메시지를 전하기 전에 오랫동안 주저했다. "슈페어에게 내가 좋아한다고 전해 주시오." 탕자가 다시 아버지에게로 돌아왔다.

슈페어의 복귀는 마치 개선 행진과도 같은 모양새를 취했다. 다시 한 번 그가 자신의 경쟁자들을 이겼고, 다시 한 번 그가 히틀러의 총애를 확보하게 되었다. 그러나 현실은 더 심각해져 있었다. 1944년 5월 12일, 미국 제8항공편대가 독일 연료 산업의 중심부에 여러 번에 걸쳐 약 1천여 발의 폭탄을 투하했다. 슈페어의 『회고록』에는 "이날 기술 전쟁임이 명확해졌다"라고 적혀 있다. 우선 1일 연료 생산량이 약 6천 톤에서 5천 톤 가량으로 줄었다. 그러나 연합군은 총 5회에 걸쳐 공중 폭격을 반복했고, 폭격 이후 항공 연료 생산량의 98퍼센트가 파괴되었다. 히틀러에게 전쟁을 계속하는 것이 무의미함을 설득하는 대신에, 슈페어는 또다시 가능한 모든 인력을 동원하는 데 힘을 쏟았고, 히틀러에게 숙련공과 원료가 필요하다고 요구했다. 늦가을 무렵에는 이미 35만 명의 노동자들이 공장 재건에 투입되었다. 1944년 6월에서 8월 사이에 독일 군수물자 생산은 다시금 최고 수준을 기록했다. 미 공군 정찰대장 케네스 J. 갤브레이스는 다음과 같이 기억하고 있다. "우리는 화학 산업과 석유화학 산업에 대한 공격으로 독일의 전쟁 가능성을 확실하게 없앨 수 있을 것이라고 생각했다. 그러나 그렇지 않다는 것이 드러났다. 공습 전략이 매우 실망스러웠다고 인정할 수밖에 없다. 유류나 탄약의 경우, 독일인들은 다른 곳에서 재료를 구했는데, 즉 농업 분야에서 질소를 얻거나 민간 분야에서 유류를 얻는 데 성공했다. 그래서 그들은 여전히 공격이나 전선 방어를 위한 충분한 재료를 가지고 있었다."

히틀러는 다시 한 번 군수장관에게 만족해했다. 그는 자신의 이 의미 없는 전쟁이 슈페어의 조직 성과 없이는 지속될 수 없을 것이라고 어렴풋이 느끼고 있었다. "나는 여기서 확실히 말하고자 합니다. 슈페어, 내가 칭송을 하려는 것이 아닙니다. 그러나 당신과 자우어 씨는 여기서 기적적인 일을 해냈습니다. 당신들은 공중전에도 불구하고, 계속 일이 틀

> 1944년 영국의 『업저버』지에 다음과 같은 글이 실렸다. "슈페어가 없었더라면 전쟁은 이미 끝났을 텐데."
> 기타 시리니, 슈페어 전기 작가

> 마지막 순간까지 슈페어가 보여 준 성과는 전쟁을 오랫동안 지속하게 했다. 만약 그가 우둔했다면, 아마 우리는 2년 내지 3년 더 일찍 짐을 쌌을 수도 있었을 것이다.
> 베른트 프라이타크 폰 로링호벤, 참모본부 장교

어짐에도 불구하고, 직원들과 함께 또다시 군수산업이 새로운 타개책을 찾을 수 있도록 해 주었습니다." 슈페어는 후에 히틀러에게 보낸 자신의 마지막 편지에서 "제 과업이 아니었다면 아마 1942년과 1943년 사이에 전쟁에서 졌을 것입니다"라고 썼다.

슈페어는 "최종 승리"가 환상에 불과하다는 것을 알고 있었지만, 그래도 자신의 일을 계속했다. 군수장관은 "사수(死守) 장관"이 되었다. 전쟁 마지막 해에 슈페어는 가는 곳마다, 이미 의미가 없어졌지만, 전쟁을 위해 모든 역량을 동원하자고 촉구했다. 그는 자신의 『회고록』에서 이 사수 구호를 돌이켜 보면서, 이를 "감각 장애가 특별한 방식으로 표출된 결과"라고 표현했다.

어느 정도 의구심을 갖고 있었지만, 군수장관은 특히 "기적의 무기"를 투입할 수 있도록 지원했다. 연합군이 노르망디에 상륙하고 일주일 뒤에 첫 V1 비행 폭탄을 쏘아 올릴 수 있었다. 1만여 발 중 대부분이 런던을 향해 발사되었다. 괴벨스는 선전으로 승리를 축하했다. 1944년 12월 5일에 있었던 라디오 연설을 알베르트 슈페어도 들었을 것이다. "우리의 보복 무기인 V1과 V2가 전 세계에 독일의 무기 기술이 어느 정도 우위에 있다는 것을 분명하게 보여 주었습니다. 나는 여러분들에게 적들이 우리의 다른 전쟁 수행 분야에서도 똑같이 놀라게 될 것이라고 장담할 수 있습니다." 그러나 곧 "기적의 무기"가 실패했다는 것이 널리 알려졌다. 9월부터 투입된 V2를 포함해 5개월 동안 약 3,700톤의 폭탄이 발사되었는데, 이는 연합군 폭격기 부대가 독일 상공에서 하루에 떨어트린 양과 비슷한 수치였다. 군수장관은 "결국 그 선전 내용은 내게서 나온 것이 아니었다"고 변명했다. 직원들과의 대화에서 그리고 군수 회의 석상에서, 그는 계속해서 군수물자 생산량이 증가할 것이라고 예측했다. 그러나 그는 히틀러에게 보내는 입장 표명서를 여러 번 작성했는데, 그 입장 표명서에서는 곧 모든 역량이 소진될 것이라고 경고했다. 그의 부관이었던 만프레트 폰 포저는 "히틀러와의 관계는 시간이 흐를수록 점점 더 나빠졌다. 그가 예전에는 문제가 있으면 총통과 직접 구두로 협의를 했는데, 이제 그는 입장 표명서를 작성했다. 그러나 입장 표명서에 대한 반응은 언제나 생각과 달랐다. 언제나 그가 의도한 결과와는 반대로 반응이 나왔다"라고 말했다. 슈페어가 서한에 사용한 "차갑고 융통성 없는" 어조는 히틀러를 화나게 만들었고, 그로 하여금 "승리에 대한 확신"을 의심하게끔 만들었다.

독일군이 프랑스와 벨기에에서 퇴각한 뒤에, 히틀러가 적에게 "불탄 대지"를 남겨 주기 위해 공장과 공업단지를 파괴하라는 지시를 내렸을 때, 슈페어는 처음으로 "총통"에게 복종하지 않았다. 그는 "파괴" 대신에 "마비"를 지시했다. 그러나 그는 히틀러에게 공개적으로 반대하려고 하지 않았기 때문에, "놀랍도록 간단한 트릭"을 생각해 냈다. 슈페어는 "당분간 내준 지역"이 "분명코 곧 수복"될 것이니, "보급 공장을 파괴할 이유가 없다"며 자신의 독단적인 행동을 정당화했다. 히틀러는 일단 납득을 한 것처럼 보였다. 얼마 뒤에 슈페어는 이 독재자가 오래전부터 파멸을 결심하고 있었다는 사실을 깨닫게 되었다. 히틀러는 "독일 국민이 이 싸움에서 패배할 수밖에 없다면, 그건 너무도 나약해진 때문이고, 역사의 시험을 통과하지 못한 것이다. 따라서 독일 국민에게 파멸 외에는 다른 길이 없다"고 알렸다. 히틀러의 광기 어린 "세계 지배 아니면 파멸"이란 생각은 슈페어를 시련 앞에 서게 만들었다. 기타 시리니는 "히틀러가 그에게 독일 국민은 계속 생존할 가치가 없다고 말하는 것을 들은 뒤

> V2의 투입과 이 무기 사용의 유효 적절성에 대해 나는 슈페어와 얘기한 적이 없었다. 나는 그가 그것의 미미한 효과에 대해 크게 개의치 않았다고 생각한다.
> 만프레트 폰 포저, 슈페어의 부관

에 그는 정신을 차렸고, 히틀러에 대한 그의 애정은 사라졌다. 그러나 이런 식의 애정은 결코 완전하게 사라질 수가 없다. 그 애정은 그 후에도 오랫동안 계속 슈페어의 마음속에 남아 있었다. 하지만 슈페어는 애국자였다. 히틀러가 독일 국민은 계속 생존할 가치가 없다는 생각을 가진 것에 대해 그는 매우 충격을 받았을 것이라고 나는 생각한다"라고 말한다. 동시에 알베르트 슈페어는 히틀러 이후에 대해 생각했다. 히틀러가 미래로 놓인 모든 다리를 끊어 놓을 것이라는 게 자명해 보였고, 그가 히틀러의 파괴 지시를 따라야만 하는 것도 분명해 보였다. 그러나 그는 종전 시에 빈손으로 서방 연합군을 맞으려고 하지는 않았다. "이제 히틀러를 수행하는 사람들 사이에서 뚜렷하게 나타나기 시작한 저 완전한 파멸의 분위기에 나는 사로잡혀 있지 않았기 때문에, 이처럼 가망 없는 상황에서 나중에 재건

> 마비 정책이 동부전선에서는 어느 정도 완벽하게 실행되었다. 서부전선에서는 모든 것이 생각대로 진행되지 않았다. 예를 들어 아헨에는 이미 전선이 구축되어 있었음에도 불구하고 공장을 가동할 수 있었다. 하지만 이미 공장이 마비된 상태였기 때문에 더는 가동할 수 없었다. 거기서는 상황이 너무 빠르게 진행되었다.
> 만프레트 폰 포저, 슈페어의 부관

> 슈페어는 소위 네로 지시라는 것을 방해했다. 그는 스스로 이렇게 말했다. 종말이 가까워지고 있다. 우리는 이성적이 되고자 하며, 구할 수 있는 것을 구하고자 한다.
> 카를 뵘-테텔바흐, 참모본부 장교

에 상당한 부담이 될 수 있는 파괴를 되도록 최소화시키면서 전쟁을 끝내야 한다는 생각을 내가 가진 것은 무척 당연했다"라고 그의 『회고록』에 적혀 있다. 실제로 슈페어는 자신이 "재건 장관"의 역할을 할 것이라고 이미 생각했던 것 같다.

계속해서 이 히틀러의 매니저는 이중 플레이를 했다. 대중들에게 "최종 승리에 대한 믿음"을 촉구하면서, 동시에 계속 "총통"의 지시를 무시했다. 히틀러는 슈페어가 자신을 속이는 것을 눈치 챈 것 같았다. 1944년 말, 히틀러는 슈페어에게 서부전선에서 마지막 대공세를 펼침

으로써 전세의 역전을 가져온다는 자신의 계획을 알려 주면서, 동시에 슈페어에게 경고를 했다. "슈페어, 더 이상 반항하는 것을 참지 않겠소. 전쟁이 끝나면 국민들은 나에 대한 심판을 할 것이오. 그러나 지금 다른 의견을 가진 사람들은 불가피하게 단두대에 오르게 될 것이오!"

서부전선에서 치러진 무의미한 히틀러의 마지막 전투인 "아르덴 공세"는 처음에는 뜻밖의 성공을 거두었으나, 결국 예상대로 연합군의 압도적인 군사력으로 인해 실패로 돌아갔다. 동부전선에서도 전선이 완전히 붕괴되었다. 1945년 1월 12일, 소련의 붉은 군대가 대공세를 펼친 뒤에 독일제국 깊숙이 진격해 들어왔다. 14일 뒤에 소련군 전차 부대 선두가 베를린에서 불과 70킬로미터 떨어진 지점까지 육박해 왔다. 히틀러 정권의 종말이 가까워지자 슈페어는 서서히 군수장관으로서의 작별을 준비했다. 1945년 1월 27일, 그는 직원들에게 지난 3년간 군수부가 한 일을 정리하고 또한 이룬 성과에 대한 감사함을 포함한 "종결 보고"를 했다. 그는 군수부의 지휘권을 대리인인 카를-오토 자우어에게 넘겼는데, 그는 이미 상당 기간, 적어도 슈페어가 병상에 누웠던 이후로 군수부 업무를 책임지고 있었다. 그리고 나서 그는 히틀러에게 입장 표명서를 전달했는데, 그 입장 표명서는 다음과 같은 말로 끝을 맺었다. "상부 슐레지엔을 잃은 뒤에 독일 군수산업은 전선에서 필요한 탄약, 무기 그리고 전차를 전혀 보충해 줄 수 없는 상황에 처했습니다." 평소처럼 슈페어의 서한을 무시하는 대신에, 히틀러는 군수장관으로 하여금 며칠 뒤에 자우어와 함께 자신을 찾아오라고 지시했다. 뜻밖에도 그는 친절하게 두 사람에게 자리에 앉을 것을 권했고, 그러고는 자우어와 함께 군수물자 생산 상황에 대해 대화를 나누었다. 그는 대화가 끝날 즈음에 비로소 슈페어를 바라보고는 귀청을 째는 듯한 목소리로 그에게 경고를 했다. "당신이 군수

"승리에 대한 확신에 의심을 품다": 1945년 정월 초하루에 요들, 카이텔, 그리고 리벤트로프와 함께 히틀러를 방문한 슈페어

산업 상황을 어떻게 평가하는지 내게 서한을 보낼 수는 있습니다. 그러나 나는 당신이 누군가에게 그것에 대해 설명하는 것을 금합니다." 그리고 그는 "마지막 문구와 관련해서, 당신이 내게 그런 식으로 글을 쓸 수는 없습니다. 당신은 쓸데없는 이런 추론들을 하지 않았어도 됐습니다. 당신은 이런 군수 상황에서 어떤 결론을 도출해야 하는지에 대해서는 내게 넘겼어야 했습니다"라고 덧붙였다. 슈페어가 도를 지나쳤다는 것은 히틀러의 말보다 억양이 더 분명하게 보여 주었다.

추론 가능한 결론에 대한 두려움이 슈페어의 허무맹랑한 계획들로 이어졌다. 2월 중순, 그는 얼마 전 패배주의적 발언으로 인해 게슈타포로

> 아르덴 공격 전에 우리는 [발터] 모델 장군 댁에 있었다. 그리고 하달된 공격 명령이 현실적으로 불가능하다는 것이 명백해졌다. 내가 들은 바로는 전차 연료가 약 60퍼센트밖에 채워져 있지 않아서 다시 연료를 채울 수 있는 연료 저장소를 찾으라는 지시가 내려져 있었다. 우리 위로 수천 대의 미군 폭격기가 날아다니면서 폭탄을 떨어트렸다. 그리고 독일 전투기는 한 대도 보이지 않았다.
>
> 만프레트 폰 포저, 슈페어의 부관

부터 심문을 받은 기업인 디트리히 슈탈에게 독가스 타분을 구해 줄 수 있는지 문의했다고 한다. 그는 슈탈에게 "이것은 전쟁을 끝낼 수 있는 유일한 수단입니다. 나는 이 가스를 제국수상 청사 벙커로 투입하고자 합니다"라고 설명했다고 한다. 그러나 얼마 지나지 않아서 슈페어의 "암살론"은 실행에 옮길 수 없다는 것이 밝혀졌다. 히틀러의 측근과 수행원들을 모두 체포해서 연합군에 인도한다거나 수상 비행기를 통해 그린란드로 도망가는 등의 다른 생각들도 "조직의 천재"로 명성을 얻은 사람이 곰곰이 생각해서 짠 계획이라기보다 정신착란에 의한 망상처럼 보였다. 정말로 슈페어가 히틀러를 죽이려 했을까? 기타 시리니는 확신하고 있다. "히틀러를 살해하려는 슈페어의 이 유명한 의도는 실제로는 환상에 불과했다. 그는 결코 히틀러를 살해하지 않았을 것이고, 결코 그런 일을 실행에 옮기지도 않았을 것이다. 그는 그저 그런 척 연기를 했을 뿐이었다. 그리고 그는 그런 일이 기술적으로 불가능하다는 사실을 알아냈을 때 매우 기뻐했다. 그는 암살을 시도하지 않았을 것이다. 그가 내게 말했다. '나는 결코 그런 일을 할 수 없었을 것이다.'"

슈페어는 뉘른베르크 법정에서 처음으로 자신의 "암살 기도"에 대해 밝혔다. 그러나 증명되지 않았다. 그러나 그런 시도들이 허무맹랑해 보였지만, 법정에서 그를 변호하는 데 도움을 주었고, 세상 사람들에게 "좋은 나치"라는 이미지를 만드는 데 기여했다.

슈페어의 40번째 생일인 1945년 3월 19일에 군수장관은 히틀러에게 다시 한 번 입장 표명서를 전달했다. "독일 경제의 궁극적인 붕괴"가 4주에서 8주 사이에 "확실히" 나타날 것으로 예상되고, 그 뒤에 "군사적으로 더 이상 전쟁을 지속"할 수 없다는 내용이 그 안에 들어 있었다. 슈페어는 히틀러에게 자신의 의사를 직접 전달했다. "어느 누구도 자신의 개인적인 운명을 독일 국민의 운명과 결부시키는 입장을 취해서는 안 됩니다. … 우리에게는 이 전쟁 시기에 국민의 목숨을 앗아 갈 수도 있는 파괴를 실시할 권리가 없습니다. … 이 파괴는 독일 국민이 계속 생존할 수 있는 모든 가능성을 제거하는 것입니다." 슈페어는 이 입장 표명서가 모든 터부를 깨트린 것이라는 점을 알고 있었다. 동시에 그는 히틀러에게 그들 사이의 의견 차이가 자신의 개인적인 충성심과는 상관이 없다는 점을 알리고자 했다. 그래서 그는 자신의 생일 선물로 "총통"의 사진을 개인적으로 증정해 줄 것을 간청했는데, 히틀러는 그 사진을 빨간색 가죽 액자에 담아 그에게 주었다. 그러나 독재자는 입장 표명서에는 눈길 한 번 주지 않은 채 위협적인 목소리로 말했다. "이번에는 당신이 서면으로 답을 받을 것이오!"

하루 뒤에 벌써 슈페어에게 히틀러의 전보가 도착했다. 그것은 히틀러가 통보한 "서면 답신"이었다. 그 답신은 역사에 "네로 지시"로 기록되었다. 그 답신에서 히틀러는 제국 영토 안에 있는 모든 군사적 교통시설, 통신시설, 산업시설, 그리고 보급시설을 국민에 대한 그 어떤 고려도 하지 말고 파괴하라고 지시했다. 그는 지시를 수행할 책임자로 군사령부, 제국방어위원 그리고 대관구장을 지정했다. 이로써 그는 슈페어의 권한을 실질적으로 박탈했다. 당시 슈페어의 부관이었던 만프레트 폰 포저는 자신의 상관의 반응을 다음과 같이 기억했다. "히틀러가 3월 19일에 '불탄 대지' 명령을 내린 순간 슈페어와 히틀러 사이의 전반적인 상황이 첨예화되었다. 실제로 대립 상황이 절정에 달했다. 평화가 찾아온 뒤에 국민들에게 필요한 것들이 이렇게 경시되는 것에 대해 슈페어가 그토록 분개하는 모습은 별로 본 적이 없었다."

　슈페어의 몰락은 사람들의 대화 주제가 되었다. 사람들이 예전에 총애를 받던 사람을 피하기 시작했다. 슈페어는 나중에 "마치 내가 나병에라도 걸린 것 같았다"라고 회상했다. 선전장관 괴벨스는 자신의 일기에 다음과 같이 기록했다. "총통께서는 슈페어를 대단히 거칠게 대하셨다. … 특히 총통께서는 패배주의적인 성격을 띠고 있다며 슈페어의 요설을 끝장내 버리셨다." 분명히 히틀러는 카를-오토 자우어를 슈페어의 대리인으로 지정하는 것을 염두에 두고 있었다. 뮌헨에서 출판사를 하고 있던 자우어의 장남 카를 게르하르트 자우어는 히틀러가 산책 중에 자우어에게 다음과 같이 말했다고 한다. "내가 당신을 지금 아는 정도로 1942년에도 잘 알고 있었다면 당신을 군수장관으로 만들었을 텐데!"

3월 27일, 슈페어는 베를린으로 향했다. 히틀러가 심야의 전황 회의 후에 그와 얘기를 나누길 원했다. 그는 한 부관에 의해 히틀러가 수행원들과 함께 업무를 보고 있던 제국수상 청사 지하 벙커로 안내되었다. 히틀러와 그의 수하 간에 벌어진 가장 주목할 만한 장면 중 하나가 현실과 동떨어진 여기 "죽음의 지하실"에서 연출되었는데, 사람들은 이런 슈페어의 기억을 믿고 싶어 한다. 군수장관이 보잘것없는 집무실에 들어서자마자, 히틀러는 "바로 공격"을 개시해서 그에게 엄청난 비난을 퍼부었다. 위협적인 낮은 목소리로 그는 슈페어에게 어떤 것이 반역적인 행동

> 적들은 퇴각하면서 우리에게 불탄 대지만을 남길 것이고 주민들에 대한 어떤 고려도 하지 않을 것이다.
> 때문에 나는 지시한다.
> 1. 적들이 즉시 또는 머지않아 전투를 계속하는 데 있어 어떤 식으로든지 사용할 수 있는, 제국 영토 안에 있는 모든 군사적 교통시설, 통신시설, 산업시설 그리고 보급시설과 중요한 유형 자산은 파괴되어야 한다.
> 1945년 3월 19일에 하달한 히틀러의 "네로 지시"

인지 분명히 아느냐고 물어보았다. "당신이 내 건축가만 아니라면 그런 경우에 합당한 조치를 취했을 것이오"라고 그는 덧붙였다. "지친다는 듯이 그리고 딱히 대담하다기보다 넌더리가 난다는 듯이," 슈페어는 오랜 친구 관계는 무시하고 본인이 합당하다고 여기는 조치를 취하라고 히틀러에게 말했다. 히틀러가 바로 목소리 톤을 바꾸고는 슈페어에게 분명 병이 들고 과로를 한 것 같으니 휴가를 떠나라고 청했다. 그는 슈페어를 배려하듯이, "부처의 다른 사람이 당신을 대신할 것입니다"라고 말했다. 그러나 슈페어는 거부하면서 자신은 매우 건강하다고 주장했다. "당신이 저를 더 이상 장관으로 원하지 않으신다면 저를 해고하십시오!" 슈페어는 문득 자신이 히틀러에 대해 특별한 힘을 보유하고 있어서, 나중에 그가 기타 시리니에게 밝힌 것처럼, "히틀러가 나를 해치길 원하지 않고, 내게 아무런 조치도 안 할 것"임을 알았다. 실제로 히틀러는 슈페어가 휴가 가는 것을 거부하자 한 발 물러났다. "슈페어, 당신이 패전하지 않을 것이라고 확신한다면 계속 장관직을 수행해도 좋소." 그러나 슈페어는 완고했다. "당신은 내가 그 점을 확신할 수 없다는 것을 알고 계십니다. 전쟁에서 질 것입니다." 히틀러는 자신의 군수장관이자 건축가를 몇 시간 동안 구슬리며 과거에 대해 얘기하고 역사적인 예를 끌어왔다.

그럼에도 불구하고 슈페어가 잠자코 있자, 결국 히틀러는 자신의 요구를 완화했다. 그는 슈페어가 전쟁을 이길 수 있다고 생각하기만 해도 괜찮다고 말했다.

그러나 이제 슈페어도 양보하지 않았다. "저는 그렇게 할 수 없습니다. 흔쾌히 나서서 그렇게 할 수는 없습니다"라고 대답했다. "끝으로 나는 승리를 믿지도 않으면서 자신들은 승리를 믿는다고 말하는 당신 주변의 쓰레기 같은 사람들과 한통속이 되고 싶지 않습니다." 히틀러는 말문을 닫았다. 독재자와 그의 매니저가 아무 말도 없이 서로를 바라보며 한참을 앉아 있은 뒤에, 히틀러가 다시 말을 꺼냈다. 이번에 그는 슈페어에게 정중하게 간청했다. "만약 당신이 적어도 우리가 지지 않기를 바라기라도 한다면 좋을 텐데! 당신은 분명히 그렇게 바랄 수 있을 것입니다! 그렇다면 나는 만족할 것입니다." 슈페어가 계속 침묵하자 그는 기진맥진한 목소리로 다음과 같이 덧붙였다. "당신에게 24시간 동안 어떻게 답변할지 생각할 시간을 드리겠소. 내일 다시 오시오." 이렇게 슈페어는 방을 떠났다. 그때가 새벽 2시였다.

히틀러는 군수장관에게 최후통첩을 했다. "나는 어떻게 해야 할지 몰랐다"라고 슈페어는 후에 기타 시리니에게 말했다. "나는 그와 그의 지시에 관해서 거짓말을 했다. 그러나 나는 이제 그에게 거짓말을 할 수 없다는 것을 알았다. 나는 나와 그 사이에 또는 그와 나 사이에 기묘한 무언가가, 어떤 감정이 있었다는 생각이 든다. 비록 내가 그가 말한 의미에서 확실히 대역죄를 저질렀음에도 불구하고, 그는 나를 처형할 수 없었다. 그리고 그의 관점에서는 분명히 나를 해고해야 했을 때에도 그는 그런 결정을 내릴 수 없었다."

> 총통은 슈페어에 비해 자우어가 더 강력한 인물이라고 생각했다. 자우어는 그에게 부여된 임무를 필요하다면 완력을 써서라도 완수하는 억세고 건실한 사람이다. 그는 슈페어와 어느 정도 대비되는 인물이다.
> 1945년 3월 28일자 요제프 괴벨스의 일기 중에서

같은 날 저녁에 슈페어는 히틀러에게 보내는 편지를 썼다. 21페이지에 달하는 편지였다. 그러나 히틀러는 슈페어의 편지를 받으려고 하지 않았다. 독재자는 "나는 그의 답변을 구두로 듣고 싶다"라는 얘기를 그에게 전했다. 슈페어가 다시 제국수상 청사 지하 벙커로 이어진 가파른 계단을 내려갈 때, 그는 자신의 임기가 끝났음을 예감했다. 그는 히틀러에게 어떤 답을 해야 할지 아직 몰랐다. 그러나 그는 침착한 마음가짐으로 임했다. 마침내 독재자와 대면했을 때, 그가 나중에 "아무 생각 없이"라고 언급했던 것처럼, 내뱉듯이 다음과 같이 답변했다. "총통 각하, 나는 무조건 당신을 지지합니다!" 히틀러가 감동을 받은 것이 눈에 확실하게 보였는데, "그의 눈은 글썽거리고 있었다." 다시 한 번 "탕아"가 아버지에게로 돌아왔다. 히틀러는 다시 한 번 자신이 총애하는 슈페어를 용서했고, 그가 마음대로 하도록 해 주었다. 그의 "신앙고백"에 대한 보상으로 슈페어는 파괴 조치에 대한 전권을 돌려줄 것을 요청했다. 히틀러는 안심하며 그의 요구를 받아들였다.

한 달 뒤에 제국수상 청사 지하 벙커에서 슈페어와 히틀러 간에 연출된 비극의 마지막 막이 올려졌다. 슈페어는 1946년 뉘른베르크 법정에서 "나는 4월 23일 여러 부하 직원들과 작별을 고하기 위해, 그리고 솔직하게 말해서 현 상황에도 불구하고 히틀러에게 몸을 바치기 위해 베를린으로 날아갔다"라고 말했다. 오늘날까지 슈페어가 왜 북독일을 거쳐 베를린으로 그러한 모험을 감행했는지는 밝혀지지 않았다. 슈페어의 『회고록』에 기록된 것처럼, "히틀러란 자석"이 그를 끌어당겼을까? 그는 자신의 멘토를 마지막으로 한 번 더 보려고 했을까? 거의 고립된 수도 베를린으로의 비행은 목숨을 건 비행이었다. 왜 슈페어는 종전이 임박한 시점에 목숨을 담보로 한 모험을 했을까? 만프레트 폰 포저는 이 비행에서

"쓰라린 최후의 순간까지": 마지막 "제국정부"의 일원으로서, 플렌스부르크에서 포로로 잡힌 뒤에 촬영된 되니츠와 요들 그리고 슈페어의 모습, 1945년 5월 23일

슈페어를 수행했다. "내가 이를 이해하기 위해서는 슈페어가 베를린으로 날아갈 합당한 이유가 있어야만 했다. 그가 히틀러의 후계자가 되는 것을 걱정했다는 점이 한 이유가 될 수 있을 것이다. 이런 점이 승전국이 평가를 하거나, 그리고 그 당시 그가 염두에 두고 있던 독일 재건을 나중에 요구할 때 그에게 또 다른 부담이 될 수 있었을 것이다."

슈페어가 히틀러와의 마지막 만남에서 무슨 말을 하였든지 간에, 하여튼 히틀러의 정치적 유언장에는 그의 이름이 언급되지 않았다. 히틀러는 되니츠 제독에게 이 기진맥진한 제국에 대한 모든 책임을 넘겼다. 카를-오토 자우어는 군수장관에 임명되었다.

슈페어가 4월 23일에 다시 한 번 왔다. 그는 히틀러의 집무실로 가서, 히틀러와 오랫동안 대화를 나누었던 것으로 기억한다. 무엇에 대해서인지는 모른다. 그리고 그가 떠났고, 그 이후로 히틀러는 더 이상 슈페어에 대해 얘기하지 않았다.
트라우들 융에, 히틀러의 여비서

베를린으로 날아간 슈페어의 마지막 비행에 대해서 이미 많은 추측이 제기되었다. 나는 그가 히틀러의 후계자가 될 가능성이 있는지 확인하기 위해서 베를린으로 날아갔다고 생각한다. 그는 어떻게 해서라도 이를 저지하려고 했다. 되니츠가 지명됨으로써 슈페어는 이를 모면했다.
만프레트 폰 포저, 슈페어의 부관

그는 히틀러에게서 간단하게 벗어날 수가 없었다. 그것이 그가 베를린으로 날아간 이유 중 하나였다. 두 번째 이유는 그가 후계자로 지명되는 것을 원하지 않았고, 그런 가능성이 있다는 것을 알았다는 것이다. 그가 히틀러에게 무언가 보고하려고 했다는 것은 맞는 얘기가 아니다.
기타 시리니, 슈페어 전기 작가

슈페어는 제국수상 청사를 떠나기 전에 다시 한 번 자신이 지은 건물을 둘러보았다. 모자이크 홀에 있는 유리 천장은 깨어져 있었고, 바닥에는 그 유리 파편이 흩어져 있었으며, 값비싼 대리석은 불에 검게 거슬려 있었다. 알베르트 슈페어는 자신의 인생 역작이 파괴된 것을 눈으로 보았다. 그러나 그는 결코 기가 죽은 것처럼 보이지 않았다. 만프레트 폰 포저는 자기 상관의 당시 기분에 대해 "슈페어는 어찌되었든 해방되었다. 부담이 사라졌다. 때문에 그는 완전히 자유롭고 걱정이 없는 것처럼 보였다"고 묘사했다.

1945년 5월 1일, 알베르트 슈페어는 되니츠 사령부에서 히틀러의 자살 소식을 접했다. 그가 그날 저녁 침실에 들어가 자신의 트렁크를 열었을 때, 그는 히틀러가 자신의 마흔 번째 생일 선물로 주었던 히틀러의 인물 사진이 담긴 가죽 액자를 발견했다. 그는 그 사진을 오랫동안 바라보았다. 그러고는 눈물을 터트렸다. 슈페어는 자신의 『회고록』에서 "비로소 히틀러와 나의 관계가 끝이 났고, 이제 비로소 마력에서 벗어나 마법에서 풀려났다"고 적었다.

그러나 슈페어는 잘못 생각했다. 그는 자신의 삶이 끝날 때까지 그가 건축가와 군수장관으로서 모셨고 인간으로서 매혹되었던 그 사람의 그늘에서 벗어나지 못할 운명이었다.

"심한 자책감?": 슈판다우 감옥에서 출감한 뒤의 슈페어, 1966년 10월

1966년 알베르트 슈페어는 뉘른베르크 법정이 그에게 판결한 20년 동안의 구금 생활을 마치고 석방되었다. "도덕적 관점에서 본다면 그는 사형선고를 받았어야 마땅했다"고 뉘른베르크에서 슈페어를 처음 만났던 기타 시리니는 말한다. 그러나 그 당시 재판관들은 오늘날 알려진 사실들을 알지 못했다. 피고인 중 유일하게 그는 "제3제국"이 저지른 일에 대한 전체 책임을 받아들였다. 그러나 그것은 솔직한 회개였을까, 아니면 임박한 사형선고를 모면하기 위한 술책이었을까? 미 공군 정찰대장 케네스 J. 갤브레이스는 슈페어가 체포된 직후에 그를 심문했다. "슈페어를 심문했을 때, 그가 우선 자기 방어를 염두에 두고 있었다는 점은 의심의 여지가 없었다. 그는 자신이 전쟁에서 저지른 행위들의 결과를 최소

> 나는 그가 매우 지적인 사람이라고 생각한다. 나는 그가 자신의 의사를 매우 잘 표현할 수 있는 사람이라고 생각하고, 자기 자신을 변호하기 위해서 역사를 왜곡한 매우 영리한 사람이라고 생각한다.
>
> 존 K. 갤브레이스, 슈페어를 심문한 장교

> 나는 믿을 수 없을 정도로 심했던 슈페어의 자책감이, 뉘른베르크에서 시작해 죽음에 이를 때까지 따라다녔던 그 죄책감이 그를 도덕적으로 구원해 주었다고 확신한다.
>
> 기타 시리니, 슈페어 전기 작가

화할 수 있다고 믿었다. 이를 위해 그는 두 가지 전략을 썼다. 하나는 다른 나치들보다 자신을 더 두드러져 보이게 하고, 다른 나치들보다 더 지적이라는 것을 보여 주는 것이었다. 다른 하나는 '제3제국'에서의 자신의 역할을 부정하기보다 더욱더 인정하는 것이었다. 그는 모든 것을 인정했다. 그는 그것이 곤경에서 벗어날 수 있는 유일한 가능성이라는 것을 알았다."

알베르트 슈페어는 슈판다우 감방에서 석방 뒤의 삶을 준비했다. 그는 일기를 적었고, 자신의 『회고록』을 집필했다. 그는 출판 계약서를 주머니에 넣은 채 감옥을 떠났다. 동시대인으로서 그리고 베스트셀러 작가로서 그는 히틀러와 나치 시대 문제와 관련해서 문의를 많이 받는 인터뷰 대상자가 되었다. 알베르트 슈페어는 언제나 자신의 이전 삶과는 명확하게 거리를 두었다. 그리고 유럽 유대인들의 학살에 대해 정치적으로 정확한 표현인 공동 책임을 항상 느끼고 있다고 말했다. "그는 전체 책임을 받아들이면 자신의 개인적인 책임은 작아질 것이라고 생각했다"라고 기타 시리니는 말한다. 그러나 그는 책임에 대한 질문에서 더 이상 자유롭지 않았다. "극복할 수 없는 것의 극복, 20세기 독일인의 끝없는 숙제가 슈페어의 딜레마로 남았다"고 역사학자 울리히 쉴리는 적었다. 1981년 9월 1일, 영국 BBC 방송과 인터뷰를 가진 직후에 알베르트 슈페어는 영국의 한 병원에서 숨을 거두었다.

로켓 연구자

20세기에 가장 감동적인 장면 중의 하나로 손꼽히는 것이 달 탐사선 아폴로 11호의 발사 광경이다. 1969년 7월 19일 수천 명의 관찰자, 저널리스트, 그리고 호기심에 찬 구경꾼들이 케이프 케네디 우주센터에 쳐진 차단선 뒤쪽으로 몰려들었다. 전 세계 수억 명의 사람들이 마치 뭔가에 홀린 듯이 텔레비전 화면을 바라보고 있었다. 역사적인 사건을 위한 카운트다운이 시작되었다.

> "제3제국은 그에게 자신의 꿈을 실현할 수 있는 가능성을 제공해 주었다. 이것은 파우스트적인 상황과 같았다. 그는 말하자면 악의 무리에게 자신의 영혼을 팔았다. 그러나 그는 전혀 이를 알지 못했거나, 아니면 이를 알면서도 감수했다."
> 크리스토프 폰 브라운, 조카

"… 쓰리 … 투 … 원 … 발사!" 3천 톤의 추진력으로 솟구친 110미터 높이의 새턴 5호가 처음에는 이상할 정도로 천천히, 그러고는 계속 속도를 높이며 상공으로 치솟았다. 발사대에 설치된 카메라를 통해 사람들은 이 장면을 마치 바로 곁에서 지켜보듯이 바라보았다. 이 광경은 엄청난 불꽃놀이였고, 최고의 장관이었다. 로켓은 빠르게 지표면에서 벗어났다. 휴스턴 지상 관제소에 전하는 우주 비행사들의 보고는 침착하고 정확했다. 38만 4천 킬로미터를 솟아올랐다. 시속 3만 9천 킬로미터에 이르는 속도였다.

전설적인 로켓 개발자의 조카는 "그날 베른헤어를 보았다"고 전한다.

"인류의 위대한 발걸음": 닐 암스트롱과 에드윈 E. 앨드린(사진에 있는 사람)은 1969년 7월 달에 발을 내디딘 첫 인간이었다

"그는 매우 침착했고, 양복을 입고 있었다. 나는 이를 의아하게 생각했다. 다른 엔지니어들은 셔츠만 입은 채 땀을 흘리고 있었고 어딘가 지쳐 보이는 모습이었다. 그는 완벽하게 옷을 차려 입고 머리도 나무랄 데 없이 손을 보았으며, 넥타이도 잘 어울렸다. 그는 '오늘은 나의 날'이라고 말했다. 실제로 그는 이날을 위해 수십 년간을 일하며 이 대사건을, 즉 달로 인간을 보내는 일을 준비했다"라고 크리스토프 폰 브라운은 말한다.

그것은 연구자로서의 삶에 있어서 절정의 순간이었고, 가능성이 무한한 것처럼 보이는 나라에서 "노획 당한" 독일 로켓 기술자 베른헤어 폰 브라운이 이룬 경력의 정점을 찍는 순간이었다. 인류의 꿈이 실현된 것은 곧 그의 어릴 적 꿈이 실현된 것이기도 했다.

베른헤어 폰 브라운이 몇 년 동안 지냈던 바이마르에서 기숙사 생활을 같이 했던 한 학급 동료는 열정적이었던 초창기 시절에 대해 다음과 같이 기억하고 있다. "그는 종종 우리들에게 자신의 원대한 구상에 대해 얘기하곤 했다. 어마어마한 동력을 가진 비행체를 타고 달로 날아가는 것이 가능하다는 것이었다. 그때는 그가 갓 13살이었던 1926년이었다. 그때 같은 반 다른 학생들은 이를 듣고 웃었다. 그 당시에는 어느 누구도 그런 생각을 하지 않았다. 우리는 그것이 거의 불가능한 일이고 완전히 환상에 불과하다고 생각했다." 게르트루트 외스테처럼, 젊은 베른헤어 폰 브라운을 알았던 많은 사람들이 1969년 달 탐사선이 발사되던 그날 그를 회고해 보았을 것이다. 이야기의 처음과 끝만 들어 보면, 세기적인 사건이 있은 후에 그에게 부여된 최고의 찬사들이, 즉 "우주의 콜럼버스," "세기적인 로켓 연구자," "달 여행의 아버지"라는 수식어가 모두 맞는 것처럼 보인다.

그러나 1969년의 광경에 도취해 있을 수만 없는 사람들이 있다. 그들은 베른헤어 폰 브라운과 그의 발명, 첫 시도, 그리고 새턴 5호를 진행하도록 만든 그 기술의 탄생과 연관된 다른 기억을 간직한 사람들이다.

근본 원리는 이른바 V2라는 로켓에서 나오는데, 이는 히틀러에 의해 이른바 보복 무기라고 불린 "아그레가트 4"[Aggregat는 집합체 또는 여러 기계가 연결된 기계라는 의미의 독일어]를 뜻하는 로켓이다. 그것은 전투에 적합한 최초의 대형 로켓이었고, 베른헤어 폰 브라운은 이 로켓의 개발 책임자였다. 이 로켓은 런던, 파리, 앤트워프, 그리고 폭약이 터진 다른 많은 곳에서 수천 명의 생명을 앗아 갔다. 그러나 튀링엔의 하르츠 산맥에 있는 어두운 갱도와 지하 동굴에서 무기를 만드는 과정에서 더 많은 사람들이 죽었는데, 이에 대해서 세상 사람들은 전혀 알지 못했다. 네덜

> 폰 브라운 집안사람들은 엘베 강 동쪽 지역의 대지주였다. 전통에 따르면, 장남이 장원을 물려받고 나머지 아들들은 장교 또는 목사가 되거나 국가 공무원이 되었다. 혹은 그들은 장원을 상속받은 여성과 결혼을 했다. 베른헤어와 내 아버지 그리고 셋째 동생은 이 세 가지 전통을 모두 깼다. 내 아버지는 외교관이 되었다. 둘째인 베른헤어는 기계공학을 공부했다. 이 모든 것이 매우 일반적이지 않은 것이었다. 그리고 셋째 동생은 기술 관련 일을 했다.
>
> 크리스토프 폰 브라운, 조카

란드인 알베르트 판 데익은 당시 강제수용소 수용자로 노르트하우젠 근교의 소위 도라-미텔바우라고 불린 로켓 공장에서 일했었고, 최악의 조건 하에서 V2를 대량생산해 내야 했다. 그는 자신의 인생에서 이 시기를 여전히 극복하지 못한 채 고통스러워하고 있다. "베른헤어 폰 브라운은 나중에 강제 노역자와 그들의 고통 그리고 수많은 죽음에 대해 알지 못했다고 줄곧 말했다. 그것은 말도 안 된다. 그는 거기에 책임이 있다. 그는 그곳에 있었다!" 판 데익은 유명한 이 엔지니어의 필생의 역작을 동시대인들과는 달리 평가한다. "브라운의 로켓이 인간을 달로 보냈다는 소식을 접했을 때, 모골이 송연했다."

독일에는 로켓의 역사에서 빼놓고 생각할 수 없는 장소들이 여러 곳 있다. 그중의 하나가 발트 해에 위치한 우제돔 섬에 있는 페네뮌데이다. 최근에 한 문서고에서 몇 장의 컬러사진들이 발견되었다. 그 사진들은 하인리히 히믈러가 1943년에 로켓 공장을 방문한 모습들을 보여 준다. 또한 V2의 실험 장면들도 보이고, 친위대 사람들과 엔지니어들 사이에 서 있는 환한 표정의 베른헤어 폰 브라운의 모습도 보인다. 1969년 대서양 양쪽 나라에서는 여전히 그런 연관 관계에 대해서 알리는 것에 대해, 그리

로켓 연구자 **107**

"총명한 사내아이": 형제인 지기스문트(왼쪽), 마그누스(오른쪽)와 함께 한 베른헤어 폰 브라운(가운데), 1920년대 초

고 승리의 어두운 전사(前史)에 대해 알리는 것에 대해 매우 주저하고 있었다. 1977년 이 우주여행의 선구자가 죽은 뒤에야 비로소 상세한 내용들이 많이 알려지게 되었는데, 이 내용들은 그때까지 밝은 면만 보이던 이 기술자의 삶에 부정적인 영향을 끼쳤다. 그 전에도 베른헤어 폰 브라운이 스스로 자신의 과거에 대해 했던 얘기들이 많이 떠돌았다. 연구자인 그에게 군사적 목적은 중요하지 않았으며, 그는 언제나 달에만 관심을 두고 있었다는 얘기들이었다. 그리고 그는 로켓 무기들을 생산하는 과정에서의 비인간적인 조건들에 대해서는 아무것도 몰랐다는 얘기였다.

그러나 전쟁과 테러가 만연하던 그 시기에 자신의 원대한 계획을 추진하기 위해 베른헤어 폰 브라운이 치르고자 했던 그 대가는 얼마나 컸을까? 자신의 목적을 위해 그는 어떤 우회로, 어떤 잘못된 길을 선택했던

가? 갈림길은 어디에 있었던가? 그는 히틀러 제국의 매니저로서 얼마나 깊숙이 연관되어 있었는가? 이에 대해서는, 기술자들의 우상인 이 인물의 숭배자와 비판자들 사이에서, 오늘날까지도 의견이 갈리고 있다.

베른헤어 폰 브라운이 1912년 3월 23일 포젠 지방의 비르지츠에서 태어났을 때, 그에게는 맞춤 양복처럼 다른 삶이 준비되어 있는 것처럼 보였다. 그는 유복한 귀족 집안의 아이였다. 금전적으로나 직업상의 전망에 있어서도 아쉬운 점이 없었다. "좋았던 옛 시절"이라고 일컫던 그 시대에는 그가 속한 계급의 아들들에게는 군인으로의 길을 택하거나 중요한 공직을 차지하고, 아니면 땅을 취득해서 경영하는 것이 자명한 일이었다. 폰 브라운 가족들은 "기술자와 엔지니어" 그리고 그 비슷한 직업에 대해서는 그때까지 알지 못했다고 로켓 개발자의 조카인 크리스토프는 강조한다.

베른헤어에게는 형 지기스문트와 동생 마그누스가 있었다. 가운데 아이였던 그는 마마보이였다. "어머니는 그가 맨 먼저 의지하는 버팀목이었다. 베른헤어는 어머니에게 특별히 중요한 아이였다. 그녀는 그가 특별한 면을 가지고 있다고 보았다. 그녀는 그가 언제나 아픈 것처럼 보였기 때문에 그를 보호했다"고 그의 학급 친구였던 게르트루트 외스테는 말한다.

그 대신 이 사내아이는 영리했으며 지적 호기심이 많았다. "그의 질문은 끝이 없었다"고 후에 어머니 에미는 전했다. 그녀는 자식들을 따뜻하고 너그럽게 가르쳤다. 아버지와는 완전히 달랐는데, 그는 어린 베른헤어에게 "부모의 지도"를 받도록 만드는 것이 자신의 사명이라고 생각했다. 하지만 때때로 이런 일이 쉽지 않을 때도 있었다. 일찍부터 베른헤어 폰 브라운은 자신에게 기술자적 자질이 있음을 발견했다. 베를린의 프랑스계 인문 고등학교 학생이었던 그는 수업을 빼먹고는 그 시간을 자기가 재미있어 하는 일을 하는 데 이용했다. 예를 들어 직접 차를 조립하는 일 같은 것이었다. 그런 그는 16살 때 폭죽의 폭약으로 구동되는 어린이용 소형 손수레를 베를린 티어가르텐 사이로 몰고 다녔다. 그 손수

> 그는 특별히 작은 로켓 자동차를 만들었고, 이 무인 로켓 자동차 중 몇 대는 사고를 일으켰다. 그중 한 대는 이웃 정원으로 날아가서 온실을 박살 냈다. 그의 아버지는 유리 값을 치르고는 그에게 말했다. "이제 네 로켓은 끝이다!" 그러나 그는 끝내지 않았다.
> 에른스트 슈툴링어, 로켓 엔지니어

레가 완전히 통제력을 잃고 공원 사이를 휘젓고 다니면서 산책하고 있던 사람들을 놀래 주는 동안 베른헤어 폰 브라운의 눈에서는 이 기술적 성공에 대한 자부심을 읽을 수 있었다. 후에 그는 "나는 몹시 감격했다"고 회상했다. 그러나 경찰들은 우주 비행을 꿈꾸는 이 사내아이의 계획에 전혀 호의적이지 않았고, 결국 그를 체포했다. 당시 독일 라이파이젠 은행장이었던 아버지가 개입을 했기 때문에 베른헤어는 형사처분을 받지 않았다. 그는 아마도 이때 처음으로 한계점까지 갔지만, 그러나 분명 마지막은 아니었다. 조카 크리스토프 폰 브라운은 아버지 지기스문트에게 왜 아버지는 동생 베른헤어보다 유명해지지 않았냐고 물어본 적이 있었다. 아버지는 다음과 같이 대답했다. "처음에 우리는 같이 로켓 장난을 했다. 그런데 한 번은 우리가 한 여성의 양말을 불태우는 바람에 바꿔 주어야만 했다. 또 한 번은 로켓 자동차가 온실을 뚫고 들어가 몇몇 샐러드 꼭지를 날려 버렸다. 아버지는 우리 두 사람을 위한 우주여행은 이제 충분하다고 말씀하셨다. 나는 그만두었고, 베른헤어는 계속했다."

물론 처음에는 그렇게 되지 않을 것처럼 보였다. 하필 수학과 물리에서 받은 나쁜 성적 때문에 야심차게 이 일에 매달렸던 베른헤어는 진급을 못하게 되었다. 프로이센의 관료와 군인 가문에서 이렇게 기술 실험을 좋아하는 아들의 모습에 당황한 그의 아버지는 그 때문에 베른헤어를 바이마르 근처에 있는 기숙학교로 보냈다. 16살 때 그는 슈피커로크

110 히틀러의 매니저들

"부모의 지도": 아들 지기스문트, 마그누스 그리고 베른헤어(왼쪽)와 같이 한 에미와 마그누스 폰 브라운

로켓 연구자 **111**

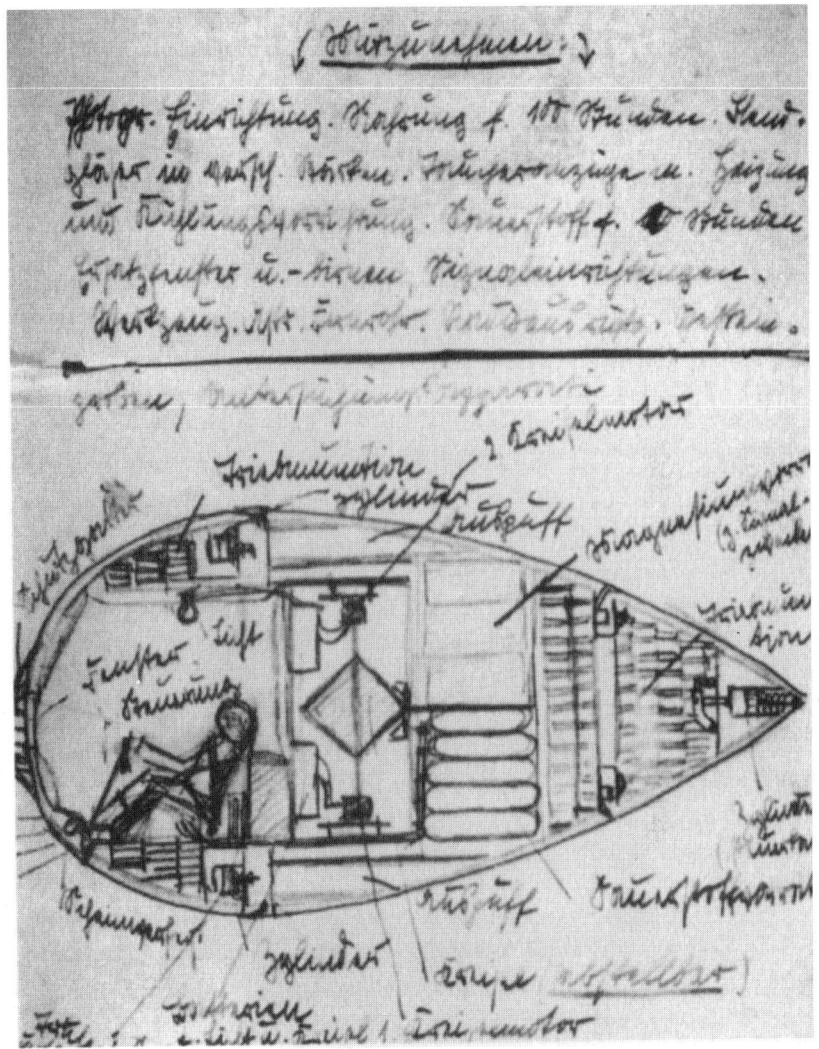

"별들을 바라보는 것뿐만 아니라 거기로 가기도 할 것이다": 어린 베른헤어 폰 브라운이 그린 유인 로켓 스케치

> 그는 속을 썩이는 아이였는데, 그를 위해서 더 많은 보살핌이 필요했다. 이 아이는 사립학교에서 더 잘 적응했다. 왜냐하면 사립학교에서는 개인에 대한 고려를 해 주기 때문이었다.
> 헤드비히 외스테, 학교 친구

> 나는 내게 재미를 주는 것만을 했다. 그리고 그런 것들은 대부분 학교 교과과정에는 없는 것이었다.
> 베른헤어 폰 브라운

> 베른헤어 폰 브라운은 헤르만 오베르트의 이론에 매료되었다. 그래서 그는 자신의 인생을 이 주제를 위해 바치겠다고 결심했다. 오늘날 확고하고 좋은 이론으로 모든 사람들이 인정하는 그 이론은 오베르트 생전에 처음부터 인정을 받았던 것이 아니었다. 헤르만 오베르트가 논문에서 가능하다고 기술한 것을 베른헤어 폰 브라운이 실제로 실현시켰다.
> 울프 메르볼트, 독일 우주 비행사

섬에 있는 기숙학교로 다시 한 번 옮겼다.

그가 그곳에서 학업에 성과를 보이고 곧 학급 수석으로 올라선 것은 물론 헤르만-리츠-기숙학교가 선전하던 현대식 교육 방법 때문은 아니었을 것이다. 오히려 견진성사 선물로 어머니에게 망원경을 선물 받았기 때문이었을 텐데, 그것은 그의 첫 망원경이었다. 그의 인생에서 중요한 시기였다. 후에 로켓 엔지니어가 되고 가족의 친구가 된 에른스트 슈툴링어는 다음과 같이 말한다. "어머니의 선물은 그에게 우주로 향한 길을 열어 주었다. 그는 제대로 된 아마추어 천문학자가 되었고, 언제나 천체를, 특히 달과 화성을 응시하고 있었다. 이 아이는 어머니와 대화를 하면서 다음과 같이 말했다. '우리는 그것을 바라보는 것에서만 그쳐서는 안 돼요. 거기로 가야만 해요.' 그리고 그녀는 그렇게 하라고 그를 북돋아 주었다." 어머니는 분명 자기 아들의 특별한 재능을 감지하고 있었다.

기숙학교에서 이 어린 열성 학생은 당시 우주여행의 기초 연구서였던, 헤르만 오베르트의 1923년 작 『행성 공간으로 가는 로켓』을 입수했다. 수학과 물리 공식이 많이 들어 있는 이 논문은 베른헤어에게 "적어도 책의 절반"은 이해하고 말겠다는 야심을 일으키게 만들었다. 목표가 정해지고 강하게 동기부여된 그는 이때부터 수학을 집중적으로 공부했다. 마침내 그는 1930년 4월에 학급 수석으로 조기에 아비투어 시험을 통과했다.

폰 브라운은 많은 이들에게 별난 아이로 보였을 것이다. 그의 학급 동료였던 게르트루트 외스테는 다음과 같이 전한다. "그는 자신이 어떻게 보일지에 대해서는 전혀 신경 쓰지 않았다. 그에게는 외관에 신경 쓸 시간이 없었다. 많은 동료 학생들이 '베른헤어, 빗질 좀 해라'라고 말했다. 그러나 그는 전혀 개의치 않았다. 그에게 그것은 중요하지 않았다."

그는 전혀 괴짜는 아니었다. 정반대로 그는 이미 일찍부터 다른 사람들을 열광시키는 자신의 능력을 보여 주었다. 슈피커로크 섬에서 그는 동료 학생들과 함께 별들을 관찰하기 위한 작은 관측소를 만들었다. 15살의 나이에 그는 우주선의 스케치를 작성했고, 그 직후에 우주비행협회(VfR)에 가입했다. 그리고 2년 뒤에 학생 신문에 미래에 대한 자신의 첫 논문을 실었다. 그가 논문에서 우주정거장을 묘사한 방식은 기술자로서의 그의 모습을 깊이 인식할 수 있게 해 주었다. 그는 이 원대한 계획이 가능할 것이라는 흔들리지 않는 믿음으로 무장하고 있었다. 그는 경제적인 관점에서 실제로 사용할 수 있는지에 대해서는 거의 고려하지 않았다. 무엇보다도 비전을 실제로 바꾸는 일은 그에게 있어서 목적 그 자체였다.

베른헤어 폰 브라운은 1930년에 아비투어를 마쳤다. 시험을 성공적으로 마친 이 고등학교 졸업반 학생은 아마 군인이나 공무원 중 하나를 선택

한번은 월식이 있었다. 이 기회를 빌려 그는 자신의 학급 동료들에게 달로 비행하는 것이 분명 가능하다는 자신의 생각을 설명해 주었다. 물론 당시에는 모두가 웃고 말았다. 15살 내지 16살인 우리들에게는 그 일이 그저 불가능해 보였다. 그러나 베른헤어는 그것이 가능하다고 굳게 믿고 있었다.

헤드비히 외스테, 학교 친구

상: "우주 공간에 대한 영감": 프리츠 랑의 영화 〈달에 사는 여인〉의 한 장면
하: "비전을 현실로": 베를린 라이니켄도르프의 로켓 비행장에 서 있는 루돌프 네벨과 베른헤어 폰 브라운(오른쪽), 1930년

할 수도 있었을 것이다. 그러나 달로켓을 만드는 그의 꿈은 그를 안주하도록 만들지 않았다. 그래서 그는 다음 난관을 극복하겠다는 목표를 정했다. 그는 베를린 공과대학의 기계공학과에 등록했는데, 그는 이것이 더 높은 목표를 잡기 위한 토대가 될 거라는 것을 잘 알고 있었다. 그래서 그는 학업 초기부터 헤르만 오베르트와 루돌프 네벨 주위에 있고자 노력했는데, 이들은 당대 로켓 연구자들 중 가장 중요한 사람들이었다.

그 당시 전 세계적으로 로켓 형태의 물체에 대한 연구가 성행하고 있었다. 많은 나라에서 촬영된 필름에는 로켓 조립 과정에서 발생한 유명한 사건들을 보여 주는데, 그 과정에서 많은 사람들의 손가락이나 다른 신체 부위들이 불타기도 했다. 한 영화는 특별히 베른헤어 폰 브라운의 기호에 맞았다. 프리츠 랑의 1923년 작 영화 〈달에 사는 여인〉이었다. 이 유명한 영화감독은 헤르만 오베르트의 저서를 영화의 모범으로 삼았다.

이제 실험이 계속되었다. 젊은 엔지니어는 자신의 명민함을 통해서, 그러나 특히 지칠 줄 모르는 참여 정신을 통해서 선구적인 로켓 연구자들의 주목을 받았다. 1930년 여름에 베를린의 로켓 개발자들 사이에서 결정적인 돌파구가 마련되었다. 오베르트와 네벨 팀이 처음으로 액화 로켓 모터를 성공적으로 점화시켰다. 90초 동안 모터가 가동되면서 7킬로그램의 추진력을 생산하는 데 성공했다. 이 성공에 고무된 아마추어 로켓 연구자들은 육군 무기청(HWA)으로부터 라이니켄도르프에 버려진 탄약고를 임대받았다. 1930년 9월 27일, 그들은 그곳에서 시험 지대를 만들었는데, 언론은 이 시험 지대에 "베를린 로켓 비행장"이라는 희망적인 이름을 붙여 주었다.

이때부터 베른헤어 폰 브라운은 이곳의 단골이 되었다. 학업과 취미가 서로 그 경계를 잃고 뒤섞였다. 그러나 기분 전환을 위한 시간도 있

> 우연히 그가 베를린으로 왔고, 그곳에서 학업 외에 실험도 했다. 그는 여기저기에 깊은 인상을 남겼고, 의식하지 않았음에도 자신을 주목하도록 만들었다.
> 구스텔 프리데, 페네뮌데에서 근무했던 폰 브라운의 여비서

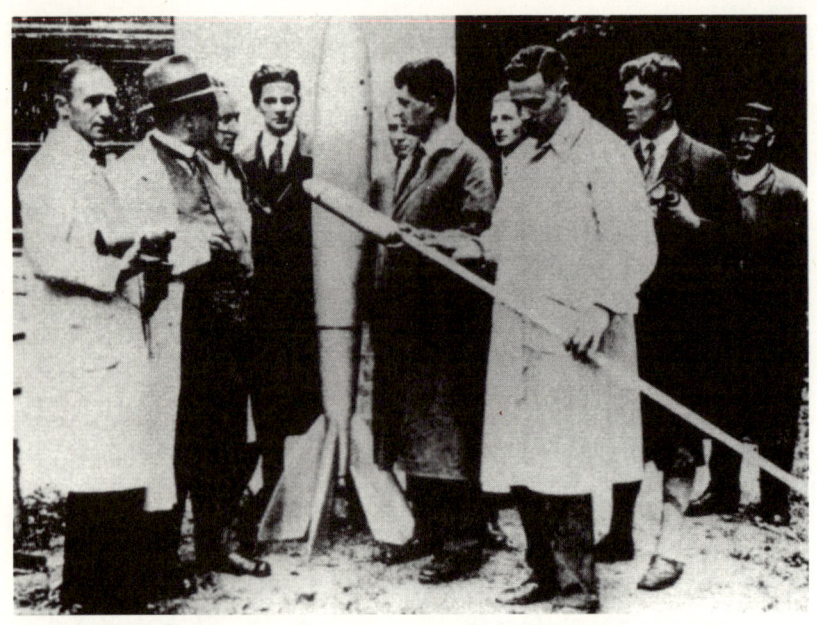

"기상 관측, 우편물 배달 또는 달로의 여행?": 1930년 독일 로켓 연구자들. 오른쪽에서 두 번째가 베른헤어 폰 브라운

> 로켓 추진 장치 그리고 우주 비행 계획은… 내가 기계공학 공부를 도대체 왜 선택하게 되었는지를 설명해 주는 진짜 이유이다.
> 베른헤어 폰 브라운

었는데, 특히 비행기와 수상 스포츠를 즐겼다. 이전과는 달리 그는 이제 자기 외모에도 많은 신경을 썼다. 멋진 겉모습과 매력적인 성격 때문에 그는 곧 로켓 비행장의 "서니보이(Sonnyboy)"라는 명성을 얻게 되었다. 1932년, 한 요트 수업에서 그는 아름답고 모험을 좋아하는 한나 라이취를 알게 되었다. 브라운과 마찬가지로 1912년생이었던 라이취는 나중에 독일에서 가장 유명한 여비행사가 되었는데, 이에 못지않은 어두운 면도 가지고 있었다. 그녀는 1945년 4월 목숨을 건 비행을 감행하여 자신의 연인이었던 로베르트 리터 폰 그라임 공군 최고사령관을 베를린에 포위되어 있던 히틀러에게 데려다 주고는 다시 빼내 왔다. 한나 라이취와 베른헤어 폰 브라운은 일생 동안 친구 관계를 맺었다.

그러나 기존의 비행 장비를 장착한 비행은 베른헤어 폰 브라운의 성에 차지 않았다. 그는 가시적인 성공을 원했다. 1931년에 로켓 연구자들은 로켓 비행장에서 그들이 조립한 최초의 소형 액화 로켓인 "미락"을 발사했다. 이 시험은 여러 면에서 시사하는 바가 많았다. 폰 브라운은 그의 스승인 루돌프 네벨을 보면서 그의 발사 전술을 배웠는데, 이 전술은 몇 해 뒤에 그가 직접 만든 로켓을 발사하기 위해서 배워야만 했던 것이었다. 로켓이 천둥소리를 내고 대기를 쉭쉭 가르며 솟아오른 다음, 쉿 하는 소리와 함께 하늘에 긴 화염 꼬리를 남기며 사라지는 모습은 그에게 도움이 되었다. 상용화 가능성이 얼마나 있는지는 상관이 없었다. 우선 중요한 것은 가능하다는 것을 증명하고 흥행 효과를 내는 것이었다. 그렇게 해야지만 기업들로부터 기부금을 거둘 수 있었고, 로켓 비행장에 입장하는 관중들에게 입장료를 받을 수 있었다.

폰 브라운이 1932년에 『움샤우』라는 잡지에 액화 로켓이 작동하는 방식을 일반적으로 알기 쉽게 설명한 대중적인 기사를 낸 것도 선전의 일환이었다. 물론 로켓의 성능에 대해 그가 언급한 내용은 당시의 기술 수준을 한참 넘어서는 것이었다. 폰 브라운은 이 로켓이 투입 가능한 분야로 연구, 기상 관측과 우편물 배달을 들었다. 그러고 나서 그는 유인비행, 대륙 간 비행 그리고 달로의 여행에 대해 운을 뗐다.

한 학기 동안 취리히의 스위스 공과대학에서 수학한 1931년 여름에, 그는 대학생 기숙사에서 이미 "사전 실험"을 실시했다. 그는 가로로 눕힌 자전거 바퀴에 쥐들을 묶고는 원심력이 큰 상태에서 쥐들이 감당할 수 있는 부하를 실험했다. 이와 유사한 상황이 우주선 출발 시와 대기권에서 높은 속도를 낼 때에 우주 비행사들에게 일어날 수 있는 일이다.

그러나 이 당시에 누가 이런 연구에 정말 관심을 가질 수 있었을까? 연구 개발을 계속하는 데 필요한 엄청난 비용을 누가 조달할 수 있었을까? 세계 경제의 위기 징후가 산업계에 점점 더 나타나고 있었다. 30년대 초에 수백만 명의 사람들이 실직 상태였다. 기업들은 투자를 위한 수단이 없었다. 로켓으로 어떤 사업을 할 수 있었을까?

그러나 당시 적절한 재정 수단을 이용할 수 있는 연구소가 하나 있었다. 이 연구소는 로켓 제작 프로젝트에 관심을 보이기 시작했다. 그것은 육군 무기청이었다.

육군 무기청은 특히 베르사유 조약에 따른 군사적 제약에도 불구하고 제국군[바이마르 공화국의 군을 일컫는 용어로, 내용상으로는 공화국군으로 번역해야 하지만 다른 번역과의 일관성을 유지하기 위해 제국군으로 번역함]이 군비 확장을 할 수 있도록 만드는 것을 우선 목표를 하고 있었다. 그런 제약에는 육군 병력을 10만 명으로 제한하는 것뿐만이 아니라 비행기를 제작할 수 없고 장거리 대포를 가질 수 없는 것 등이 포함되었다.

1930년에 이미 육군 무기청은 헤르만 오베르트와 루돌프 네벨 팀에게 5천 제국마르크를 송금했다. 실험은 군에 의해 꼼꼼히 관찰되었다. 개발은 이제 기로에 서 있었다. 당시 탄도 시험과 과장이었고 후에 육군 무기청 청장이 된 카를 베커 대령은 기술자들이 점점 더 자주 대중들에게 의견을 개진하는 것을 회의적으로 보고 있었다. 그리고 폰 브라운의 『움샤우』 기사도 불쾌한 상황을 야기했다. 그 밖에도 베커는 지금까지 개발한 모델들이 실제로 얼마나 쓸모가 있는지 이제는 분명하게 알고 싶어 했다. 때문에 대중들을 제외한 가운데 베를린 근교의 쿰머스도르프 육군 단지에서 최근에 개발에 성공한 미락 2호에 대한 실험이 진행되었다. 실

"로켓 제작": 로켓 실험을 위한 실험 장치를 만들고 있는 헤르만 오베르트

> 베커는 굉장한 양반이었다. 장군일 뿐만 아니라 천상 기술자였다. 내 기억에 의하면, 나는 브라운과 함께 야외 모처에서 베커 장군을 만났다. 그리고 브라운은 실험에 실패했기 때문에 언짢은 표정을 짓고 있었다. 그때 베커가 다음과 같이 말했다. "이봐요, 더 나아졌잖아요. 당신은 최소한 이 로켓이 화살처럼 안정적으로 날아간다는 것을 증명했잖아요!" 그것은 베커다운 발언이었다. 그는 우리들을 신뢰하고 있었다.
>
> 게르하르트 라이지히, 로켓 엔지니어

험은 실패로 돌아갔다. 발사 직후에 로켓이 의도와는 달리 측면으로 움직였고, 대략 1.5킬로미터 정도 이격된 지점에 떨어졌다.

로켓이 숲길을 통과하는 운송 과정에서 분명히 손상을 입었을 것이다. 그러나 베커 대령은 로켓의 궤도가 우선은 안정적이었기 때문에 가능성을 인정했다. 베른헤어 폰 브라운에게도 어렴풋이 어떤 생각이 떠올랐다. 그는 육군 무기청의 실험 기계, "사진경위의(寫眞經緯儀), 탄도 카메라와 크로노그래프와 같은 대단한 장비"에 대해 무척 감탄했다. 이는 일을 진척시키기 위한 장비들이 아닌가. 자신의 로켓 제작 작업이 이 발사 실패 뒤에 갑자기 끝을 보게 될 수도 있다는 두려움이 알게 모르게 그를 괴롭히고 있던 참이었다.

베커 대령과 폰 브라운은 대화를 나누었다. 갓 20살이 된 젊은 엔지니어가 1932년 7월에 독단적으로 육군 무기청의 이 군인을 방문했다. 두 사람은 서로를 이해했다. 베커는 이 로켓 제작자에게 보다 더 객관적이고 "학문적인 자료들"을 요구했다. 그가 요구한 것은 "장난감 로켓"을 가지고 하는 비전문적인 조작 행위들도 아니었고, 특히 "선전 효과만을 노리는 작업"도 아니었다고 후에 베른헤어 폰 브라운은 전했다. 그 스스로도 설계자들에게 측량 기계와 장비들이 부족하다고 말했다. 베커는 폰 브라운에게 연구를 지원하겠다고 제안했다. 조건은 그 연구들이 군 시설에서 비밀리에 이루어져야 한다는 것이었다.

젊은 연구자는 결정을 내려야만 했다. 대령은 로켓을 새로운 타입의 무기로 만들고자 했다. 이 무기는 베르사유 조약의 제한 규정들을 비켜 가는 데 매우 적합했다. 이로써 대포의 사거리를 상당히 늘릴 수 있었다. 왜냐하면 "로켓"과 같은 이런 혁신적인 무기에 대해서는 당연히 평화조약에 아무런 규정도 없었기 때문이다.

> 폰 브라운은 1932년에 군으로부터 주문을 받았는데, 그때는 히틀러가 집권하기 반년 전이었다. 제국군에서는 이미 1928년부터 로켓 실험이 실시되고 있었다. 이 사람들은 폰 브라운의 실험에 대해 들었고, 그에게서 깊은 인상을 받았다. 그들은 브라운에게 이 군대 로켓 개발에 참여해 줄 것을 제안했고, 폰 브라운은 이 제안을 받아들였다.
> 발터 야코비, 로켓 엔지니어

베른헤어 폰 브라운은 결정을 내렸다. 그는 제안을 받아들였다. 그것이 당연한 결정은 아니었다. 루돌프 네벨은 육군 무기청의 통제 하에 놓이는 것에 대해서는 관심이 없었고, 계속 우주 비행을 위한 개인 스폰서를 찾아내길 바랐다. 우주비행협회는 1934년에 활동을 중단했다. 이로써 민간 차원에서 이루어지던 우주 비행을 위한 시도는 끝이 났다.

이와 달리 베른헤어 폰 브라운은 1932년 12월 1일 제국군에서 일하는 민간 직원이 되었다. 그는 매달 약 300제국마르크를 보수로 받았고, 쿰머스도르프에 있는 육군 단지 내의 시설을 자신의 연구 목적을 위해 사용할 수 있었다. 그곳에서 그는 아무런 방해도 받지 않고 연구에 전념했고, 「액화 로켓의 문제점에 대한 구조적, 이론적, 실험적 고찰」이라는 자신의 박사 학위 논문을 작성했다.

전쟁이 끝난 뒤에 베른헤어 폰 브라운은 군사적 목표가 명백한 연구에 협력한 적은 결코 없었으며, 자신의 계획을 추진하기 위해 다른 방도를 찾을 수밖에 없었다고 강조했다. 그와 오래 일을 같이한 동료이자 친구인 에른스트 슈툴링어는 다음과 같이 확인하고 있다. "그 당시 머지않아 전쟁이 터지고 로켓이 정말로 무기로 투입될 수도 있을 것이라고 생각한 사람은 아무도 없었다. 그리고 설령 그렇다 하더라도 방어용일 뿐이라고 생각했다. 베르사유 조약에 따라 독일의 공격은 생각도 할 수 없었다." 그러니까 의심할 여지가 전혀 없었단 말인가?

슈튤링어는 다음과 같이 말했다. "폰 브라운은 민간 수단을 이용한 로켓 개발은 불가능하다고 생각했다. 그때 마침 제국군과 자금줄이 나타난 것이었다. 베른헤어는 의구심을 가진 사람들에게 다음과 같이 말했다. '우리에게 죽느냐 사느냐는 간단한 문제이다.'"

군과의 초기 협력 관계는 이 로켓 개발자의 비망록을 통해 유추해 볼 수 있다. 그 비망록을 보면 처음부터 군사적 임무였다는 것은 분명했다. 그 노력들이 합법성이라는 범주의 테두리를 넘나들고 있다는 것 또한 명확했다. 당시 스무 살이었던 그가 군을 위해 봉사하게 되었을 때, 이런 점은 중요하지 않았다. 그는 이제 비밀 로켓 프로젝트의 일원이 되었다.

당시는 독일의 첫 공화국이 종말을 고하기 시작한 시기였다. 공화국은 재능 있는 기술자를 위한 세상은 아니었다. 그의 입장은 비정치적이었다. 폰 브라운은 천성적으로 귀족이었고, 당시 의미대로 "독일 민족적" [군주정을 옹호하고 민족주의 성향을 띤다는 의미]인 사고방식의 소유자였다. 그의 눈에 바이마르 공화국은 쓸모가 별로 없었으며, 교양 있고 처세에 능한 젊은 남자의 눈에 나치는 천민들이었다. 그의 아버지는 파펜 내각에서 농업부장관을 지낸 사람으로 보수적인 반민주주의자들 중 하나였는데, 그들은 바이마르 공화국이 몰락하는 것을 저지하기 위한 어떤 시도도 할 생각이 없었고, 히틀러를 통제할 수 있다고 생각하는 그런 사람들이었다.

군은 로켓 실험용 시험 발사대를 설치할 수 있는 자금을 보유한 기관이었다.
발터 야코비, 로켓 엔지니어

베른헤어 폰 브라운은 기술자의 직분에 대해 매우 보편적인 믿음을 갖고 있었다. 그는 기술자가 하는 일은 인류에게 진실된 자극을 주는 것이라고 생각했다. 그가 생각하는 세계에서 엔지니어와 과학자, 특히 우주 연구자는 미래를 만들고 준비하는 수호자들이었다. 기술적 진보는 그에게 있어 자신의 가치 그 자체였다. 이때 수단의 선택은 부차적이었는데, 진보를 이루기 위해 필요한 수단으로서 정치를 선택할 수도 있었다.

> 그의 아버지는 물론 이유 없이 농업부장관을 한 것은 아니었다. 그는 대지주였다. 엘베 강 동쪽의 이 대지주는 당시 농업 정책에 큰 영향력을 행사하고 있었다. 그러나 히틀러 아래에서 그는 단 6일간만 장관직을 수행했고, 그러고 나서 그는 불평을 쏟아내며 농장으로 돌아갔다. 그는 이런 시골뜨기가 통치를 할 수는 없다고 생각하고 있었다.
> 크리스토프 폰 브라운, 조카

히틀러가 권력을 잡았을 때에도 입장은 그대로였다. 문제는 무엇보다도 로켓 연구를 위해 장차 제공될 특정 조건들이었다. 중요한 점은 엔지니어들이 방해받지 않고 일할 수 있는 더 나은 상황이 조성되어야 한다는 점이었다. 이로써 새 정권은 성과를 얻게 된다는 것이었다. 연구자들은 무언가를 보여 주어야 했다. 1933년에 처음으로 엔진을 실험했는데, 이 엔진은 60초 동안 140킬로그램의 추진력을 생산해 냈다. 히틀러가 공화국을 해체하고 국민과 국가의 획일화를 시작하는 동안 아그레가트 1(A-1)에 대한 계획이 완성되었는데, 이 로켓은 300킬로그램의 추진력을 내도록 되어 있었다. 이 프로젝트는 전적으로 폰 브라운이 요구한 것이었는데, 그러나 로켓은 첫 실험에서 폭발하고 말았다. 이 폭발은 육군 무기청이 구조 변경을 지시하는 계기가 되었다. 나중에 이와 유사한 사고에서 세 명의 직원이 목숨을 잃었다.

1933년 9월 21일, 히틀러는 처음으로 쿰머스도르프의 로켓 개발자들을 방문했다. 그는 분명히 현재 침체되어 있는 로켓 개발의 가능성을 인식하고 있었다. 아무튼 폰 브라운 팀은 군비 재확충 과정에서 국방 예산 증액으로 인해 많은 혜택을 보았다. 그 결과물인 A-2 로켓 두 대가 만들

"악에 영혼을 팔았는가?": "1934년 봄 쿰머스도르프를 방문한 히틀러. 마지막에서 두 번째 열 중간에 서 있는 베른헤어 폰 브라운

어졌고 "막스와 모리츠"라는 이름이 붙여졌다. 1934년 크리스마스 직전에 보르쿰 섬에서 로켓이 발사되었다. 로켓은 상승 한도 1,700미터까지 도달했는데, 이로써 기대치는 충족되었다.

당연히 히틀러 정권은 야만적인 행위를 통해 정치적으로 퇴보했다는 평가를 받았다. 그러나 이 독재자는 현대 기술의 선구자들에게 봉사할 수 있는 기회를 제공했다. 전후에 페네뮌데에 근무한 사람들이 계속 믿었던 것과는 달리 로켓 연구와 나치 정권은 떼려

> 1935년에 페네뮌데로 가기로 정해졌다. 베를린 근교의 쿰머스도르프에서는 대형 로켓을 발사할 수 없다는 것은 자명한 사실이었다.
> 콘라트 단넨베르크, 로켓 엔지니어

야 뗄 수 없는 관계였다. 1935년부터 히틀러가 대규모 군비 확장을 했다는 것은 아주 명백한 사실이었다. 베른헤어 폰 브라운은 이 상황을 이용했다.

그의 조카 크리스토프는 삼촌의 입장에서 생각을 해보려고 했다. "그 당시에 그는 매우 젊은 남자였다. 그리고 누군가 그에게 수단을 제공했다. 그는 그때 그 기회를 잡았다. 그것이 군사적 목적이고 의심스러운 면이 있었지만, 그가 타협한 것은 아니었다. 내가 생각하기에, 그에게 있어 이것은 단지 자신의 비전을 실현하려는 목적을 위한 수단이었다. 그것은 파우스트적인 상황이었다. 그는 자신의 영혼을 악에 팔았다. 그러나 그는 아마 그 사실을 전혀 의식하지 못했을 것이다. 그는 그런 면에서 순진했다. 그의 관점에서 보면, 그는 이용당한 것이 아니라 이용한 것이었다."

그리고 성공이 그에게 정당함을 부여할 것처럼 보였다. 그는 재원을 하나로 묶고 불가피할 시에는 상충되는 관심사 사이에서 줄다리기를 하기도 했다. 이런 일은 다른 군과 일을 하면서도 나타났다. 육군에서만 재원을 조달했던 것은 아니었다. 헤르만 괴링의 공군은 특히 많은 자금을 지원했다. 그래서 폰 브라운은 1935년 6월 27일 쿰머스도르프에서의 회동에서 로켓 비행기 프로젝트(하인켈 He 112기)와 육군의 액화 로켓(A-4) 개발을 합치자고 제안했다. 일련의 실험을 하기 위해서는 커다란 사격 지역이 있고 공간이 넓고 외딴 곳이어야만 했다. 그렇게 해서 페네뮌데에 대한 계획이 나온 것이었다. 그러나 장소에 대한 제안은 엔지니어에게서 나온 것도 아니고 군에서 나온 것도 아니었다. 그 제안은 베른헤

어 폰 브라운의 어머니에게서 나온 것이었는데, 그는 그 얘기를 60년대에 미국에서 가진 한 인터뷰에서 다음과 같이 묘사했다. "내 할아버지는 예전에 페네뮌데에서 오리 사냥을 했다. 어머니는 내게 '거기로 가서 한 번 살펴봐라'고 말씀하셨다. 우리는 발트 해 해변을 따라 로켓을 발사할 수도 있고 측량 기지를 건설할 수도 있는 장소가 필요했다. 나는 그곳이 첫눈에 마음에 들었다고 말할 수 있다. 항공 산업의 초창기처럼 약간 흥분되는 기분이었다. 이곳에서 군사, 교통, 그리고 운송수단 분야에서 무한한 가능성을 가진 새로운 기술이 자리를 잡게 될 것이라는 것을 알았다."

페네뮌데, 이곳은 분명 폰 브라운에게 수십 년이 지나서도 숨이 막힐 듯한 느낌을 주는 곳은 아니었을 것이다. 이곳 이름은 30년대 말부터 연구 시설을 대변하는 이름이었는데, 이곳에는 많은 동기가 부여된, 핵심적인 최고의 과학자들이 극비 프로젝트에 참여하고 있었다. 시설은 완전히 차단되어 있었고, 삶의 조건이나 노동 환경은 상대적으로 호사스러웠다. 서쪽 지역은 공군을 위해 조성되었고, 동쪽 지역은 육군을 위해 조성되었다. 비용은 엄청나서 3억 제국마르크에 달했다. 폰 브라운은 계속 두 군 사이를 왔다 갔다 해야 할지 고민을 했다. 폰 브라운이 집중적으로 로켓 비행기 개발에 협력하도록 만들기 위해 항공연구소장 아돌프 보이믈러 박사가 5백만 제국마르크를 그에게 제시하자, 육군에서는 폰 브라운의 상사 중 한 명이었던 베커 대령이 "공군에서 벼락출세한 이 사람"의 제안에 추가로 6백만 제국마르크를 제안함으로써 훼방을 놓았다.

육군의 프로젝트였던 A-4는 이 연구자에게 그렇지 않아도 많은 의미가 있었고, 그는 무엇보다도 자신에게 중요하다고 여겨지는 것에 계속 협력해야겠다고 느끼고 있었다. 그가 중요하게 생각했던 것은 민간 우주 비행에도 이용할 수 있는 발사 시스템을 개발하는 것이었다.

"호사스러운 노동 환경": 페네뮌데 로켓 실험소의 작업장 모습

페네뮌데의 건설은 1936년 늦여름에 시작해서 해가 넘도록 진행되었다. 1937년 5월에 개소식이 열렸다. 베른헤어 폰 브라운은 우제돔의 "육군 실험소" 기술소장으로 임명되었다. 처음에 그의 부하 직원 수는 350명이었다. 이미 쿰머스도르프에서 그는 90명의 전문가들을 이끄는 그룹의 장을 한 적이 있었다. 그러나 얼마 지나지 않아 그의 부하 직원은 수천 명으로 늘어났다. 그는 갓 25살에 불과한 슈팅스타였다. 그러나 그는 탁월한 전문 지식 이외에도 그를 알거나 곁에서 지켜보았던 수많은 사람들이 강조하듯이 주목할 만한 특성을 가지고 있었다. "그는 카리스마를 가지고 있었다," "그는 외모가 준수했다," "그는 모든 사람과 얘기를 나누었다"는 식이었다. 예전 동료들은 오늘날도 그가 인상 깊은 지도력을 가지고 있었다고 말한다. "그는 모든 이름을

> 이때부터 수백만 제국마르크가 흘러 들어왔는데, 정확히 우리에게 필요한 액수였다.
> 베른헤어 폰 브라운

알고 있었다.","그는 세세한 일에도 신경을 써 주었다." 베른헤어 폰 브라운과 같이 일했던 로켓 엔지니어 발터 야코비는 다음과 같이 말한다. "그는 매우 복잡한 일을 아주 간단하게 묘사하거나 설명할 줄 알았는데, 다른 사람들은 도저히 그렇게 할 수 없었다. 그는 사람들이 이해하는 말을 찾아냈고, 자신의 일을 위해 원하는 모든 사람들을 얻을 수 있었다. 그것이 개인이든 전체 그룹이든 상관이 없었다. 그는 왜 그것이 이래야 되고 저래야 되는지 사람들에게 아주 명확하게 말해 주었다." 베른헤어 폰 브라운은 사람들을 고무시키는 능력과 함께 동료 의식을 가지고 있었지만, 동시에 확실한 권위를 요구하기도 했다. 그에게 있어 항상 중심이 되었던 것은 기술적인 문제들이었다. 그는 자신의 직원들을 끊임없이 격려했고, 그들에게 철저하게 임무를 처리하도록 했다. 그리고 그는 쉼 없이 일에 뛰어들었다. 잠은 자주 실험실의 야전침대에서 잤다. 기분 전환을 하는 경우는 드물었다. 대부분의 시간을 연구자들과 함께 보냈다. 페네뮌데에서 일하는 사람들은 남성들만의 결사였다. 그들에게는 설치된 실험 로켓에 매혹적인 여자 사진을 그리는 것이 당연했다. 그러나 로켓에 그려진 모든 그림들이 그렇게 악의 없는 것은 아니었다. 나중에 전쟁 중에는 두개골이 갈라진 처칠의 모습이 그려지기도 했다.

  베른헤어 폰 브라운은 언제나 대단한 통찰력과 전문 지식으로 전문가들에게도 깊은 인상을 주었다. 따라서 그가 전문 분야에서도 권위자이고 로켓 개발자들의 젊은 우두머리라는 점은 의심의 여지가 없었다.

  그의 출세가도는 가팔랐지만, 그에 대한 대가를 치러야 했다. 베른헤어 폰 브라운은 그 대가를 치를 준비가 되어 있었다. 1937년 11월 12일, 그는 같은 해 5월 1일로 소급해서 국가사회주의노동당의 당원으로 가입했다. 히틀러 치하의 독일에서 사는 탁월한 기능인들에게는 당원 가입이 거의 당연한 일이었다. 베른헤어 폰 브라운은 항상 그에게 가입하라

> 어느 날 젊은 남자가 우리 실험실로 들어왔다. 내 상관과 그는 곧바로 우리가 이룩한 기술 발전에 대해 매우 심도 깊은 대화를 나누었다. 어느 시점에선가 이 젊은 남자는 자리에서 일어나 상관과 악수를 나누었고 우리 일에 행운을 빌어 주었다. 그리고 그는 사라졌다. 나는 아주 깊은 인상을 받았고, 그가 누구냐고 물어보았다. 상관이 "그가 폰 브라운 박사야!"라고 말해 주었다. 나는 매우 놀랐다.
>
> 에른스트 슈툴링어, 로켓 엔지니어

는 압력이 가해졌다고 주장했다. 그러나 그에 대한 증거는 없다. 그러나 이 젊은 엔지니어는 스스로 거부함으로써 일을 어렵게 만들 타입도 아니었다. 그는 타협을 했다. 이런 일이 정치 분야에서만 있었던 것이 아니라 자기 본연의 분야에서도 있었다. 1936년 3월에 이미 육군 무기청의 자기 직속상관이었던 발터 도른베르거와의 협의에서 후에 "보복 무기 2"로 불린 A-4의 주요 재원이 확정되었다. 폰 브라운은 전쟁 후에 늘 A-4는 "언젠가 런던을 황폐화시킬" 무기로 고안된 것이 아니라고 주장했다. 그러나 아주 명백한 부분은, 1936년에 확정된 요구 조건에 따르면, 로켓은 "1톤의 폭약으로 파리 대포의 두 배의 사거리, 즉 250킬로미터까지 날려 보내"야 한다고 이미 규정되어 있었다는 점이다. 이 "파리 대포"는 1차 세계대전에서 사거리가 가장 긴 대포였다. 비록 V2가 민간 목적에 반하는 무기로 투입되는 것이 구체적으로는 1941년에야 고려되었지만, 프로젝트의 첫 청사진이 완성되기 전에 이미 용도가 정해져 있었다.

전쟁이 발발하기 반년 전인 1939년 3월 말에 히틀러와 육군 참모총장 발터 폰 브라우히치가 쿰머스도르프를 방문했다. 자기 직원들을 "우주 비행이라는 우스갯소리를 하는 사람"이라고 소개한 베른헤어 폰 브라운은 자신에게 익숙한 선전 방식으로 흥미진진하고 잘 이해되는 강연을 함으로써 히틀러가 로켓 개발에 열광하게끔 만들어 보려고 했다. 물론

> 나는 쿰머스도르프에 그들이 방문한 뒤에 우리가 매우 큰 문제점에 봉착했다는 것을 알 수 있었다. 히틀러가 편을 들지 않는 사람은 체념할 수밖에 없었다. 만약 히틀러가 우리 로켓에 대해 매우 회의적으로 생각한다면, 우리는 향후 어디서 자금을 얻고 지원을 받아야 할까?
> 베른헤어 폰 브라운

그는 이 강연에서 신중하게 우주 비행에 대해서는 말을 아꼈고 군사적으로 이용 가능한 로켓을 만들겠다고 약속했다. 그러나 히틀러는 우레와 같은 소리를 내며 음속보다 훨씬 더 빠른 속도로 대기를 가르는 로켓에 대해서 별 깊은 인상을 받지 못했다. 그는 탄두의 최대 무게, 즉 적재 중량에 대해 결정적인 질문을 던졌다. 그때 베른헤어 폰 브라운은 아무 답변도 하지 못했다. 1톤은 너무 적었다. 그러나 히틀러는 특히 4년이라는 개발 기간이 너무 길다고 생각했다. 그럼에도 불구하고 자금 지원이 중단되지는 않았다.

1939년 초에 A-4(V2)에 대한 연구가 시작되었다. 로켓 개발자들이 군에 봉사하게 되었을 때, 생각할 수 없는 일이라고 여겼던 일이 9월 1일에 벌어졌다. 유럽에서 전쟁이 발발한 것이었다.

독일군이 폴란드로 진주한 이후에 육군 무기청은 실전 투입이 가능한 로켓을 생산하라고 다그쳤다. 페네뮌데에서 중심이 되는 인물은 육군 실험소 소장이며 폰 브라운의 상관이었던 발터 도른베르거 대령(후에 장군)이었다. 도른베르거는 1937년부터 A-4(V2)의 양산 계획을 진행시키고 있었다. 1939년 초에 그는 정식 로켓 공장을 우제돔 섬에 짓도록 했다. 연간 1,500기의 생산 능력을 갖춘 이 공장은 늦어도 1943년까지 완성되어야 했다. "우선순위"에 대한 다툼이 시작되었다.

국방군 최고사령부는 고민을 할 수밖에 없었다. 로켓 개발자들이 지금까지 말 그대로 돈더미 속에서 헤엄치고 있었기 때문에, 그 가치를 입증하라는 압력이 전쟁이 개시된 이후 갑자기 더 커졌다. 값비싼 원료, 자격을 갖춘 인력, 그리고 엄청난 재원이 개발로 이어져야 했는데, 그런 것들이 적절했는지 전혀 증명이 되질 않았다. 그리고 매일 엄청난 자원, 탄약, 그리고 사람의 목숨을 앗아가는 전쟁에서 이것이 적절한지도 살펴봐야 했다.

1940년 3월, 프리츠 토트가 군수장관으로 임명되었다. 히틀러는 확실히 육군 무기청에 대한 신뢰를 잃어 가고 있었다. 육군 무기청장 카를 베커 장군은 이 때문에 스스로 목숨을 끊었다. 페네뮌데에 있는 사람들은 매우 중요한 후원자를 잃었다. 토트는 고비용에 대해 살펴보았고, 나중에는 베른헤어 폰 브라운과 그 직원들이 고립된 연구자들의 낙원에서 누렸던 사치에 대해서도 비판했다.

페네뮌데 사람들 사이에서 실망감이 팽배했다. 군 최고 통수권자는 그들의 발명에 대해 열광하지 않았는데, 연구자들은 그런 열광에 익숙해져 있었다. 그러나 나중에 계속 주장된 것처럼, 히틀러는 로켓 프로젝트를 중단시키지는 않았다. 정반대로 1938년 초에 4백여 명이던 직원 수가 1941년 말에는 3천5백여 명으로 늘었다. 대신 로켓 개발자들은 가능한 빠른 시일 내에 양산을 시작하기 위해 최선을 다하겠다고 다짐했다. 발터 도른베르거는 A-4를 선보이기 위한 새로운 논거들을 찾으면서, 히틀러 앞에 나설 수 있는 적절한 때를 기다렸다. 이를 위한 전제 조건은 영국과의 공중전에서 실패하는 것이었다. 군 최고 통수권자는 폴란드와 프랑스에서의 승리 이후에 첫 패배를 감내해야 했다. 영국을 굴복시킬 수 있다는 환상은 결국 깨지고 말았다. 양국의 폭격기들이 "적"의 대도시에 치명적인 화물을 투하했다. 이를 배경으로 해서 도른베르거 장군은 히틀러에게 제안서를 제출했다. A-4(V2)가 영국 도시들에 대한 공포의 무기로 투입되어야 한다는 것이었다.

1941년 8월 20일, 발터 도른베르거와 베른헤어 폰 브라운은 총통 사령부에 모습을 드러냈다. 총통은 예전 대화 때보다 더 많은 관심을 표명했다. 그 이상이었다. 그는 감정에 복받쳤다. 광기에 빠진 그는 심지어 "전쟁을 치르기 위한 이런 혁명적인 개발품"은 수천 기가 아니라 수십만 기가 투입되어야 한다는 요구를 하기에까지 이르렀다. 그러나 그것은 가능하지 않았다.

1941년 9월 15일, V2의 개발과 양산 준비가 이제부터 최고 우선순위가 되어야 한다는 "총통"의 지시가 떨어졌다. 즉, 장차 더 많은 자금, 자원, 그리고 인력을 사용할 수 있게 되었다는 뜻이었다. 전후에, 예전에 페네뮌데에서 일했던 사람들의 비망록에도 그리고 폰 브라운과 도른베르거의 비망록에도 이 지시에 대한 언급은 없었다. 그리고 이것이 1943년까지 군사적 행위에는 관여하지 않았다는 주장을 뒷받침하는 증거로 간주되었다.

달로의 비행이라는 꿈은 군대라는 일상의 영역 내에서만 이루어질 수 있었다. 폰 브라운은 자신의 "미래" 계획을 위한 자유 공간을 얻고자 노력했는데, 이에 대해 도른베르거는 그가 너무 자주 미래에 도취되어 있다고 비판했다.

이 꿈은 이제 접어 두어야만 했다. 히틀러가 "수십만 기"의 V2를 요구했지만, 도른베르거는 연간 생산 목표를 5천 기로 확정했다. 그렇다 해도 이는 매우 무모한 목표였다.

1942년 2월 8일, 프리츠 토트 군수장관이 비행기 추락 사고로 목숨을 잃었다. 히틀러는 알베르트 슈페어를 토트의 후계자로 임명했다. 슈페어는 도른베르거가 페네뮌데에서 행한 생산 준비 작업 중 어느 것도 높이 평가하지 않았

> 히틀러는 매우 오랫동안 슈페어로부터 브라운과 도른베르거를 강연에 초대하자는 설득을 받았다. 그리고 브라운은 어떤 일을 묘사하는 데 매우 능수능란했다. 어느 정도였느냐 하면 이렇게 말할 수 있을 것이다. 동화가 아님에도 불구하고 동화처럼 설명했다. 그런 식으로 그는 V-2 발사 필름을 보여 주면서 히틀러에게 깊은 인상을 심어 주는 데 성공했다.
> 게르하르트 라이지히, 로켓 엔지니어

"달로의 여행 대신 영국에 대한 공포의 무기": V2 한 기가 실험 발사를 위해 설치되어 있다

지만, 로켓 기술과 여러 번 성공을 거둔 발사 실험 이후에 이제 가시적인 진전을 보이고 있는 개발에 대해서는 원칙적으로 많은 관심을 가지고 있었다. 1942년 3월에 V2의 첫 번째 테스트가 이루어졌지만, 실패였다. 1942년 6월과 8월의 테스트도 역시 실패였다. 폰 브라운의 여비서였던 도로테 슐리트는 "베른헤어 폰 브라운은 머리카락을 쥐어뜯었고, 직원들과 함께 발을 동동 굴렀다. 몇 시간 동안 또다시 실패한 이유에 대한 논쟁이 벌어졌다"고 기억하고 있다. 1942년 10월에 새로운 테스트가 이루어졌다. 여비서는 이번에도 그를 수행했다. 그녀는 자신의 상사가 실

험 중에 내놓는 코멘트들을 기록해야만 했다. "그러니까 1942년 10월 3일은 A-4의 위대한 발사 일이었다. 앞서 실패가 있었기 때문에 이 테스트에 많은 것이 좌우되었다. 나는 수첩을 들고 베른헤어 폰 브라운의 곁에 서서 그가 거의 매초 간격으로 내게 불러 주는 모든 평가들을 기록해야만 했다. 나는 엄청나게 흥분되어 있었다."

엄청나게 긴장하며 기다렸던 실험이 성공리에 끝났다. 로켓은 최고 속력 시속 약 5,500킬로미터로 85킬로미터 상공까지 날아올랐고 190킬로미터를 날아갔다. "환호가 터졌고, 기뻐서 어쩔 줄 몰랐다"고 도로테 슐리트는 기억하고 있다. "베른헤어 폰 브라운은 굉장한 광경을 보고 기뻐하며 환한 미소를 지었다. 정말로, 더 이상은 그 상황을 묘사하지 못하겠다. 그야말로 끝내주는 광경이었고, 모든 사람들이 서로에게 축하의 말을 건넸다."

성공의 기쁨에 어쩔 줄 몰라 하며 발터 도른베르거는 "우주로 가는 문"이 열렸다고 설명했다. 왜냐하면 로켓이 포물선을 그리며 날아가 우주에 닿았기 때문이었다. 축하 파티가 벌어졌고 엄청난 맥주가 나왔다.

> 도른베르거는 인간이 만든 기계가 지구상의 한 점에서 지구상의 다른 한 점으로 우주를 통해 날아가는 것은 처음이라고 설명했다. 그것은 당연히 획기적인 발전이었다.
> 콘라트 단넨베르크, 로켓 엔지니어
>
> 1942년 10월 3일 우리들 모두는 관측소에 서 있었는데, 이곳은 제일 높은 건물이었다. 도른베르거 장군과 모든 지도급 인사들이 방문했다. … 매우 흥분되는 일이었다.
> 도로테 슐리트, 페네뮌데에서 근무한 폰 브라운의 여비서

페네뮌데에서 근무하던 엔지니어와 기술자들에게는 이 성공이 자신들의 미래에 관한 것이기도 했다. "우리들은 당시에, 만약 발사가 성공적이지 않았다면, 아마 페네뮌데는 머지않아 폐쇄될 것이라고 생각했다"고 콘라트 단넨베르크는 말했다.

로켓 연구자들은 곧 현실로 돌아오게 되었다. 1942년 11월 22일, 히틀러는 군수장관인 슈페어에게 이제 본격적으로 대량생산을 준비하라

> 내가 도착하고 며칠 뒤에 나는 A-4의 성공적인 첫 번째 발사 광경을 지켜보았다. 세 번째로 발사된 로켓이었다. 물론 엄청난 감명을 받았다. 그리고 그 당시에 이미 나는 이곳에서 미래를 위한 정말로 결정적인 개발이 이루어졌다는 것을 알았고, 이로 인해 미래 세계에서는 확실히 로켓을 고려할 수밖에 없음을 분명히 알게 되었다.
>
> 에른스트 슈툴링어, 로켓 엔지니어

고 요구했다. 결국 이 카드가 전쟁에 사용되기 시작했다. 스탈린그라드에서의 붉은 군대의 역공은 군사적 재앙의 시작을 알려 주었다. 히틀러는 이제 페네뮌데 사람들이 그에게 약속한 잠재적인 "기적의 무기"에 점점 더 민감하게 반응했다.

세 곳의 공장에서, 즉 우제돔과 프리드리히스하펜 그리고 비너 노이슈타트에서 매달 각각 3백 기의 로켓이 생산되어야 했다. 어떻게 그렇게 만들 수 있었을까? 폰 브라운의 직원들은 폭발하기 직전이었다. 구동장치 그룹 과장인 발터 틸은 완전히 진이 다 빠진 뒤에 사직했다. 다른 사람들이 그를 따랐다. 많은 개인적 노력을 기울인 뒤에야 비로소 폰 브라운과 도른베르거는 규율을 다시 세울 수 있었다. 페네뮌데가 가능한 한 계속 히틀러의 총애를 받도록 하는 전술은 단점이 있었다. 한편으로, 그의 총애를 얻기 위한 강도 높은 선전 활동은 로켓 기술에 대한 연구를 계속할 수 있도록 만드는 데 기여했다. 하지만, 다른 한편으로 정권의 요구가 가능한 한도를 넘어선 것이 문제였다. 폰 브라운은 개발 작업을 계속하고 싶었을 것이다. 이제 대량생산으로 전환하는 것이 필요했다.

도른베르거는 당황했다. 전쟁 로켓을 생산하기 위해서는 반드시 엄청난 노동력이 필요했다. 그러나 이 노동력은 전쟁이 개시된 이후로 점점

상: "우주 비행이라는 우스갯소리를 하는 사람": 페네뮌데에서 군수장관 프리츠 토트(사진에서 등을 보이고 있는 사람)와 같이 한 베른헤어 폰 브라운, 1941년
하: "히믈러는 모든 제작 과정을 넘겨받고자 했다": 실험소를 방문한 "친위대장" 히믈러 오른편에 있는 이가 발터 도른베르거

더 귀해졌고, 특히 국방군 병력이 1941년에서 1942년으로 넘어가는 겨울에 엄청난 손실을 본 것이 노동력 부족의 원인이 되었다. 게다가 비밀 프로젝트에 대한 얘기가 절대 밖으로 새어 나가지 않도록 담보할 수 있어야만 했다. 친위대를 위한 시간이 왔다. 하인리히 히믈러는 페네뮌데에 권력 요소로 작용할 기구를 만들 기회를 놓치지 않았다. 군수산업에 미치는 그의 영향력은 아무튼 상당히 늘어났다. 왜냐하면 친위대는 전혀 고갈되지 않을 노동력 자원을 보유하고 있었기 때문이다. 그것은 수백만의 강제수용소 수용자들이었다. 경제적으로나 그 기간 시설 측면에서 볼 때, 이 조직은 히틀러 제국에서 막강한 영향력을 행사하고 있었다.

1940년 5월 1일, 폰 브라운 본인은 "검은 기사단"에 가입했다. 기회주의적이었을까, 아니면 압력에 굴복한 것이었을까? 부하 직원이었던 게르하르트 라이지히는 다음과 같이 말한다. "나는 그 상황을 정확히 알고 있다. 나는 두세 명의 다른 직원들과 함께 우연히 브라운 옆에 있었다. 그때 그는 히믈러의 편지를 막 받았다. 히믈러는 그에게 친위대의 어떤 낮은 계급과 제복을 제안했다. 브라운이 '이제 어떻게 하지?'라고 말했다. 그리고 우리는 이런저런 조언을 했다. 이것을 좋게 받아들여야 할까, 아니면 나쁘게 받아들여야 할까? 내가 말했다. '이런 일은 도른베르거 같은 사람만이 결정할 수 있습니다.' 도른베르거는 또한 괜찮은 외교관이었다. 그가 말했다. '받아들이는 것은 매우 나쁘다. 그러나 거절하는 것은 더 나쁘다.'" 어느 누구도 히믈러의 눈 밖에 나려고 하지 않았.

항상 어떤 동기들이 있었지만, 그럴 때마다 그는 이 체제에 더 깊숙이 연루되었다. 제복은 그에게 낯선 이물질과 같았기 때문에 그가 제복을 입은 경우는 드물었지만, 그는 정기적으로 진급을 했다. 그렇게 해서 히믈러는 브라운을 더 옭아매는 데 성공했다.

1942년 12월 11일, "친위대장"이 처음으로 페네뮌데를 사적으로 방문

> 페네뮌데에는 육군 무기청의 장군들과 엔지니어들이 있었다. 그리고 검은 제복을 입은 친위대원이 한 명 있었다. 나는 처음에는 약간 당황하며 낮은 목소리로 이 완강한 친위대 지휘관이 당분간 다시 러시아로 갈 수도 있겠다고 말했다. 그러자 날카로운 시선이 내게 꽂혔다. "그가 없으면 우리가 곤란하다." "예, 왜요?" "그는 우리 기술소장인 폰 브라운이야, 베른헤어 폰 브라운 말이야!"
>
> 쿠르트 보른트레거, 육군 무기청 부관

해서 통상적인 선전 프로그램인 로켓 발사 광경과 홍보 영화를 보고 베른헤어 폰 브라운의 강연을 들었다. 도른베르거는 이를 통해 또 다른 동맹군을 얻고 또한 히틀러에게 직접 접근할 수 있게 되기를 희망했다. 아울러 친위대장이 이 페네뮌데의 소장과 계속 갈등 관계에 있었던 슈페어를 견제할 수 있는 균형추가 되어 주기를 희망했다. 그것은 무모한 게임이었다. 히틀러는 도른베르거가 제시한 작은 제안에는 만족하지 않았다. 그는 전부를 원했고, 로켓 프로젝트에 가능한 한 광범위하게 개입하고자 했다. 이 무리한 요구는 점점 더 많은 노동력을 필요로 했던 페네뮌데 사람들의 요구와 이해관계가 맞아떨어졌다.

1943년 4월, 실험소 시제품 생산 공장의 수석 엔지니어인 아르투르 루돌프는 양산을 위해 강제수용소 수용자들을 투입하자는 생각을 했다. 루돌프는 그 당시 — 나중에는 미국에서도 — 개발과장으로서 처음에는 V2를 그리고 60년대에는 새턴 프로그램을 맡았다. 1984년 그는 반인도적 범죄의 용의자로 기소되는 것을 피하기 위해 미국을 떠나야 했다.

1943년 6월 2일, 그 제안이 현실이 되었다. 강제수용소 수용자들을 보내 달라고 요구했다. 처음에는 1,400명의 강제수용소 수용자들이, 나중에는 2,500명의 수용자들이 실제로 페네뮌데로 보내졌다. 이미 6월 중순에 첫 번째 수용자들이 그곳에 도착했다. 많은 사람들이 나중에 이곳이 다른 곳들보다 강제 노역자들의 형편이 나았다고 주장했다. 그러나 페네뮌데에서 제공한 노역자들에 대한 대우는 다른 강제수용소와 마찬가지로 혹독했다. 겨우 굶주림을 면할 정도의 배급량, 잔인한 보초들, 가혹한 육체노동이 그들의 일상이었다. 처음에는 막사조차도 없어서, 죄수들은 공장 바닥에서 잠을 자야만 했다. 그러나 우제돔에서의 로켓 생산은 질곡에 찬 로켓 프로그램 과정에서 벌어진 강제 노역자들의 기나긴 비극의 서막에 불과했다.

로켓은 점점 더 군 최고 통수권자의 관심을 끌었다. 1943년 7월 7일 늦은 밤에 다시 도른베르거와 폰 브라운이 히틀러를 만났다. 폰 브라운이 V2의 성공적인 첫 발사 장면을 담은 영화를 보여 주었다. 이때 "전 세기를 통틀어 가장 위대한 최고 지휘관" 히틀러는 감격에 겨워 쓰러질 지경이었다. 그는 로켓을 전쟁의 전환점을 가져올 기적의 무기로 보고 있었다. 폰 브라운은 나중에 다음과 같이 말했다. "그는 환상 속에서 수천 기의 로켓을 한꺼번에 쏘아 올렸다. 그러면서 그는 시끄러운 폭발음을 흉내 냈다. 이런 장면이 그의 마음에 든 것처럼 보였다. 갑자기 V2가 그가 개인적으로 발견한 일이 되어 버렸다." 히틀러는 적재 중량을 적어도 10톤까지 무조건 높이고, 월 생산량을 2천 기까지 올리라고 했다. 이와 관련해서 도른베르거와 베른헤어 폰 브라운이 그에게 현실을 주지시켜 주었을 때, 그는 소리를 질렀다. "나는 섬멸적인 효과를 원합니다!" 폰 브라운의 비망록에 나오는 것과 달리, 이 만남에서 처음으로 "돌파구"가 만들어진 것은 아니었다. 이미 전부터 페네뮌데는 "최우선순위"로 간주되었다. 물론 이 엔지니어에게 별도의 칭호가 부여되었다. 알베르트 슈페어의 추천에 따라 히틀러는 베른헤어 폰 브라운에게 자신이 직접 서명

"우리는 영국인들 때문에 쓴맛을 보았다": 1943년 8월 영국의 폭격이 있은 뒤에 육군 실험소를 촬영한 항공사진

한 교수 임명장을 보냈다.

비행기들이 페네뮌데에 다가왔을 때, 우리들은 다른 날처럼 그 비행기들이 베를린으로 날아가서 수도를 폭격할 것이라고 생각했다.
콘라트 단넨베르크, 로켓 엔지니어

페네뮌데에서의 삶은 폭격으로 인해 곧 엄청나게 바뀌게 되었다. 1939년부터 연합군은 독일 로켓 계획에 대한 불확실한 최초 첩보들을 접하게 되었다. 그러나 1943년 6월에 비로소 페네뮌데 시설이 사진 상에서 발견되었다. 처칠은 대공습을 명령했다. 8월 17일에 영국 전투기 편대가 출격했다. 이와 함께 기만전술이 실시되었다. 영국 공군은 독일 방공부대로 하여금 베를린에 대한 새로운 공격이 있을 것처럼 믿도록 만들어서 독일 추격기들을 그곳으로 유인했다. 페네뮌데 사람들도 전혀 의심을 품지 않았다. 폭격기 편대는 이미 자주 제국 수도를 향해 그들 머리 위로 날아갔었다. 도로테 슐리트는 "남자들이 맑은 하늘을 쳐다보면서 농담을 하곤 했다"고 말한다. 그러고는 폭탄이 터지기 시작했다. 폰 브라운의 옛 여비서는 "갑자기 모두 벙커로 달려갔다. 도른베르거 장군은 자기 슬리퍼를 잃어버렸고, 베른헤어 폰 브라운은 넘어지면서 들어왔다. 한 사람씩 연달아. 그리고 우리는 벙커에 앉아 있었다. 폭음 소리가 들렸다. 우리는 벙커가 들썩들썩 한다는 느낌을 받았다. 전기도 나갔다 들어왔다 했다. 떠들썩했다. 나는 불안했고, 상황은 매우 나빴다"라고 말한다. 베른헤어 폰 브라운은 오랫동안 나무 벤치에 앉아 있질 못했다고 한다.

"밖이 조용해지고 폭격이 뜸해지자, 그는 '남자들은 모두 밖으로 나가서 도우세요! 서류를 찾으세요!'라고 외쳤다."

모든 남자들이 나서지는 않았다고 슐리트는 말한다. "나는 즉각 뛰어나갔다. 밤늦게까지 일했는데, 내가 금고 열쇠를 가지고 있었다. 금고는 4번 건물에 있었다. 우리는 그곳으로 갔다. 거기에는 넓은 계단이 있는 커다란 홀이 있었는데, 그 왼쪽은 이미 모두 불타 버렸다. 우리는 벽을 더듬으며 나아갔다. 폰 브라운은 내 손을 잡고 나를 뒤따라 위로 올라갔다. 우리 사무실은 3층에 있었다. 그중 일부는 불타거나 갈기갈기 찢긴 채 반쯤 날아가 버렸다. 우리는 열린 문의 수를 세어 보았다. 하나, 둘, 셋, 넷, 다섯. 다섯 번째 문이 우리 사무실 문이었다. 우리는 그곳으로 들어갔다. 커튼과 가구들, 모든 것이 화염에 휩싸여 있었다. 우리는 우선 서류를 챙겨 계단을 오르내렸다. 그러고는 금고가 남았다. 몇몇 남자들이 도우러 와서 금고를 창문 밖으로 들어냈다. 그런 다음 우리 모두 다시 한 번 위로 올라가려 했는데, 더 이상은 올라갈 수가 없었다. 우리가 막 밖으로 나오자마자 박공(牔栱)과 계단 등 모든 것이 우르르 무너졌다. 우리 앞에 갑자기 군복 바지를 입은 찢긴 다리가 놓여 있었다. 모든 것이 피투성이였다. 그러나 무감각해져서 도대체 아무 감정도 없었다."

브라운은 서류와 금고 안에 들어 있는 내용물을 구하기 위해 자신과 다른 사람의 목숨을 위태롭게 만들었다. 그는 그런 사람이었다. 이 공습으로 인해 735명이 목숨을 잃었다. 특히 전쟁 포로와 강제 노역자들이 많았다. 대규모 폭격으로 가시철조망이 쳐진 수용소가 파괴되었는데, 생산 부품은 전혀 해를 입지 않았다. 아무 보호를 받지 못했던 수용자들은 폭격을 피해 보려고 갖가지 노력을 다했다. 철조망에는 참혹한 광경이 연출되어 있었다. 도로테 슐리트는 그때를 다음과 같이 기억하고 있다. "나는 그곳에서 많은 사람들이 철조망 울타리에 걸려 있는 것을 보았다. 그들은 철조망을 벗어나 보려고 했지만 그럴 수가 없었다. 참혹한 광경이었다."

폰 브라운은 이 사람들의 죽음에 대한 책임을

> 바다에서 비처럼 쏟아지는 백린탄과 기관총 사격은 끔찍했다. 많은 사람들이 물로 뛰어들었는데, 거기에 있으면 구조를 받을 수 있을 것이라 생각했다.
> 구스텔 포리데, 페네뮌데에서 근무했던 폰 브라운의 여비서

> 당연히 우리는 영국인들 때문에 쓴맛을 보았다. 독일에 대한 전반적인 폭격이 있은 뒤, 많은 사람들은 이제 영국인들에게 V1과 V2로 폭격을 해서 따끔한 맛을 보여 주는 것이 당연하다고 생각했다.
> 콘라트 단넨베르크, 로켓 엔지니어

수십 년 뒤에도 영국인들에게 돌렸다. 노동을 강요하고 그곳에 몰아넣었던 자들에 대한 언급은 없었다.

페네뮌데 시설의 대부분은 피해를 입지 않았다. 특히 실험실과 검사대는 전혀 손상을 입지 않았다. 몇 주 동안 로켓 연구자들은 무기력함에 빠져 있었다. 폰 브라운에게는 오직 한 가지 목표밖에 없었다. 로켓 엔지니어인 단넨베르크는 "모든 것을 빨리 수습해서 계속 연구를 해야 했다. 취약점이 나타나면 프로그램이 중단될 수도 있었다"라고 당시의 분위기를 전한다.

그럼에도 불구하고 페네뮌데에서의 로켓 양산은 한참 뒤로 연기되었다. 왜냐하면 우제돔에서의 양산 작업을 효과적으로 보호할 수 없었기 때문이다. 이 때문에 히믈러는 히틀러에게 지하 공장 건설을 건의했다. 친위대장은 이것이 자신의 영향력을 더욱 높일 수 있는 기회가 될 것이라고 보았다. 강제수용소 수용자들을 대규모로 투입하여 가능한 빨리 이용할 수 있어야 했으며, 비밀이 보장되어야만 했다. 히틀러는 이를 승인했다. 지하 공장 건설 책임자는 한스 카믈러였는데, 주목할 만한 배경의 소유자로 인간을 경멸하는 사람이었다. 아우슈비츠 강제수용소의 화장장들이 그의 감독 아래 만들어졌다. 튀링엔의 노르트하우젠에서 멀지 않은 하르츠 산맥에 건설된 공장은 미텔베르크라고 불렸는데, 이곳에서는 V2 외에도 나중에 공군의 "비행 폭탄" V1도 만들어졌다. 로켓과 비행 폭탄의 경쟁은 이 기술자의 공명심을 불러일으키기도 했고, 또한 심한 압박감을 주기도 했다.

강제 노역자들에게는 지쳐 쓰러질 때까지 만들어야 되는 무기가 둘 중 어느 것인지는 중요하지 않았다. 참담한 조건에 충분한 식량도 공급되지 않는 미텔바우 강제수용소에 3만 2,500명까지 수용자들을 몰아넣었다. 처음에는 수용자들이 매우 간단한 도구로 산에 갱도를 만들어야 했다.

"갱도에서의 삶은 끔찍했다": 하르츠 산맥에 위치한 노르트하우젠 근교의 콘슈타인 산에 건설된 미텔베르크 입구 중 한 곳

로켓 연구자 145

"대단히 우울한 인상": 미텔베르크에서 조립 작업을 하고 있는 수용자들

카믈러는 숙소 건설을 거부했다. 화장실도, 세면 시설도 없었다. 석회질 사암의 미세 먼지가 대기 중에 떠다니고 있었다. 자포자기한 사람들은 얼굴을 씻기 위해 소변을 손으로 받기도 했다. 6개월 동안 이곳에서 3천 명의 수용자들이 목숨을 잃었다. 또 3천 명의 수용자들이 집단 학살 수용소로 보내져 그곳에서 살해당했다. 왜냐하면 더 일을 할 상태가 아니었기 때문이다. 베른헤어 폰 브라운은 이에 대해 어떤 내용을 알았을까?

"도라 수용소"에서 생존한 사람들은 "미텔베르크에서 무슨 일이 일어났는지에 대해 그가 모를 수는 없었다"라고 말한다. 폰 브라운의 임무 중에는 품질 검사가 있었다. 그 때문에 그는 정기적으로 미텔베르크를 방문했다. 발터 도른베르거가 생산 장소를 떠나 로켓 투입 부대로 전출되었을 때, 그는 사실상 무기 프로젝트의 진짜 책임자로 지위가 격상되었다. 과학자 라이너 아이스펠트와 미하엘 노이펠트가 발견한 서류들은 이 밖에도 그가 이 역할을 맡으면서 전 과정에 대한 정보를 항상 제공받았다는 점을 입증한다.

알베르트 판 데익은 당시 도라-미텔바우에서 일한 강제 노역자였다. "폰 브라운은 기술 협의를 위해 가끔 왔다. 엔지니어와 조수 들과 함께 터널을 통해 들어왔다. 그들은 분명히 우리를 인지했을 것이다. 거기에는 1만 2천 명에서 1만 3천 명이 일하고 있었다. 그리고 입구 앞에는 시체 더미가 있었는데, 멀리서도 볼 수 있었다. 전깃불로 비추고 있었기 때문이다. 사람들은 시체 더미를 지나쳐야만 했다. 이 끔찍한 광경을 보지

> 우리는 4분의 3리터의 멀건 수프와 때때로 접시에 담긴 감자 몇 개와 같은 최소한의 급식을 받으면서 하루에 12시간을 작업해야 했다. 그리고 우리들은 아침저녁으로 빵 한 조각과 조금의 마가린 그리고 잼, 때때로 순대를 식사로 받았다.
> 에발트 한슈타인, 도라-미텔바우의 강제 노역자

못했다고 우리에게 그렇게 간단하게 말할 수는 없다."

나중에 상당수의 페네뮌데 엔지니어들은 로켓을 생산했던 노역자들이 다른 곳의 노역자들보다 더 잘 지냈다는 소리를 자주 하곤 했다. 폰 브라운은 심지어 미텔베르크에 적합하고 기초 지식이 있는 수용자들을 선발하기 위해 직접 부헨발트 강제수용소 본부로 차를 몰고 가기도 했다. 우선 이 사실들은 강제수용소 수용자들에 대해서 아무것도 못 듣거나 거의 듣지 못 했다고 하는 주장이 얼마나 말이 안 되는지를 보여 준다. 나중에 이런 사정들은 V2 생산에 투입된 수용자들이 더 나쁜 운명을 모면할 수 있게 되었다며, 혐의를 완화시키는 구실로 이용되었다. 판 데익은 다음과 같이 반박한다. "분명히 몇몇 사람들은 그렇게 심하게 당하지 않았다. 왜냐하면 그런 전문가들과 학식 있는 노역자들이 굶어 죽거나 쇠약해지면 쓸모없는 결과만 나올 것이라는 걸 관리자들이 알고 있었기 때문이다. 그러나 수용자들 중 극히 일부만 보다 나은 여건 속에서 작업을 했다. 대부분의 수용자들은 갱도를 만들었고, 그 갱도를 만들면서 수천 명의 사람들이 목숨을 잃었다."

틀림없는 것은 페네뮌데에서의 소위 "깨끗한" 로켓 연구와 도라-미텔바우에서 정권이 저지른 범죄는 실제로 다른 차원에서 진행된 것이 아니라, 서로 — 베른헤어 폰 브라운이라는 사람도 — 밀접하게 연관되어 있다는 점이다. 이 로켓

> 나는 터널 안에서 줄무늬 수용자복을 입고서 무거운 돌을 날라야만 했던 수용자들을 보았다. 횃불이 이 모습을 비추고 있었다. 정말 유령들처럼 보였다. 그래서 나는 '도대체 우리가 어디에 와 있는 거야? 이곳이 지옥인가?'라고 생각했다.
> 알베르트 판 데익, 부헨발트와 노르트하우젠의 강제수용소 수용자

> 부헨발트와 비교해서 "도라"는 아주 달랐다. 왜냐하면 도라 수용소의 일반적인 관리는 특별 등급으로 분류된 수용자들에게 맡겨져 있었다. 즉, 수용자들이 우리 구역의 관리자였다. 수용자들이 우리에게 수프를 배급해 주었고 우리를 돌봐 주었다.
> 알프레트 발라코프스키, "도라"의 수용자

> 베른헤어 폰 브라운은 그의 마음에 들지 않는 무언가를 보면, 자신의 목표에 도달하기 위해서 시선을 회피해 버렸다. 그 순간 그는 "부차적인 문제"라고 확신하는 부분에 대해서는 전혀 관심이 없었다.
> 구스텔 프리데, 페네뮌데에서 근무했던 폰 브라운의 여비서

연구자는 전쟁이 끝난 후에 차츰차츰 이에 대한 기억이 났다고 주장했다. 폰 브라운은 항상 강제 노역자들이 당한 비인간적인 대우에 대해 유감을 표명했지만, 이에 대한 개인적인 책임에 대해서는 모두 부인했다. 그는 자신을 "1943년 말까지 정치권에 발을 들이지 않으려고 회피하고 다녔던" 기술자로 생각했다. 50년대에 그는 더 많은 일에 대해 시인을 할 준비가 되어 있었는데, 당시 그는 자신이 처한 상황을 딜레마라고 표현했다. "우리가 열과 성을 다해 고결한 목적을 위해 만들어 낸 기구들이 다른 사람들을 제압하거나 노예로 만들기 위해 투입되었다." 60년대에는 마침내 그가 미텔바우 건에 대해 알고 있었다고 인정했다. "내가 지하 공장으로 들어가 그곳에서 작업하고 있던 수용자들을 봐야만 했을 때, 물론 그 광경은 매번 내게 대단히 우울한 인상을 주었다. 그 굶주린 모습들은 행실이 바른 모든 사람들의 영혼에 심한 압박을 주었다." 그러나 그는 상황을 바꿀 가능성이 없었다고 말했다.

단넨베르크가 말하기를, 페네뮌데에서 근무했던 전직 엔지니어들은 친위대의 압박이 엄청나서 이를 다모클레스의 칼[시칠리 섬의 도시국가 시라쿠사의 왕 '디오니시우스' 1세(BC 430-367)의 신하 중에 '다모클레스'라는 자가 있었다. 그는 항상 왕의 행복함을 부러워했는데, 하루는 왕이 그를 보고 "네가 못내 부러워하는 왕좌에 하루 동안 앉아 보아라." 하며 자기 옷을 입히고 훌륭한 음식을 먹여 주었다. 기분이 좋아서 어쩔 줄 모르던 '다모클레스'가 무심코 천장을 쳐다보니 바로 머리 위에 날카로운 칼이 한 가닥 머리카락에 매달려 있었다. 그것을 본 '다모클레스'는 혼비백산하여 물러나고 말았다. 이는 곧 권력의 자리가 겉보기와 같이 편안하지 않으며 항상 위험과 직면하고 있음을 암시해 준다], "공포의 대상"이라고 말했다고 한다. 순응하지 않는 사람들은 구금될 위험에 놓이게 되었는데, 후에 폰 브라운에게도 이런 일이 일어났다. 게다가 그들은 모 아니면 도인 전쟁에서는 더욱더 사람 자체가 전쟁의 구성 요소로 간주된다고도 말했다. 이 무기의 생산이 조국에 봉사하기 위한 기여가 될 것이라는 말도 있었다고 한다.

폰 브라운도 때때로 "올바른 일인지에 대해서 의구심을 가졌던" 일에 자신과 동료들이 봉사하고 있다는 점을 알고 있었음에도 불구하고, 그것을 분명히 의무라고 생각했다. 브라운은 과학 그 자체는 "도덕적 차원을 가지고 있지 않다"라는 입장이었다. 전쟁에서는 이런 생각이 더 크게 작용했다. 로켓 개발자에게 어차피 반대는 어울리지 않았다. 적어도 자신의 가장 중요한 관심사에 영향을 미치지 않는 한, 그는 반대하지 않았다. 군 지휘부가 1944년에 그의 방대한 권한을 줄이려고 했을 때, 그는 사퇴와 군 입대 지원 카드로 위협을 가함으로써 그 시도를 성공적으로 막아 냈다. 이런 모습이 알베르트 판 데익과 같은 동시대 목격자들에게 생각할 바를 던져 준다. 로켓 제작 과정에서 보여 준 절제된 열정과 무기 선전 과정에서 보여 준 신중함이라면, 많은 강제수용소 수용자들의 운명을 경감시키거나 목숨을 구할 수 있지 않았을까? 하지만 폰 브라운에게는 다른 우선순위가 있었다.

> 내가 맡은 유일한 역할은 우리가 그린 도안과 설계에 따라 정확하게 작업이 되었는지, 그리고 공장에서 납품한 로켓들이 제대로 작동하는지 검사하는 것이었다.
> 베른헤어 폰 브라운

> 미텔베르크와 연관된 모든 일이 내게는 끔찍한 이야기이다. 그것은 무의미하고 끔찍한 일이었다. 아니 끔찍한 그 이상의 일이었다. 그것은 도저히 이해할 수도 상상할 수도 없는 일이었다.
> 에른스트 슈튤링어, 로켓 엔지니어

> 내가 이 수용소를 방문했을 때, 나는 그 시설에 매우 매료되었다. 모든 것이 매우 깨끗해 보였는데, 나쁜 환경에서는 정밀 제작을 할 수 없었다. 또한 상당히 따뜻했고 폭격으로부터 안전했다. 물론 이것은 굉장한 특권이었다. 우리 독일인 근무 조장들과 엔지니어들은 공습이 걱정되면 가끔 자원해서 공장에 남았다.
> 쿠르트 보른트레거, 육군 무기청 부관

"참혹한 종말": 1945년 4월 수용소 해방 뒤에 미텔바우-도라 수용소에서 나온 수용자들 시체

    1943년 10월 19일, 기당 가격이 4만 제국마르크인 로켓 1만 2천 기에 대한 생산 주문이 들어왔다. 이 엔지니어가 대량생산에 앞서 기술이 아직 완성되지 않았다고 경고한 것은 사실이다. 그러나 그는 결국 이를 받아들였는데, 왜냐하면 군사적 목적에 맞는 연구가 없다면 정권이 육군무기청으로부터 자원을 모두 앗아 갈 수도 있었기 때문이다.
    그동안 로켓 프로젝트가 나치 지도부들 사이에서 어떤 중요한 위치를 차지하고 있었는지를 하인리히 히믈러가 일으킨 한 권력투쟁이 잘 보여 준다. 그는 폰 브라운에게 육군에서 친위대로 옮기라는 제안을 했다. 그러나 폰 브라운은 이를 거부했고, 그 거부의 결과는 머지않아 나타났다. 히믈러는 1944년 3월 22일 아침에 게슈타포에게 폰 브라운과 그의 동생 마그누스(페네뮌데에서 조종사로 일하고 있었음), 클라우스 리델과 헬무트 그뢰트룹(선임 엔지니어)을 체포하도록 지시했다. 체포 이유는 그들이 최종 승리를 의심하는 발언을 했고 비밀리에 쓸데없는 우주 비행 프로젝트를 진행했다는 것이다. 베른헤어 폰 브라운은 그 외에도 영국으로의 탈출을 도모했다는 혐의도 받았다. 그것은 사형을 받기에 충분한 사유였다. 그러나 그것이 히믈러의 의도였을까?

> 나는 내게 위임된 분야에 대해 전적으로 책임을 지고 자유로운 활동을 보장받고 싶다. 그리고 지시권과 관할권을 확실하게 분배해 주기를 원한다.
> 베른헤어 폰 브라운, 1944년 4월

"진짜 이유는 폰 브라운이 친위대장 히믈러를 화나게 만들었다는 것이었다. 히믈러는 그에게 국방군의 모든 직원들과 페네뮌데 전체를 넘기라고 제안했다. 그리고 그는 베른헤어 폰 브라운을 친위대의 최고 인물로 만들고 싶어 했다. 그런데 그가 거절한 것이었다"라고 단넨베르크는 말한다.

폰 브라운의 직원이었던 게르하르트 라이지히는 밀고자가 있었다고 추측했다. "하루에 16시간씩 일하고 난 뒤에 때때로 술을 과하게 마시기도 했다. 그럴 때면 편하게 얘기도 했는데, 그때 폰 브라운이 우스갯소리로 자신이 만든 로켓을 '런던이 아니라 달로' 보내겠다고 말했다. 그리고 '우리는 런던을 목표로 한 모든 지시를 해낼 것이다. 어차피 여기서는 그런 지시가 더 이상 아무것도 아니니까'라고 덧붙였다. 대략 그런 얘기였다. 이 얘기는 물론 그저 술기운에 나온 허풍이었지만, 매우 위험한 얘기였다. 그리고 누가 분명 그 얘기를 했을 것이다. 왜냐하면 그 때문에 세 사람이 밤에 잡혀 가서 게슈타포에 의해 슈테틴 감옥으로 보내졌기 때문이었다."

폰 브라운을 다시 풀어 주기 위해 즉시 움직인 사람은 도른베르거 장군이었다. 그러나 그는 자기편이 필요했다. "그 사람은 군수장관 슈페어였다. 그는 히틀러에게 가서 친위대가 한 행위는 말도 안 되는 짓이라고 말했다. 슈페어는 그 행위를 용납할 수 없었다. 어쨌든 설득을 당한 히틀러는 폰 브라운이 일시적으로 풀려날 것이라고 말하면서, 이 건을 계속 지켜볼 것이라고 말했다." 게르하르트 라이지히는 통화 뒤에 페네뮌데로 돌아온 도른베르거에 대해서 다음과 같이 기억하고 있다. "그 때문에 페네뮌데로 돌아온 그는 생필품 보관 창고로 가서 독주 한 병을 달라고 했다. 그러고는 슈테틴 감옥으로 떠났다. 그곳에서 폰 브라운은 친위대로부터 아주 불편한 심문을 받았다. 도른베르거 같은 사람은 그곳에 통보 없이 갈 수 있었는데, 그는 '이 자는 자유다, 넘겨주시오!'라고 말했다. 친위대원은 어쩔 도리가 없었다. 브라운은 이렇게 다시 밖으로 나왔다. 그러나 제한 조건 하에서 나온 것이었다. 그는 돌아와서 소위 가택 연금 상태로 지내게 되었다."

전쟁이 끝날 때까지 그 상황은 계속되었다. 추측컨대 히믈러가 폰 브라운을 사형대에 올릴 생각은 없었고, 그것보다는 고집 센 이 로켓 개발자에게 육군에서 친위대로 옮기라고 압력을 행사하고자 했을 것이다. 폰 브라운은 2주간 감금되어 있었다. 슈페어와 도른베르거가 폰 브라운 없이는 필연적으로 로켓 프로젝트가 차질을 빚을 수밖에 없다는 논거를 대었기 때문에 그를 그렇게 빨리 빼내 올 수 있었다. 그 파장은 컸다. 히틀러에게 그것은 패배였다. 로켓 팀은 육군에 남았다. 그리고 폰 브라운은 계속 친

친위대는 이 사건에 개입한 이후에 육군 관할의 모든 것을 넘겨받으려고 했는데, 일부는 관철이 되었다. 또한 도라―미텔베르크에서의 생산 과정도 더 이상 육군이 아닌 친위대에 의해 통제되었다.
발터 야코비, 로켓 엔지니어

베른헤어 폰 브라운과 그의 직원들은 우주 비행에 대한 연구에 너무 신경을 썼고 V2 생산에 백 퍼센트 전력하지 않았다는 주장이 제기되었다. 그것이 폰 브라운과 그의 사람 몇몇을 체포한 공식적인 이유가 되었다. 그러나 진짜 이유는 폰 브라운이 친위대장 히믈러의 제안을 거절한 것이었다.
콘라트 단넨베르크, 로켓 엔지니어

위대의 엄격한 감시 하에 놓여 있었다.

폰 브라운이 짧은 기간 친위대에 구금된 것은 미래를 위한 정치적 자산이 되었다. 이 2주는 전쟁이 끝난 뒤에 그의 결백의 증거로 이용되었다. 이로써 정권과 거리가 있었다는 것이 증명되었고, 또한 나치 정권의 앞잡이에 의해 삶이 위태로웠다는 증거가 되었다.

> 비난 내용이 매우 심각해서 체포하지 않을 수 없었다. 이 사람들의 목숨이 달려 있다. 그런 위치에 있는 사람들이 왜 그런 발언을 하였는지 나는 이해할 수가 없다.
> 국방군 최고사령부 사령관 카이텔 원수가 도른베르거에게 한 말

그사이 로켓 병기 V2의 투입이 점점 더 임박해 왔다. 크라카우 인근에서 로켓 부대가 도른베르거의 지휘 아래 훈련을 하고 있었다. 1944년 5월 20일, 폴란드 저항 운동가들이 추락한 로켓의 중요 부품을 가로채서 나라 밖으로 빼내는 데 성공했다. 하지만 이어진 결과물은 없었다.

폰 브라운은 여전히 V2를 기술적으로 손보는 데 몰두하고 있었다. 비행하다가, 특히 대기권으로 재진입하면서 폭발하는 "공중분해 로켓"의 수가 여전히 많았다. 그는 테스트를 할 때 모든 상황을 직접 두 눈으로 확인하기 위해 직접 목표 지점에 가 있었는데, 한 번은 죽음 일보 직전에서 간신히 빠져 나온 적도 있었다.

전쟁은 5년째로 접어들었다. 1944년 6월, 서방 연합군은 "유럽 요새"로 진입하기 시작했다. 괴벨스가 나치 선전을 통해 "보복," "전쟁 국면의 전환" 그리고 "기적의 무기"를 부르짖고 있었음에도 불구하고, 성공적인 노르망디 상륙작전은 유럽 대륙에서 나치 지배가 최종적으로 끝났음을 알렸다. 비밀에 싸인 섬멸 수단은 이제 "최종 승리"를 위한 길을 뚫어야만 했다.

> V1과 V2는 종종 "도라"로 되돌아왔는데, 제대로 작동을 하지 않기 때문이었다.
> 알렉산더 자밀라, 도라-미텔바우 수용소의 강제 노역자

1944년 6월 13일, 첫 번째 V1이 런던에 떨어졌

다. 공군의 비행 폭탄(Fi 103)은 군사 기술적으로 V2와 나란히 개발된 무기였는데, 폰 브라운의 로켓이 투입되기 세 달 전에 실전에 투입되었다. V1도 1톤의 폭약을 사거리 250킬로미터까지 보낼 수 있었다. 물론 V1은 포물선 모양의 탄도 궤적을 보이지 않았고, 비행기처럼 대지와 평행하게 2천 미터 상공으로 날아갔다. 그리고 V1은 초속 6백 킬로미터의 속도로, 음속의 몇 배에 달했던 V2처럼 빠르지 않았다. 발사된 V1 중에서 거의 셋 중 하나는 대공포나 추격기에 의해 격추되었다. 생산된 총 3만 3천 기의 "Fi 103" 중에서 약 2만 3천 기가 발사되었고, 1만 3천 기 이상이 목표에 도달했다.

나치 정권은 V2가 보다 강도 높은 충격 효과를 줄 것으로 기대했다. 처음 공격은 1944년 9월 7일과 8일에 두 나라의 수도 런던과 파리를 대상으로 이루어졌다. 폭발음은 실제로 불안감과 공포감을 불러일으켰다. 방어할 가능성이 없었다. 빠른 속도 때문에 어디에 떨어질지 예측이 어려웠다. 총 3,170기가 발사되었고 그중 2,438기가 목표에 도달했다. 나머지 V2는 발사가 안 되거나 공중에서 폭발했다. 이 공격으로 5천 명 이상의 인명을 앗아 갔다.

> V2의 주요 장점은 정확도와 당시 이 로켓에 맞설 대응 수단이 없었다는 점이었다. 영국인들이 V1을 막는 법을 터득한 뒤로는 대부분의 V1이 목표에 도달하지 못했기 때문이다.
> 콘라트 단넨베르크

> 나와 우리 모두에게 분명했던 점은 V2가 전쟁에 투입될 무기라는 점이지 달로 비행하기 위한 기구는 아니라는 점이었다.
> 발터 야코비, 로켓 엔지니어

가장 심각한 피해를 입은 곳은 벨기에의 항구 도시 앤트워프였는데, 이곳은 연합군의 보급지로 매우 중요한 의미를 가지는 곳이었다. 약 600기의 로켓이 도심 지역에 떨어졌고 660기가 도시 근교에 떨어졌다. 약 3,500명이 죽었고 6천 명이 다쳤으며, 약 10만여 채의 가옥이 파괴되거나 손상을 입었는데, 이는 V무기(V1과 V2)가 도시에 남겨 놓은 끔찍한 결과였다. 12월 19일, V2 한 기가 만원이었던 렉스 영화관에 떨어

상: "방어할 가능성이 없는": 1945년 3월 8일 V2 공격이 있은 뒤에 런던에서 사망자와 부상자를 발굴하는 장면
하: "공중에서 떨어지는 공포": 벨기에의 항구 도시인 앤트워프에 V2 로켓 폭격이 있은 뒤의 모습

져 561명의 관객의 목숨을 앗아 갔다. 전략상 중요한 항구는 큰 피해를 거의 입지 않았다. 이것은 이 무기의 "질"이 의심스럽다는 점을 보여 주었다. 전쟁의 진행 과정에서 이 무기는 별 큰 의미를 가지지 못했고, 게다가 목표물을 정확하게 타격하지도 못했다. 변치 않았던 것은 공중에서 떨어지는 공포스러운 폭격이라는 점이었다.

도로테 슐리트는 1944년 8월 어느 날 저녁에 폰 브라운이 이 무기를 처음으로 투입한 것에 대해 얘기한 상황을 다음과 같이 기억한다. "그때 우리와 같이 밖으로 나간 베른헤어가 심각한 표정으로 이 순간에 영국이 폭격을 받고 있을 것이라고 말했다. 그리고 '이건 내가 원한 게 아니야'라고 말했다. 그는 매우, 매우 의기소침해 있었다. 그 감정은 진정이었다. 나도 같은 감정이었다. 달로 날아가는 로켓에 대한 그의 꿈이 만들어 낸 결과물이 정말 나쁜 결과를 가져왔다." 그녀는 계속해서 폰 브라운은 항상 "A-4가 살아 있는 목표를 겨냥하기 전에" 전쟁이 끝나기를 고대했다고 전한다. 십 년 이상이 지난 뒤에 베른헤어 폰 브라운은 자신이 만든 로켓이 유감스럽게도 "엉뚱한 행성에 떨어졌다"고 진술하게 된다.

언젠가 일찍이 그와 같은 의문들이 로켓 선구자의 행동에 영향을 준 적이 있었는가? 섬멸 무기에 영향을 미친 다른 두서너 명의 정신적 지주들처럼, 베른헤어 폰 브라운도 대부분은 기술적인 문제들에만 관여했다. 자신의 고안해 낸 로켓이 어디에 사용되고 어떤 결과가 발생할 수 있을 것인지에 대한 의문은 중요한 것이 아니었다. 그 일은 다른 사람들의 소관이었다.

1944년 7월 20일, 히틀러에 대한 암살 기도가 실패로 돌아간 뒤에 로켓을 투입할 것인지에 대한 결정권이 완전히 친위대로 넘어갔다. 페네뮌데가 이런 개입으로부터 벗어나도록 폰 브라운이 계속 시도를 하긴 했지

> 로켓은 우리에게 생산기술적으로 매우 비용이 많이 들어가는 일이었고, 그 효과는 투입된 비용에 비해 작았다. 따라서 우리는 로켓 생산을 대규모로 하는 데 큰 관심을 두지 않았다. 이를 가장 많이 요구한 사람은 히믈러였다. 그는 상급 부대장 카믈러 같은 이에게 영국으로 로켓을 발사하라는 지시를 내렸다. 육군 내에서는 나와 같은 의견들이 많았는데, 즉 로켓에 들어가는 비용이 너무 크다는 것이었다. 또 공군 내에서도 비슷한 의견들이 우세했다. … 우리가 이 무의미한 행위를 하지 않았으면 훨씬 나았을 것이라는 점은 분명하다.
>
> 뉘른베르크에서 슈페어가 한 진술

만, 오래전부터 그는 다른 세계를 생각하고 있었다. 패전이 확실해지면서 정권은 그에게서 의미를 잃어 갔다. 페네뮌데 사람들은 히틀러 이후에는 어떻게 될 것인지에 대해 고민하고 있었다.

페네뮌데 사람들은 1944년 가을부터 로켓 프로젝트에 관한 중요한 문서들을 수집했다. 동부전선이 점점 더 가까이 다가오고 있었다. 폰 브라운은 후에 "이 가능성들을 파괴하는 것은 인류의 발전을 저해하는 범죄"일 것이라고 적었다. 물론 자신의 "과학적 유산"이 올바른 사람들 손에 넘어가기를 바랐는데, 그는 이를 직접 챙기려고 했다. 간단한 기준이 하나 있었다. "내 조국은 두 번의 세계대전에서 패했다. 이번에 나는 승자의 편에 서고 싶다." 가장 전망이 높은 나라는 의심의 여지 없이 미국이었다. 북아메리카를 향해 발사될 예정이었던 2단 장거리 로켓에 대한 계획들이 그가 넘길 자료였다는 점이 특이했다. 그러나 이것에 대해 곧 아무도 관심을 가지지 않게 되었다.

1945년 2월 17일, 페네뮌데에서 철수하기 시

> 폰 브라운이 나중에 "A-4가 런던으로 발사된 날은 내 인생에서 가장 나쁜 날이었다. 내 인생에서 가장 슬픈 날이었다. 이런 날이 오게 될지 전혀 생각도 하지 못했었다"라고 계속 말했다는 점은 잘 알려진 사실이다.
>
> 에른스트 슈툴링거, 로켓 엔지니어

"나쁜 일임에도 내색하지 않고": 1944년 말 도른베르거 장군과 같이 있는 베른헤어 폰 브라운

작했다. 물론 미텔베르크에서의 로켓 생산은 몇 주 더 진행되었다. 1945년 3월 말까지 그곳에서 약 6천 기의 로켓이 제작되었다. 이른바 "기적의 무기"를 생산하면서 1만 명 이상이 목숨을 잃었다. 3만 명의 강제수용소 수용자들과 강제 노역자들의 고난의 이야기는 아직 끝나지 않았다. 수용자들은 가축 운반차에 구겨 넣어지든지 아니면 걸어서 베르겐-벨젠 수용소까지 죽음의 행진을 했다. 도중에 수천 명이 탈진, 허기, 질병 또는 간수들의 잔인한 행동 때문에 목숨을 잃었다. 전쟁 마지막 기간 동안 벌어진 가장 잔인한 학살 중의 하나는 마그데부르크 근처의 가르데레겐에서 일어났다. 그곳에서 친위대원들은 1천 명의 죄수들을 헛간

으로 몰아넣고는 불을 질렀다. 사람들이 산 채로 타 죽었다.

  1945년 5월 5일, 붉은 군대가 페네뮌데를 점령했다. 그러나 독일인들은 쓸 만한 것을 아무것도 남겨 놓지 않았다. 폰 브라운은 도른베르거의 허가를 받고 그리고 아마 카믈러의 허가도 받아서 중요한 문서들을 야음을 틈타 남모르게 작업이 중지된 하르츠 산맥의 한 갱도에 보관해 놓았다. 그것은 연합군과의 협상을 위한 담보물이었다. 로켓 팀의 핵심 인물들은 남독일로 이동했다. 친위대와 슈페어의 군수부는 원래 그곳에서 로켓 개발을 계속할 계획이었다. 그곳은 베르히테스가덴 주변 지역의 소위 "알프스 요새"와 멀지 않은 곳이었다. 에벤 호수에서 로켓 개발을 위한 갱도가 조성되었다. 그러나 로켓 생산을 계속한다는 것은 독일 측 입장에서만 바라본 망상에 불과했다.

  왜냐하면 이미 전쟁이 끝나기 전에 V2의 비밀을 캐기 위한 미국과 러시아의 추적이 본격적으로 시작되었기 때문이었다. 무기, 공장, 실험실, 실험 시설, 서류와 보고서가 그 대상이었다. 그러나 우선은 과학자들을 목표로 삼았다. 친위대 장교인 한스 카믈러가 브라운과 그의 로켓 팀을 연합군과의 협상에서 매우 가치 있는 "보물"이 될 것이라고 생각한 것은 그럴 만한 이유가 있어서였다. 그 때문에 그는 5백 명의 페네뮌데 사람들을 바이에른 주에 속한 알프스 지역인 오버아머가우로 보냈다. 그들은 그곳 친위대 병영에서 감시를 받고 있었지만, 달아날 가장 절호의 기회를 노리고 있었다. 곧 로켓 연구자들은 인근 마을로 분산 배치되었다. 폰 브라운은 오버요흐의 "하우스 잉게부르크" 호텔에 투숙했다. 그는 동행한 사람들과 함께 봄 날씨와 바이에른 음식 그리고 호텔의 포도주를 즐겼다. 독일 전역에서 일상생활이 파괴되어 가는 가운데 폰 브라운은 여기에서 기간도 정해

> 전쟁에서 우리는 졌다. 모든 것이 누구의 손에 우리의 과학적 유산을 넘겨주어야 하느냐는 문제와 연관되어 있었다. 상황에 비추어 볼 때, 미국인들에게 의지하는 것이 우리에게 가장 좋은 해결책처럼 보였다.
>
> 베른헤어 폰 브라운

> 프랑스인들이 그 지역을 넘겨받고자 한다는 얘기를 듣고 나서, 미국인을 찾기 위해 마그누스 폰 브라운을 보냈다. 그리고 그는 이 일을 해냈다. 그가 처음 만난 사람은 물론 전혀 무슨 일인지 몰랐다. 그러나 그의 상관들이 그 소식을 들었다. 그들은 우리가 남독일에 있는지 몰랐다. 그들은 우리가 아직 페네뮌데에 있을 것이라고 생각했다.
>
> 콘라트 단넨베르크, 로켓 엔지니어

지지 않은 휴가를 즐기듯 전쟁 막바지를 보냈다. 이 로켓 선구자에게 일어난 유일한 불행은 심한 교통사고였다. 그 때문에 체포될 당시에 그는 왼팔에 깁스를 하고 있었다.

1945년 5월 1일 21시 30분에 "대독일 방송"은 히틀러의 죽음을 알렸다. 바로 다음 날 아침에 베른헤어 폰 브라운은 가장 가까운 미군 부대와 접촉하기 위해 동생 마그누스를 보냈다. 폰 브라운은 미국인들이 자신과 자기 동료들에게 최상의 조건을 제공해 줄 것이라고 생각했다. 미국은 V2의 피해자도 아니었고 초강대국을 대표하고 있었다. 그 외에도 태평양에서는 여전히 전쟁이 한창이었다. 미국은 분명히 그의 지식에 관심이 있었다.

그가 생각한 대로였다. 오래 전부터 미국은 폰 브라운의 로켓에 관심을 갖고 있었다. 연합군의 모든 협정이 깨진 가운데, 나중에 미 육군 군수국 로켓과 과장이 된 홀거 톱토이 대령은 사전에 미텔베르크에서 사용할 수 있는 로켓 부품 대다수를 빼돌려 총 341량의 화물 기차에 실어 앤트워프로 수송했다. 그 부품들은 배에 실려 앤트워프에서 미국으로 보내졌다.

로켓 연구자들이 미국의 보호 아래 놓이게 된 뒤에 그들은 가르미쉬-

파르텐키르헨으로 보내졌다. 그곳에서 폰 브라운은 페네뮌데 프로젝트에 대한 보고서를 작성해야만 했다. "아는 것이 힘"이라는 모토에 충실하게 그는 이 보고서를 작성하면서 기술에 관한 상세 자료는 넣지 않았다. 그러나 그는 예나 지금이나 미래의 계획은 아주 원대하게 세웠다. 그것은 달로의 비행, 극초음속 비행기, 거대한 우주 거울이었다. 그리고 통상적인 선전 어조로 무기로 사용될 수 있다는 것도 당연하게 언급되었다.

폰 브라운이 이 시점에 아직 알지 못했던 것은 미국인들이 당시에 로켓과 연계하여 향후 세계 질서를 좌우지할 그런 무기, 즉 원자탄을 만들려 하고 있었다는 것이다. 핵분열을 이용해 지금까지 없었던 강력한 섬멸력을 작은 탄두에 집어넣는 것이었다.

그러나 그 일은 몇 년 뒤에 이루어질 일이었다. 독일의 주요 과학자들이 러시아로 도망가거나 러시아에 의해 납치될 수도 있다는 걱정 때문에, 미국은 1945년 가을에 "오버캐스트(흐림) 프로젝트"를 시작했다. 폰 브라운이 손수 선별한 127명의 페네뮌데 사람들이 일련의 다른 독일 연구자들처럼 미국으로 보내졌다. 미국에서 그들은 획득한 문서들을 번역하고 노획한 로켓을 조립하고 발사하는 일을 했다. 극도의 비밀을 유지했는데, 왜냐하면 일반 대중들이 이 사실을 알게 되면 큰 스캔들이 될 수 있었기 때문이다. 즉, 값비싼 대가를 치르고 독일에 승리를 거둔 뒤 채 5개월도 안 지나서 이 중요한 무기 개발자들을 자유로운 세상에서 일하도록 해 줘서는 결코 안 되었던 것이다.

그들의 과거로 인해 페네뮌데 사람들이 추궁

> 폰 브라운은 모든 문서를 가져올 만큼 충분히 영리했다. 모든 스케치와 실험 결과 그리고 로켓 발사에 대한 보고서들이었다. 그 문서들은 하르츠 산맥의 한 동굴에 숨겨져 있었는데, 전쟁이 끝나고 미국으로 옮겨졌다.
> 콘라트 단넨베르크, 로켓 엔지니어

> 미텔베르크는 러시아 점령 지역이었다. 톱토이 장군은 모든 로켓과 로켓 부품을 빼내 오는 데 성공했다.
> 게르하르트 라이지히, 로켓 엔지니어

> 우리 젊은 독일인들에게 미국은 꿈의 나라였는데, 영국, 프랑스 또는 이탈리아 같은 그저 다른 한 나라에 불과한 것이 아니었다. 미국은 무명의 발전 과정에서 다음 단계에 있는 나라였다.
> 에른스트 슈툴링어, 로켓 엔지니어

"전선을 시찰하는 의원처럼": 1945년 5월 3일, 체포 당시 베른헤어 폰 브라운(왼쪽)과 동생 마그누스의 모습

을 받을 것인가? 아니면 그들의 지식이 너무나 가치가 있어서 승자와 해방자들이 미래에도 그들의 과거를 대수롭지 않게 생각할 것인가? 그들 중 많은 사람들이 이런 의문을 갖고 있었을 것이다. 폰 브라운은 잘 알고 있었다. "체포" 당시에 이미 그는 "전선을 시찰하는 의원처럼" 행동했다.

독일인들은 텍사스 서부 지역인 엘 파소로 보내졌다. 전쟁이 끝난 뒤 1년도 안 되어 독일이 엄청나게 곤궁을 겪고 있을 때, 1백 명이 넘는 페네뮌데 출신 남자들은 그들이 오랫동안 봉사해 온 나치 정권의 붕괴를 아무 괴로움도 겪지 않은 채 이겨 냈다. 그들은 획득한 V2를 조립했고, 그들의 새 고용주들에게 사용법을 설명했다. 1946년 4월 16일, 엘 파소 북쪽에 위치한 로켓 기지 화이트샌즈에서 종전 후 첫 번째 V2가 발사되었다. 70번 이상의 실험이 이어졌다. 그 실험에서 390킬로미터라는 새로운 상승 기록이 세워졌다. 이 기록은 V2와 그보다 작은 미국의 WAC 코포럴 로켓을 조합함으로써 이루어졌다. 이 외에도 그들은 미국 과학자들과 함께 순항 미사일을 개발했는데, 이 미사일은 V2 위에 장착될 예정이었다(헤르메스 II).

그러나 폰 브라운이 마음대로 조절하며 쓸 수 있었던 페네뮌데에서의 풍족한 시간들은 이제 주어지지 않았다. 펜타곤은 당시에 다른 로켓들보다 비용이 적게 들고 효율이 높은 장거리 폭격기를 우선순위에 놓고 있었다. 폰 브라운의 측근 중 한 명이었던 에른스트 슈툴링어는 당시 상황을 다음과 같이 설명한다. "우리는 그 사실에 대해 놀라고 실망했다. 그리고 폰 브라운은 지휘관에게 가서 말했다. '당신들은 많은 비용을 들여서 우리를 이리로 데려와서 이곳에 정착시켰습니다. 그리고 우리는 여기서 로켓 제작에 관한 우리의 지식을 뭉개고 앉아 있습니다. 사막 한가

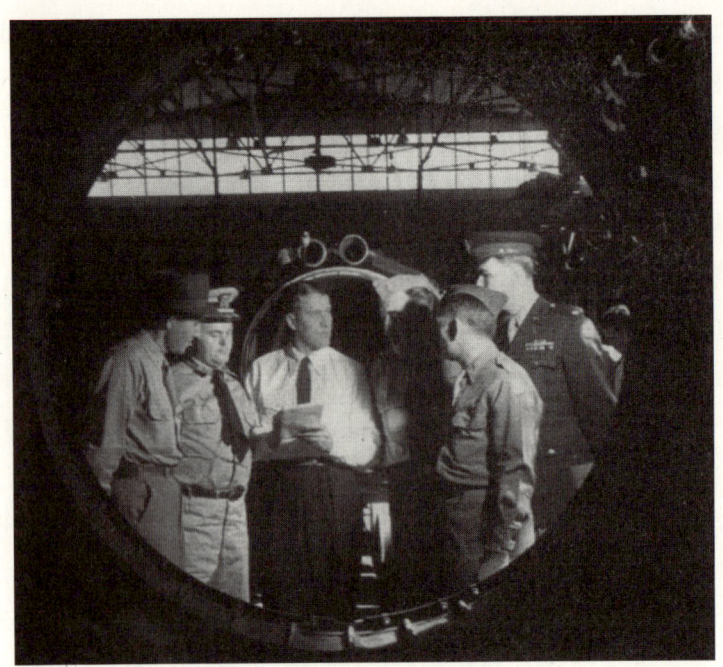

"승자의 편에서": 폰 브라운은 미국에서 새로운 경력을 시작했다 (1946년 말 사진)

> 우선은 모든 일이 비밀이었다. 전쟁이 끝난 직후에 독일인들을 미국으로 데려온 일은 미국에서도 비밀이었다.
> 에른스트 슈툴링어, 로켓 엔지니어

> 우리는 하루 8시간 주 5일 근무를 했다. 그래서 자유 시간이 충분했다. 우리는 틈틈이 여가를 보낼 충분한 시간이 있었다.
> 발터 호이서만, 로켓 엔지니어

운데서 아무것도 할 수 없는 채. 당신들은 돈을 낭비하는 것입니다. 왜 당신들은 우리들에게 뭔가 할 일을 주지 않습니까? 그 때문에 우리가 여기 있는데.'"

군의 대답은 다음과 같았다. "당신들 건은 나중에 다룰 것입니다. 당신들이 곧 필요하게 될 겁니다."

그의 기술적인 능력을 감안하더라도, 폰 브라운이 미국에 있다는 사실은 뜨거운 감자였다. 일반 대중들은 1946년 말에 독단적으로 과학자들을 데려온 사실을 알게 되었다. "나치 거물들이 미국을 돕는다"라는 도발적인 기사가 사진과 함께 주간 화보지인 『라이프』지 타이틀로 실렸다. 당시 미 육군은 과학자들을 빼돌린 사실을 은폐하기 위해 많은 노력을 기울였다. "페이퍼클립 작전"을 통해 수백 명의 독일 과학자

> 우리는 어디까지 미국을 위해 노력할 것이고, 기꺼이 미국을 위해 싸울 수 있는가라는 질문을 받았다. 우리는 예전 조국에 맞서 싸울 수는 없다고 말했다. 이는 받아들여졌다.
> 발터 호이서만, 로켓 엔지니어

들이 미국으로 넘어왔다. 모든 실마리들은 미국인들이 독일인들의 영주를 준비했다는 것을 보여 준다. 문서들은 미 육군이 1947년 가을에 심지어 이를 위해 서류를 조작했다는 것을 증명해 준다. 폰 브라운은 더 이상 "안보의 위험 요소"가 아니라, 이제는 "위협의 가능성이 없는 사람"으로 분류되었다. 그것은 나치가 아니라는 비공식 증명이나 다름없었다. 동시에 육군 군수국은 뉘른베르크 전범 재판의 조사를 방해했다. 그리하여 폰 브라운은 피소를 면하게 되었다. 그가 불법적으로 미국에 들어왔기 때문에, 1949년에 멕시코를 통해 입국한 것으로 꾸몄다. 이제 그는 미국 시민권을 신청할 수 있었는데, 법적 최소 대기 기간 5년 뒤인 1955년에 시민권을 획득했다. 페네뮌데 사람들은 벌써 그를 따라 들어와 있었다.

 1947년 3월에 폰 브라운은 란츠후트에서 사촌 마리아 폰 크비스토르프와 결혼했다. 갓 18살이었던 귀족 출신의 그녀는 물론 이 로켓 연구자가 결혼하고 싶어 했던 첫 여인은 아니었다. 전쟁 중에 그에게는 베를린 출신의 연인이 있었는데, 이름은 도로테 브릴이었고 물리치료사였다. 1943년 1월에 둘이 사귄다고 알린 내용이 아직 남아 있다. 폰 브라운이 그녀를 방문할 때마다 페네뮌데의 분위기는 좋아졌다. 그러나 어머니는 양가집 배우자를 찾아보라고 조언했다. 이 관계가 정리된 것은 아마도 어머니 때문이었을 것이다. 비록 폰 브라운 부인이 때때로 자신이 마치

로켓과 결혼한 것 같다는 푸념을 털어놓기는 했지만, 마리아 폰 크비스트로프와의 결혼은 행복했던 것으로 보였다.

1947년에 결혼식을 치른 뒤 3년 만에 미국의 분위기가 바뀌었다. 이제 다시 베른헤어 폰 브라운을 찾는 사람들이 많아졌다. 1949년 8월 29일, 스탈린은 소련의 첫 번째 원자폭탄을 터뜨렸다. 그리고 1950년 6월 25일 공산당이 장악한 북한이 남한을 공격하면서 서방 세계에 도전장을 던졌다. "군비 확장"의 시대였다. 에른스트 슈툴링어는 다음과 같이 기억한다. "그리고 어느 날 워싱턴으로부터 폰 브라운과 그의 팀에게 지시가 하달되었다. '우리에게 로켓을 만들어 주시오. 당신들의 A-4와 페네뮌데에서 만든 V2와 같은 로켓을. 다만 '좀 더 크고 더 나은' 그리고 더 정확하고 사정거리가 더 긴 로켓을 말입니다.'"

그 때문에 로켓 연구자들은 1950년 4월부터 새로운 장소에서, 즉 헌츠빌의 레드스톤 병기고에서 일하게 되었는데, 그곳은 "남(南) 페네뮌데"라고도 불렸다. 미 육군은 1951년에 중거리 핵 로켓을 개발하라는 분명한 임무를 하달했다. 예전처럼 폰 브라운은 "기술국장"으로 논란의 여지가 없는 확실한 권위를 보유했다. 그의 팀은 실제로 예전과 똑같은 팀이었고, 기업 형태와 유사한 위계 구조를 갖추고 있었다. 다시 무기를 다루고 규모가 커지게 되었다. 처음에 레드스톤 병기고에는 1천 명의 직원이 일하고 있었는데, 얼마 지나지 않아서 그 수는 두 배가 되었다. 전쟁이 끝난 지 불과 5년 만에 독일의 로켓 연구자는 자신이 1945년에 중단했던 연구를 계속할 수 있게 되었다. 새로운 자금과 새로운 전망을 가지고서. 그리고 그는 다시 군대 간의 시기심과 경쟁심을 이용했다. 폰 브라운은 육군을 도와 공군에 맞서 지대지 로켓의 관할권을 방어했다. "레드스톤"은 V2 이후 폰 브라운이 관여한 첫 번째 대형 프로젝트였는데,

"로켓과 결혼하다": 폰 브라운과 마리아 폰 크비스토르프의 결혼식, 1947년

작전이 가능한 세계 첫 번째 전략 핵 로켓이었다. 그 처녀비행은 1953년 8월 20일에 이루어졌다. 이 로켓은 3톤의 핵탄두를 320킬로미터 거리까지 운반할 수 있었다. 3년 반 뒤에 폰 브라운은 "주피터"를 선보였다.

> 그의 부인과 아이들은 그와 더 시간을 가지려고 했다. 그리고 그는 그들을 위해 더 많은 시간을 할애하려고 했다. 가끔 주말에 가족들이 호숫가로 수영을 하러 갈 때면, 그는 살림살이가 갖추어진 배 지붕에 앉아서 자신이 읽어야 되는 보고서를 읽었다. 그리고 넷 시간 뒤에는 다시 가족들과 시간을 보냈다.
>
> 에른스트 슈툴링어, 로켓 엔지니어

"미국은 우리에게 꿈의 나라였다": 폰 브라운과 그의 직원들은 미국 시민이 되었다, 1955년

이 로켓은 적재중량 1.3톤을 2,400킬로미터 거리까지 보낼 수 있었다. 이 병기를 운용하는 몇몇 부대가 1962년 터키와 이탈리아에 배치되었을 때, 흐루시초프는 소련 핵 로켓을 쿠바에 주둔시키라고 명령했다. 로켓을 가지고 하는 위험한 포커가 시작되었는데, 그 정점은 1962년 가을의 쿠바 위기였으며, 이로 인해 세계가 13일 동안 핵의 나락으로 떨어졌다.

예전 페네뮌데 사람들은 나중에 "주피터"를 우주 로켓이라고 불렀다. 그러나 그들이 만들어 낸 이 역사의 장도 그들에게 불안감을 가져다주었다. 궁극적으로 언제 지구 밖의 목표를 향해 날아가는 로켓을 만들 수 있을까?

히틀러 제국 때와는 달리, 폰 브라운은 미국에서 자신의 우주 계획에 대한 선전을 강하게 할 수 있었다. 그는 언제나 대중들을 동원했다. 『콜리어스 매거진(Colliers Magazine)』과 같은 잡지들을 통해서 그는 달이나 화성으로 비행한다는 생각을 아주 알기 쉽고도 재치가 넘치게 선전했다. 월트 디즈니도 이 깜짝 놀랄 만한 생각에 관심을 나타냈다. 1955년 3월 9일, 우주 비행사에 관한 영화가 미국 TV에서 방송되었다. 제목은 〈우주인(Man in Space)〉이었다. 만화영화 제작자와 우주여행의 선구자는 공동으로 두 편의 영화를 더 제작했다. 베른헤어 폰 브라운은 점차 유명세를 타기 시작했다.

> 그는 현실주의자였고 여전히 로켓을 제작할 수 있다는 사실에 대해 기뻐했다. 그는 그것이 올바른 것인지 아닌지에 대해 논쟁하려고 하지 않았다. 그는 자신의 취향에 따라 로켓을 제작할 수 있다는 것에 대해 감사했다. 그리고 나는 레드스톤 로켓을 우리가 제작한 가장 나은 로켓이라고 생각했다.
> 게르하르트 라이지히, 로켓 엔지니어

엔지니어이자 우주여행을 선전하는 사람으로 두 가지 역할을 하면서, 독일에서 온 이 남자는 자신이 엄청나게 일에 중독된 사람임을 보여 주었다. 거의 지치지 않을 듯 보이는 그의 에너지에 자신의 직원들만 놀란 것이 아니었다. 폰 브라운은 저녁에 커피와 담배로 자신을 깨어 있게 만들었고, 별을 관찰하며 미래의 시나리오에 푹 빠져 있었다. "진을 빼는 회의가 있고 난 뒤에 달 표면으로 장소를 옮겨 그곳에서 우주인들에게 일어날 것으로 예상되는 흥분되는 모험을 다양하게 표현하며 유쾌하게 긴장을 푼다. 나는 마티니 몇 잔을 만들고 바흐의 브란덴부르크 협주곡 판을 올려놓고는 계속 글을 쓴다." 그의 조카 크리스토프도 항상 깊은 감명을 받았다. "자신의 꿈을 위해 존재하고 다른 것은 전혀 할 수 없는 누군가를 본다면 당신은 어떤 생각이 들까. 자나 깨나 그의 머릿속에는 그 생각이, 즉 달에 대한 생각이, 달로의 여행이, 사람이 탄 우주여행이 자리 잡고 있었을 것이라고 나는 믿고 있다."

그러나 군사적 목적의 로켓 프로젝트를 민간 목적으로 전환하도록 만들기 위해서는 다시 전쟁이 필요했다. 이번에는 냉전이었다. 이 냉전에서는 군비 경쟁과 위협뿐만 아니라 체제 경쟁 또한 중요했다. 자본주의와 공산주의 세계 중에서 어느 쪽이 더 능률적인가? 어느 쪽이 새로운 최상의 조건으로 인류에게 진보를 가져다줄 것인가? 동서 갈등은 각 진영의 이미지의 갈등이기도 했다. 우주여행이 경쟁의 소용돌이로 빠지게 되는 것은 그저 시간의 문제였다.

이미 오래전부터 전 세계 과학자들 사이에서는 특별히 태양의 활동력이 강한 해인 1957년에 지구와 우주의 상황을 더 알아보기 위해 탐사 위성을 발사하는 계획이 있었다. 폰 브라운은 레드스톤을 특수하게 만들어 인공위성을 발사할 수 있기를 희망했다. 이 위성이 아닌 소련의 위성이 우주로의 첫 발을 내딛는다면 미국의 위상에 큰 손상이 갈 수 있었다. 그러나 "전리품이었던 이 독일인"은 이 프로젝트에 착수할 수 없었다. 소련이 선전을 통해 폰 브라운의 과거를 들추어내고 미국의 추한 면을 드러낼 수 있다는 우려가 너무도 강했다. 미국은 독일의 도움 없이 첫 위성을 쏘아 올려야 했다. 오늘날에야 비로소 알려진 것처럼, 또 다른 이유가 있었다. 만약 미국이 첫 단계를 완수하면 모스크바가 도발을 당한 것처럼 느끼고 우주에서의 자유로운 항행권에 대해 의문이 제기될 수도 있다는 점을 워싱턴은 우려했다. 결국 대기권은 국가의 영토로 간주되었고 자유롭게 통행할 수 있는 구역으로 간주되지 않았다. 드와이트 D. 아이젠하워 미국 대통령은 이 때문에 미국을 빨리 우주로 보내기 위한 긴급 계획을 지시하지 않았다. 그는 자신이 얼마나 큰 오판을 했는지 1957년 10월 4일에 알게 되었다.

> 그는 처음부터 우주여행과, 특히 달과 행성 연구에 대해 대중이 지속적으로 관심을 가질 수 있도록 많은 노력을 기울였다. 그것은 그가 거의 매일 하는 일의 대부분을 차지했다. 그는 많은 강연을 했고, 많은 글을 썼으며, 대중에게 인기를 얻는 일도 했다.
> 에른스트 슈툴링어, 로켓 엔지니어

소련은 첫 인공위성 "스푸트니크"호를 궤도에 올려놓았다. 이 역사적인 발사는 서구 초강대국 미국을 뼈에 사무치도록 아프게 만들었다. 4주 뒤에 암캐를 캡슐에 태운 스푸트니크 2

> 흑과 백의 대결이라고들 했다. 그것은 우리에게 너무도 확실했다. 왜냐하면 냉전이 시작되었기 때문이었다.
> 게르하르트 라이지히, 로켓 엔지니어

호가 발사된 후에는 공황과도 같은 경악의 물결이 나라를 휩쓸었다. 미국은 "스푸트니크 쇼크"를 경험했다. 폰 브라운의 동료인 에른스트 슈툴링어는 다음과 같이 말한다. "마치 폭탄이 터진 것과도 같았다. 다수의 정치인, 과학자, 언론인 들이 머리를 감싸 쥐면서 말했다. '어떻게 이런 능력이 전혀 없는 러시아인들이 이 일을 할 수 있었을까, 어떻게 이 일을 할 수 있단 말인가? 정말로 끔찍하다!'"

"악의 제국"이 장차 선한 미국인들을 우롱할 수도 있다는 두려움이 팽배했다. 더 심할 경우에는 탄두를 실어 보낼 수도 있다고 생각했다. 이제 이 위기를 구할 사람을 찾아야 했다. 그러나 이 구세주의 역할을 베른헤어 폰 브라운이 처음으로 해서는 안 되었다. 미 해군은 미국의 명예를 회복시키라는 임무를 받았다. 그 로켓의 이름은 "뱅가드"였다. 로켓이 연

> 폰 브라운의 생각은 위성을 궤도에 올리기 위해 레드스톤 로켓을 이용하는 것이었다. 그러나 미군은 그 생각에 관심이 없었다. 그리고 지구물리학의 해이자 스푸트니크호의 해가 도래했다. 아이젠하워가 당시 대통령이었는데, 러시아가 먼저 이 발사에 성공했다는 것은 그에게 뼈아픈 일이었다. 그래서 뭔가 즉시 이루어져야만 했다. 우리 경쟁자인 해군이 미국 위성을 발사하는 데 실패하고 나서 ─ 로켓이 폭발해 버렸다 ─ 레드스톤 로켓이 발사되어야 한다고들 했다. 그리고 발사 시에 우리에게는 엄청난 행운이 따랐다. 위성이 예정된 궤도로 단번에 올라간 것이었다.
>
> 게르하르트 라이지히, 로켓 엔지니어

> 우리는 러시아가 우리보다 앞서 있다고는 한 번도 생각해 본 적이 없었다. 우리는 적재하중을 갖춘 로켓을 지구 궤도로 올려 보내기 위한 모든 것을 완성했다. 우리는 이 발사를 실행해도 좋다는 허가를 얻는다면 이를 수행할 모든 것을 갖추고 있었다.
>
> 발터 호이서만, 로켓 엔지니어

> 발사는 1957년 10월 4일에 이루어졌다. 전 세계에서 — 솔직히 말해서 — 우리가 전혀 기대하지 않았던 열광적인 환호가 터졌다. 우리 모두는 과학과 기술에 너무 신경을 쓰고 있어서 우리 스푸트니크호가 어떤 반응을 몰고 올지 전혀 생각해 보지 않았다.
>
> 보리스 체르톡, 소련 우주 비행 전문가

속으로 불꽃을 내며 산산이 부서져 버렸기 때문에 실험은 실패로 돌아갔다. 이제 독일인들의 시간이 되었다. 해군의 재앙은 그에게 일생일대의 기회를 제공해 주었다. 그에게 이 치욕을 되갚아 줄 준비가 되어 있는지 질문이 던져졌다. 그것도 빠른 시간 내에 이루어져야만 했다. 폰 브라운은 약간 거만하게 대답했다. "60일 내에 할 수 있습니다."

이제 그와 그의 상사들은 펜타곤 소속이 아니게 되었다. 두 기의 주피터 C 로켓이 헌츠빌에 보관되어 있었다. 국방장관의 명시적인 금지 조치를 어기고 그들은 발사를 위한 전제 조건들을 완성시켰다. 질풍처럼 빠르게 이 위대한 임무를 위한 모든 것이 준비되었고, 새로운 위성이 만들어졌다. 뱅가드 참사가 일어난 지 채 2달이 지나지 않은 1958년 1월 31일에 "주노 1호"라고 개명된 주피터 C 로켓이 케이프 캐너베럴에서 발사되었다. 이 로켓은 "익스플로러" 위성을 궤도로 실어 올렸다. 임무는 완전히 성공했고, 베른헤어 폰 브라운은 영웅이 되었다.

미국과 소련 간에 벌어진 우주 비행을 위한 기술력 우위 확보 경쟁은 아직 결판 난 것이 아니었다. 실용화에 대한 문제는 점점 더 의미가 없어졌다. 요점은 국제적으로 선도 역할을 하고 있다는 것을 강력하게 보여 줄 수 있어야 한다는 것이었다.

> 역전당한 상황을 우세로 반전시키는 것은 예술과도 같았다. 그는 이렇게 말했다. "우리는 한 골을 먹고 있었지만 여전히 경기를 이길 수 있다고 생각했다!"
>
> 크리스토프 폰 브라운, 조카

1958년 아이젠하워 행정부는 민간 우주 비행

상: "마치 폭탄이 터진 것과도 같았다": 1957년 10월 4일 소련의 "스푸트니크" 위성 발사 순간
하: "아이젠하워에게 뼈아픈 일이었다": "수노 1호"의 발사를 통해 폰 브라운은 미국의 상처받은 명예를 회복시키는 데 성공했다

> 우리는 최고 속도로 일을 진행해서 모든 것을 조립했다. 그리고 약 세 달 뒤에 우리의 위성을 완성했다. 1958년 1월의 일이었다. 첫 번째 발사가 성공했고, 우리는 익스플로러 1호를 궤도에 올렸다.
> 에른스트 슈툴링어, 로켓 엔지니어

기관인 나사를 창립했다. 폰 브라운은 육군에 머물려고 했지만, 아이젠하워는 1959년 군의 우주 비행에 대한 관할권을 공군으로 넘겼다. 폰 브라운의 액화 로켓은 오랜 연료 보급 시간 때문에 어쨌든 전쟁에 투입하기에는 부적합했다. 그래서 그는 이 상황을 받아들였다. 1960년 7월 1일에 총 4,669명의 직원을 둔 로켓 연구 기관은 나사 소속이 되었다.

나사 조직은 소련과의 우주 경쟁에서 이겨야만 했다. 그것이 이 조직의 임무였고 우선 목표였다. 나사가 우주로 첫 위성 또는 첫 우주인을 보낼 수 없었기에, 나사는 적어도 달에 착륙할 첫 인간을 보내려고 했다. 폰 브라운은 절호의 기회가 왔음을 예감했다. 그러나 아이젠하워 미국 대통령은 이 프로젝트에 소요되는 예산이 수백억 달러라는 얘기를 듣고는 거액의 예산에 완전히 당황하면서 거부권을 행사했다.

정계의 거물들이 달로 가겠다고 병적으로 집착하는 이들에게 호의적인 시선을 보낼 때까지는 1년 반이 더 지나야 했다. 1961년 1월부터 존 F. 케네디가 미국 대통령이 되었다. 그는 새로운 지평선으로 나갈 위대한 구상들을 가지고 국민들을 이끌고자 했다. 그러나 기대를 한 몸에 받은 이 젊은 대통령은 먼저 1961년 4월에 쿠바의 "피그스 만"에서 벌어진 사태를 다루게 되었다. CIA의 지원을 받은 쿠바 출신 망명자들이 고집 센 피델 카스트로를 무너트리기 위해 사탕수수 섬 해안에 상륙했다. 이 작전은 비참하게 실패했다. 케네디는 치욕을 당했다. 게다가 소련이 약 1주일 전인 1961년 4월 12일에 유리 가가린 소령을 지구 궤도에 올려 보냈다가 무사히 귀환시켰다.

폰 브라운은 입장을 밝혔다. "우리가 정말로 그들을 추월하려면 바로 달 착륙을 목표로 삼아야만 한다. 그러면 우리가 이길 수 있다. 우리가

미국에서 일한 권위 있는 독일 로켓 전문가들(오른쪽에서 왼쪽으로): 로베르트 루서, 베른헤어 폰 브라운, 헤르만 오베르트, 에른스트 슈툴링어, 왼쪽 뒤편은 홀거 톱토이 장군

승인을 받는다면."

1961년 5월 25일, 케네디는 한 기념사에서 10년 이내에 미국인을 달에 착륙시키는 것을 미국의 국가 목표로 삼겠다고 천명했다. 슈툴링어는 1962년 가을 중요했던 케네디의 헌츠빌 방문 순간을 다음과 같이 기억한다. "두 사람은 완전히 서로 공감하고 있었다. 그들은 같이 캐딜락 무개차를 타고 우리 마셜 센터를 둘러보았다. 그때 케네디는 반 정도 완성

> 잘 알다시피 유리 가가린은 우주로 나간 최초의 인간이었다. 가가린의 우주 비행은 전체 인류 문명의 진보로 전 세계를 열광시켰다.
> 보리스 체르톡, 소련 우주 비행 전문가

되었거나 이미 완성된 로켓들을 보았다. 베른헤어 폰 브라운은 아주 쓸모 있게 만들어진 작업장으로 케네디를 안내했다. 그때 두 사람은 마치 행복한 아이들처럼 환한 표정을 지었다. 그들은 웃고 즐거운 제스처를 취했는데, 곧 아주 가까운 친구 사이가 되었다."

두 사람은 많은 것을 공유하고 있었다. 젊고 싱싱한 낙관주의, 카리스마, 문제점에 즉각 매진해서 해결책을 찾는 능력이 그것이었다.

베른헤어 폰 브라운이 수십 년 동안 꿈꾸어 왔던 것이 이제 현실이 되게 되었다. 드디어 엄청난 다단계 대형 로켓이 필요하게 되었는데, 이 로켓은 몇 사람을 35만 킬로미터 이상 떨어진 달로 보냈다가 다시 데려올 수 있는 성능을 보유하고 있었다. 그리고 "전리품이었던 독일인" 베른헤어 폰 브라운은 이 기술적 대작, 적재 중량이 120톤이고 발사 시 무게가 2,750톤이며 뉴욕의 자유의 여신상보다 높은 110미터 높이의 로켓 제작을 지휘하게 될 예정이었다. "새턴 5호"라는 이름을 가진 이 로켓은 이때까지 만들어진 로켓 중에서 가장 크고 가장 강력한 로켓으로 역사에 기록될 예정이었다. 로켓 개발에는 5년이 걸릴 예정이었다. 나사는 그들이 갖고 있는 모든 수단을 이 프로젝트에 집중했다. 이를 위해서 나사는 연간 50억 달러를 받았다. 우주 비행 기관과 하청 업체에 근무하는 4만 명 이상의 인력이 이 프로젝트에 동원되었다.

> 케네디는 당시 쿠바 위기 등 계속되는 일련의 실패와 싸워야만 했다. 그는 "우리가 러시아인들을 이기기 위해 무엇을 할 수 있는가? 미국이 뒤처져 있지 않고 러시아인들이 큰 성공을 거둔 것이 아니라는 것을 보여주기 위해서 우리가 무엇을 할 수 있는가?"라고 물었다. 그 한 가지가 우주 비행이었다.
> 에른스트 슈툴링어, 로켓 엔지니어

카운트다운 하듯이 아폴로 프로젝트가 해를 거듭할수록 천명한 목표에 점점 더 다가갔다. 1969년 7월 16일에 시작된 달로의 비행은 우주로의 출발이었을 뿐만 아니라 전 세계적인 미

> 이제 보다 큰 발걸음을 내디뎌야 할 시간입니다. 위대하고 새로운 미국의 프로젝트를 시작할 시간입니다. 분명 우주에서 주도적인 역할을 차지할 우리 국민을 위한 시간입니다. 우주는 여러 면에서 지구상에 사는 우리의 미래를 위한 열쇠이기도 합니다. … 나는 우리 국민이 이 세기가 끝나기 전에 인간을 달에 착륙시키고 무사히 다시 지구로 데리고 오는 목표에 헌신할 것이라고 믿습니다. 이 시대에 인류에게 있어 이보다 더 대단한 프로젝트는 없을 것이고 우주를 장기적으로 탐사하는 데 이보다 더 중요한 프로젝트는 없을 것입니다. 그리고 이보다 더 어렵고 더 많은 비용이 소요되는 프로젝트도 없을 것입니다.
>
> 케네디 연설, 1961년 5월 25일

디어 이벤트가 되었다. 6억 명이 증인이 되었다. 7월 20일, 우주 비행선이 달 상공의 예정된 궤도로 진입했다. 시계 장치처럼 정확하게 달 착륙선 "이글"이 모선으로부터 분리되었다. 7월 21일 오전 3시 40분에 달 착륙선의 출입문이 열렸다. 그리고 닐 암스트롱이 "정적의 바다"에 인간으로서 첫발을 내딛고는 세기적인 말을 남겼다. "이것은 인간에게는 작은 발걸음이지만 인류를 위한 엄청난 도약입니다." 소풍은 3시간 남짓 동안

> 스피커를 통해서 우리는 카운트다운 소리를 들었다. 처음에 우리는 화염을 보았고, 그러고 나서 로켓이 발사되었다. 처음에는 아무 소리도 듣지 못했다. 왜냐하면 떨어진 거리로 인해 소리가 들리는 데 약간의 시간이 필요했기 때문이었다. 그러나 대지가 흔들리는 것은 느꼈다. 이는 진동이 땅을 통해 더 빨리 전달되기 때문이었다. 우리는 발사 당시 방출된 엄청난 에너지를 발을 통해 느꼈다. 그러고 나서 이 로켓은 아주 천천히 상승했다. 아주 잠깐 동안 우리는 로켓을 볼 수 있었지만, 순식간에 로켓의 그림자가 구름 위에 있는 것을 보았다. 그러고 나서 그 구름은 옆으로 지나갔다.
>
> 크리스토프 폰 브라운, 조카

이루어졌다. 달 착륙선의 일부는 남겨졌다. 바닥 금속판에는 다음과 같은 말이 새겨져 있었다. "여기 달에 행성 지구의 인간들이 처음으로 발을 내디뎠다. 우리는 모든 인류의 평화를 위해서 왔다." 그 말은 사욕이 없다는 것처럼 들렸다. 그러나 달 착륙은 전 지구적인 선구적 행위가 아니라 미국의 선구적 행위였다. 그것은 소련이 우주에서 이룬 영원한 첫 성공에 대해 그토록 염원하던 복수를 한 것이었고, 상처받은 미국의 국민적 자긍심을 치유하기 위한 위안이었다. 그리고 이 성공을 이루게 한 아버지 중의 한 명이 독일인 베른헤어 폰 브라운이었다.

그러나 도취감은 잠시였다. 나사는 공산주의 세계에 대한 자유주의 세계의 우월성을 증명하는 것을 자신의 목표로 보고 있었다. 이 증거는 1969년 7월 21일에 제출되었고, 이로써 임무는 완수되었다. 아폴로 13호의 실패가 다음에 나왔는데, 엄청난 행운 덕분으로 다행히 전체 승무원이 다치지 않고 지구로 귀환할 수 있었다. 달로 가는 총 10번의 비행 중에서 세 번이 비용 문제 때문에 곧 취소되었다. 베트남 전쟁, 시민운동과 환경운동, 핵 군비 경쟁, 석유 파동 그리고 우주인들이 불모의 차가운 돌들과 먼지 외에는 더 보여 줄 것이 없었던 황량한 달의 풍경 자체도 대중의 시선을 다시 푸른 지구와 자신들의 문제로 돌아오게 만들었다.

이렇게 여론이 선회된 것에 대해 베른헤어 폰 브라운은 아무것도 할 수 없었다. 아무도 그를 따라 화성으로 가려고 하지 않았다. 분위기가 식었다. 토머스 페인 나사 국장은 폰 브라운에게 소중한 헌츠빌의 로켓 연구 센터장 직을 포기하고 워싱턴으로 오라고 제안했다. 미국의 수도에서 그는 나사의 기획국장으로서 계속 로켓을 선전하고 다녔다. 그러나 미래에 대한 그의 꿈은 더 이상 아무런 공감도 얻어 내질 못했다. 이제 그는 많은 사람들에게 과거의 유물처럼 보였고, 지휘할 오케스트라가

> 그것은 페네뮌데로부터 달로켓까지 이어진 계속된 발전이었다.
> 에른스트 슈튤링어, 로켓 엔지니어

없어진 지휘자처럼 보였다. 부하 직원이었던 게르하르트 라이지히는 "갑자기 그는 멍청한 아이처럼 취급받았다"고 기억한다.

폰 브라운은 실망한 채 1972년에 나사를 떠났고, 통신위성을 제작하는 회사의 부사장이 되었다. 그가 국가 연구 기관에서 근무하지 않은 것은 이때가 처음이었다. 1973년 그에게서 암 종양이 발견되었다. 처음에는 그가 질병을 이겨 낸 것처럼 보였으나, 1975년 병이 다시 재발했다. 1977년 6월 16일, 이 로켓 선구자는 65살을 일기로 암으로 사망했다. 죽기 직전에 그는 분명 자신의 평생의 꿈에 대해 처음으로 의구심을 품었던 것으로 보인다. 그는 "세상에는 극복해야만 하는 많은 불행이 존재한다. 우리는 정말로 옳은 일을 한 것일까?"라고 물었다. 그것에 대해 대답하기에는 너무 늦었다. 베른헤어 폰 브라운은 미국 버지니아 주, 알렉산드리아의 아이비 힐사이드 공동묘지에 안장되었다.

그가 사망함으로써 벗어날 수 있었던 것은 자신의 과거에 대한 무자비한 논쟁이었다. 이 논쟁은 뒤늦게서야 시작되었으며, 명백한 결과를 도출했다. 이는 찬미와는 다른 반응이었다. 특히 최근의 연구 결과들은 예전에는 그렇게 훌륭하게 보였던 모습들을 다른 각도에서 조명했다.

강제수용소 수용자 알베르트 판 데익은 베른헤어 폰 브라운에 대해 다음과 같이 자신의 판결을 내렸다. "폰 브라운은 공동 종범이었다. 그가 살인을 한 것은 아니다. 그러나 다른 배후 조종자들도, 히틀러조차도 그렇게 직접 하지는 않았다. 폰 브라운은 노예 노역자들의 도움을 받아 자신의 목적을 달성하려고 했다. 그것이 그가 유죄인 이유다."

물론 오늘날에도 여전히 토머스 포스터와 같은 견해를 가진 사람들도 있다. 그는 1955년부터 헌츠빌에서 로켓 엔지니어로 일했는데, 많은 미국인들을 대신해서 말할 수 있다고 얘기한다. "독일인들이 우주 비행 분

> 그는 연구를 계속했다. 그러나 어쩐지 아무래도 약간 김이 샌 것 같았다. 최고의 시기는 지나갔다. 그는 이때를 자기 인생의 절정이라고 느꼈다.
> 크리스토프 폰 브라운, 조카

> 폰 브라운을 우리로부터 떼어 놓기 위한 나사의 방법은 그를 워싱턴의 고위직으로 옮기는 것이었다. 이로써 우리는 지도자를 잃었다. 그것이 첫 단계였다. 그리고 폰 브라운은 워싱턴에서 아주 멍청한 아이처럼 취급받았다.
> 게르하르트 라이지히, 로켓 엔지니어

> 2차 세계대전 때 일어난 일들은 독일인들이 우주 비행과 로켓 기술 분야에서 미국을 위해 성취한 것에 비하면 사소한 것들이다. 나는 미국의 모든 사람들이 그렇게 생각한다고 믿는다.
> 토머스 포스터, 1955년부터 헌츠빌에서 근무한 로켓 엔지니어

> 가장 이해하기 어려운 것은 아마 그 순진함이라고 말할 수 있을 것이다. 정치적 현실에 대한 부족한 인식 말이다.
> 크리스토프 폰 브라운, 조카

야에서 미국을 위해 성취한 것을 생각해 본다면, 2차 세계대전 때 폰 브라운에 관한 이야기는 별로 중요하지 않다. 우리는 옛 시대는 그대로 흘려보내고 더 큰 일을 향해 나가야 한다. 나는 미국의 많은 사람들이 그렇게 생각한다고 믿는다."

상반되는 이 두 가지 진술들 사이에서 다양한 견해들이 존재하고, 이는 아마도 바뀌지 않을 것 같다. 그러나 오늘날에는 사실들이 낱낱이 드러나고 있다. 신화의 시대는 지나갔고, 은폐와 제거의 시기도 지나갔다. 오랫동안 폰 브라운의 성공과 성과만 보여 준 환상이 지배했다. 그러나 그란 인간을 숭배하기 위한 동기는 더 이상 없다. 역사적인 영광의 순간이 섬멸 무기로서 쓰인 발명품과 너무나 많이 연관되어 있다. 또한 선구자로 발전하는 과정이 수천 명의 고통 그리고 죽음과 너무나 많이 연관되어 있는데, 이 고통과 죽음은 공포를 심어 주는 데 사용된 기술을 완성하기 위해 필요했던 것이었다.

베른헤어 폰 브라운은 상아탑의 과학자가 아니었다. 그는 제작자였다. 자신의 비전을 어떤 희생을 치르더라도 실현시키고자 하는 열망이 결국 그를 기회주의자로 만들었다. 인간의 복지가 중요한 것이 아니라 그 일 자체가 중요했던 것이었다. 젊은 이상주의자의 성장 과정이 만약 다른 시대였다면 어떤 결과를 가져왔을까? 브라운은 나치가 아니었으나, 그에게 모든 수단을

"우리는 정말로 옳은 일을 한 것일까?" : 70년대 베른헤어 폰 브라운

제공해 준 정권의 유혹에 넘어갔다. 그것은 자신의 운명을 대가로 치르고 내린 선택이었다. 그는 또한 히틀러의 매니저가 되었다. 파우스트는 메피스토와 계약을 맺었다. 그리고 자신을 유혹한 정권이 자신의 진면목을 드러냈을 때조차도 유혹을 당한 그는 계약을 끝낼 수가 없었다.

장군

6호 감방은 결코 어두워진 적이 없었다. 밤에도 탐조등의 환한 불빛이 죄수를 비추고 있었다. 그는 완전히 감시의 눈길에서 벗어났다는 느낌을 받아서는 안 되었다. 몇 분마다 복도에 있

> 요들은 히틀러가 그에게 말한 것을 더 나은 지식과 양심에 반해 행한 사람이었다.
> 빈리히 베어, 참모본부 장교

던 초병이 작은 배식구를 통해 8평방미터 크기의 감방을 감시의 눈길로 들여다보았다. 초병은 지엄한 명령에 따라 피고인이 자살함으로써 연합군의 뉘른베르크 군사법정의 판결을 이행하지 못하게 되는 상황을 막아야만 했다. 이런 이유 때문에, 같이 기소된 "주요 전범" 중 한 명이 수건 가장자리를 찢어 감방 화장실 구석에서 스스로 목을 매서 죽은 이후로, 죄수들은 구두끈, 바지멜빵과 면도 기구를 넘겨주어야만 했다. 가끔 너무 열성적인 초병은 죄수가 금지되어 있는 행동인 배를 바닥에 대고 누워 있다든지, 밖에서 죄수의 얼굴을 볼 수 없다든지, 살아 있다는 명확한 징후를 확인할 수 없을 때면 잠자는 죄수를 깨웠다. 이것은 일종의 예방 조치였는데, 이 때문에 잠에서 깬 죄수는 자신의 일기에 이를 좋지 않게 기록했다. "4월 16일. 밤중 내내 초병이 심술을 부렸다. 특히 거친 놈이 저녁 8시 20분, 10시 30분, 그리고 새벽 2시 30분에서 3시 40분까지 그랬다. 4월 23일. 초병이 나를 네 번이나 불러 깨우고는 '잘 자라'고 말

했다."

　독방에서의 단조로운 생활이 가끔 있던 심문, 변호사와의 면회 그리고 감옥 뜰을 홀로 거닐 때를 제외하고는 몇 달 동안 지속되었는데, 이 단조로움은 56살의 죄수로 하여금 끊임없이 자신의 과거 삶을 돌아보게끔 만들었다. 낮에는 벽에 붙어 있는 좁은 간이침대 맞은편에 놓여 있는 작은 책상에 앉아 몇 시간 동안 아내에게 보낼 편지를 쓰거나 보고나 변호를 위한 글을 썼는데, 그 글을 통해 그는 자신의 삶의 각 단계를 다시 한 번 돌아보았다. 뮌헨의 바이에른 소년사관후보단에서 생도로 지낸 유년 시절, 아우크스부르크에서의 행복한 사관후보생 시절, 1차 세계대전, 그리고 많은 장교들과 달리 환영했던 군주국의 붕괴, 새 공화국 제국군에서의 더딘 진급, 처음에는 회의적이었다가 나중에는 점차 열광적으로 지켜보았던 히틀러의 "정권 장악," 그리고 마지막으로 그렇게도 군 최고 통수권자가 되고 싶어 했던 독재자의 군사고문으로의 진급. 그는 전체 전쟁 기간 동안, 즉 5년 이상을 히틀러의 곁에서 보냈고, "총통" 사령부에서 있었던 5천 번 이상의 "전황 회의"에 참석했다. 그는 전선을 전혀 보지 않았던, 하지만 자신의 책상에서 군 최고 통수권자의 구두 결정을 군사 명령으로 만든 전쟁의 매니저였다. 결국 그는 5천만 명의 목숨을 앗아 간, 그리고 그가 랭스의 한 학교 건물에서 직접 서명함으로써 끝을 맺었던 전쟁에 참여했다. 연합군 승전국은 그 전쟁의 발발과 참혹함에 대해 그를 공범으로 기소했는데, 이는 공범이라는 것이 증명되면 사형에 처해진다는 것을 의미했다.

　그의 생각은 그의 운명이 되었던 남자에게로 계속 돌아갔다. 그는 법정에서의 진술을 준비하면서 "내 인생에서 히틀러에 대해서 느꼈던 것

> 죽기 직전에 그는 다음과 같이 썼다. "그와 함께 오랫동안 일한 내가 그 사람을 도대체 알고 있기나 한 것인가, 아니면 내가 완전히 헛것을 본 것인가, 그리고 그가 악마적으로 변한 것인가?" 그는 마지막까지 히틀러에 대해 완전하게 명확하게 정리를 하지 못했다.
> 루이제 요들, 부인

"엄격한 부모의 교육": 어머니와 함께한 어린 알프레트 요들

만큼 내 감정의 기복이 심했던 적이 있었는지 기억할 수가 없다"고 적었다. "그 감정의 편차는 존경심과 감탄으로부터 증오에 이르기까지 다양하다. 내가 좋아했고 내게 소중했던 많은 것들, 참모본부, 시민계급, 귀족, 제국군에 대해 그가 했던 신랄하고 모욕적인 비판들이 특히 전쟁 후반부에 더욱더 내게 반감을 불러일으켰다. … 그럼에도 그란 인간은 여전히 대단하다. 악마와 같은 위인이다." 검사측은 "제3제국"이 저지른 많은 악행들에 대한 옴짝달싹 할 수 없는 증거를 제시했다. 특히 히틀러 사령부 그리고 전장과 떨어진 다른 세계가 있었고, 거기에서 수백만 명의 민간인들이 체계적으로 살해되었다는 것에 대한 증거가 제시되었다. 피고는 자신이 유죄라고 느끼지 않았다. 기껏해야 그에게 언제나 매혹적이고 수수께끼였던 "총통"으로부터 기만당했다고 느꼈을 뿐이었다. 그는 감방에서 "그의 곁에서 오랫동안 고난에 가득 찬 헌신적인 삶을 보냈던 내가 그 사람을 도대체 알고 있기나 한 것인가?"라고 골똘히 생각해 보았다. "그가 나의 이상주의를 가지고 장난친 것은 아닌가, 그리고 속으로 감추고 있던 자신의 목적을 위해 그가 이 이상주의를 그저 이용한 것은 아닌가?"

알프레트 요제프 페르디난트 요들은 1890년 5월 10일 뷔르츠부르크에서 태어났다. 그의 출생은 가족의 비밀로 둘러싸여 있었다. 이 비밀은 그가 죽은 뒤에야 비로소 알려졌는데, 그의 부모가 결혼을 하지 않은 상태여서, 알프레트는 8살 때까지 그의 어머니의 성인 바움개르틀을 그대로 간직하고 있었다는 것이다. 알프레트와 같은 이름이었던 그의 아버지는 직업군인이었는데, 아들이 태어날 당시 대위로서 뷔르츠부르크에 주둔하고 있던 바이에른 왕실 제2야전포병연대의 한 개 중대를 지휘하고 있었다. 그는 바이에른 공국의 뮌헨 출신 공무원 집안에서 태어난 여섯 아이 중 셋째였는데, 이 집안은 변변치 않은 가정 형편에서 열심히 노력해 입신출세한 집안이었다. 한 장의 사진은 뾰족한 투구와 코안경을 쓰고 아래 얼굴이 온통 수염으로 뒤덮인 기품 있는 장교로서 존경받는 인물의 모습을 보여 주는데, 이는 그가 "동거"하고 있다는 생각이 들지 않게 만들었다. 그가 이 동거 관계를 자신이 속한 세계의 도덕관념에 반하여 수년간 지속했던 것은 그 당시 장교들이 가지고 있던 자부심 탓이었다. 그의 반려자였던 테레제 바움개르틀은 하부 바이에른에 위치한 빌스호펜 근처의 방앗간 집 딸이었는데, 요들이 근무하던 연대에서는 그녀를 자신들의 신분에 걸맞지 않다고 보았다. 그녀의 평범한 출신 성분은 결점으로 간주되었고, 또한 이 빈궁한 젊은 여인은 장교의 아내에게 요구되는 지참금도 낼 수 없었다. 알프레트 요들은 이런 상황 때문에 그의 상관들로부터 필요한 결혼 허가를 받을 거라고는 기대할 수 없었다. 테레제와 결혼하기 위해서는 그가 군을 떠나야 했는데, 군에 대한 사랑과 아마도 대체할 다른 직업이 없었기 때문에, 그는 쉽게 결심을 할 수 없었다. 이 때문에 여러 해 동안 두 사람은 혼인 증명서 없이 살았다. 두 사람은 곤란한 형편에 처해 있었는데, 이런 형편은 어린 나이에 그의 세 딸이 죽으면서 더욱 가중되었다. 살아남은 두 아들의 미래를 보살피기 위해 ─ 1896년에 알프레트는 동생 페르디난트를 얻게 되었다 ─ 요들 시니어는 마침내 18년간의 복무를 끝내고 "동거 관계"와 아이들의 신분을 합법적으로 만들어야 되겠다는 생각을 하게 되었다. 1899년 3월 5일, 그는 중령으로 예편했다. 3주 뒤인 3월 25일에 그는 반려자와 혼인을 했고, 그녀와 아이들을 자신의 고향 뮌헨으로 데려갔다.

> 나의 증조부는 장교였고, 아버지도 장교였다. 삼촌도 장교였으며, 내 동생도 장교였으며, 나중에 내 장인이 된 분도 장교였다. 나는 군인이라는 직업에 천부적인 재능이 있다고 말할 수 있다.
> 뉘른베르크에서 요들이 한 진술

요들 시니어에게 군대를 떠나는 것이 쉬운 일은 아니었다. 어린아이였던 알프레트 요들은 아버지가 영국식 정원에 있던 중국 탑에서 군악대의 연주를 들을 때 눈물을 흘리는 것을 보고는 그가 이로 인해 얼마나 많은 고통을 받고 있었는지 깨달을 수 있었다. 아버지가 그 고통에도 불구하고 아내와 자식을 돌보기 위해 이런 결정을 했다는 것에 대해 장남인 요들은 일생 동안 매우 고마워했다. 합법적인 가정을 이루기 위해 내린 이 결정은 곧 이 작은 가족이 금전적으로 쪼들리게 된다는 것을 의미했다. 이때부터 이 가족은 요들 시니어가 군을 떠나면서부터 받았고 뮌헨의 "알리안츠" 사에서 부업으로 보험 외판원으로 일하면서 늘려 놓았던 장교 연금으로 생활하게 되었다. 빠듯한 가계 수입에도 불구하고 알프레트 요들은 자신의 유년시절과 부모님에 대해 좋은 기억을 간직하고 있었다. 그는 나중에 아버지에 대해 "진짜 군인"이었고, "강인하고 세련되었으며, 대담했던 분. 명백한 논리와 강한 정의감을 지닌 좋은 체조인이자 승마인이었고 또한 댄서였던 분. 단어가 가지는 가장 좋은 의미에서의 전형적인 민족 자유주의자. 존경스럽고 균형감을 갖추었으며 대독일적 사고방식을 가지고 민중과 가까운 분"이었다고 적었다. 어머니는 활달한 기질로 아버지의 침착한 성격을 최고로 잘 보완해 준 주부였다고 적었다. "그녀는 매우 완벽한 분으로 모든 일을 함께 했으며, 아무것도 그녀의 비판적인 눈길을 피할 수 없었다. 그녀의 일하는 속도는 엄청났다." 남편이 교제하는 사람들 사이에서 그녀는 한 번도 편안함을 느끼지 못했고, "평범한 여인"으로 머물러 있었다. "나와 내 동생은 엄격한 교육을 받았는데, 우리는 살아가면서 이 교육의 무한한 덕을 입었다. 민중에 뿌리를 두고, 타인을 도와줄 준비가 되어 있고, 노동을 즐거워하고, 청결하며 질서를 잘 지키는 것이 이 교육의 덕이다."

그의 부모는 일찍부터 장남을 아버지처럼 장교로 만들려고 결심했다. 그의 부모는 당시에 이미 군에 열광하고 있던 아들에게 굳이 군인을 직업으로 택하라고 몰아붙일 필요도 없었던 것으로 보인다. 1903년 가을, 13살의 나이로 알프레트는 바이에른 왕실 사관후보단에 들어갔는데, 그곳에서는 이미 그의 아버지와 삼촌이 교육을 받은 바 있었다. 1756년에 세워진 이 기관은 뮌헨 마르스플라츠의 빨갛고 노란 긴 벽돌 건물에 자리하고 있었는데, 군사학교와 육군대학이 이웃해 있었다. 이미 이런 주위 환경이 이 기관이 무슨 목적을 가지고 있는지 분명하게 보여 주었다. 그 목적은 미래의 직업군인을 양성하는 것이었다. 소년사관후보생도들은 제복을 입었고, 군인처럼 간주되었다. 무기를 들고 하는 교련 시간과 무기 없이 하는 교련 시간이 부지런한 이 학생이 좋아하는 독일어, 역사, 수학, 그리고 물리와 같은 과목과 함께 수업 시간표에 들어 있었다. 종이 울리면 학생들은 "근무"에 나섰는데, 이 근무는 빠듯한 휴식 시간을 제외하고는 오전과 오후 내내 이루어졌고, 이 시간에는 놀이 시간과 공간이 주어지지 않았다. 학교는 기숙사이기도 했다. 주말에만 품행이 양호한 학생에 한해 부모를 방문할 몇 시간의 외출 시간이 주어졌다. 바이에른의 레알 김나지움[과학과 어학을 중시하는 고등학교]과 비슷한 이 학교는 비군사 과목에서도 뛰어난 명성을 얻고 있었다. 유명한 교수들이 이 기관에서 수업을 가르쳤다. 그들의 정신적인 감화가 거친 병영 분위기를 완화시켜 주었는데, 그 외에는 거친 분위기가 그곳을 휘감고 있었다. 이 기관은 절대적인 규율과 복종을 요구했다. 그러나 이에 대한 보완책으로 이 기관은 또한 정신적 관심과 능력을 장려했다.

　일찍부터 엄격한 규율로 가르치는 이런 군대와 같은 분위기 속에서 어린 알프레트 요들은 처음부터 편안함을 느꼈던 것처럼 보인다. 거친 사관후보생의 일상적인 삶을 확실히 그는 별 어려움 없이 무사히 견뎌 냈는데, 이런 생활에서는 상급 학년 생도들이 그들에게 맡겨진 "피보호 생도들"을 훈련시키고 때로는 괴롭히곤 했다. 그는 엄격한 학교 규율을 별 불만 없이 견뎌 냈다. 그가 받았던 벌점표에는 전체 생도 기간 동안 단 두 번의 기록만이 있었는데, 한 번은 1905년 10월 1일에 "저녁을 먹고 난 뒤 복도 창문을 통해 뜰로 나가 담배를 피웠기 때문에" 벌점이 기록되어 있었다. 그가 바로 자백을 했기 때문에 벌이 경감되기도 했다. 그래서 15살의 이 죄인은 24시간을 학교에 남아 있는 구금형과 "음식 제한" 벌을 모면할 수 있었다. 전체적으로 그의 태도가 모범적이어서 그에게는 "도덕 1등급"이 주어졌다. 이로써 그는 나무랄 데 없는 생도들에게 주어지는 모종의 특권을 누릴 수 있었다. 그러나 그의 학업 성적이 초기에는 그렇게 모범적이지 않았다. 그는 체조, 펜싱, 그리고 교련에서 좋은 성적을 냈지만, 다른 과목들에서는 교사들이 그의 부지런함을 인정했음에도 불구하고 점수가 오락가락했다. 1906년에 그는 한 학년을 유급해야만 했다. 이것은 일종의 치욕으로, 뉘른베르크 구금 중에 적은 청소년기에 대한 회고에서 그는 이를 "전환점"이라고 불렀다. 새 학급에서 그는 얼마 안 되어 상위 그룹으로 들어갔고, 아비투어(고등학교 졸업 시험)를 우등생 중 한 명으로 합격했다. 그는 자신이 다닌 학교에 고마운 기억을 간직하고 있다. 그는 35년이 지난 뒤에 감방에서 "나는 1910년 20살의 나이로 그곳을 떠나게 되었을 때 사관후보단에 너무나 감사했다. 높은 이상으로 충만되어 있었고, 내적으로 진지하고 강고했으며, 모든 정신 활동을 기꺼이 즐겼으며, 육체적으로 강건했고, 충분히 교육받았으며, 충분히 단련된 육체를 소유한 나는 기쁜 마음과 자신감으로 큰 임무를 향해 앞으로 나아갔다. 그 큰 임무란 독일 청소년들의 일부를 군인으로 교육시키는 것이었다."

이 젊은 생도는 특색 있는 성격을 보여 주었다. 알프레트 요들은 아웃사이더가 아니면서도 성격적으로 매우 조심스러웠고, 조용했으며, 침착했다. 내성적인 본성은 분명 가족 내력이었고, 알프레트 요들이 후에 자신의 아내가 된 여인에게 표현한 것처럼, "우리 요들 가문에는 조용함과 평정심을 선사한 진한 바이에른의 피"가 흐르고 있었던 것이다. 그와 외모가 매우 비슷하고 나중에 국방군에서 (산악 부대) 장군으로 진급했던, 자신보다 6살 어린 동생 페르디난트도 이런 성격을 갖고 있었다. 가족들 사이에서 두 형제는 "대단히 과묵한 두 사람"이라고 불렸다. 나중에 그의 상관이었던 사람들은 알프레트 요들을 "조용하고, 객관적이며, 믿을 만한 일꾼"이라고 평가했고, 또한 예의범절이 좋은 자주적이고 자부심이 강한 성격의 소유자로 모임에서 영향력이 없는 것도 아니면서 눈에 띄게 나서지 않는 사람이라고 평가했다. 사관후보단에서 그를 가르친 선생들처럼, 그의 상관들도 한결같이 군인이라는 직업에 적절했던 그의 운동 능력을 높이 평가했다. 175센티미터로 중키의 이 젊은이는 날씬하고 튼튼했으며, 체조와 육상에서 뛰어났을 뿐만 아니라 승마에도 능해 말에 거의 미친 사람이었다. 그가 부모로부터 물려받고 훈련을 통해 얻은 정신적인 안정감과 육체적인 견고함은 평생 동안 그를 따라다녔다.

그러나 그의 가장 큰 열정은 산에 관한 것이었다. 산은 장차 장교 후보자가 될 요들을 둘러싸고 있는, 의무와 예의범절로 이루어진 진지한 세상을 대신해 주는 보완 수단이었다. 알프레트 요들은 뮌헨에서 성장했음에도 불구하고, 그의 진술에 따르면, 청소년기에 "대도시의 모든 유혹과 타락에 대해" 많이 알지 못했다고 한다. 그는 휴가 때마다 부모와 함께 라이헨할 근처의 농가에서 지냈는데, 그곳에서 그는 단순한 시골 생활을 접하고 좋아하게 되었다. 후에 산악 부대 장군이 된 친구 루돌프 콘라트와 함께 그는 주변 산으로 긴 산행을 떠났고, 열광적인 스키어와 등산가로 발전해 갔다. 곧 그는 동부 라임스톤 알프스의 거의 모든 정상을 정복했다. 그가 성장하고 근무했던 도시는 그에게 있어 평생 동안 마음에 들지 않는 근무 장소에 불과했다. 그는 뮌헨, 아우크스부르크 또는 베를린보다 바이에른이나 오스트리아의 알프스를 훨씬 더 좋아했다. 그는 특히 쾨닉스 호수와 키엠 호수 주변 지역에 매료되어 있었다. 그곳은 그에게 있어 안식처였는데, 고독한 뉘른베르크 감방 생활에서도 그는 이 지역에 탐닉하고 있었다.

그 다음 시기는 그의 인생에서 가장 행복한 시기였다. 그는 후에 회고록에서 "청소년기와 자유가 마치 아침 햇살에 빛나는 산정처럼 내 앞에 놓여 있었다"라고 적었다. 우선 그가 원하는 직업을 갖게 되었다. 1910년 가을에 그는 사관후보단에서의 뛰어난 아비투어 성적 덕분에 아우크스부르크에 주둔하고 있던 제4바이에른 야전 보병연대의 사관후보생 자리를 얻었다. 그의 부대장은 다름 아닌 삼촌 페르디난트 요들이었다. 삼촌 집에서 그는 몇 달 뒤에 개인적인 행운을 접하게 되는데, 그것은 다섯 살 연상의 이르마 폰 불리온을 만난 것이다. 퇴역 중령인 그녀의 아버지 아르투어 폰 불리온 백작은 사관후보단에서 학창 시절을 같이 보낸 요들의 아버지를 잘 알고 있었는데, 그는 옛 동료의 부탁에 이 젊은 사관후보생을 잘 돌봐 주겠다고 약속했다. 그는 이 임무를 자신의 25살 딸에게 맡겼다. 요들은 첫 만남부터 교양 있고 사교적으로 세련된 이 젊은 아가씨에게 반했는데, 그녀는 그에게 마치 "다른 세상에서 온 사람"처럼 보였다. 그는 그녀가 불행하게 죽은 지 몇 년 뒤에 "그녀는 대화를 했던 것이 아니다. 그녀는 사람을 탐색했던 것이다"라고 회상했다. "그녀는 내 산행, 내 목표와 꿈에 대해 물었다. 그러고는 무용 강습을 위해 그녀의 부모님 댁으로 올 것을 청했다. 곧 나는 춤을 추는 대신에 이 백작 따님의 작은 살롱에 앉아 많은 대화를 나누었다."

　장애물이 많았던 연애사였다. 우선 둘의 로맨스는 긴 이별을 이겨 내야 했다. 부모의 바람에 따라, 이르마는 강의를 하기 위해 런던으로 갔다. 그녀가 돌아온 뒤, 알프레트 요들이 용기를 내어 청혼을 했을 때, 양가 집안에서 극구 반대를 했다. 알프레트의 삼촌인 연대장 페르디난트 요들은 이르마의 아버지인 늙은 불리온 백작에게 간절한 편지를 써서 결혼을 허락하지 않도록 설득을 했다. 자신의 조카가 결혼으로 얽매이기에는 너무 어리다는 내용이었다. 불리온도 비슷한 생각을 갖고 있었다. 그는 절망하고 있는 청년을 일요일에 불러 객관적으로 설명을 했다. 모든 것이 결혼에 부정적인 상황이라고. 나이 차, 불확실한 그의 경력, 금전적 어려움 등을 예로 들었는데, 그는 많은 지참금을 그의 딸에게 줄 수가 없었다. 비록 불리온 집안에서 귀족이라는 자

"나는 군인이라는 직업에 천부적인 재능이 있다": 젊은 소위 요들, 1912년

만심을 부리지는 않았지만, 백작의 딸과 시민계급의 사관후보생 사이의 사회적인 계급 차이는 옛 프랑스 귀족 가문의 후예인 그에게 또 다른 논거를 주었을 것이다. 알프레트 요들은 희망을 거의 포기했음에도 불구하고, 자기 아버지에게 다시 한 번 도움을 청했다. 그리고 기적이 일어났다. 이틀 뒤에 그는 전보를 받았다. "점심에 너를 기다리겠다. 불리온 백작." 같은 날 두 사람은 약혼을 했고, 며칠 지나지 않은 1913년 9월 23일에 결혼식을 올렸다. 그사이에 알프레트 요들은 소위가 되었다. 그는

"전쟁에 열광하는 열기 속에서": 요들이 첫 부상을 당할 때까지 싸운 로트링엔 전선에 있던 독일군 포병의 대포

23살이었고, 신부는 28살이었다.

이 젊은 부부는 그들만의 시간을 많이 갖지 못했다. 채 1년도 지나지 않은 1914년 7월에 1차 세계대전이 터졌다. 사리 분별할 수 있는 천성을 가지고 있었음에도 불구하고, 알프레트 요들 또한 전쟁에 열광하던 초기 분위기에 휩쓸린 것처럼 보였다. 그가 속한 연대의 수송 열차가 아우크스부르크 역을 출발했을 때, 젊은 아내와의 이별에 대한 아픔보다 그리고 후에 그가 기술한 것처럼 "자기 생의 가장 아름답고 행복했던 시간 중의 한 순간이 끝난다는 것"에 대한 아픔보다 "전투적인 군인의 성품"이 그를 더욱 강하게 이끌고 있었다. 24살의 이 소위는 먼저 로트링엔 전선으로 갔는데, 그곳에서 그는 포병 관측 장교 겸 소대장으로 투입되었다. 그의 포병 중대가 1914년 8월 아제라이유 근처에서 포격을 받았을 때, 유탄 파편이 그의 오른쪽 허벅지를 관통했다. 이 때문에 그는 몇

달간을 야전병원에서 보냈으며, 나중에 파편을 제거할 수 없어 화농이 생겼기 때문에 거의 다리를 잃을 뻔했다. 1916년 말, 그는 포병 중대 중대장으로 진급했고, 동부전선으로 전출되었다. 러시아 군이 붕괴된 뒤인 1917년 11월에 그는 제8 바이에른 보병사단 포병사령관의 부관이 되어 플랑드르 지역으로 돌아왔고, 그곳에서 종전을 맞았다. 이 시기에 그는 신중하고 용감한 장교임이 입증되었는데, 상관들로부터 매우 좋은 평가를 받았고, 1급과 2급의 철십자 훈장을 받았다. 2차 세계대전에서 활약한 대다수의 지도급 군인들과 달리 그는 1차 세계대전 때 참모부 근무 경험이 없었다. 그는 끝까지 야전에 남아 있었고, 일반 병사들의 위험과 고통을 같이 나누었다.

많은 병사들에게서 볼 수 있듯이, 전쟁과 특히 패전의 경험은 요들에게 내적인 변화를 일으키게 만든 것처럼 보인다. 세계대전은 보수적인 부모 곁에서 자라고 사관후보단 생활을 한 그가 당연한 것으로 받아들였던 구속과 의무를 느슨하게 만들었고, 패전은 결국 많은 구속과 의무를 쓸모없는 것으로 만들었다. 모든 승리와 지난 시기의 노력들을 수포로 만든 실패의 원인을 찾는 과정에서 충성스러운 사관생도이자 직업군인이었던 그는 "혁명적인" 생각을 갖게 되었는데, 이 생각은 보수적인 장인 불리온을 깜짝 놀라게 만들었다. 28살의 요들은 패전의 원인으로 적이 강해서가 아니라 제국이 내적으로 분열된 것을 들었다. 제정과 황제가 "국가를 통해 국민을 통일로 이끄는 것"을 해내지 못했기 때문에, 개인적으로 그가 보기에, 제정과 황제는 더 이상 쓸모가 없었다. 제정과 황제는 연방으로 분

> 독일 장교는 혁명을 위해 교육받은 것이 아니다.
> 요들

> 매우 똑똑한 두뇌를 가진, 성실하고, 객관적이며, 냉철하고, 현실에 바탕을 둔 판단을 하는 정열적인 군인, 간단히 말해서 매우 높이 평가할 수 있는 인물.
> 20년대에 나온 요들에 대한 평가

상: "장차 쓸모가 있을 사람": 1926년 제국군에서 대위로 근무하고 있던 알프레트 요들(오른쪽에서 2번째), 그의 왼쪽 옆은 동생 페르디난트
하: "우리는 많은 대화를 나누었다": 알프레트 요들과 그의 아내 이르마, 오른쪽은 요들의 어머니 테레제와 그의 동생

열된 제국을 그리고 계층과 당에 따라 분열된 국민을 정말로 통일할 능력이 없었을 것이다. 이를 통해 제정과 황제는 패전을 야기했던 것이다. 이제는 그가 신뢰하고 있던 노동자들의 협력 없이는 장차 독일처럼 고도로 산업화된 나라를 더 이상 통치할 수 없다고 그는 확신했다. 그는 정당들 중에서 독일사회민주당이 유일하게 독일 노동자를 대변해서 민심을 얻을 수 있는 위치에 있다고 생각했다. 이런 이유 때문에 그는 제정의 몰락을 환영했고, 사회민주당의 프리드리히 에버트 정권에 희망을 걸었다. "나는 사회민주당이 구태의연한 황실을 제거한 뒤에 정말로 통일된 제국을, 아마 오스트리아를 포함한 통일 제국을 건설할 수도 있고, 상당한 평화를 이루어 낼 수도 있을 것이라고 믿었다. … 그래서 나는 에버트 정부가 통치하는 다음 기간 동안 사소한 고민보다 매우 큰 계획을 가지고 근무할 것이다."

  영토를 양도하고 직업군인 수를 10만 명으로 제한하는 것과 같은 가혹한 조건을 담고 있는 베르사유 평화조약은, 대부분의 독일 사람들처럼, 요들에게도 깊은 실망감을 주었다. 다른 많은 사람들뿐만 아니라 그에게도 "베르사유 조약"은 일종의 치욕이었고, 되돌아보면 히틀러가 부상하고 2차 세계대전이 발발하게 된 주원인이었다. 그럼에도 불구하고 강제적으로 평화조약을 받아들이게 된 것 때문에 요들이 공화국을 적으로 생각하지는 않았다. 거의 나이가 같았던 히틀러와 달리, 그는 종전과 함께 불확실한 미래로 내몰린 채 새로운 공화국에 반대하는 우파의 선동을 받아들일 준비가 되어 있던 수백만의 군인과 생각을 같이 하지는 않았다. 그가 받은 교육 그리고 전쟁 중에 보여 준 그의 능력에 근거해서, 알프레트 요들은 1919년 말에 바이마르 공화국 제국군에 편입되어 경력을 쌓을 수 있었다. 그는 대위가 되었고, 사단에서 가장 뛰어난 여덟 명의 장교 중 한 명으로서 "뮌헨에서 2년간의 지휘 보조자 과정"에 참가

> 국가사회주의당(나치)은 뮌헨 폭동 이전에는 거의 알려져 있지 않았고 주목을 받지 못했다. 이 폭동 이후에 비로소 제국군이 강제적으로 국내 정치 전개 과정에 관여하게 되었다. 몇몇 예외가 있었지만, 제국군은 당시 이 충성 테스트를 통과했다. 그러나 이 폭동 이후에 장교단 사이에 모종의 견해 차이가 발생했다. 히틀러가 가치가 있는지 아니면 가치가 없는지에 대한 다양한 견해가 있었다. 나는 예나 지금이나 매우 회의적이었고 삼가는 입장이었다. 히틀러가 당시에 라이프치히 재판에서 자신은 제국군을 완전히 해체시키는 것을 거부할 것이라는 약속을 했을 때, 나는 우선 위안이 되었다.
>
> 뉘른베르크에서 요들이 한 진술

했다. 이 과정은 베르사유 조약에 따라 독일에서 금지된 참모부의 인력을 기르기 위한 위장 교육과정이었다. 그는 이 과정을 훌륭하게 마쳤고, 그해 전체 사단에서 가장 뛰어난 열 명 중 한 명으로서, 베를린에서 3년 차 교육과정을 받게 되었다. 괜찮은 경력, 아니 뛰어난 경력을 쌓기 위한 초석이 마련되었다. 새로운 부대로 복귀해 근무한 그는 뮌헨에서 직접 새로운 "지휘 보조자"를 양성하게 되었다. 1932년에 중요한 경력 상승이 이루어졌다. 그사이 42살로 소령이 된 그는 베를린 공화국 국방부의 작전 부서 부서장 자리를 받았다. 그의 스승이자 후원자였던 빌헬름 아담 장군은 그를 "명료하고 냉철한 두뇌, 뜨거운 가슴, 강인한 의지. 장차 쓸모가 있을 사람"이라고 평가했다.

새로 알게 된 지인 루이제 폰 벤다에게 고백한 것처럼, 알프레트 요들은 자신이 좋아하는 산과 멀리 떨어진 대도시 베를린에서 개인적으로는 "매우 불행하다"고 느꼈다. 두 사람은 연례행사인 참모부 야유회에서 알게 되었는데, 루이제 폰 벤다는 알프레트 요들의 상관이었던 참모총장 루드비히 벡의 비서로 그를 수행하고 있었다. 포머른 출신의 귀족 가문의 딸인 이 27살의 여성은 친구 맞은편에 앉아 남몰래 이 운동선수 같은 소령에게, "밝은 눈에 검게 그을린 얼굴"의 "의젓하지만 동시에 경쾌한 움직임"을 보여 주는 이 "산의 아들"에게 푹 빠져 있었다. 루이제 폰 벤다는 나이 차이에도 불구하고 곧 베를린에서 알프레트 요들과 그의 부인 이르마의 가장 가까운 친구이자 지인이 되었다. 요들 부부에게는 아직 자식이 없었는데, 그사이 47살이 된 이르마는 베를린에서 젊은 친구를 갖게 된 것에 대해 기뻐했다. 루이제가 1934년에 중병을 앓았을 때, 요들 부부는 그녀를 휴양 차 키엠 호수로 초대했는데, 이들 부부는 그곳에서 여름휴가를 보내고 있었다. 이 시기에 요들 부부는, 특히 알프레트는 그녀와 매우 친밀한 관계를 맺게 되었는데, 이때부터 루이제 폰 벤다가 이 부부 사이에서 중요한 역할을 하게 되었다.

알프레트 요들은 바이마르 공화국 시기에 새로운 제국군의 수장 한스 폰 젝트 장군이 정치에 관해 내린 지침을 확실하게 지켰다. 폰 젝트 장군은 장교들과 사병들에게 정치적 행동을 철저하게 삼갈 것을 요구했고, 이를 통해 군이 의회의 통제를 받지 않아도 되게 했다. 제국군은 구체적인 개념의 바이마르 공화국보다 상위의 개념인 조국 독일에 의무감을 느끼는 초당파적인 제도의 구성 요소, 즉 "국가 안의 국가"가 되어야 했다. 사람들은 민주당 정권을 좋아하지 않았지만, 자신의 본분에는 충실했다. 알프레트 요들은 정치적인 행동을 억제하라는 요구에 흔쾌히 따랐다. 그것은 자신의 본성에도 맞았고, 그가 군인이라는 직업에 대해 갖고 있던, 군인은 오로지 군의 임무에만 집중한다는 생각과도 맞았다. 내심 옛 제국 시절을 아쉬워하던 많은 동료 장교들과 달리, 그는 "이성적인 공화주의자"로 남았던 것처럼 보였는데, 1차 세계대전의 패전이 그를 공화주의자가 되도록 만들었던 것이다. 비록 그가 분명히 사회민주당에 대해 많은 부분에서 실망감을 갖고 있었지만, 그는 옛 제국으로 다시 돌

> 나는 이 공화국에 성실하게, 내 맹세에 충실하게, 무조건적으로 봉사할 것이다. 내가 이를 행할 수 없었다면, 그만둘 수도 있었을 것이다.
> 뉘른베르크에서 요들이 한 진술

아가기를 바라지도 않았고, "총통" 히틀러의 지도 아래 강해지고 있던 국가사회주의당과 같은 공화국의 우파 정적에 대해 공감하지도 않았다.

요들은 1933년 1월 히틀러의 "권력 장악"에 대해 반대하는 입장이었다. 당시 그의 부하였고 후에 장군이 된 포어만의 진술에 따르면, 요들은 "히틀러와 그의 당을 철저히 부정하고" 있었다. 포어만은 히틀러가 제국수상에 임명되었을 때, 요들이 "당황하고 깜짝 놀라며" 휘하의 장교들을 회의에 소집했다고 진술했다. "사태의 향후 전개 과정에 대해서 심히 걱정을 하는" 내용의 훈시를 통해서, 요들은 휘하의 장교들에게 새로운 수상에 대해 충성을 다하도록 지시했다. "히틀러는 현행 헌법과 법률에 따라 제국수상으로 임명되었다. 그것에 대한 비판, 특히 제국 대통령인 힌덴부르크 원수의 태도에 대한 비판은 우리의 권한 밖이다. 우리는 복종해야만 하며, 군인으로서 우리의 의무를 다해야 한다. 그리고 지금까지 이루어진 새로운 수상의 새로운 조치들에 대한 비판도 미래에 대한 우리와 그의 입장처럼 차이가 있음을 인식하는 선에서 중지해야 한다." 물론 그는 본인 스스로 내린 지시를 엄격하게 지키지 않았다. 포츠담의 가르니존 교회에서 국가 행사가 치러진 뒤에 전쟁부 회관에서 루이제 폰 벤다가 히틀러와 힌덴부르크의 만남을 신이 나서 설명하고 있을 때, 요들은 사이드 테이블에 있던 그녀에게 약간은 조롱조로 다음과 같은 말을 건넸다. "이 협잡꾼에게 순진하게 속아 넘어가지 마세요!"

이렇게 유보적인 태도를 보였음에도 불구하고, 그는 새 공화국에서 자신의 경력을 중단 없이 계속 쌓아 나갔다. 히틀러 독재 체제의 구축, 비국가사회주의적인 모든 정당, 노조, 그리고 협회의 해체, 유대인 장교들

"이 협잡꾼": 처음에 요들은 히틀러에 대한 생각을 정하지 못했다. "포츠담의 날"[새로운 제국의 회 소집을 축하하는 행사를 개최한 날]인 1933년 3월 21일에 자리를 같이 한 새로운 제국수상 히틀러와 제국 대통령 힌덴부르크

의 제거, "룀 쿠데타"를 배경으로 해서 자행된 살인 행위들조차도 그는 아무 이의 없이 받아들였다. 왜냐하면 그 행위들이 합법을 가장해 이루어졌고 성공적으로 수행되었기 때문이다. 실업자 수의 감소, 자르란트의 독일 제국으로의 복속, "국방군"으로 개명된 제국군에 일반적인 병역 의무를 재도입한 것, 이 모든 것이 히틀러에 대해 요들이 갖고 있던 유보적인 생각을 없애도록 만들었다. 그는 폰 블롬베르크 전쟁장관이 "룀 쿠데타" 이후에 자발적으로 하도록 지시했던, 히틀러에 대한 충성 맹세를 아무 거부감 없이 행했다. 새 국방군이 비약적으로 성장하는 동안, 그 스스로도 출세가도를 달리고 있었다. 작전 부서 부서장으로 3년을 근무한 뒤

> 히틀러가 제국수상에 임명된 것에 대해 나는 무척 놀랐다. 이날 밤, 내 동료 한 명과 함께 흥분된 대중들 사이를 지나 집으로 향했을 때, 내가 그에게 말했다. 이것은 정권 교체 이상의 일이다, 이것은 하나의 혁명이다.
>
> 뉘른베르크에서 요들이 한 진술

인 1935년에 그사이 대령으로 진급한 요들은 국방군청에 새로 만들어진 보직인 국토방위국의 국장이 되었는데, 이 국방군청은 국방군 최고사령부(Oberkommando des Wehrmacht: OKW)의 전신이었다.

요들은 새로운 보직에 임명된 뒤에 격렬한 논쟁의 중심에 놓이게 되었는데, 그 논쟁은 국방군의 향후 지도부와 구조에 관한 것이었다. 국토방위국은 폰 블롬베르크 전쟁장관과 새로운 국방군청 청장인 빌헬름 카이텔의 직속이었다. 빌헬름 카이텔은 이때부터 전쟁이 끝날 때까지 그의 직속상관이 되었다. 공식적으로 국방군청은 "국방군 최고사령관"으로서 전군에 대한 지휘권을 가진 전쟁장관의 모든 행정 임무를 담당하는 기관이었다. 그러나 실제로는 육군, 해군, 공군, 이 삼군이 전쟁부의 간섭을 전혀 받지 않고 독자적으로 운영되고 있었다. 통합 지휘권은 단지 블롬베르크와 카이텔이 통일된 지휘를 위해 각 군의 독립성을 제한하도록 밀어붙였던 개인적인 권력 요구 때문만이 아니라, 전적으로 군의 필요에 의한 것이기도 했다. 국방군은 변혁기 와중에 있었고, 당시 각 군도 이 변혁기를 겪고 있었다. 1차 세계대전에서는 여전히 육상에서의 육군 작전이 모든 작전 지휘의 핵심이었다면, 이제는 군수 무기 기술의 진보에 따라 점점 더 각 군을 연합해서 지휘하는 것이 필요해졌다. 특히 1918년까지 육군의 이질적인

1933년 당시 참모부 소령이었던 요들은 내 부서장이었다. 그는 당시 육군 수장이었던 함머슈타인 장군의 노선을 완전히 따랐다. 그리고 히틀러와 그의 당을 철저히 부정했다.
니콜라우스 폰 포어만 장군

제국전쟁장관 블롬베르크(중앙)와 국방군청 청장 빌헬름 카이텔은 30년대에 요들의 중요한 후원자들이었다. 이 사진은 1937년 작전 당시에 히틀러와 같이 있는 두 사람을 보여 준다

장식물에 불과했던 공군이 결정적인 구성 요소가 되었다.

그러나 블롬베르크와 카이텔이 요구했던 것과 같은 육, 해, 공군을 아우르는 최고 지휘권을 가진 조직을 만드는 것은 국방군 내부에서 격렬한 저항에 부딪혔다. 루드비히 벡 육군 참모총장과 육군 참모부는 완강하게 육군이 다른 군에 비해 우위에 있었던 전통을 지키려 했다. 벡과 그의 부하들이 모든 군이 참여하는 합동 작전에 반대하는 것은 결코 아니었으나, 그들은 이 합동 작전에서 해군과 공군을 마치 "지원군"처럼 육군의 지휘 아래 두려고 했다. 상위 기구인 "국방군 참모부"도 그들에게는 쓸데없는 무용지물처럼 보였다. 새로 창설된 공군도 자주권을 다시 육군이나 블롬베르크 또는 카이텔에게 잃고 싶어 하지 않았다. 공군의 수장이었던, 히틀러의 "2인자" 헤르만 괴링은 "마이어 상사" 밑에 있든 또는 "빌헬름 카이텔 장군" 밑에 있든 그에겐 상관없는 일이라고 신랄하게 비꼬았다. 그는 히틀러의 지시만을 받겠다는 것이었다. 여기에서 나타난 국방군 최고 기구에 관한 문제는 전쟁 기간 내내 계속되었으며, 국방군 최고사령부(OKW)와 육군 최고사령부(Oberkommando des Heeres: OKH) 사이에 심각한 불화를 야기했다.

  새로운 국방군청의 국토방위국 국장이라는 새로운 직위에 임명된 요들은 필연적으로 이 논란의 최선두에 서게 되었다. 국토방위국은 정치적인 지휘에 의거해 작전 계획을 수립하고, 기동 훈련 계획을 짜며, "국방군 지도부의 문제점을 연구하고 해결하기" 위해 만들어졌다. 블롬베르크와 카이텔의 바람에 따라 이 부서는 새로운 "국방군 참모부"의 핵심이 되어야 했다. 그 당시 육군 참모총장이었던 루드비히 벡의 비서였던 루이제 폰 벤다가 나중에 회상했던 것처럼, 다른 누구도 아닌 벡 참모총장이 요들을 이 자리에 추천했다. 벡은 새로운 보직을 맡은 요들이 새로운 국방군에서 육군의 전통적인 우위를 확고하게 하는 데 도움을 줄 것이라고 기대했다. 그러나 기대와는 다르게 상황이 전개되었다. 취임하자마자 요들은 육·해·공군 삼군을 중앙에서 조정하는 생각에 몰두했고, 통일된 지휘 구조를 세우는 싸움에서 블롬베르크와 카이텔의 확실한 아군이 되었다. 시간이 흐른 뒤에 요들과 벡 사이는 매우 소원해졌다. 이 육군 참모총장이 전쟁부 복도에서 예전에 후견하던 부하와 마주쳤을 때, 그는 요들을 무시했고 인사도 받지 않았다. 벡은 자신의 부하들에게 이 변절자와 그리고 국방군청의 다른 모든 장교들과 접촉하는 것을 금했다. 요들은 1939년에 쓴 한 편지에서 육군 참모부를 탁 터놓고 "적군"이라고 말했다. 이런

> 전 국방군에 대한 지휘권을 이제부터는 내가 직접 행사할 것이다.
> 히틀러의 명령, 1938년 2월 4일

> 육군 최고사령부에 더 뛰어난 인물들이 있다는 것이 매우 비탄스럽습니다. 만약 프리취, 벡, 그리고 당신이 국방군 최고사령부에 있었다면, 그들은 다르게 생각했을 것입니다.
> 요들이 에리히 폰 만슈타인과 나눈 대화중에서, 1938년 3월

불화가 상급 장교단 사이에서 벌어져 다시 봉합되지 못했다. 육군 참모부의 "전통주의자들"이 국방군청의 "국가사회주의 혁신주의자들"과 대립했다.

이 시기에 요들은 깜짝 제안을 받았다. 1936년과 1938년, 두 번에 걸쳐 그에게 새로 생긴 공군의 참모총장 자리에 대한 제안이 있었다. 출세의 유혹이 있었지만, 결국 그는 그 제안을 고사했다. 그는 육군에 연대감을 느끼고 있었고, 자신의 경력을 육군에서 계속하거나 상위 기구인 국방군 참모부에서 계속하기를 원했다. 히틀러가 1938년 초에 이른바 블롬베르크-프리취 위기 시에 두 명의 수장을 모두 해고했을 때, 그 가능성이 보이는 것 같았다. 블롬베르크 전쟁장관과 육군 최고사령관 베르너 폰 프리취는 1937년 말 히틀러의 전쟁 계획에 반대 의사를 표명했고, 이때부터 속이 훤히 보이는 비판을 당하며 자리에서 물러날 것을 강요받았다. 무력화된 국방군 지도부로부터 아무 저항도 받지 않은 채, 1938년 2월 4일 이 독재자는 스스로 국방군 최고사령관으로 취임했고, 폰 프리취 대신 온순하고 창백한 얼굴의 발터 폰 브라우히치를 그 자리에 앉혔다. 전쟁장관 자리는 더 이상 존속하지 못했다. "국방군 최고사령부"로 개칭한 국방군청이 전쟁부의 행정 임무를 넘겨받았는데, 히틀러는 그 "수장"으로 지금까지 국방군청을 이끌고 온 빌헬름 카이텔을 임명했다. 이로써 빌헬름 카이텔은 장관 서열로 격상되었다. 히틀러는 국방군 최고사령부를 자신의 직속 기구로 만들었다. 이것은 "권력 장악"을 궁극적으로 끝맺는 행위였다. 이제 비로소 이 독재자가 전권을 행사하게 되었고, 필요한 범죄 방조자를 얻게 되었다.

이런 조직 재편 과정에서 히틀러는 새 국방군 최고사령부에게 기존의 행정 임무 외에 자신의 "개인적 군사 참모"로서의 역할을 부여했는데, 히틀러는 이 임무를 새로운 최고사령관으로서 요구했던 것이다. 요들이 지금까지 근무했던 "국토방위"국은 이 재편 과정에서 새로운 "국방군 최고사령부의 국방군 작전청"(1940년부터 "국방군 작전본부")이 되었는데, 이런 상황이 그에게 이 부서가 오래전부터 요구되던 상위 기구 "국방군 참모부"의 핵심이 될 수도 있다는 희망을 일깨워 주었다. 그러나 히틀러가 자신의 "개인적인 군사 참모" 역할을 고급 부관 기능으로 이해하고 있다는 사실이 곧 드러났다. 미국의 "합동참모본부"와 같은 실제로 통일된 최상급 군사 기관은 그 후에도 없었다. 그러나 그 원인은 요들이 믿었던 것처럼 각 군의 계속된 저항 때문만은 아니었다. 그에 대한 책임의 소재는 바로 히틀러 자신이었다. 이 독재자는 국가나 행정부의 모든 분야에서처럼, 군에서도 확고한 권력 구조를 구축하는 것을 피했다. 부하들 간의 경쟁 관계는 당연히 그 경쟁 관계에서 우위를 다투는 싸움을 조장했다. "총통"만이 마지막 판단을 내렸다. 그는 자신의 모든 측근들과 독재정치를 운영하는 모든 조직에 대한 심판관이었고, 구속력을 갖춘 유일한 기관이었다. 이로써 군 차원에서는 "전문 지식"을 통한 조언이 배제되었고, 따라서 전선에서 막대한 손실을 가져오게 되었다.

1938년은 알프레트 요들의 정치적 생각이 확실하게 정리된 해였다. 늦게서야 그는 히틀러를 무조건 따르는 수하가 되었다. 1933년부터 시작되었던 내적 변화가 1938년 주데텐 위기[체코 주데텐 지역의 독일인 자치 문제로 불거진 분쟁]가 벌어졌을 때보다 더 확실하게 나타난 적이 없었고, 또한 정치적인 책임을 생각하는 벡과 같은 군인과 신중하고 철두철미한 전문가인 그를 구분시켜 주는 간극이 그때보다 더 명확했던 적도 없었다. 오스트리아

> 총통께서는 오스트리아 합병 이후에 체코 문제를 해결하는 것은 급하지 않다고 언급하셨다. 우선은 오스트리아를 제대로 정리해야 했다. 그럼에도 불구하고 "녹색 작전"에 대한 준비는 정력적으로 계속 진행되어야 했다. 이 준비 작업은 오스트리아를 병합함으로써 발생한 전략적인 상황의 변경에 따라 새로 손을 보아야 했다.
> 요들, 일기, 1938년 봄

를 병합한 지 얼마 되지 않은 1938년 3월 20일에 히틀러는 카이텔에게 체코슬로바키아를 공격하기 위한 "참모부 차원의 사전 준비"를 하라고 지시했다. 이 문제는 언젠가는 해결되어야만 했다. 그것은 비단 억압받고 있는 주데텐 지역 독일인 때문만이 아니라 향후 전개될 동부전선에서의 대결 때문에라도 더욱 그래야 한다는 것이 이유였다. 히틀러는 특별히 좋은 형국이 되는 것이 아니라면 바로 전쟁을 전개할 생각은 없다고 강조했다. 카이텔의 지시에 따

> … 총통께서 "녹색 작전" 지령에 서명하셨다. 이 지령은 머지않아 체코를 쳐부수겠다는 자신의 결심을 최종적으로 확고히 했고, 이로써 모든 전선에서 군사적 준비를 하도록 만들었다. … 다시 한 번 총통의 인식에서 나온, 완전히 모순된 상황이 발생했다. 우리는 이를 올해 안에 해내야 하는데, 군의 판단으로는 이를 해낼 수가 없다. 분명 서방 연합군이 공격을 할 것이고, 우리는 아직 그들의 상대가 되지 않기 때문이다.
> 요들, 1938년 5월 30일자 일기

라 요들은 5월 25일까지 첫 번째 공격 계획을 짰다. 참모총장 벡은 이 소식을 듣고 깜짝 놀랐다. 그의 눈에는, 체코슬로바키아가 프랑스와 영국의 지원을 받는다면, 급히 조직한 국방군이 체코로 진격하기에는 너무도 약해 보였다. 요들도 국방군의 약점을 알고 있었고, 그가 세운 계획에는 프랑스와 러시아를 가능한 적국으로 꼽아 놓았다. 그러나 그는 결국 히틀러의 정치적 판단에 맹목적이고 무조건적으로 복종했고, 다음 몇 달 동안 점점 더 도를 더했던 벡의 이의 제기를 불쾌하게 생각하며 받아들이지 않았다. 그는 9월 13일자 자신의 일기에 "총통께서 전 국민의 지지를 받고 있지만, 육군의 지도급 장군들만이 지지하지 않고 있다. 내 생각에, 그들의 부족한 정신력과 부족한 복종심으로 인한 죄과는 행동을 통해서 만회할 수밖에 없다고 생각한다. … 그들은 총통의 천재성을 인정하고 있지 않기 때문에 더 이상 믿을 수가 없고 복종할 수가 없다. 그들 중 일부는 분명 총통에게서 1차 세계대전 때의 상병의 모습만 보고 있지, 비스마르크 이후의 가장 위대한 정치가의 면모는 보지 못한다."

이 시점에 주데텐 위기는 무력을 동원해 갈등을 불러일으키기 직전의

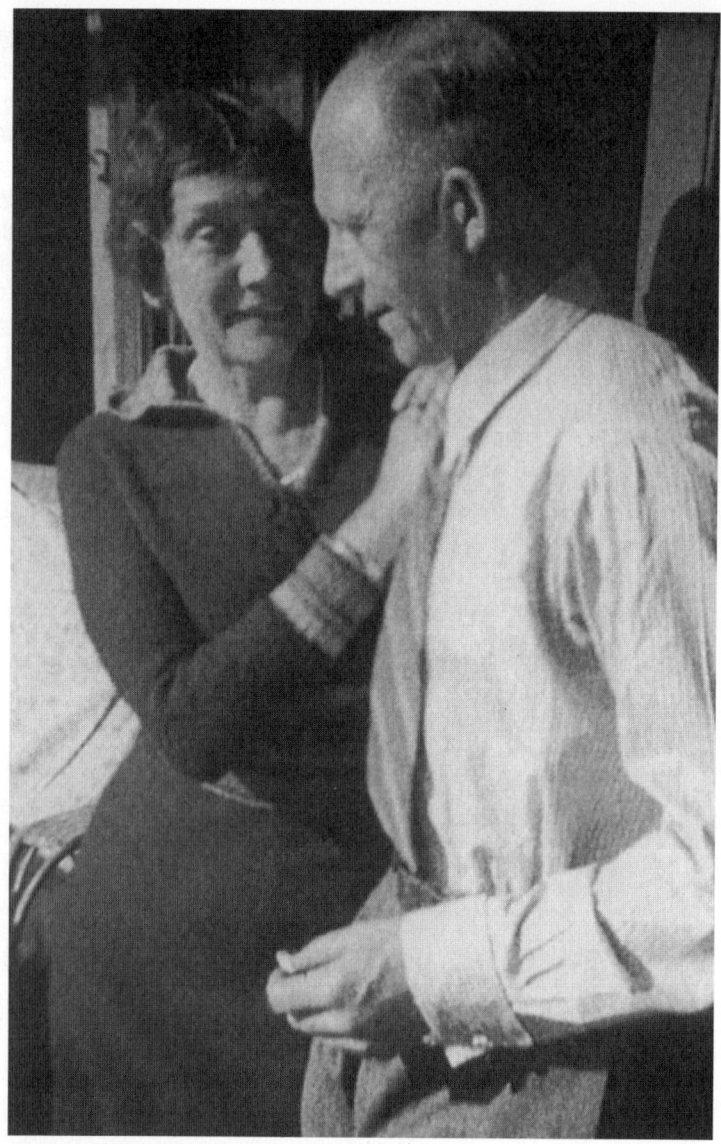

"밝은 눈에 검게 그을린 얼굴" : 베를린으로 전임한 해에 요들과 그의 아내 이르마의 모습, 1932년

"산에 대한 열정": 자연 속에서 요들은 가장 편안함을 느꼈다. 대도시는 평생 동안 그에게 낯선 공간으로 머물러 있었다

> 벡은 히틀러의 도덕적 우월성에 대해 상대적으로 빨리 의심을 품게 되었다. 그러나 곧바로 의심을 품은 것은 아니었다. 육군대학에서 행한 연설에서 그는 히틀러의 전쟁 계획을 일찌감치 알아차렸지만, 요들은 이를 알지 못했다.
>
> 루이제 요들, 아내

상황이었다. 좋은 형국이 되기를 끈기 있게 기다리려는 생각이 전혀 없었던 히틀러는 주데텐 지역 독일인들을 자극해서 체코 정부에 계속 도가 넘치는 요구를 하도록 만들었고, 국경 지역에서 기동 훈련을 하겠다고 위협하면서 그들에게 자결권을 주도록 공식적으로 요구했다. 히틀러의 무모한 도박을 막기 위해 벡은 육군 지도부가 총사퇴할 것을 요구했다. 그는 육군 최고사령관 폰 브라우히치 장군에게 보내는 편지에서 "이 마지막 결정들로 인해 민족의 존립이 경각에 달리게 되었습니다. 만약 이 지휘관들이 전문적이고 국가 정책적인 지식과 양심에 따라 행동하지 않는다면, 역사는 이들에게 살인죄를 지울 것입니다. 그들의 군인으로서의 복종에는 한계선이 있습니다. 그들의 지식, 그들의 양심 그리고 그들의 책임감이 명령을 실행하는 것을 금하는 그곳이 한계선입니다"라고 적었다. 이를 관철시킬 수 없게 되자, 벡은 8월 18일에 시위하듯 사임을 했다. 결국 히틀러가 한 번 더 승리를 거두었다. 영국과 프랑스는 체코슬로바키아를 위해 전쟁이란 위험을 무릅쓸 준비가 되어 있지 않았다. 9월 29일 뮌헨 협정을 통해 체코슬로바키아는 독일계 사람들이 많이 사는 주데텐 지역을 독일에 넘겨주어야만 했다. 의기양양해진 요들은 같은 날 일기에 다음과 같이 기록했다. "총통의 천재성과 세계대전도 불사하겠다는 단호함이 다시 무력을 사용하지 않고도 승리를 획득하게 만들었다. 불신하는 사람들, 주저하고 연약한 사람들이 생각을 바꾸길 기대한다."

이런 생각의 변화가 어떻게 일어났을까 하는 의문이 든다. 그가 다른 많은 사람들처럼 이 선전·선동가가 지닌 무언가를 도발시키는 힘에 굴복했듯이, 히틀러가 안팎에서 거둔 수많은 승리가 요들에게 무척 강한 인상을 주었음은 분명하다. 게다가 그는 직업군인으로서 엄청난 군의 비약, 바이마르 공화국 시기에 10만 명이었던 군이 몇 년 만에 히틀러에 의해 수백만 명으로 늘어난 것에 대해 감격했다. 그러나 그럼에도 불구하고 다른 많은 1차 세계대전 참전 용사들과 달리 바이마르 공화국을 진심으로 받아들였고, 적어도 일시적으로 사회민주당에 공감을 했고, 히틀러의 "권력 장악"에 반대했던 그가 어떻게 독재적인 총통 국가의 신봉자가 되고 히틀러의 열광적인 신하가 될 수 있었을까? 아마도 표면상의 대립을 너무 크게 강조해서는 안 될 것이다. 그가 보인 바이마르 공화국과 사회민주당에 대한 공감은 민주적인 정당 국가에 대한 고백이 아니었다. 그는 사회민주당이 사회적 대립을 극복해 주고 강력하고 통일된 국가 지도를 위해 연방 질서를 타파해 주기를 원했던 이성적인 공화주의자였을 뿐이었다. 어떻게 보면 히틀러는 아주 다른 방식으로 이런 희망을 충족시켜 주었다. 그는 각 주를 통합함으로써 연방주의를 폐기했고, 고용주와 노동자를 강제로 연합하게 만들었는데, 요들의 눈에는 이로써 강력하고 통일된 제국이 만들어진 것처럼 보였다. 필요한 경우 이를 위해 잔인한 무력이 행사된 것, 새로운 정권이 많은 정적들을 살해하거나 강제수용소로 보낸 것, 유대인 시민들을 사회에서 배척한 것 등이 요들에게는 상관없는 일처럼 보였다. 그는 이런 일들을 아마 모든 혁명에 불가피한 부수적인 사정이고, 이에 대해서 겉으로 합법성이 보장되는 일개 장교인 그는 판단을 내릴 권한이 없다고 보았던 것 같다.

요들 본인의 진술에 따르면, 그 뒤 몇 해 동안은 그의 인생에서 가장 아름다웠던 시기였다. 베를린 전쟁부와 국방군 최고사령부에서 6년 동안 근무한 뒤인 1938년 10월에 그는 오스트리아 빈 사령관이 되었다. 그가 가끔 더 이상 역사를 만드는 일에 참여하지 못하는 것을 유감스러워 했

"비스마르크 이후의 가장 위대한 정치가": 1938년 10월 히틀러가 주데텐 지역에 무혈입성하면서 요들의 정치적 생각에 명백한 변화가 일어났다

지만, 한편으로 그는 신경 소모가 심한 베를린의 근무지에서 벗어난 것에 대해 기뻐했다. 독일군이 프라하에 진군한 지 1달 뒤인 1939년 4월 20일에 그는 준장으로 진급했다. 카이텔이 축하 인사를 하면서, 그를 잊지 않을 것이며, 1939년 10월 1일부터 국방군 작전본부의 본부장으로 게오르크 폰 조덴슈테른 준장이 내정되어 있다는 소식을 전했다. 요들은 전혀 놀라지 않았고, 게다가 그에게는 매력적인 다른 제안이 들어왔다. 모든 일이 매끄럽게 진행된다면, 그는 다음해 가을에 4산악사단 사단장이 될 예정이었다. 그는 기쁨에 가득 차서 "그 사단은 모든 산악사단 중에서 가장 뛰어난 사단이다. 사단 관할 범위는 잘츠부르크에서 시작해서 호흐알펜캄(그로스글로크너 산)을 거쳐 이탈리아 국경의 린츠와

슈피탈에 이른다. 그곳에는 오버잘츠베르크가 있고, 낭만적인 청소년기의 매우 소중한 기억들이 있으며, 사관생도로서 휴가를 모두 그곳에서 보냈고, 첫 산행을 경험하고 처음으로 여성에게 빠져들었던 소중한 기억들이 있다. 간단히 말하면, 그곳에는 내 청소년기의 전부가 있다. 나는 이 사단에 근무하는 것 외에 더 바라는 것이 없다"고 적었다. 그는 베를린으로 돌아가는 것을 원하지 않았다.

> 위에서는, 즉 사건과 결단의 중심에 있는 사람은 모든 것을 듣고 알게 된다. 그러나 그 사람은 이름 없는 존재이며, 그의 활동과 의미에 대해서 몇 사람만이 알고 있다. 사단의 정점에 있는 사람은 아무것도 모른다. 그러나 전체 사단은 그 사람에 대해 안다. 사단에서는 모든 것이 일어난다. 행운과 불행, 성공과 실패가.
> 요들, 1939년

그가 1939년 8월 23일에 베를린으로 발령을 받고 카이텔로부터 국방군 작전본부 본부장으로 복무하라는 지시를 받았을 때, 이는 알프레트 요들과 그의 아내 이르마에게는 괴로운 일이었다. 1주일 뒤에 독일이 폴란드를 공격함으로써 2차 세계대전이 시작되었다. 만약 전쟁이 한 달 뒤에 발발했다면, 조덴슈테른 장군이 요들의 자리를 차지하고, 요들은 아마도 4산악사단 사단장으로서 아주 다른 전쟁을 치르게 되었을 것이다. 베를린으로 다시 불러들인 것이 요들에게는 뜻밖의 일처럼 보였으며, 그는 수도에서 멀리 떨어져 있어 상황의 심각성에 대해 알지 못했다. 요들 부부의 믿음직한 친구였고 당시 벡의 후임인 할더의 비서로 일하고 있던 루이제 폰 벤다는 그들이 베를린에 도착한 직후에 그들을 만났다. 그녀는 나중에 그때 상황을 다음과 같이 회상했다. 요들은 매우 심각했고, 이번에는 위기 상황이 평화롭게 끝나지 않을 것이라고 생각하고 있었다. 이르마 요들은 거의 자포자기 상태에 있었고, 눈에는 눈물이 흐르고 있었다. "그녀는 '이렇게 될 거

> 나는 그해 여름, 1939년 9월 23일에 동지중해로 여행을 떠나기 위해 배표를 이미 구해 놓았었다.
> 뉘른베르크에서 요들이 한 진술

> 내가 보기에 이번에는 심상치 않은 것처럼 보여서 걱정이오.
> 요들, 1939년 8월 23일에 루이제 폰 벤다에게 한 말

> 어느 날 밤… 알프레트 요들 장군이 내 방으로 들어왔다. 내 기억에 의하면, 그는 휴가 때문에 왔고, 통행 허가를 받기 위해 베를린의 전쟁부와 전화 통화를 하고자 했던 것으로 기억한다. 그가 전화 연결을 기다리는 동안, 나와 위태로운 군사-정치적 상황에 대해 대화를 나누었다. 이 대화에서 그는 정치 지도부에 대해 비판적이고 거의 부정적인 생각을 드러냈다. 그러나 그가 주로 하소연한 것은 국방군 최고사령부의, 그토록 책임이 막중한 자리에 취임해야 한다는 것이었다. 그는 한 부대의 지휘권을 넘겨받길 더 바라고 있었다. 당시 나는 그로부터 철두철미한 군인이라는 느낌을 받았는데, 그는 자신이 취임할 국방군 최고사령부의 자리가 그에게 요구하는 정치적 책임 때문에 불안해하고 있었다.
>
> 루돌프 폰 게르스도르프 남작, 『몰락하고 있는 군인』

라고 예상했다면, 작년 가을에 빈으로 옮기지 않았을 것'이라고 말했다. 그녀는 핸드백에서 지중해 여행 티켓을 꺼냈다. '9월에 우리의 첫 해외여행을 할 예정이었어. 그런데 이제 어쩌지, 혼자 빈에서 무엇을 하지? 그녀는 매우 창백해 보였고, 놀란 듯 눈을 크게 뜨고는 계속 남편을 쳐다보고 있었다."

1939년 9월 1일, 독일의 폴란드 침공과 더불어 요들은 히틀러의 최측근이 되었다. 지금까지 그는 히틀러를 개인적으로 만난 적도, 그의 강연에 참석한 적도 한 번 없었고, 단지 큰 모임에서 하는 그의 연설만을 들었을 뿐이었다. 히틀러도 그를 알지 못했다. 1939년 9월 3일이 되어서야 비로소 그는 폴란드 국경으로 가는 "총통" 기차 안에서 카이텔에 의해 히틀러에게 소개되었다. 이날부터 완전히 망가진 독재자를 베를린의 폐허 속에 남겨 두고 떠난 1945년 4월 23일까지 요들은 히틀러의 최측근으로 남아 있었다. 환대는 없었다. "총통"이 그를 굳은 악수로 맞았지만, 따뜻한 격려의 말은 없었다. 그는 요들을 육군 출신의 모든 참모부 장교들처럼 처음에는 불신감을 가지고 보았다. 그의 상관인 카이텔이 스스로 행정 임무에 집중하는 동안 처음부터 요들에게 전황 회의에 참석하도록 했지만, 아무튼 이 새로운 사람은 보고할 것이 많지 않았다. 기차로 이동하는 사령부에서 매일 진행된 전황 회의에서 대부분은 육군 최고사령관 폰 브라우히치가 폴란드에서의 진전 사항을 보고했다. 요들이 한 보고라고는 활발하지 않은 서부전선의 상황뿐이었다. 몇 주가 지나서 그가 처음으로 전황에 대한 전반적인 구두 평가를 하려고 했을 때, 히틀러는 그의 말을 가차 없이 잘라 버리고는 자신의 희망 사항을 받아쓰게 했다. 그의 개인 참모인 그들은 그에게 조언을 해서는 안 되고 그의 지시를 실행에 옮겨야만 했다. 요들이 "전격전" 이후에 작성한 폴란드 출정에 대한 보고서는 한 번도 "총통"의 관심을 얻지 못했다. 히틀러는 그를 너무 멀쩡하다고 여겼고, "선전선동의 관점"에 맞추어 그를 변화시켰는데, 그러면서 "참모부 장교들은 그러한 임무를 하는 데 필요한 것이 아니"라고 말했다.

그럼에도 불구하고 요들과 카이텔은 히틀러가 베를린으로 돌아온 뒤에도 이 독재자의 지근거리에 머물러 있었다. 국방군 사령부의 요들 부하들은 다시 벤들러블록에 위치한 옛 건물로 사무실을 옮겼지만, 히틀러는 매일 계속되는 전황 회의 때 요들과 카이텔을 곁에 두기 위해서 그들에게 옛 제국수상 청사에 있는 집무실을 배정해 주었다. 카이텔과 함께 요들은 이때부터 정기적으로 오찬에 참석했는데, 이 오찬 자리에는 "제3제국"의 수많은 거물들이 모습을 나타내곤 했다. 이렇게 요들과 나중에 부본부

> 나는 지휘부 기차에서 카이텔 원수를 통해 총통께 소개가 되었는데, 1939년 9월 3일 그 기차를 타고 우리들은 폴란드에 있는 동부전선으로 갔다. 아무튼 나는 그날 그와 첫 대화를 나누었다.
> 뉘른베르크에서 요들이 한 진술

> 나는 이 자리에 더 적합한 사람을 찾을 수 없을 것이라고 생각했다.
> 뉘른베르크에서 카이텔이 한 진술

"아직 2선에서": 폴란드 출정 기간 동안 "총통" 기차에서 히틀러와 카이텔과 함께 있는 요들

장이 된 발터 바르리몽이 이끌고 있던 그의 참모들이 공간적으로 떨어지게 되는 상황은 향후 다른 야전 사령부를 운영하는 동안에도 계속되었는데, 영향이 없을 수 없었다. 그 영향 중 하나는 상관인 요들과 달리 정보와 결정 들에 대해 직접적이고 빠르게 접근하는 것이 차단되었던 요들의 참모부 장교들이 그로 인해 실망하게 되었다는 점이다. 다른 하나는 그렇지 않아도 요들에게 있던 성향이 촉진된 것이었는데, 그는 히틀러의 지시를 즉각 적절한 형태로 바꾼 다음에 그의 참모들에게 전달했다. 후에 바르리몽은 요들이 ― 히틀러가 그를 다루듯이 ― 자신의 참모들을 대했다고 불만을 털어놓았다. "요들은 육군 참모부의 모든 전통과는 다르게, 히틀러처럼 참모부 장교들을 지시를 세부적으로 다듬는 기관으로 생각했지, 독자적인 생각과 의견을 개진하고 조언을 하는 협력자로 보지 않았다." 확실히 중요한 임무를 위임하는 걸 달가워하지 않았던 요들은 향후 자신의 역할을 제한시켰다. 때문에 그는 엄청난 업무량에 시달렸고, 작전의 세부 사항을 뛰어넘어 큰 틀을 보는 데 필요했던 여유가 늘 없었다. 이로써 그는 국방군 작전본부가 상위 기관인 국방군 참모부로 발전하는 것을 자발적으로 막은 꼴이 되었는데, 물론 히틀러에게도 이 참모부는 중요한 것이 아니었다.

> 나는 그(히틀러)의 사적인 그룹에 속하지 않았다. 그는 나에 관해 내가 요들이란 이름을 가지고 있고 아마도 이름 때문에 바이에른 출신이라는 것 외에는 아무것도 알지 못했다.
> 뉘른베르크에서 요들이 한 진술

이런 상황에도 불구하고 국방군 최고사령부는 첫 번째 테스트를 받게 되었다. 1939년 말에 스칸디나비아 반도가 히틀러의 목표가 되었다. 1939년 12월 12일, 해군 최고사령관 에리히 래더 제독은 군 최고 통수권자인 히틀러에게 영국이 노르웨이를 점령할 수 있다고 경고했다.

> 요들과 같은 서열에 있는 부서장들이 카이텔의 휘하에 들어오게 되었다. 그러나 그들과 그들의 부서는 군사 임무를 계획하고 실행하는 데 있어 요들과 그의 참모들보다 중요한 역할을 한 것도 아니고 영향력도 덜했다.
> 프란츠 할더 장군의 증언, 1945년

래더는 영국이 전쟁에 중요한 스웨덴 철광석의 독일로의 유입을 차단할 수 있다고 말했는데, 이 철광석은 노르웨이 나르빅 항구를 거쳐 바다를 통해 독일로 수송되었다. 소련이 1939년 11월 30일에 히틀러-스탈린 불가침 협정을 이용해 핀란드를 공격하고, 영국에서 침략을 당한 핀란드를 군사적으로 도와야 한다는 목소리가 커진 이후로, 래더가 보기에 영국군이 노르웨이에 진주할 위험성은 특히 높아 보였다. 영국은 중립국인 노르웨이를 통해서만 핀란드에 도달할 수 있었기 때문에, 래더는 영국이 노르웨이를 점령하고, 이와 동시에 독일로의 스웨덴 철광석 수출을 저지하기 위해 러시아와 핀란드 사이에 벌어지는 전쟁을 이용하는 것이 당연하다고 생각했다. 이때까지 중립국인 노르웨이를 최선의 해결책으로 보고 있었던 히틀러는 깊은 인상을 받았다. 그는 즉각 회의에 참석한 카이텔과 요들에게 국방군 최고사령부에서 영국보다 선수를 치고 만일의 경우에는 노르웨이를 점령할 수 있는 계획 초안을 만들어 보라고 지시했다. 폴란드에 대한 공격이 육군 최고사령부를 통해 기획되고 실행되었던 반면, 경우에 따라 일어날 수 있는 북유럽 출정은 히틀러의 뜻에 따라 그가 직접 지휘를 하고 국방군 최고사령부가 이를 수행하는 역할을 해야 했다. 이번에 그는 직접 최고 지휘관의 역할을 하면서 바라던 승리의 월계관을 쓰길 원했다.

이 계획의 책임자들은 노르웨이와 덴마크를 성공적으로 점령하기 위해서는 육·해·공 삼군의 긴밀한 협력이 필수적이라는 것을 처음부터 잘 알고 있었는데, 덴마크의 점령은 노르웨이를 점령하기 위한 전제 조건이었다. "삼군 합동 작전"을 해야 한다는 압박은 곧 카이텔과 요들이 오래전부터 선전해 왔던 대로 통합된 국방군 최고사령부를 요구하게 만들었다. 드디어 그들의 생각을 실현할 돌파구를 마련할 기회가 왔다. 그러나 이상하게도 주어진 이 기회가 요들에게는 그런 기회로 보이지 않았던 것 같다. 그와 국방군 최고사령부에 주어진 주도권을 확고히 하는 대신에, 그는 바로 이 작전의 기획과 실행을 공군에 넘기고 국방군 최고사령부의 참여는 일반적인 지침만 내리는 것으로 국한시키려고 생각했다. 그의 직속 부하였던 바르리몽은 요들이 이 임무를 이루어 내기에는 자신의 참모부가 너무 빈약하다고 생각했을 것이라고 추측한다. 매우 분명했던 것은 성격적으로 겸손한 그에게 권력에 대한 욕구나 그가 이끌고 있는 국방군 작전본부를 마침내 히틀러의 개인 참모라는 그림자 역할에서 벗어나 국방군의 최고 지휘 기구로 정립하려는 관철 의지가 부족했다는 것이다. 히틀러가 괴링의 공군이 주도하는 것을 반대하고 "노르웨이 작전을 포기하지 말 것"을 요구했기 때문에, 그 임무는 요들에게 다시 돌아왔다. 1940년 2월 5일, 국방군 최고사령부에 요들이 진두지휘하는 특별참모부가 만들어졌는데, 거기에 육·해·공군은 각 1명의 장교를 파견해서 작전 계획 초안을 만들었다.

얼마 지나지 않아서 사건이 터졌다. 1940년 영국의 구축함 "코사크" 호가 예싱 피오르 해안에서 독일 선박 "알트마르크"호를 공격했다. 노르웨이 영해 한가운데서 그리고 노르웨이 군함이 가만히 지켜보는 가운데 영국군이 독일 선박에 쳐들어가 그 안에 포로로 잡혀 있던 영국인들을 구출했다. 이로써 히틀러에게 영국이 노르웨이의 중립성을 존중하지 않고 머지않아 이 나라를 점령할 것이라는 증거가 주어졌다. 그에게는 선제공격을 계획하는 것이 더욱더 중요해 보였다. 마찬가지로 경각심을 느꼈던 요들의 제안에 따라, 그는 며칠 뒤에 "베저 훈련" 작전의 지휘를 21군단 군단장 폰 팔켄호르스트 장군에게 맡겼다. 히틀러가 이 육군 지휘관을 그의 상사와 협의도 하지 않고 국방군 최고사령부 휘

> 우리는 이 전쟁에서 승리할 것이다. 아무리 이 전쟁이 참모부의 원칙에 어긋나는 것일지라도. 왜냐하면 우리는 더 나은 군, 더 나은 장비, 더 나은 정신력과 목적의식이 있는 잘 짜인 지도부를 가지고 있기 때문이다.
> 요들, 1939년 10월 15일자 일기

> 총통께서는 재빠르고 강력하게 노르웨이를 공격하는 것이 필요하다는 의사를 매우 강력하게 피력하셨다. 국방군 차원에서 어떠한 지체도 있어서는 안 되었다. 가장 신속하게 처리하는 것이 필요했다.
> 요들, 1940년 3월 3일자 일기

하에서 총지휘를 하도록 맡긴 것이 어쨌든 육군 최고사령부에 대한 전례 없는 무시 행위였다면, 카이텔과 요들은 한술 더 떠서 "베저 훈련" 작전에 적합한 것으로 보이는 사단을 마치 육군 지휘부를 무시하듯이 직접 선발했다. 그때서야 비로소 덴마크와 노르웨이 점령에 관한 상세 사항을 접한 육군 참모총장 할더는 분개하며 다음과 같이 기록했다. "이 건에 대해서 총통과 육군 최고사령관 사이에 어떤 의견 교환도 없었다. 이는 전사에 기록될 일이다."

두 중립국에 대한 공격을 계획한 요들은 계획에 참여한 다른 장군들처럼 양심의 가책을 거의 느끼지 않았던 것처럼 보인다. 3월 초에 핀란드와 소련 양국 간의 전투가 뜻밖의 결과로 끝나면서 영국이 노르웨이에 상륙할 위험성이 낮아졌을 때, 그는 복잡한 심경을 내비쳤다. 3월 10일자 일기에 그는 다음과 같이 기록했다. "핀란드와 소련 간의 협상 소식은 정치적으로는 매우 만족스러운 일이다. 독일의 스웨덴 철광석 수입을 차단시키는 것이 필요하다고 생각했던 프랑스 언론은 이 소식에 매우 흥분했다. 우리 입장에서 보면, 이 상황은 군사적으로는 성가신 측면이 있다. 강화조약이 곧 체결될 경우, 이 때문에 준비한 팔켄호르스트 부대에 작전 개시에 대한 동기부여를 하기가 어렵기 때문이다." 3일 뒤에 그는 다음과 같이 적었다. "총통께서 베저 훈련(작전 암호명)에 대한 명령을 아직 내리지 않으셨다. 그는 여전히 공격을 위한 근거를 찾고 있었다." 원래 가진 예방전쟁에 대한 생각이 오래전에 정복욕으로 바뀌었고, 그사이 히틀러가 노르웨이 점령을 위한 근거보다 핑곗거리를 찾고 있었다는 점을 그는 분명하게 받아들이고 인정했다. 그리고 래더 제독도 연합군이 노르웨이에 상륙할 위험이 더 이상 높지 않다고 생각했음에도 불구하고 작전을 개시할 것을 재촉했다. 결국 히틀러가 공격을 승인했다. 1940년 4월 9일 공격 당일 저녁에, 히틀러는 당의 수석 이념 지도자인 알프레트 로젠베르크에게 "1866년에 비스마르크 제국이 생긴 것처럼, 오늘 대독일 제국이 생길 것입니다"라고 선언했다.

뉘른베르크 법정에서 요들은 독일군이 이 공격을 통해 연합군의 침략을 미연에 방지했다고 진술했다. 많은 서적에서 오늘날까지 집요하게 주장하는 이 내용은 물론 전혀 맞지 않는 말이다. 실제로 영국의 "전쟁 내각"은 원정군을 나르빅에 상륙시키고 통행권을 요구할 계획을 세웠다. 그렇지만 3월 12일에 체결된 소련과 핀란드의 강화조약은 출동 명령이 있기 전에 이루어졌다. 프랑스 정부는 노르웨이의 중립성을 고려하지 말고 노르웨이 영해를 통제할 것과 이를 위해서 노르웨이 해안에 필요한 거점을 차지하라고 런던에 계속 요구했다. 그렇게 되면 북해에서 연합군이 제해권을 확고하게 할 수 있고 독일로 스웨덴 철광석이 수송되는 것을 막을 수 있다는 이유에서였다. 그러나 영국의 체임벌린 수상은 세계가 지켜보는 가운데 중립국의 권리를 해칠 수 있는 일을 하는 것에 대해 주저했다. 4월 5일에 그는 나르빅 항 앞에 수뢰를 설치하는 데 동의했다. 물론 노르웨이 해안 지점을 점유하지는 않았다. 스코틀랜드 로시스 항에서 노르웨이 상륙 부대를 실은 영국의 첫 순양함 편대는 1940년 4월 8일 출항하여 "영국 해군 함대(Home Fleet)"에 합류하라는 명령을 해군 본부로부터 받았다. 그러나 영국과 파리의 영향력 있는 사람들은 속으로 나르빅 작전에 대한 독일의 반격을 근거로 스칸디나비아 반도에 대한 군사 개입을 계속할 수 있게 되기를 바랐다. 4월 8일 나르빅 항 앞에 수뢰가 설치되었지만, 영국 원정대는 준비가 되어 있지 않았다.

이 시점에 이미 "베저 훈련" 작전이 시작되었다. 독일의 계획은 완전한 비밀 엄수가 전제되어야 했다. 왜냐하면 영국 함대가 독일 함대의 의

> 오후에 내게 군사 작전 계획에 대해 보고를 한 요들 장군과 긴 회의를 가졌다. 작전은 5시 15분에 시작될 것이다. 이를 위해 독일의 전 함대가 투입될 것이다. 현대 전쟁사에 있어 가장 모험적인 작전이 될 것이다.
> 괴벨스, 1940년 4월 9일자 일기

도와 출항에 대해 낌새를 알아차리게 되면 독일 함대를 가볍게 무찌를 수 있었기 때문이다. 작전 계획은 노르웨이의 주요 항구, 즉 오슬로, 크리스티안순, 스타방게르, 베르겐, 트론헤임 그리고 나르빅에 동시에 상륙하는 것이었다. 서로 멀리 떨어진 지역에 동시에 다다르기 위해 함대는 시차를 달리해서 출항을 해야만 했다. 4월 7일 아침, 독일 북부 야데 강 어귀에 있는 쉴리히 정박지로부터 독일 구축함 10척이 나르빅을 향해 출발했다. 북극권을 통해 나르빅으로 먼 길을 가야 하는 구축함에는 디틀 장군의 지휘를 받는 2천 명의 산악 연대 병력이 "올리브기름에 절인 정어리마냥" 빽빽하게 들어차 있었다. 평생 바다를 본 적 없는 병사들 중 일부는 험한 바닷길에 바로 뱃멀미를 했다. 병사들은 계획대로 4월 9일 아침에 배에서 내리고 나서야 한숨을 돌리게 되었다. 그곳의 상륙작전은 다른 항구들에서와 마찬가지로 별 문제없이 진행되었다. 완전히 허를 찔린 노르웨이는 전혀 저항도 하지 못하고 도시를 넘겨주었다. 그러나 그 뒤에 만사가 어그러졌다. 협소한 구축함에는 자리가 없어서 미리 출발한 화물선에 실었던 대포와 모든 중화기들이 어뢰 공격을 받고 사라졌다는 사실이 곧 드러났다. 그리고 구축함의 귀환에 쓰일 기름을 싣고 있던 유조선도 도중에 침몰했다. 이 때문에 구축함에 대한 급유 작업이 지연되었고, 그날 밤에 다시 출항하려던 계획도 허사가 되었다. 이 구축함들은 4월 10일 아침 5척의 영국 구축함이 눈보라로 인해 눈에 띄지 않게 피오르 해안으로 들이닥쳤을 때까지도 그곳에 정박하고 있었다. 영국군은 일격에 독일 구축함 2척을 격침시켰는데, 영국군도 2척의 배를 잃고 다시 철수를 해야만 했다. 같은 날 밤에 이루어진 독일군의 반격은 연료 부족과 중과부적으로 실패로 돌아갔다. 이제 깊이 팬 피오

"지기 전에 포기해서는 안 된다": 1940년 봄 나르빅 항 앞의 독일 병사들

르 해안에서 마치 쥐덫에 걸린 형국에 빠진 독일 함대는 그저 종말을 기다리고 있을 뿐이었다. 4월 13일 오후, 영국군이 전함 "워스파이트" 호와 9척의 구축함으로 나르빅 항으로 돌진해서 나머지 독일 구축함을 격침시켰는데, 이 독일 구축함들은 탄약을 다 소진한 뒤에 침몰하지 않고 남아 있던 배들이었다. 2,500명의 군인들은 육지로 피할 수 있었는데, 그들은 그 뒤에 디틀의 부대를 보강해 주었다. 영국군이 독일군으로부터 나르빅을 재탈환하기 위해 상륙 부대를 투입하는 동안 디틀의 부대는 대포와 충분한 보급 없이 어려운 상황에 놓여 있었다.

이때 베를린에서는 야단이 났다. 옛 제국수상 청사에서 카이텔과 요들은 "총통"과 마주하고 있었는데, 그는 눈에 띄게 평정심을 잃고 있었다. 나르빅에서의 곤란한 상황이 히틀러를 "대단히 격앙"시켰다. 그는 요들에게 "우리에게 운이 따르지 않았다고요!"라고 소리를 질렀다. 그는 즉각 이 상황에 관여해 구해 낼 수 있는 것을 구해 내고자 했다. 스스로 최고사령관에 오른 히틀러는 결국 4월 17일에 나르빅을 포기했다. 그는 만약 비행기로 부대 철수가 불가능할 경우에는 도시를 포기하고 남쪽으로 뚫고 나가라고 디틀에게 강력하게 요구했다. 심지어 그는 디틀에게 인접한 중립국 스웨덴에 억류되는 것을 허가하려고 했는데, 이런 일은 히틀러에게 있어 유일한 경우였다. 휘하 참모부 직원들의 지원을 받아 이 순간 침착함을 유지했던 요들은 히틀러의 생각에 이의를 제기했다. 그의 주장은 "아주 예리했다." "a) 남쪽으로의 철수는 불가능하고, b) 철수는 극히 일부 병력에만 국한되며, 많은 비행기를 잃게 되고 디틀 부대의 사기를 저하시킬 것입니다. 디틀 부대는 스웨덴 국경에서 오랫동안 싸움을 하게 될 것입니다. 지기 전에 포기해서는 안 됩니다." 히틀러는 흔들렸고, 결정

> 요들은 나쁜 소식일지라도 많은 정보를 얻고자 했다. 독일 국민은 이 상황을 견뎌 낼 수 있다. 다만 적절한 시점에 국민들에게 진실을 말해야만 한다.
> 괴벨스, 1940년 4월 18일자 일기

을 내릴 수가 없었다. 이때 제국수상 청사에 와 있던 부본부장 바르리몽은 "눈에 띄지 않게 의자 모서리에 쪼그리고 앉은 채로 깊은 상념에 빠져 앞을 응시하고 있는, 새로운 소식만이 그를 구제해 줄 것처럼 보이는" 히틀러를 보았다. 저녁까지 요들은 히틀러가 생각을 바꾸도록 만들었고, 히틀러는 디틀에게 가능한 오랫동안 나르빅을 사수하라는 명령에 서명을 했다.

실제로 디틀은, 비록 매우 우세한 연합군과 노르웨이 군의 압박에 밀려 일시적으로 도시를 비워야 했음에도 불구하고, 나르빅에서 계속 버틸 수 있었다. 1940년 6월 초, 육로로 증원군이 도착했을 때에는 이미 전투가 끝난 뒤였다. 연합군은 국방군이 5월 10일에 공격을 개시한 프랑스에서 엄청난 패배를 겪고 나서 상륙 부대를 노르웨이에서 철수시켰고, 노르웨이는 6월 10일 공식적으로 항복했다. 남 노르웨이와 덴마크에서 국방군의 승리는 이미 4월 말에 확실해져 있었다. 1940년 4월 30일, 요들은 히틀러에게 이제 오슬로와 트론헤임 사이에 랜드브리지가 구축되었다고 보고할 수 있었다. 그는 일기에 "총통께서는 기쁨에 차서 어찌할 바를 몰라 하셨다. 나는 오후 내내 그의 곁에 앉아 있어야 했다"고 기록했다. 2년 뒤에 그는 오찬 자리에서 "전 시대를 통틀어 가장 위대한 최고사령관"의 바로 옆자리에 앉게 되었는데, 그 뒤로는 다시 그런 일이 없었다. 요들의 차분하면서도 정력적인 태도는 히틀러가 군사적 판단을 하는 데 있어 그를 확실하게 신임하도록 만들어 주었다. 독재자가 그를 알게 된 지 단 8달 만에 불신의 눈초리를 받던 명령 수령권자에서 군 최고통수권자의 가장 가까운 군사고문으로 승격하는 행운이 국방부 작전본부 본부장에게 왔다. 프랑스가 항복하고 난 뒤인 1940년 7월 19일에 그는 즉각적인 히틀러의 명령으로 소장에서 중장으로 진급했다. 그와 히틀러의 관계가 그때처럼 좋았던 적이 없었고, 승리한 이 몇 달 동안보다 더 독재자의 신임을 얻었던 적이 없었다. 50살의 이 장군은 그의 경력의 정점에 도달했다.

이 빠른 승리는 노르웨이 전쟁이 진행되는 동안 드러난 독일 지도부의 많은 약점을 덮어 주었다. 나르빅에서 나타난 것과 같은 군사적 위기를 히틀러가 감당할 수 없음이 드러났다. 게다가 이때 처음으로 군사적 세부 사항에 참견하려는 그의 경향이 나타났다. 요들 자신도 1940년 4월 19일자 일기에 "지도부의 혼란"에 관해 언급했는데, "왜냐하면 모든 세부 사항에 간섭하는 것은 담당 군사 지도부가 정리해 놓은 모든 작업을 수포로 만들기 때문이었다." 그는 대단히 용기를 내서 히틀러의 부당한 요구에 이의를 제기했고, 이로써 승리라는 공을 세울 수 있었다. 그러나 그는 그가 비판했던 사건들에 대해 일정 부분 책임이 있었다. 그 스스로 직접 군사 지휘를 하겠다는 히틀러의 요구를 관철시키는 일에 협력했는데, 그는 카이텔과 함께 육군 최고사령부의 수뇌부를 처리했고, 히틀러의 "개인 참모"라는 국방군 작전본부의 역할을 받아들였던 것이다. 이렇게 함으로써 그는 히틀러에게 현장에서 전쟁 상황에 직접 개입할 수 있는 적절한 도구를 마련해 주었다. "베저 훈련" 작전의 부정적인 경험과 마찬가지로 긍정적인 경험들도 지속적인 효과를 내지는 못했다. 삼군이 처음으로 합동 작전을 펼친 것은 독일 전사에서는 그저 하나의 일

> 전쟁 발발 전과 발발 후 초기에 국방군 최고사령부와 육군 최고사령부 사이에는 팽팽한 긴장 관계가 형성되어 있었다. 그 이유는 전적으로 군 내부적인 것이었는데, 왜냐하면 국방군 최고사령부가 신설됨으로써, 육군 참모총장의 권한 밖에 있는, 거의 육군 참모부 위에 참모 그룹이 하나 더 생겼기 때문이었다. 육군 참모부는 이런 상황을 매우 불신하는 눈으로 지켜보고 있었다.
>
> 뉘른베르크에서 요들이 한 진술

화로 남게 되었던 반면, 연합군은 전쟁이 진행되는 동안 그러한 작전을 계속적으로 완벽하게 수행했다. 요들이 예전에 가지고 있었던 통합된 국방군 최고사령부에 대한 꿈은 이루어지지 못했다. 매일 잔일에 시달리고 끊임없이 관할권을 놓고 다투면서 그 스스로 이 꿈을 계속 정력적으로 좇기가 어려웠던 것으로 보인다.

> 히틀러는 지휘와 관련된 모든 일에서 다른 육군 장군들보다 요들을 더 신뢰하였다. 결국 그는 전쟁 전 기간 동안 그를 보좌했다.
> 베른트 프라이타크 폰 로링호벤, 참모부 장교

"베저 훈련" 작전과 달리, 1940년 5월 10일에 시작된 서부전선에서의 전쟁은 논쟁의 여지가 거의 없었다. 1차 세계대전에서 4년 동안 독일 육군이 무릎 꿇리려고 했지만 허사였던 두려운 적수 프랑스를 단 6주 만에 점령했다. 국방군 최고사령부가 전혀 관여하지 않았던 프랑스에 대한 승리로 인해 요들은 히틀러에게 새삼 감탄했다. 그가 이때까지 히틀러를 단지 정치 천재라고 경탄했다면, 나르빅 위기에서 보인 신경쇠약과 현장에서 작전 지휘의 세부 사항에 간섭하려는 그의 경향에도 불구하고, 이제 그는 "총통"을 "위대한 전략가"로도 존경하게 되었다. 육군 최고사령부의 갖은 우려와 달리 그가 완전히 잘못 판단한 것은 아니었는데, 히틀러는 이에 대한 권한이 없던 에리히 폰 만슈타인 장군의 공격 계획을 관철시켰다. 아르덴을 관통해 전차를 빠르게 진격시키고 대서양 해안까지 아치형으로 빠르게 이동시키는 계획은 그가 직접 결정했으며, 이는 군사적 승리를 가져왔다. 이 시기에 카이텔이 보스인 히틀러를 두고 "전 시대를 통틀어 가장 위대한 최고사령관"이라고 표현했던 말을 그가 입에 올렸는지 여부는 요들이 판단력을 유지하고 있었다는 것을 감안하면 부정적이다. 그러나 그는 이때부터 히틀러의 "최고사령관으로서의 자질"을 찬양하는 데 주저하지 않았다. 승리에 도취된 그와 다른 많은 사람들에

"전쟁에서 이겼다": 콩피에뉴 숲에서 프랑스와 휴전 협상을 벌이고 있는 요들(가운데)

게 전쟁은 이미 결말이 난 것처럼 보였다. 영국만이 이제 중요한 적국으로 남아 있었는데, 제안을 하든지 아니면 무력을 동원하든지 간에 협상 테이블로 끌어내야만 했다. 그러나 독일은 더 이상 승리를 거둘 수 없었다. 요들은 국방군 작전본부 부하들에게 "전쟁에서 이겼다. 이제 전쟁을 끝낼 필요가 있다"라고 말했다.

전쟁을 끝내는 방법에 대해 그는 자기 생각을 갖고 있었다. 프랑스와의 휴전이 이루어지고 나흘 뒤, 1940년 6월 30일에 그는 히틀러에게 "영국과의 전쟁을 계속하기 위한" 의견서를 제출했다. 그의 결론은 다음과 같았다. 손실이 많은 상륙작전은 최후의 수단으로만 투입될 수 있다는 것이었다. 상륙작전 없이도 공군과 해군이 영국의 보급품과 군수산업에 치명적인 타격을 가할 수 있다는 것이었다. 영국의 인구 밀집 지역에 대해 ― "보복이라고 밝힌" ― "이따금 공포의 공격" 을 가함으로써 영국 국민들의 저항 의지를 꺾고 영국 정부로 하여금 항복하지 않을 수 없도록 한다는 것이었다. 영국 공군이 이 시점에 독일에 대한 공격을 아직 시작하지 않았음에도 불구하고 도시와 민간인들에게 무차별적으로 폭탄을 떨어트리는 것에 대해 요들은 분명 양심의 가책을 느끼고 있지 않았다. 그러나 독재자는 거절했다. 영국과 타협을 바라고 있던 그는 영국 민간인에 대한 공포의 공격을 원하지 않았던 것이다. 게다가 그는 이미 전혀 다른 계획을 가지고 있었다. 그에게 있어 진짜 목표, 진짜 적은 동쪽에 있었다. 1940년 7월 29일, 요들은 베르히테스가덴 근교의 베르크호프에서 주군의 새로운 계획에 대해 처음 들은 사람들 중 하나였다. 전황 회의 후에 히틀러는 그를 잡았다. 군 최고 통수권자는 소련에 대한 기습을 통해 볼셰비즘의 위험을 이 세상에서 "영원히" 처치하기로 결정했다고 말했다. 국방군 작전본부가 동부전선으로 진군하는 계획에 대한 초안을 작성해야 한다고 그는 말했다.

뉘른베르크 군사 법정에서, 요들은 소련과의 전쟁을 "순수한 예방전쟁"이었다고 강력하게 주장했다. 그는 히틀러가 자신이 있는 자리에서

> 프랑스 정부는 전쟁을 계속할 것인지를 결정해야 했다.
> 프랑스와의 휴전 협정 중에 요들이 한 말, 1940년 6월

> 요들이 히틀러에 대해, 그의 지휘력에 대해 적어도 프랑스 전쟁 이후까지는 감탄을 하고 있었다는 사실은 부인할 수가 없다.
> 루이제 요들, 아내

> 독일의 최종 승리, 또한 영국에 대한 최종 승리는 단지 시간문제이다.
> 요들, 1940년 6월 30일

> 러시아 군은 한번 타격을 입으면 1940년의 프랑스보다 더 급속하게 무너질 것이라고 예상됩니다.
> 히틀러, 1940년 12월 5일

생존 공간과 정복 전쟁에 대해 언급한 적이 없었다고 말했다. 소련이 매우 강력한 군사력으로 기습 공격을 준비하고 있다고 확실하게 느끼고 있던 군 최고 통수권자가 엄청난 고민 끝에 이 공격을 하기로 결단을 내리게 되었다고 그는 말했다. 그러나 이 시기에 작성된 기록에는 스탈린에게 선수를 쳐야 한다는 언급이 없다. 이 기록들은 오히려 히틀러와 다른 사람들이 주어진 호기로 인해 유혹을 받고 있다는 인상을 전해 준다. 서부전선에서의 승리로 사기가 충만해진 대부분의 독일군 지휘관들은 붉은 군대를 대등한 적수로 보지 않았다. 명백한 지도력 부재와 핀란드와의 겨울 전쟁에서 입은 심각한 손실에 대한 얘기가 여전히 회자되고 있었고, 그 외에도 스탈린이 피비린내 나는 숙청을 단행해 불과 몇 년 전에 최고의 참모부 장교들을 제거했다는 사실이 알려졌다. 요들도 그 당시에는 붉은 군대를 과소평가하고 있었던 것으로 보인다. 그는 1941년 1월 부본부장 바르리몽에게 "소련이라는 거인은 쑤시기만 하면 터지는 돼지 방광과 같다는 것이 입증되었다"고 밝혔다. 그는 양면전이라는 모험을 지지하고 이미 확고했던 승리를 위태롭게 만들기에는 너무나 멀쩡했다. 그러나 그도 스탈린의 붉은 군대가 직접적이고 치명적인 위협을 가할 것이라고는 생각하지 않았다. 그는 맹목적이고 무조건적으로 "총통"의 소위 뛰어난 통찰력을 따르고 믿었다.

요들과 국방군 최고사령부는 "바바로사 작전"의 군사적 준비에 초기에만 관여를 했고, 나중에는 산발적으로만 개입을 했다. 노르웨이 전쟁에서 연합 작전이 성공을 거두었음에도 불구하고 국방군 사령부는 히틀러의 개인 참모에 머물러 있었고, "합동참모본부"는 없어졌다. 요들에게 확고하게 주어진 권위는 국방군 작전본부 본부장이라는 직책에서 나온 것이 아니라 히틀러의 측근이었기 때문에 나온 것이었다. 이 거대 작

"나는 그의 곁에 앉아도 되었다": 1940년 초부터 알프레트 요들은 국방군 최고사령부 사령관 카이텔 곁에서 히틀러와 가장 밀접했던 고문으로 일했다

전의 계획은 다시 육군 최고사령부에 주어졌는데, 그들은 다만 필수적인 인적 자원만을 사용하고 있었다. 그러나 전쟁 준비 단계에서 요들은 결국 불법 행위를 자행하는 히틀러 정권의 악행을 속속들이 알게 되고 공범이 되는 문턱을 넘어서게 되었다. 그도 1941년 3월 30일에 새로운 전쟁에 대한 선서를 시키기 위해 히틀러가 제국수상 신청사로 초대한 약 250명의 고위 장교들 중 한 명이었다. 여러 열의 좌석에 계급과 직위에 따라 자리를 잡은 참가자들이 꽉 들어차 있던 대형 홀에서 행한 2시간이 넘는 독백을 통해서, 히틀러는 자신이 소련과의 전쟁을 단순히 교전으로만 보는 것이 아니라, 또한 정복전이자 섬멸전으로 본다는 점을 분명히 했다. "이 전쟁은 서부전선에서의 전투와는 판이하게 다릅니다. 러시아

그 이전은 아니었고, 4월 1일에는 공격하겠다는 그의 결심이 확고했다. 그리고 4월 1일에 그는 공격을 6월 22일로 계획하라는 명령을 내렸다.
뉘른베르크에서 요들이 한 진술

총통에게 이의를 제기하는 것이 원칙적으로 불가능하다고 말할 수는 없다. 나는 여러 번 강력하게 이의를 제기했다. 그러나 아무 대꾸도 할 수 없는 순간이 있었다. 나는 여러 건에서 이의를 제기함으로써 총통이 그 일을 하지 못하도록 만들었다!
뉘른베르크에서 요들이 한 진술

와의 전쟁은 정정당당하게 이루어질 수 없습니다. 이것은 세계관과 인종 대립의 전쟁이고, 때문에 이제까지 없던 무자비한 전쟁을 치러야 합니다. 모든 장교들은 시대에 뒤떨어진 생각에서 해방되어야만 합니다…. 우리는 군인의 동지의식이라는 관점과 거리를 두어야 합니다. 공산주의자들은 이전에도 동지가 아니었으며, 이후에도 동지가 아닐 것입니다."

다른 참석자들처럼 요들은 비인간적 행위에 대한 호소를 아무런 이의 제기도 하지 않고 들었다. 만약 그가 이 말의 의미를 처음에는 알지 못했거나 그냥 모른 척 넘어갈 수도 있었다고 한다면, 히틀러가 3월 30일에 구두로 말한 내용을 기초로 작성한 육군 최고사령부 명령 초안을 그해 5월 13일에 받아보았을 때는 그 내용이 구체적이어서 그 의미를 모를 수도 없었고 그냥 넘길 수도 없었다. 그 안에 적힌 내용은 다음과 같았다. "고위 정치 인사들과 지도자(인민위원)들은 부대의 안전과 점령 지역의 평화 구축을 위협하는 위험 요소다." 그 때문에 그들을 체포한 뒤에는 즉시 장교들에게 인도하여야 하고, 장교들은 그들의 신원을 잠시 확인한 뒤에 "즉시 총살 명령을 내리고 실행시킬" 의무가 있다. 이것은 나중에 널리 알려진 악명 높은 "인민위원 지시"의 초안이었다. 요들은 이 초안을 다 읽고는 마지막에 수기로 메모해 놓았다. "우리는 독일 조종사에 대한 보복을 고려해야만 한다. 따라서 전체 작전을 보복 개념으로 다루는 것이 좋다. J(요들)." 그 다음에 그는 그 계획을 카이텔과 히틀러에게 전달했다. 이로써 그는 전쟁 범죄의 시시사가 된 것이 아닌가?

뉘른베르크 군사 법정에서 요들은 이런 추측에 대해 확고하게 부정했

> 명령 초안에 담긴 총통의 의도를 모든 병사들이 한결같이 거부했다. 이에 대해 육군 최고사령관과 매우 격렬한 논쟁이 벌어졌다. 이 반발은 총통 특유의 표현으로 정리가 되었다. "나는 장군들이 내 명령을 이해하라고 요구할 수는 없습니다. 그러나 나는 내 명령에 따르라고 요구합니다."
>
> 뉘른베르크에서 요들이 "인민위원 지시"에 대해 행한 진술

다. 그는 여백에 주석을 단 것은 결코 범죄를 은폐할 방법을 조언하려는 의도가 아니었고, 오히려 히틀러가 요구했지만 모든 병사들이 거부한 명령을 어떻게 다루어야 하는지 카이텔이 그 방법을 제시하고자 했다고 주장했다. "계획하다(aufziehen)"라는 단어는 "무엇인 것처럼 그럴싸하게 보이게 만든다"라는 의미로 사용된 것이 아니고, 군에서 종종 관용적으로 사용하듯 "무언가를 처리하다"라는 의미로 사용된 것이라고 주장했다. "우리는 이 작전을 아주 다르게 계획해야만 했다." 그는 주석을 단 것이 "총통께서 처음부터 예상했던 대로 인민위원들이 행동하는지를 실제 상황에서는 우선 기다려" 보아야 하고, 그렇게 확인되면 "보복 수단을 취할" 수 있다는 의미로 사용했다고 주장했다. 재판관들은 그의 개인적인 어법에 동의하려 하지 않았고, 실제로 요들은 법정에서 그들을 납득시키지 못한 것처럼 보였다. 계속된 그의 태도도 그의 혐의를 풀어 줄 계기로 작용하지 못했다. 그가 내심 다른 생각이 있었다손 치더라도, 그는 명령 초안의 내용을 완화시키지도 않았고, 이 명령이 명백하게 전시 국제법을 위반하는 것이었음에도 불구하고 이를 완전히 거부하지 않았다. 다른 면에서 보면, 그는 물론 그 명령을 제안하지 않았고, 강화시키거나 지원해 주지도 않았다. 게다가 그는 포괄적으로 카이텔의 임무 영역이었던 이 건에 부차적인 역할을 담당했다. 그러나 그는 반대하지 않

"불법 정권에 연루되다": 히틀러의 육군 부관 게르하르트 엥엘(왼쪽)과 해군 부관 카를 예스코 폰 푸트캄머(중앙)와 함께 한 요들, 1941년 4월

앉고, 이로써 죄를 짓게 되었다. 다른 대부분의 장군들도 마찬가지였다. 어느 고위 장교도 자기 행동의 결과에 책임을 지지 않았고 사전에 적극 반대를 하지 않았다는 사실은 국방군 최고사령부와 육군 수뇌부가 이미 얼마나 깊숙이 이 불법 정권에 연루되어 있었는지를 보여 준다.

> 1941년 6월 22일에 개시된 기습 공격은 역사적인 사건으로, 소련은 이 협정을 준수하지 않을 것이라는 정치인들의 견해를 근거로 해서 일어난 사건이다.
> 뉘른베르크에서 요들이 한 진술

1941년 6월 22일, 독일이 소련을 급습함으로써 요들의 삶은 전쟁과 히틀러 곁에서의 근무로 채워지게 되었다. 그의 개인적인 삶은 실질적으로 존재하지 않았다. 공격이 개시된 지 이틀 뒤인 1941년 6월 24일, 그는 전선에 더 가까이 있기 위해 히틀러와 함께 동프로이센에 위치한 새로운 "총통" 사령부인 "늑대성채"로 갔다. 라스텐부르크 동쪽으로 몇 킬로미터 떨어진 숲에 자리 잡은 그곳에서 요들은 전쟁의 마지막 4년 대부분을 보냈다. 전쟁 초기에 늑대성채는 십여 채의 낮고 긴 철근콘크리트 구조물로만 이루어져 있었다. 그러나 시간이 흐르면서 필요에 따라 이 막사로 이루어진 도시에 더 많은 부대시설들이 생겼다. 공습으로부터 보호하기 위해 나무가 빽빽하게 들어찬 숲에 건설된 광대한 시설 사이로 도로가 지나갔다. 다른 야전 사령부처럼 이 시설은 통제구역 1급과 2급으로 분류되어 있었다. 통제구역 2급 지역에는 바르리몽의 지휘 아래 요들의 참모들과 "총통" 사령부의 사령관 그리고 카지노와 문서 수발 지점이 자리 잡고 있었다. 통제구역 2급 지역의 북서쪽에 이곳을 통과해야만 도달할 수 있는 통제구역 1급 지역이 있었다. 여기에는 히틀러와 그의 측근 지휘부가 여러 벙커와 벽돌 건물에 자리 잡고 있었다. 카이텔과 요들 외에 당 사무국 국장 마르틴 보어만과 제국 대변인 오토 디트리히가 직원들과 함께 통제구역 1급 지역의 거주자였고, 그 외에도 히틀러의 주치의들, 타자수들과 사령부 방어를 담당하는 여러 부대가 있었다.

 사령부에서 요들의 일상은 틀에 박힌 듯 똑같이 진행되었다. 매일 오전 11시와 12시 사이에 참모들이 모든 전장에서 들어온 최신 보고들을 정리해 놓으면, 그 요약본을 그에게 전하기 위해 부본부장 바르리몽이 요들의 막사에 나타났다. 이 때문에 대개 12시경에 히틀러와 많은 장교들이 첫 번째 전황 회의, 즉 "점심 작전 회의"에 참석하기 위해 요들의 맵룸에 나타났다. 이곳에서 요들은 히틀러에게 모든 전선에서 벌어지고 있는 최신 상황에 대해 보고했고, 종종 몇 시간에 걸친 자문 끝에 히틀러의 구두 결정을 받았다. 회의가 끝나고 나서 또는 회의 중에 그는 옆방에서 이 결정을 서면 명령으로 작성했는데, 그는 이 명령을 히틀러의 재가를 얻은 뒤에 자신의 참모들을 통해 담당 부서로 전달했다. 오후와 저녁에 요들은 히틀러와 통제구역 1급 지역 거주자들과 함께 식사를 했다. 주빈이 없으면, 요들이 히틀러 왼쪽 옆에 카이텔과 마주보고 자리를 잡았다. 늦은 저녁인 오후 10시와 11시 사이에 소규모로 2차 일일 상황 보고, 즉 "저녁 작전 회의"가 시작되었다. 이 회의는 종종 2시간가량 진행되었는데, 그런 다음 요들은 종종 새벽 3시까지 계속 일하곤 했다. 다른 사람들처럼 그도 "엄청난 시간 낭비"에 대해 불만을 털어놓았는데, 이는 히틀러가 자신의 주변 사람들에게 끊임없이 독백을 하고 상세한 세부 내용까지 간섭하기 때문에 나타나는 필연적인 현상이었다. 그럼에도 불구하고 의무에 따라 이를 전달하기 위해 요들에겐 엄청난 업무 부하가 걸리곤 했는데, 이 때문에 독재자의 끊임없는 부대 지휘 간섭의 도구라고 그를 폄하하던 사람들의 존경까지 받게 되었다. 요들 자신이 계산한 바에 따르면, 그는 전체 전쟁 기간 동안 5천 회 이상의 전황 회의에 참석했고, 수많은 명령을 정리했고, 엄청난 양의 보고를 받았다. 그는 책상을 전선과 맞바꾼 적이 드물었던, 부지런하고 성실한 전쟁 매니저였다.

히틀러에게 전해지는 좋은 소식은 점점 더 드물어졌다. 초기의 엄청난 성공 이후에 독일 국방군의 공격력이 광대한 러시아 영토 내에서 그 힘을 상실했다. 12월 5일, 모스크바 앞에서 붉은 군대의 기습적인 역공이 있었는데, 이 공격으로 인해 독일군 전선이 거의 붕괴되었다. 히틀러는 완강하게 사수하라는 명령을 내렸고, 12월 19일에 육군에 대한 총사령권을 직접 넘겨받았다. 러시아 수도 앞에서 눈보라가 치는 가운데 현 위치를 사수하라는 명령은 1만여 명의 독일군의 목숨을 앗아 갔지만, 결국 독일 전선은 소련의 공세를 견뎌 냈다. 물론 빠른 승리에 대한 꿈

> 나는 러시아의 겨울에 대비한 무장을 해야 할 것인지에 대해 요들과 나누었던 대화를 기억한다. 요들은 이런 일을 취급하는 걸 거부했다. 1941년 말에 러시아에서의 전쟁이 끝난다는 것이 일반적인 생각이라고 했다.
> 하인리히 훙케, 선전부 직원

> 나는 요들 장군과 슈문트 대령과 오랫동안 대화를 나누었다. 두 사람은 군이 공산주의자들의 가능성에 대해 잘못 생각했으며, 공산주의자들에 대한 나의 진단이 맞았다는 것을 이제야 깨달았다. 아무도 무언가를 가리거나 감추려고 하지 않았고, 모두 자신의 오류를 시인했다. 이것은 무척이나 만족스런 반응이고 의사소통을 위한 좋은 토대이다.
>
> 괴벨스, 1941년 12월 18일자 일기

은 이미 사라졌고, 더욱이 동맹국인 일본이 진주만을 기습한 이후에 히틀러는 미국에 대해서도 선전포고를 했다. 전쟁의 전환점은 또한 요들에게 주어진 임무의 전환을 뜻했다. 육군의 총사령권을 넘겨받음으로써, 이제 국방군 최고사령부 외에 육군 참모부도 히틀러 직속이 되었다. 그러나 히틀러는 경쟁 관계인 요들과 할더의 참모부를 서로 합치는 대신, 지리적으로 업무를 분할시켰다. 그는 육군 참모부의 임무를 동부전선에서의 전쟁에 국한시켰다. 달리 말하면, 이것은 요들 휘하의 국방군 작전본부가 원칙적으로는 더 이상 전체 국방군과 모든 전장을 관할하지 않고, 이른바 국방군 최고사령부의 전선이 된 서부전선에 관할권이 국한되는 것을 의미했다. 국방군이 점령한 북유럽, 서유럽과 남동유럽 지역 외에 1941년 봄부터 롬멜의 지휘 아래 아프리카 군단이 전투를 치르고 있던 북아프리카도 국방군 최고사령부의 관할이 되었다. 매일 진행되는 상황 회의에서 할더는 동부전선 상황을 보고한 반면, 요들은 이때부터 국방군 최고사령부 관할 전장에 집중해서 보고를 했다. 이로써 통일된 국방군 최고 지휘부에 대한 생각은 히틀러에 의해 결국 물거품

> 남아프리카의 노스케이프에서 리비아의 토브룩까지 그리고 벨로루시의 브레스트에서 러시아 돈 강의 로스토프까지 전선을 확대한 것은 내가 원하던 것보다 훨씬 더 큰 규모였다고 말할 수 있다.
>
> 뉘른베르크에서 요들이 한 말

> 요들과 각군 참모총장들의 관계는 언제나 긴장 관계였다. … 모두가 되도록 많은 것을 얻고자 했고, 마지막 순간까지 몇몇 부대를 얻기 위해 다투었다. 말도 안 되는 일이었다. 국방군의 체계적인 구축은 경쟁적인 두 참모부가 존재함으로써 실패로 돌아갔다.
> 베른트 프라이타크 폰 로링호벤, 참모부 장교

이 되고 말았다. 이때부터 국방군 최고사령부와 육군 최고사령부는 동부전선 또는 서부전선의 "자신들의" 전장에 가장 좋은 육군 부대를 얻기 위해 다투었다. 이로써 국방군 부대뿐만 아니라 육군 부대들도 히틀러라는 최고사령관 개인에 의해 결정되었다. "분할과 통치"라는 그의 원칙이 결국 군의 합리성을 눌러 이겼다. 이로써 최상위 국방군 참모부에 대한 요들의 꿈은 결국 무산되고 말았다.

"총통" 사령부에서의 판에 박힌 듯한 일상 속에서, 그리고 이어지는 상황 회의 속에서 요들은 소련에 대한 기습 공격 초기부터 있었던 엄청난 범죄에 관해 듣지 못했다고 주장한다. 그는 뉘른베르크 법정에서 결코 "유대인 절멸에 관한 내용을 어떤 암시나 말 그리고 문서를 통해 들은 적"이 없었다고 단언했다. 그는 히틀러로부터 전선 후방에 투입된 부대의 임무에 관해 반란이나 폭동, 게릴라전이 생기는 것을 막기 위해 이 부대가 필요하다는 설명 외에 다른 말을 들은 적이 없다고 주장했다. 유대인 절멸을 비밀에 붙인 것은 히틀러의 "걸작"이었으며, 히틀러가 자신이

> 유대인 절멸과 강제수용소에서 일어난 일에 대한 비밀 유지는 히틀러가 만든 비밀 유지의 걸작이었고 속임수의 걸작이었다. 그는 우리 군인들에게 이 일에 대해 우리를 오도하는 사진을 보여 주었고, 다하우 수용소의 정원 시설과 정원 문화, 바르샤바와 테레지엔슈타트의 게토에 관한 얘기를 해 주었는데, 이런 것들은 우리 군인들에게 매우 인간적인 시설이라는 인상을 주었다.
> 뉘른베르크에서 요들이 한 진술

알고 있는 다하우나 테레지엔슈타트의 강제수용소의 진짜 역할에 대해 속였다고 주장했다. 그는 아내에게 전쟁이 끝난 뒤에야 끔찍한 진실을 알게 되었다고 단언했다. "이 사실들은 나치 정권이 독일 국민들에게 남긴 가장 끔찍한 유산이다. 이것은 파괴된 도시들보다 그 정도가 더 심각하다. 폐허는 국민들의 생존을 위한 투쟁이 남긴 영광스런 상처로 간주할 수 있다. 그러나 이 불명예스런 행위는 모든 것을 모독한다. 열광했던 우리 청소년, 전체 국방군 그리고 총통을 모독하는 것이다. … 내가 만약 그런 일에 대해 알았다면, 나는 하루도 견딜 수 없었을 것이다."

> 독일에서 전쟁 이후, 그리고 1차 세계대전 이후 도덕적 붕괴 현상이 일어난 상황에서 유대인에 대한 전대미문의 선전선동이 이루어졌다는 사실은 물론 알고 있다. 그것은 반유대 선전선동이 아니었고, 유대인들 스스로 심히 유감을 표시한 사실들이었다. 그럼에도 불구하고 나는 국가에 의한 추방, 일반화, 난행들과 같은 모든 일들을 격렬하게 거부했다.
> 뉘른베르크에서 요들이 한 진술

알프레트 요들은 반유대주의자였을까? 그 스스로는 뉘른베르크에서 이에 대해 단호하게 부정했다. 그는 오히려 "어떤 민족이나 인종, 심지어 식인종조차도 선천적으로 선하거나 악하지 않고, 단지 개개인에 따라 다를 뿐이다"라는 생각을 항상 가지고 있었다고 설명했다. 나치 대관구 관구장들을 상대로 독일이 패전할 경우, 그 결과로 유럽이 "미국의 유대인들 또는 공산주의 인민위원들의 학정" 아래 놓이는 것은 불가능할 것이라고 맹세했던, 1943년 11월에 행한 연설에서 상투적인 어법을 쓴 것을 제외하고는, 실제로 그가 반유대적인 의견을 나타낸 것은 거의 전무했다. 그러나 그가 의심할 나위 없이 홀로코스트의 전(前) 단계로 보였던 상황에 대해 격분하거나 동정하는 발언을 한 적도 없었다. 요들은 1933년에 제국군에서 유대인 장교들을 제거한 것, 1935년의 뉘른베르크 인종법 또는 1938년

> 나는 내 책임을 분명히 자각하고 있었는데, 유대인 절멸에 관한 내용을 어떤 암시나 말 그리고 문서를 통해 들은 적은 결코 없었다고 얘기할 수 있다.
> 뉘른베르크에서 요들이 한 진술

상: "총통 사령부에서의 판에 박힌 듯한 일상": 전쟁이 진행되는 동안 요들은 5천 회 이상 전황 회의에 참석했다

하: "총통께서는 이 전개 과정에 매우 불만스러워 하셨다": 코카서스 산맥에 투입된 독일군 산악병, 1942년 9월

11월의 유대인 박해의 밤[제국 수정의 밤으로도 불림]에 대해 어떤 항의도 하지 않았다. 어디에도 그가 1943년 9월 22일 자신이 전달한 명령에 따라 친위대 경찰 2개 대대에 의해 추방된 덴마크 유대인들의 운명에 대한 정보를 요청했던 기록은 없다. 이때까지 그가 홀로코스트에 관여했다는 증거는 제시되지 않았다. 세계대전을 치르면서 유대인의 운명에 크게 중요하지 않았던 인물을 속이는 것은 히틀러와 히믈러에게 그리 어려운 일은 아니었다.

도덕적 차이가 아닌 군사적 차이 때문에, 1942년 여름 히틀러와 요들 관계에 대단히 큰 위기가 조성되었다. 1941년에서 1942년으로 넘어가는 겨울에 후퇴를 거듭하던 국방군은 1942년 봄에 소련 남부에서 새로운 공격을 시작했다. 목표는 모스크바가 아니라 볼가 강에 위치한 소련의 군비 중심지이자 교통 중심지인 스탈린그라드와 바쿠, 그로즈니 그리고 마이코프의 코카서스 지역 유전이었는데, 이 유전에서 소련 석유의 90퍼센트가 생산되었다. 히틀러는 이 "전시 경제의 동력원"을 러시아로부터 빼앗아서 만성적인 공급 부족에 시달리던 국방군에 제공하려고 했다. 분명히 그는 장기전을 준비하고 있었는데, 또한 거의 무진장한 자원을 공급받고 있던 미군과의 전쟁을 준비하고 있었다. 초기 공세의 성공이 히틀러로 하여금 운명적인 결단을 내리게 만들었다. 원래 계획했던 대로 우선 스탈린그라드를 점령한 다음 코카서스 산맥으로 나아가는 대신, 그는 7월에 남부 집단군에게 두 가지 목표를 동시에 공격하라고 지시했다. 프리드리히 파울루스 장군이 지휘하는 6군이 스탈린그라드 방향으로 전진하는 동안, 빌헬름 리스트 원수가 지휘하는 A 집단군은 코카서스 산맥 방향으로 진군했다. 1년 전처럼, 독일군은 초기에 큰 지역을 확보한 뒤에 1942년 9월 초에는 더 이상 전진을 하지 못했다. 유전을 재빨리 점령하려던 자신의 계획이 점점 더 실현 가능성이 없어지자 히틀러는 전전긍긍했다. 전선에 더 가까이 가기 위해 그는 1942년 7월 중순에 야전사령부를 우크라이나의 비니챠 근처의 숲속 숙영지로 옮겼다. 초조해진 그는 흑해로의 돌파구를 마련하기 위해 리스트 원수에게 낙하산 부대를 투압세[흑해 북동쪽에 위치한 도시]에 투하하고 산악병을 코카서스 협로로 보내라고 독촉했다. 리스트가 현재 병력으로는 그렇게 하는 것이 불가능하다고 설명하고, 대신 코카서스 산맥의 고지대 협로를 겨울 진지로 점령하자고 하자, 히틀러는 리스트의 사령부가 있는 스탈리노[1924년에서 1961년까지 스탈린에 경의를 표하기 위해 붙인 도시명. 현재 명은 도네츠크로 우크라이나에 위치하고 있음]로 요들을 보냈다. 히틀러가 요들을 자신의 곁에서 떠나도록 한 것은 거의 드문 경우였다. 요들은 신중한 이 원수를 서두르게 만들고 그에게 히틀러의 지시를 다시 한 번 강조해야 했다.

1942년 9월 7일, 요들은 스탈리노로 날아갔다. 그러나 반대하는 원수를 이치에 따르도록 만드는 대신 도리어 그 자신이 현장에서 그의 이의 제기에 설득을 당했다. 같은 날, 그는 비니챠로 돌아가 저녁에 히틀러에게 보고를 했다. 그는 리스트의 생각이 타당하며 올해 안에 흑해로 돌파구를 마련하는 것이 거의 불가능하다고 설명했다. 격노한 히틀러는 그의 말을 끊고는 리스트의 큰 잘못에 대해 비난을 퍼부었다. 그러나 그는 자신의 생각을 견지하고 리스트를 옹호했는데, 리스트 원수가 그에게 증명하려고 했던 것처럼, "총통"의 모든 명령을 너무나도 정확하게 수행했고 현재 상황에 아무런 잘못이 없다고 말했다. 이때 히틀러가 미쳐 날뛰기 시작했다. 그는 요들에게 "내가 그런 공공연한 생각을 보고 받기 위해 당신을 보낸 것은 아닙니다!"라고 소리쳤다. "당신은 낙하산 부대를 투압세에 투입하려는 나의 의도를 대변해야 했습니다. 그것이 당신의

총통께서는 A 집단군의 상황 전개 과정에 대해 매우 불만스러워 하셨다. … 그가 비난한 것은 병력의 최초 접근 방식이 아니라, 그대로는 계속 나갈 수 없음을 알면서도 부대를 재편하지 않은 것이었다.
국방부 작전본부 진중일기, 1942년 8월 30일

임무였습니다. 당신은 그 대신 전선 사령관으로부터 완전히 감화를 받아서 돌아왔고 그 사람의 대변인 노릇을 하고 있습니다. 이러자고 당신을 보낼 필요는 없었습니다." 역시 화가 치민 요들도 마찬가지로 큰 소리로 맞받아쳤다. "당신이 낙하산 부대를 잃고 싶다면 투압세에 부대를 투하하십시오. 그리고 산악병들이 이 계절에 협로를 통과해야만 한다면 그렇게 하도록 하십시오. 게다가 나는 명령을 전달하는 사람으로서 파견된 것이 아니라 상황을 검증하기 위해서 파견된 것입니다. 그저 명령을 전달하기 위한 것이었다면 나란 사람이 필요 없었을 것입니다." 그는 이 말을 한 뒤에 엄청나게 격앙된 채로 방을 나갔다.

얼음처럼 싸늘한 분위기가 사령부에 감돌았다. 예전의 어떤 위기도 히틀러와 요들 간의 충돌처럼 최측근 그룹 사람들을 충격에 빠트린 적은 없었다. 히틀러는 그 후 어둠이 찾아오고 나서야 비밀 통로를 통해 빛이 없는 요새를 빠져 나갔다고 바르리몽은 전한다. 그가 몇 시간 동안 독백을 하던 창고는 황량하게 남아 있었다. 전황 회의는 그 이후 더 이상 요들의 맵룸에서 열리지 않고 히틀러가 거주하는 협소한 오두막에서 열렸는데, 이 전황 회의에서는 필수적인 발언 외에는 그 어떤 말도 나오지 않았다. 히틀러는 자신이 죽을 때까지 통제구역 1급 지역에서 같이 하는 식사시간에 참석하지 않았다. 한동안 비어 있던 그의 식당 의자는 나중에 보어만이 차지했다. 48시간 이내에 8명의 제국의회 속기사가 모습을 드러냈는데, 이들은 2명씩 짝을 지어 모든 군 회의에 참석해 회의 내용을 기록했다. 결코 다시는 자신의 구두 명령을 왜곡해서 전하지 말라고 히틀러가 야단을 쳤기 때문이다. 그리고 그는 즉시 육군 수뇌부에 대한 인사이동을 단행했다. 리스트 원수 대신에 군 최고 통수권자인 그가 직접 A 집단군에 대한 지휘권을 넘겨받았다. 육군 참모총장 할더

> 요들, 당신은 코카서스의 석유 없이 어떻게 이 전쟁을 이기려고 합니까?
> 히틀러가 요들에게 한 말

"내가 그런 공공연한 생각을 보고 받기 위해 당신을 보낸 것은 아닙니다": 1942년 가을에 히틀러와 요들 사이에 위기가 찾아왔다

는 가차 없이 해임되었고, 쿠르트 차이츨러 장군으로 대체되었다. 위기를 불러온 장본인도 "총통"의 파면 선고를 받았다. 히틀러는 그 이후 요들과 악수를 하지 않았고, 다른 사람을 통해 그에게 더 이상 같이 일하고 싶지 않다는 말을 전했다. 요들의 자리는 파울루스 장군이 스탈린그라드를 점령하면 그로 대체될 예정이었다.

히틀러의 총애를 잃은 것은 요들에게는 뼈저린 일이었다. 그는 여전히 자신이 옳다고 느끼고 있었음에도 불구하고, 바르리몽에게는 실수를 했다고 인정했다. "독재자에게 그로 인해 발생한 오류를 입증하고자 해서는 안 된다. 그렇게 되면 자신의 성격과 행동에 가장 큰 버팀목이 되었던 자신감에 손상이 가기 때문이다." 히틀러에 대한 그의 믿음은 그대로였지만, 그는 사령부의 숨 막히는 분위기, 그가 후에 그 성격에 대해 묘사

"크고 작은 전투를 통해서 우리는 이 전쟁에서 승리할 것이다": 1943년 초 스탈린그라드에서 독일 6군이 최후를 맞이한 것도 요들의 생각을 바꾸지는 못했다

한 것처럼, "수도원과 강제수용소"의 분위기가 혼합된 그곳의 분위기에서 벗어나 전방으로 배치되기 위해 노력을 기울였다. 그러나 논쟁이 있었음에도 불구하고 히틀러는 그를 놓아 주지 않았다. 독재자는 요들이 헌신적이지는 않지만 매우 충성스런 부하이고, 그의 비판이 오로지 군사 분야에만 국한되고, 원칙적으로 히틀러의 권위에 대해서는 한 번도 의심을 한 적이 없다는 사실을 알고 있었다. 게다가 스탈린그라드 점령이 금세 이루어지지 않았기 때문에 염두에 두고 있던 후임자 파울루스 장군을 뺄 수가 없었다. 파울루스 장군이 자신의 군 잔여 병력과 함께 포로가 되었던 스탈린그라드의 재앙은 그를 후임자로 세운다는 계획을 결국 수포로 돌아가게 만들었다. 파울루스 장군이 항복하기 하루 전인 1943년 1월 30일에 히틀러는 요들을 단독으로 불러서 그에게 금장 당 배지

> 갈등은 코카서스 위기 때문에 생겼다. … 심각한 긴장 상태로 인해, 내 기억으로는 이때부터 총통께서 국방군 작전본부와 최고사령부의 공동 회관에 나타나지 않으셨고 식사시간에도 혼자 하셨다. 또한 몇 달 동안 악수하는 것을 사양했다. … 요들의 후임자로 이미 파울루스 장군이 내정되었는데, 총통께서는 그를 특별히 신임하셨다.
>
> 괴링이 뉘른베르크에서 한 진술

를 수여했다. 그는 깜짝 놀란 요들에게 "나는 9월 당시에 당신에게 몹시 화를 냈고, 지금도 당신의 행동이 틀렸다고 생각하고 있습니다"라고 설명하고는 다음과 같이 말했다. "그러나 그 사이에 나는 당신이 자신의 임무를 모범적으로 수행한 뛰어나고 강단이 있는 장교라는 것을 확신하게 되었습니다. 또한 나는 당신의 개인적인 삶과 태도가 독일 국민들이 위기에 처한 이 시기에 모범이 될 것이라는 얘기를 들었습니다. 그래서 나는 당신에게 내가 철십자 훈장 외에 유일하게 달고 다니는 기장인 당의 금장 배지를 수여합니다. 그러나 화해는 표면적인 데 그쳤다. 요들은 후에 총통에 대한 신뢰는 비니챠 위기 이후로 금이 갔으며, 금이 간 신뢰는 완전히 다시 회복되지 않았다고 적었다. 그러나 그는 의무감을 가지고 이 사람을 계속 모셨는데, 그는 이 사람을 "대체할 수 없는 독일의 운명"이라고 여겼다.

이 시기에 요들은 처음으로 육체적으로 약해진 모습을 보였다. 1942년 11월부터 그는 좌골신경통으로 계속 고생을 했는데, 그 다음 몇 주 동안 전혀 차도를 보이지 않았다. 독일 아프리카 군단이 튀니스에서 포로 신세가 된 1943년 5월에 그는 신병 치료차 아내와 함께 바트가슈타인[오스트리아에 위치한 휴양 도시]으로 요양을 떠나서 6월 말에야 다시 돌아왔다. 전쟁 기간 동안 그가 얻은 첫 휴가이자 유일한 휴가였다. 이 가족의 오랜 친구인 루이제 폰 벤다가 오스트리아의 휴양 도시를 방문하여 그를 만났을 때, 요들은 정신적으로 다른 사람이 되어 있었다. 그동안 이 오래된 친구들 사이가 소원해졌는데, 왜냐하면 요들이 루이제의 감정보다 히틀러의 말과 생각에 너무 빠져 있었기 때문이었다. 마지막 해에 경험한 것들이 그들의 관계 발전에 부분적으로 영향을 미쳤고, 그들 관계를 조금 위태롭게 만들었다. 바트가슈타인에서 요들은 마

> 히틀러는 반대하는 소리를 극도로 싫어했다. 그가 요들을 다소 무시하고 그에게 화를 낸 일이 생겼다. 그러나 얼마 뒤에 그런 일은 없어졌고, 히틀러는 다시금 어떤 군사 전문가를 자기 곁에 두어야 하는지를 깨닫게 되었다.
> 베른트 프라이타크 폰 로링호벤, 참모부 장교
>
> 이 사건 이후에 모든 사람들은 요들이 해임될 것이라고 믿었다. 그러나 그는 최후의 순간까지 히틀러 곁에 머물러 있었다.
> 알폰스 슐츠, 늑대성채에서 일한 전화 교환수

음을 털어놓았는데, 이는 드문 일이었고, 평소에는 피하던 대화도 나누었다. 아내 이르마는 루이제에게 "그는 사람들이 무슨 말을 하는지 모르니까, 당신이 들은 것을 모두 그에게 말해 주세요"라고 청했다. 한번은 산책을 하는 동안 루이제 폰 벤다가 요들에게 많은 병사들을 스탈린그라드로 보낸 이유에 대해 질문을 던졌다. "그저 많은 자원을 얻기 위한 것이라면 우리 스스로 전쟁을 끝내야 한다고 생각하지 않아요?" 요들은 침묵했다. 그러자 그녀가 아주 신랄하게 그를 질타한 바람에, 이르마가 두 사람을 화해시키려고 중재에 나서야 했다. 잠시 뒤에 그는 루이제에게 경고의 편지를 보냈다. "크고 작은 전투를 치러야만 우리가 이 전쟁에서 승리할 것입니다. 이를 믿지 못하는 사람은 즉시 스스로 목숨을 끊는 것이 잘하는 일일 것입니다. … 대중들은 승리의 가능성을 믿는 한에서만 싸웁니다. 승리의 가능성을 더 이상 보지 못한다면 모두가 편하게 빠져나갈 길을 찾지요. 그리고 그들은 이를 통해 자신의 꺾인 의지와

> 그는 나와 같이 믿을 수 있는 국가사회주의자를 육군 장군들 중에서는 다시 찾을 수 없었다.
> 요들, 1942년 9월 9일
>
> 전쟁 기간 동안 히틀러와 카이텔에게 순응하고 그들에게 약한 면을 내보임으로써 요들 스스로 죄를 짊어지게 되었다는 사실을 나는 부인하지 않는다. 그러나 분명 그는 한 명의 군인이었을 뿐이었고, 그 위치에서 인간적으로나 정치적으로 과도한 요구를 받았다.
> 루돌프 폰 게르스도르프 남작, 『몰락하고 있는 군인』

비겁함을 은폐합니다. 이제 평화를 이뤄야 한다고 믿는 사람은 자원이라는 핑곗거리를 찾아냈고, 이로써 자신이 모든 것을 파괴하게 만든다는 생각은 하지 않습니다." 히틀러처럼 그도 전쟁을 독일 민족이 "존재하느냐, 몰락하느냐"를 다투는 무자비한 싸움, 타협에 의한 평화는 배제되는 싸움이라고 주장했다.

그의 편지는 오래된 이 친구를 납득시킬 수가 없었고, 오히려 그녀로 하여금 "본부에서 일하는 것이, 그러니까 탁상공론을 하고 있는 것이 현상을 바라보는 시각을 방해하는 것은 아닌지" 하는 의구심이 들게 만들었다. 다른 사람들도 요들이 "총통"의 세력 범위 내에서 그리고 총통 사령부에 고립된 채 희망적인 생각에 매몰되어 있는 것은 아닌지 의심을 했다. 국방군 최고사령부 진중일기를 기록했고 요들을 자주 보았던 역사학자 페르시 에른스트 슈람은 다른 인상을 받았다. 그는 요들이 현실에 완전히 눈을 감은 것은 아니었으며, 국방군 작전본부 본부장으로서의 의무 때문에 그를 괴롭히는 불안감을 드러내지 않으려고 애쓰면서 의구심에 시달리고 있던 다른 사람들에게 힘을 불어넣어 주려고 하는 것을 보았다고 했다. 그가 언젠가 가까운 직원들을 대상으로 한 연설에서 좋은 지휘관은 어느 정도 연기를 할 줄 알아야 한다는 말을 했다고도 한다. 실제로 그가 장교들을 대상으로 한 연설과 또 다른 공개 행사에서 확신하는 모습을 보여 주었던 요들의 모습 외에, 그가 서명한 많은 사수 명령들을 내린 요들의 모습 외에 또 다른 요들이 있었던 것처럼 보인다. 1944년 여름에 작성한 의견서에서, 그는 "군사적 수단"만으로는 더 이상 전쟁에서 승리할 수 없을 것이라고 인정했다. 그러나 그는 벡 장군과 같은 사람들이 요구했던 정치적 책임을 히틀러에게 요구하지는 않았다. 그는 아마도 그런 행동을 군인에게는 금지된, 정치에 관여하는 것이라고 느꼈던 것 같다. 그는 가까운 사람들에게조차도 그가 목격한 일에 대해 말하지 않았다. 그에게 그런 행위는 예나 지금이나 무조건적으로 섬겼던 히틀러에 대한 불충으로 보였을 것이다.

1944년은 요들에게 운명적인 해가 되었다. 2월 1일에 그는 히틀러에 의해 대장으로 임명되었다. 그러나 진급의 기쁨은 그리 오래가지 않았다. 두 달 뒤, 부활절 전에 아내 이르마가 쾨닉스베르크에서 유명한 외과의인 자우어브루흐의 집도로 수술을 받았다. 이 도시는 이때까지 공습을 받지 않은 상태였고, 요들이 히틀러와 함께 돌아와 있던 "총통" 사령부인 늑대성채와도 그리 멀지 않은 거리에 위치하고 있었다. 우선 만사가 순조롭게 진행되었다. 부활절 전 금요일인 그리스도 수난의 날에 요들은 친구인 루이제 폰 벤다에게 전화를 걸어 수술이 잘 되어서 이르마가 통증을 느끼고 있지 않다고 전했다. 3일 뒤인 부활절 월요일에 그가 다시 전화를 했는데, 이번에는 목소리가 낮고 침울했다. 그에 따르면, 하필이면 수술이 끝난 밤에 연합군 폭격기가 쾨닉스베르크를 공격했고, 이르마는 옮겨진 방공호에서 폐렴에 걸리게 되었다. 의사들도 가망이 없다고 보았고, 이르마가 루이제에게 올 수 있는지 알아봐 달라고 청을 했다고 전했다. 루이제는 쾨닉스베르크로 길을 떠났다. 쾨닉스베르크에서 루이제 폰 벤다는 깊은 충격을 받은 요들을 보았는데, 그는 아내의 마지막 순간을 지키기 위해 급히 아내가 누워 있는 병상으로 달려와 있었다. "호흡이 점점 더 약해졌다. 의사 한 명이 와서 맥박을 재고 갔다. 알프레트는 미동도 없이 죽어 가는 아내의 곁에 무릎을 꿇고 있었다. 침실용 램프 빛이 그의 머리 그림자를 십자가에 못 박힌 그리스도 상이 걸린 벽에 비추고 있었다. 모든 것이 끝나고 죽은 이르마의 평온한 얼굴을 보았을 때, 나는 시기심 같은 느낌에 사로잡혔다."

아내의 죽음으로 알프레트는 깊은 상심에 빠졌다. 결혼 30년 동안 그녀는 항상 그의 든든한 응원군이었고 그의 출세와 근심 걱정을 같이했다. 이 어려운 시기에 그녀가 사망함으로써 그는 엄청나게 괴로워했다. 그는 그녀를 기리며 "그녀는 내가 찾을 수 있는 가장 고귀하고 교양 있는 여성 중 한 명이었다"고 적었다. "그녀의 삶은 거의 초인적인 숭고함에 이르는 사랑과 헌신으로 가득 차 있다. 그녀는 내게 약속한 '어려운 시기에도 동반자가 될 것(laborum pericolosum que socia)'이라는 말을 죽는 순간까지 지켰다." 정적이 흐르는 가운데 그녀의 유해가 쾨닉스베르크에서 화장되었다. 요들과 그의 부관 그리고 루이제 폰 벤다만이 이를 지켜보았다. 히틀러가 처음으로 그의 충성스런 부하에게 사적으로 유감 표명을 했고, 특별히 영예로운 장례식을 배려해 준 사람도 아마 그였을 것이다. 특별 기차가 유골 단지와 많은 조문객들을 키엠 호수로 날랐다. 가까운 친지들과 많은 주빈들이 참석한 가운데 그녀의 소원대로 프라우엔 섬 묘지에 처녀 때 성이 불리온인 이르마 요들이 안장되었다. 요들은 심적으로 큰 충격을 받은 이 시기에도 언제나처럼 침착함을 유지했다. 대부분의 사람들에게는 그의 내면의 상태가 어떤지 알아내는 것은 언제나처럼 어려웠다. 단 루이제 폰 벤다에게만은 마음을 털어놓았다. 그는 이 시기에 히틀러가 무솔리니를 영접하고 있던 베르크호프 아래를 산책하면서, 자신의 유년시절과 결혼 생활에 대해 그녀에게 얘기해 주었다. 슬픔을 극복할 시간이 그에게 많이 주어지지는 않았다. 전쟁이 다시 그를 필요로 했다.

1944년 6월 6일, 연합군이 노르망디에 상륙했다. 오래전부터 우려했던,

서부 지역에 두 번째 전선이 실제로 구축되었다. 2주 뒤인 1944년 6월 22일, 붉은 군대가 마힐료프[벨라루스의 제3의 도시]에서 중부 집단군의 전선을 돌파하고 나서 북쪽에서 남쪽으로 나갔다. 30만 명의 독일군이 포로로 잡혔다. 이제 전쟁은 가망 없는 낙관주의자들에게도 더 이상 이길 수 없는 것으로 보였지만, 히틀러는 현실을 받아들이고 이로부터 해결책을 이끌어 내는 것을 거부했다. 더구나 요들은 억지로라도 독재자가 패배를 인정하도록 만들거나 그의 권력을 무력화시키려는 시도를 반역이라고 생각했을 것이다. 그의 확고한 태도 때문에 어느 누구도 이즈음에 윤곽이 드러난 암살 모의에 그를 끌어들일 생각을 하지 못했다. 그 때문에 요들은 1944년 7월 20일에 일어난 사건에 대해 전혀 인지하지 못했다. 태양이 작열하는 이 더운 날에, "점심 작전 회의"에 참석하기 위해 회의가 열리는 늑대성채의 막사로 들어섰는데, 이미 지각을 한 상태였다. 그가 지도를 보기 위해 히틀러와 카이텔 사이의 빈 공간 뒤로 움직이는 순간, 그는 충격을 받고 의식을 잃었다. 탁자 밑 서류 가방 속에 암살자 슈타우펜베르크가 숨겨 놓은 폭탄이 터졌다. 회의가 원래 계획대로 벙커에서 열리지 않고, 폭발압력이 밖으로 빠져나갈 수 있는 막사에서 열렸기 때문에, 요들도 히틀러나 다른 대부분의 참석자들처럼 살아날 수 있었다. 그는 가벼운 뇌진탕을 입고 머리카락이 불타서 머리 중간에 화상성 수포가 생긴 것 외에는 무사했다. 그는 머리에 터번과 비슷한 붕대를 둘렀다. 이후 실패한 이 쿠데타의 규모와 배후 인물들이 밝혀졌을 때, 육체적인 아픔보다 분노와 회의감이 더 컸다.

그의 옛 상관인 루드비히 벡 장군도 포함된 저항 운동가들의 도덕적 관심에 대해서 그는 이해하지도, 공감하지도 못했다. 그는 그들에 대한 처형을 당연한 형벌이라고 환영했다. 암살 시도가 있은 지 나흘 뒤인 1944년 7월 24일 저녁에 그는 국방군 작전본부 직원들을 한자리에 모

"독일 역사에서 가장 암울한 날": 1944년 7월 20일의 암살 시도 사건 후. 요들은 부상 때문에 머리에 붕대를 감고 있다

아 놓고 히틀러에 대한 충성 맹세를 시켰다. 그는 직원들에게 "7월 20일은 이때까지 독일 역사에서 가장 암울한 날이었고, 아마 미래에도 그런 날로 남을 것이다"라고 설명했다. 암살범들은 맹세를 깨고, 이념을 위해 봉사한 "가장 존경스럽고 귀중한 사람"인 히틀러의 목숨을 노렸을 뿐만 아니라 전선이 붕괴될 수도 있는 위험에 처하게 만들었다고 그는 말했다. 이제 그들에게 철저한 보복을 가해야 한다고도 말했다. 동정을 해서도 안 되고, "악인들"의 시간은 끝났다고도 말했다. 반대하는 모든 자들에게 가차 없는 증오를! "내가 마주치는 모든 장교들 중에서는 그런 악인이 없기를 기대한다. 나는 우리가 이 상황을 이겨 낼 것이라고 확신한다. 비록 행운이 우리 편이 아니더라도, 우리는 후손들에게 떳떳하기 위해서 결연하게 무기를 들고 최후의 1인까지 총통 주위로 모여야만 할 것

이다. 나이든 우리들이 나이가 어린 사람들보다 이 일을 하는 게 훨씬 더 수월할 것이다. 그러나 그것으로 우리가 역사와 영원의 시련을 견뎌 내야만 한다는 사실이 변하는 것은 아니다"라는 말로 그는 연설을 마쳤다.

요들이 엄숙한 사수 의지를 가지고 마주하고 있던 음울한 몰락의 광경 한가운데서도 그에게는 개인적인 기쁨의 순간이 있었다. 암살 기도가 있기 며칠 전인 1944년 7월 중순에 그는 루이제 폰 벤다에게 편지를 썼다. 그 편지에서 이 54살의 홀아비는 15살 차이 나는 젊은 여자 친구에게 상복 기간이 끝난 뒤에 아내가 되어 가을부터 베를린에 있는 살림을 맡아 줄 것을 부탁했다. 루이제 폰 벤다는 주저하지 않고 그 요청을 받아들였다. 예전부터, 아마 그들이 알기 시작한 1932년부터, 그녀는 요들을 친구 이상으로 생각하고 있었다. 이르마 요들도 남편의 재혼 길을 터 준 것으로 보인다. 죽기 얼마 전에 그녀는 루이제에게 남편을 보살펴 달라고 부탁했고, 루이제는 죽어 가는 그녀에게 그러겠다고 약속을 했다. 이

> 7월 20일에 나는 늑대성채에 있는 내 사무실에 있었다. 넥타이를 매려고 하는 순간 큰 폭발음이 들렸다. 잠시 뒤에 전화벨이 울렸는데, 무장하지 말고 회관으로 오라는 내용이었다. 나와 다른 몇 명이 이 지시를 따랐다. 그리고 갑자기 머리에 부상을 입고 제복이 피범벅이 된 요들이 들어왔다. "제군들, 우리와 매우 가까운 일군의 사람들에 의한, 참모부 장교들에 의한 총통 암살 시도가 있었다. 이 암살 기도는 지금 상황이 어떠한지 보여 준다. 제군들은 우리와 계속 같이 일할 생각이 있는지 밝혀 주기 바란다. 나는 그대들에게 여기에 머물고 싶은지 아니면 전선으로 배치되기를 원하는지 말할 시간을 1분간 주겠다." 이 시간이 지난 뒤에 그는 각 개인들에게 악수를 건넴으로써 그들이 각자의 일에 의무감을 갖도록 만들었다.
> 카를 뵘-테텔바흐, 참모부 장교

> 이 상황에 의구심을 갖는 사람은 스스로 목숨을 끊을 수도 있을 것이다. 하지만 자신이 한 맹세에 경의를 표해야만 한다.
>
> 직원들에게 한 요들의 연설,
> 1944년 7월 24일

르마와 불리온 가문의 축복을 받으며 루이제는 1944년 9월에 베를린 달렘에 있는 요들의 집으로 들어왔다. 이르마가 죽은 지 채 1년이 되지 않은 1945년 3월 7일에 그들은 베를린에서 정식으로 결혼을 했다. 히틀러는 선물로 42송이의 꽃이 피어 있는 동백나무를 보냈다. "신혼여행"은 베를린의 그루네발트 숲에서 산보를 하는 것으로 대신했다. 그러고서 얼마 지나지 않아 그는 히틀러에게 급히 복귀하라는 전화 한 통을 받았다. 미군이 예상 밖으로 레마겐의 라인 강 다리를 점령하고 동쪽 강가에 교두보를 구축했다. 서부전선에서 중요한 최후의 방어선이었던 라인 강이 넘어간 것이었다. 이제 패배가 몇 주 남지 않아 보였다.

붉은 군대가 베를린을 포위하기 직전인 4월 23일에 요들은 "총통"을 마지막으로 보았다. 총통은 카이텔과 요들에게 베를린을 떠나 밖에서 계속 전투를 수행하라고 자신의 결심을 전했다. 그는 베를린에 남아 이곳에서 최후를 맞이하겠다고 했다. 요들과 카이텔은 이 독재자에게 자신들과 함께 수도를 떠나자고 촉구했지만 소용이 없었다.

> 요들의 아내는 그에게 많은 영향을 끼쳤다. 나는 그녀를 뉘른베르크에서 만났다. 그녀는 두 번째 부인이었다. 그리고 나는 그녀가 요들과 많이 관계되어 있다는 사실을 알고 있었다. 그들은 매우 희한한 부부였다. 그들은 전쟁 중에 결혼을 했기 때문에, 두 번째 신혼여행도 희한했다. 그래서 내가 질문했다. "왜 당신들은 첫 번째 부인이 죽은 지 얼마 안 되어 결혼을 했습니까? 그것도 전쟁 중에?" 그가 답했다. "이제 어떤 미래가 전개될지 우리는 잘 몰랐다. 그래서 우리는 우리에게 주어진 행운의 기회를 잡고 결혼하려고 했다."
>
> 존 E. 돌리보이스, 카이텔을 심문한 장교

"그루네발트 숲으로의 신혼여행": 두 번째 부인 루이제와 함께 있는 요들, 종전 직전

> 총통께서는 모든 최고사령관과 지휘관들이 개인의 모든 역량을 이 임무에 쏟아 붓고 — 명령이나 지시를 기다리지 말고 그리고 관할권에 집착하지 말고 — 이동하고 있는 적과의 전투를 매우 처절하게 수행해 주기를 기대하셨다. 이 시점에 주민들에 대해서는 어떤 고려도 할 수 없다.
> 1945년 3월 29일자 요들의 지침

두 사람은 밖에서 군사적 상황을 완전히 무시한 채 포위된 베를린과 히틀러를 구하기 위해 전력을 다했다. 그들은 벙커에서 뿔뿔이 흩어진 잔여 사단 병력을 끌어모으기 위한 독려 방송을 했는데, 이 패잔병들을 모아 제국 수도를 "해방"시키는 데 동원하려고 했던 것이다. 이미 전쟁의 승패는 결정 나 있었음에도 불구하고, 카이텔처럼 요들도 아무 생각 없이 그들을 따르는 병사들의 목숨을 이 최후의 순간에 "총통"에 대한 맹세를 위해 희생시킬 준비가 되어 있었다. 그가 적절한 시점에 베르히테스가덴으로 피신시킨 아내에게 4월 말에 전한 소식을 통해, 이 시기에 그가 역사적으로 어떤 종말의 분위기를 느끼고 있었는지를 알 수 있다. "적들이 시내로 들어가는 길을 점령했지만 우리는 아직 베를린과 무선 교신을 하고 있소. 이 얘기를 하는 동안 나는 피를 토하는 듯한 아픔을 느끼고 있소. 이것은 베수비오 화산에서 치른 서고트족의 전투[552년 7월 동로마제국에 맞서 고트족이 치른 마지막 전투로 이 전투에서 고트족이 패함으로써 이탈리아 지역이 동로마제국 지배하에 놓이게 됨. 역사적으로는 동고트족이 참여한 전투]와 같소." 그러나 국방군 최고사령부 지도부의 호소는 절망적인 상황과 부하들을 불가능한 임무에 희생시키는 것을 꺼려 하는 부대 지휘관들로 인해 효과가 없었다. 4월 29일, 히틀러는 요들과 마지막 무선 통신을 시도했다. 여전히 수도를 구할 수 있다고 생각하는 것처럼, 이 독재자는 요들에게 다섯 가지 절망적인 질문을 던졌다. "1. 벵크의 12군 선두는 어디에 있는가? 2. 언제 그들이 공격을 재개하는가? 3. 9군은 어디

> 남편이 어느 날 내게 말했다. "아침에 국방군 최고사령부 장교들을 태우고 베르히테스가덴으로 가는 비행기가 있소. 나는 당신이 같이 가기를 청하오." 나는 그러고 나서 부모님을 한 번 더 방문했고, 그들과 헤어진 다음 베르히테스가덴으로 갔다. 마지막에 도망친 것이 나는 너무나 부끄러웠다.
> 루이제 요들, 아내

에 있는가? 4. 9군은 어디를 돌파할 것인가? 5. 홀스테 부대의 선두는 어디에 있는가?" 히틀러가 4월 30일 새벽 3시에 받은 답신은 그의 마지막 희망을 산산이 부쉬 놓았다. "베를린에 대한 공격은 어느 지점에서도 진전이 없습니다." 같은 날 오후에 독재자는 자살했다. 한바탕 소란은 끝이 났다.

  히틀러가 죽음으로써, 승리 아니면 몰락 외에는 선택의 여지가 없었던 종말론적인 분위기는 요들에게서 사라진 것처럼 보였다. "총통"이 보인 모범에 따라 자살한다는 생각을 그는 하지 않았다. 의무에 따라 그는 카이텔과 함께 히틀러가 임명한 후계자인 카를 되니츠 제독에게 신고를 했다. 두 사람은 되니츠가 가지고 있는 생각을 이의 없이 받아들였다. 그것은 전쟁을 종식시키는 것이었고, 그 전에 가능한 많은 병사들과 피난민들이 붉은 군대의 수중에 들어가지 않도록 하는 것이었다. 요들은 되니츠로부터 자기 인생에서 가장 중요한 임무를 부여 받았는데, 오늘날까지 이 임무하면 맨 처음 떠오르는 것이 그의 이름과 얼굴이다. 5월 6일, 그는 독일 측 최고 협상 대표 자격으로 서부전선에서의 부분적 항복을 제안하기 위해 연합군 최고사령관 아이젠하워 장군 본부가 있는 랭스로 날아갔다. 아이젠하워의 참모장 베델 스미스가 그를 명예롭게 장교로서 영접했다. 그러나 협상에서 아이젠하워는 가차 없었다. 그는 동부전선 부대가 더 이상 움직이지 않는 완전 항복을 요구했다. 베델 스미스의 도움을 받아 요들은 마지막으로 48시간의 유예 시간을 얻어 내는 데 성공했다. 그리고 그는 되니츠에게 무전을 보냈다. "아이젠하워 장군은 우리가 오늘에라도 서명할 것을 주장하고 있습니다. 그렇지 않으면 연합군 전선을 개인적으로 항복하려는 사람들에게 열지 않을 것이고 협상도 결렬될 것이라고 합니다. 제가 보기에 혼돈

> 마지막 순간에 그는 사태를 더욱 예리하게 관찰하는 것처럼 보였고 스탈린그라드의 재앙 이후 빠져 있던 무기력에서 벗어난 것처럼 보였다.
> 하인츠 구데리안, 『한 군인의 회고록』

을 택하느냐, 서명을 하느냐 외에 다른 방책은 없을 것으로 보입니다. 제가 서명할 수 있는 전권을 가지고 있는지에 대해 즉시 무선으로 확인해 주실 것을 간청합니다." 5월 7일 자정이 갓 지난 시각에 되니츠는 무선통신으로 요청한 전권을 주었다. 제국 정부의 회의록에는 이에 대해 간략하게 기록되어 있다. "다른 도리가 없었다."

아이젠하워가 본부로 사용하던 랭스의 학교 건물에서, 2시간 뒤에 유럽에서 치러진 2차 세계대전의 마지막 장이 올랐다. 요들은 독일 대표단의 선두로 홀에 들어섰는데, 그 홀에는 통신원들과 카메라맨들 그리고 사령부의 장교들과 직원들이 몰려와 있었다. 어느 누구도 이 역사적인 순간을 놓치려 하지 않았다. 카메라 플래시 세례를 받으면서 요들은 1945년 5월 7일 2시 41분에 항복문서에 서명했다. 5월 8일 23시 01분부터 공격을 중지하기로 되어 있었다. 요들 다음으로 베델 스미스, 수스로파로브 그리고 세베즈 장군이 각각 연합군 최고사령관, 소련 최고사령부 그리고 프랑스군을 대표해서 차례로 문서에 서명했다. 식이 끝난 뒤에 요들은 승자들의 관용을 호소하기 위해 일어섰다. "이 서명과 함께 독일 국민과 독일 국방군은 완전히 승자의 손에 넘겨졌습니다. 이 전쟁에서 독일 국민과 독일 국방군은 아마 이 세상 어느 국민보다 더 최선을 다했으며 고통을 견뎌 냈습니다. 이 자리를 빌려 저는 그저 승자들이 이들에

이 식이 진행되는 동안 요들은 꼿꼿하게 의자에 앉아 있었다. 그러나 코는 벌개졌고 얼굴은 붉은 반점으로 덮여 있었다. "더 할 말씀이 있습니까?"라고 룩스가 요들을 향하여 물었다. 그가 말하기를, "모든 말이 군소리일 뿐입니다."
"독일 제국 정부 집행부"와 국방군 최고사령부의 해체에 관한
미국 통신원 드류 미들턴의 기사

"승자의 차가운 침묵": 요들이 랭스에서 항복문서에 서명하고 있다

게 관용을 베풀어 주시기를 간청할 따름입니다." 그의 발언에 대해 차가운 침묵이 흘렀다. 그것은 아마도 그의 분별력 결핍과 이에 대한 연합군들의 감정을 보여 주는 표시였을 것이다. 그는 독일이 유럽에서 일으킨 전쟁으로 인해 희생된 5천만 명의 희생자들을 앞에 두고 승자들에게 독일 국민의 고통에 대해 인정해 주기를 기대했던 것이다. 그가 나간 뒤에야 승자들은 침묵을 깼다.

플렌스부르크로 돌아온 그에게 되니츠는 그의 활동을 인정하여 5월 7일 떡갈나무 잎과 칼 장식이 부착된 기사십자훈장을 수여했다. 아이러니하게도, 그는 독일이 승리하고 있던 시기에도 히틀러에게서 1급과 2급 철십자 기념장 이

> 도대체 어떻게 군인들을 기소할 수 있단 말인가? 이는 완전히 전에 없던 일이다. 이로 인해 그들은 매우 격분했다.
> 루이제 요들, 아내

> 요들이 뉘른베르크의 피고석에 앉은 것은 백 퍼센트 정당하다, 왜냐하면 그는 군법에 저촉되는 모든 일에 대해 정확히 알고 있었기 때문이다.
> 카를 디특스, 국방군 장교

"내가 한 일에 대해 나는 신과 역사 그리고 내 국민 앞에 한 점 부끄럼이 없다":
뉘른베르크에 수감되어 있는 요들과 카이텔

상을 받아본 적이 없었다. 그 외에 비니챠 위기 이후에 화해의 표시로 준 금장 당 배지가 전부였다. 비로소 그의 후계자가 그에게 전쟁 청산에 애쓴 점을 들어 기사십자훈장을 수여했다. 요들은 되니츠와 함께 5월 23일 플렌스부르크에서 체포되었을 때 그 훈장을 차고 있었다.

 세계 무대에 그가 잠시 등장한 이후에 매우 좋지 않은 일이 생겼다. 연합군이 군인인 그를 23명의 주요 전범자 중 한 명으로 뉘른베르크 법정의 피고인석에 세운 것은 요들에게는 예기치 못한 충격이었다. 그는 자신이 죄가 없다고 생각했으며, 자신은 그저 명령에 따랐고, 최고사령관인 히틀러에게 행한 맹세에 따라 충성을 다했고, 자신이 가진 최선의 지식과 양심에 따라 행동했을 뿐이라고 생각했다. 그는 홀로코스트에 대해서는 아무것도 모른다고 주장했다. 재판관들은 그의 변론에 동의하지 않았고, 그에게 모두 네 가지 기소 사항, 즉 침략 전쟁의 계획과 실행, 전쟁 범죄와 민족 말살에 관여한 것에 대해 유죄를 선언하고 그에게 사형을 언도했다. 이 유죄 판결에 대해 그 당시 연합군 측에서도 찬

> 히틀러와 요들 사이의 관계는 기본적으로 오늘날까지도 수수께끼이다. 요들이 재판 중에는 히틀러를 악마 같은 위인이라고 불렀지만, 죽기 직전에는 또다시 히틀러를 이해한다고 밝혔다.
> 루이제 요들, 아내

반 논란이 격렬했다. 1953년 루이제 요들이 제기한, 뮌헨 나치 청산 재판소에서 진행된 소송에서 그녀의 남편에 대한 유죄 판결이 취소되었다. 독일 재판관들은 특히 뉘른베르크 재판에서 프랑스 재판관인 도네듀 드 바브르가 1949년 말에 요들 사건을 잘못된 판결이라고 말한 점에 주목했다. 물론 미국의 압력에 의해 이 판결은 2달 뒤에 담당 지방법원장에 의해 다시 무효가 되었다. 그 뒤에 재판과 별개로 타협이 이루어졌는데, 이로 인해 뉘른베르크 판결의 재심과 요들의 복권이 이루어지지는 않았지만, 그 대신 미망인에게 유산 상속과 연금 청구권이 주어졌다.

"요들 사건"은 오늘날까지도 사람들의 의견이 갈린다. 많은 사람들이 판결을 돌이켜 보며 사형 언도는 심하다고 생각한다. 그러나 알프레트 요들이 무죄였을까? 히틀러와 가장 가까웠던 이 군사고문은 이데올로기에 집착한 무지몽매한 사람도 아니었고, 또한 그의 상관인 카이텔처럼 줏대 없는 예스맨도 아니었다. 그러나 그는 필요한 도덕적·합리적 한계를 설정하지도 않은 채 복종과 의무 이행이라는 군의 미덕을 과도하게 지켰고 선전했다. 요들에게 히틀러는 독일의 운명과 같은 의미였다. 그는 히틀러에게 충성하는 것이 독일에 충성하는 것이라고 생각했다. 이 독재자가 제국을 군사적 파국으로 몰아넣는 것을 보았고, 그의 책상에 놓인 명령들이 전시 국제법에 저촉된다는 것을 알고 있었음에도 불구하

고 말이다. 최고의 지위가 최고의 책임을 지는 의미라는 것을 그 스스로는 결코 받아들이려고 하지 않았다. 국가수반이자 최고사령관인 히틀러에 대한 무조건적인 충성은 요들 자신이 연루된 일에 대해 의심하는 걸 결코 허락하지 않았다. 뒤늦게 분개하며 홀로코스트 범죄에 대해 인지하게 된 것도 자신의 행위에 의심을 갖게 만들기에 충분한 동기가 되지 못했다. 그는 뉘른베르크에서 자신을 히틀러에 대한 충성을 통해 마지막 순간까지 독일 군인의 명예를 드높이고 정권의 범죄에는 죄가 없는 국방군의 순교자로 여기고 있었다. 처형되기 전날 밤에 그는 친구들과 동료들에게 마지막 인사 편지를 썼다. "그대들은 법이 명하는 대로 경외심과 자부심을 갖고 나와 이 참혹한 전쟁의 전장에서 전몰한 모든 군인들을 기려야 할 것이다. 보다 강한 독일을 위해 그들은 희생했다. 그러나 그대들은 그들이 보다 나은 독일을 위해 쓰러졌다고 생각해야 할 것이다. 그대들은 이 생각을 확고히 가져야 하고 이를 위해 진력해야 할 것이다. 그러면 내 무덤 위로 내 순교에 뿌리를 둔 장미가 필 것이다." 1946년 10월 16일, 알프레트 요들은 끝에서 두 번째 처형자로 뉘른베르크 감옥의 체육관에 설치된, 나무로 만든 교수대에 올랐다. "오 나의 독일이여, 그대에게 인사를 전하노라!"가 그의 마지막 말이었다. 그는 죄의식 없이 생을 마감했다.

병기 제작자

알프리트 크룹 폰 볼렌 운트 할바흐는 빌라 휘겔[1873년 알프레트 크룹에 의해 지어진 크룹 가문의 거처. 지금은 루르문화재단에 의해 관리되고 있음]의 서재에 앉아 있었다. 이 빌라는 루르 강에 인접한 언덕에 위치하고 있었다. 골짜기에는

> 독일의 대기업가들도 범죄로 기소된 정치인, 외교관 그리고 군인 들과 마찬가지로 죄를 지었다는 것이 항상 미국이 가지고 있던 생각이었다.
> 뉘른베르크 재판 미국 측 수석 검사 로버트 H. 잭슨

폐허가 된 도시 에센이 자리 잡고 있었다. 미 9군의 낙하산 부대 병사들이 지프를 타고 빌라로 왔다. 38살의, 예전 유럽에서 가장 큰 산업 제국의 소유주는 집사인 프리드리히 도어만에게 "준비가 되었다"라고 말했다. 알프리트 크룹 폰 볼렌 운트 할바흐는 비즈니스 옷차림으로 맞춤 정장에 커프스단추와 넥타이를 하고 있었고, 손가락에는 크룹 가문의 인장반지를 끼고 있었다. 도어만이 문을 열었다. "신사 여러분, 폰 볼렌 씨가 당신들을 기다리고 있습니다. 안으로 드시죠?" 군인들은 빌라의 홀을 가로질러 서재로 들어갔다. "당신이 크룹입니까?"라고 미군 지휘관 새그먼 대령이 물었다. "예, 제가 크룹 폰 볼렌 운트 할바흐입니다"라고 알프리트는 억양 없는 영어로 대답하고 인사하는 시늉을 했다. 책임 의식, 규율 그리고 무엇보다도 결코 평정심을 잃지 않는 것. 이런 기본 원칙들은 크룹 가의 이 마지막 후계자에게 어릴 적부터 주입되어 있던 것들이었다.

"독일의 방어 무기": 1867년 파리 세계박람회에 전시된 크룹의 "거대 대포"

다섯 세대 동안 크룹 가문은 자신들의 고향 도시에 영향을 미쳐 왔고, 반세기 이상 그들은 에센에서 가장 유명하고 중요한 가문으로 자리 잡았다. 1945년 4월 11일, 이날 알프리트 크룹 폰 볼렌 운트 할바흐는 미군에 의해 체포되었다. 미군들은 그를 지프에 태웠다. 집안 가솔들이 그 과정을 지켜보았다. 사장인 그는 자세를 유지했다. 그 당시에 찍힌 사진 한 장은 체포된 그의 태연한 모습과 거의 무표정한 얼굴을 보여 주고 있다. 고개를 빳빳하게 세우고 머리에 모자를 쓰고 있던 그는 철모를 쓴 무장한 미군 병사와 뒷자리에 앉은 채 이송되었다.

미군 측이 정확히 무엇에 관해 그를 질책할 것인지는 오랫동안 불분명했다. 그 때문에 알프리트 크룹 폰 볼렌 운트 할바흐는 자신 있는 모습을 보였다. 그가 한 미군 장교로부터 심문을 받을 때, 이제 목표가 무엇이냐는 질문에, 그는 자신의 공장을 재건하는 것이라고 대답했다. 그는 사업가이지 정치인은 아니라고 답했다. 미군도 그것은 알고 있었다. 그러나 기업을 곧 다시 넘겨받을 것이라고 기대했던 그는 크게 실망하게 된다. 왜냐하면 미국이 그의 기업을 히틀러의 병기 제작소로 보았기 때문이다.

"크룹," 이 이름은 독일의 모든 세대들에게 언제나 같은 모습을 눈앞에 떠올리게 한다. 우레 같은 소리를 내는 대포, 뚫을 수 없는 무기용 강철, 승리한 군대가 그 모습이었다. 1866년 프로이센-오스트리아 전쟁 때부터 크룹의 대포가 투입되었는데, 양측이 모두 그 대포를 사용했다. 1870-71년에 치러진 프랑스와의 전쟁에서 크룹의 강철 대포는 청동 대포를 가진 적들보다 우위를 보였다. 마침내 1차 세계대전에서 프리드리히 크룹이 1세기 전에 건립한 이 회사는 동시대인들 사이에서 "제국의 병기 제작소"라고 불렸다. 약 20년 뒤에 히틀러는 모든 청소년들에게 "크룹 강철처럼 단단하게" 체력 단련을 하라고 했다.

"크룹"은 물론 병기 제작자 그 이상의 의미를 가졌다. 회사의 상징은 대포 모양이 아니라 세 개의 원이 서로 얽혀 있는 모습인데, 그것은 19세기 중반 크룹을 대기업으로 만들어 준 이음새 없는 철도 바퀴를 상징하는 것이었다. 그리고 노동자들 사이에서 "크룹"이라는 이름은 일찍이 광범위한 사회복지 정책에 참여한 기업이라는 의미를 가지고 있었다. 이 기업은 아직 국가가 직업을 가진 국민들의 운명을 돌보기도 전에 이미 회사 직영의 노동자 주거 단지, 병원 그리고 소비조합을 보유하고 있었다. 회사의 의료보험과 사망보험은 후에 비스마르크가 시행한 사회보험의 모범이 되기도 했다. 크룹 사에서 기업가와 직원들 간의 사이는 가부장적 관계였다. 크룹 사는 "크룹 직원들"을 보살폈고, 그럼으로써 절

> 크룹 사와 같은 기업들을 군주제 이외의 제도, 즉 공화제 하에서 고려하는 것은 불가능할 것이다.
> 비스마르크, 1878년 9월

> 내 공장은 다른 공장과 정말 다르다. 내 공장은 커다란, 아주 커다란 공동체가 되어야만 할 것이다! 그리고 그런 공동체에는 교회와 학교도 포함될 것이다!
> 알프레트 크룹

대적인 충성심을 요구했다. 사회민주당 당원이었던 사람들은 해고되었다. "자기 집의 주인"이 되려고 했기 때문이다.

크룹 사는 단순한 주강(鑄鋼) 공장이 아니었다. 세계에서 가장 성공을 거둔 영국 강철과 맞설 수 있는 강철이 여기서 생산되어야 했다. 이 목표는 프리드리히의 아들인 알프레트와 그의 후손들에게 부과되었다. 그러나 그 시대는 오래 전에 지나갔다. 20세기 초반 20년 동안에 크룹 사는 이미 배, 대포, 기관차를 만들었고, 침목과 탄약 그리고 스쿠터를 생산했다. 정말이지 모든 종류의 제품을 생산할 수 있는 생산라인을 갖추고 있었다.

독일을 지배하는 사람들에게 10만 명의 직원을 거느린 이 산업계의 거물은 당연히 중요한 관리 대상이었다. 물론 유럽 절반에 대한 침략 전쟁을 계획했던 히틀러에게도 이 철강 콘체른은 매우 중요한 의미를 가지고 있었다. 왜냐하면 독재자는 자신이 가진 더 많은 무기에 대한 굶주림을 크룹 사가 해소해 줄 수 있을 것이라고 생각하고 있었기 때문이다. 그리고 유럽에서의 포학한 행위에 종말을 고하고 책임자를 문책하고자 했던 승리한 연합군들에게 이 콘체른을 피고인석에 세운 것은 당연한 일이었다. 그들이 보기에 이 콘체른은 독일 기업인들이 동조한 전쟁 촉진 행위의 전형을 보여 주는 기업이었다. 그들은 이 기업이 히틀러의 전쟁으로부터 이득을 보았다고 생각했다. 또한 그들은 이 철강업계의 거목이 독재자를 후원하고 전쟁을 장려했으며, 강제 노역자와 강제수용소의 수용자들을 칙취했다고 생각했다.

미국은 40살의 알프리트 크룹 폰 볼렌 운트 할바흐를 기업과 가족의 대표로서 뉘른베르크의 피고인석에 세웠고, 그에게 나치 정권의 공범자로서 유죄 판결을 내렸다. 오늘날까지도 "제3제국"의 다른 모든 기업가들보다 크룹 가문의 마지막 후계자에 대한 의견이 더 분분하다. 히틀러의 매니저였을까, 그의 꼭두각시였을까, 아니면 그저 아무런 힘도 없었던 콘체른의 대표였을까? 그에 대한 연구가 많이 이루어졌고 더 많은 추론이 생겼다.

그러나 엄청난 유산으로 인해 유럽에서 가장 부유한 사람이 되었고, 전쟁 중에는 국가 지도자의 명령과 연합군 폭탄의 압박을 받으면서 결코 스스로를 "자기 집 주인"으로 보고 싶어 하지 않았고, 유죄 판결을 부당하게 생각했음에도 불구하고 평정을 유지했고, 후에 오늘날 과학과 연구, 문화와 사회 분야에 매년 수백만 달러를 지출하는 재단에 자신의 전 재산을 양도한 그는 정말 어떤 사람이었을까?

알프리트의 삶과 운명은 그의 가문, 즉 그의 아버지와 콘체른의 대표를 역임한 전임자들과 밀접하게 연관되어 있다. 1906년 봄에 로마에서 베르타 크룹을 알게 되었을 때, 구스타프 폰 볼렌 운트 할바흐는 젊은 직업 외교관이었다. 동시대인들은 2녀 중 장녀였던 그녀를 유럽 대륙에서는 아니더라도 "독일에서는 최고의 배우자감"이라고 생각했다. 그녀의 아버지 프리드리히 알프레트와 어머니 마르가레테는 전통적인 적장자, 아들에 대한 소원을 가지고 있었지만 채워지지 않았다.

1902년에 프리드리히 알프레트가 사망했다. 그의 유언은 베르타를 사실상 크룹 공장의 유일한 상속녀로 만들었다. 아버지의 유지에 따라 그녀는 1907년 3월, 21세 생일날, 성년이 되자마자 단숨에 액면가 1억 6천만 제국마르크 이상의 크룹 주식을 소유하게 되었다. 회사와 가족과 밀접한 관계에 있던 4명이 각각 주식 1주를 가졌으며, 나머지 159,996주의

"젊은 직업 외교관": 중국 주재 독일 공사관의 서기관이었던 구스타브 폰 볼렌 운트 할바흐(왼쪽)

주식은 베르타가 상속했다.

여성이 공장을, 그것도 국가의 군수 분야에서 아주 중요한 역할을 하는 세계 정상급 수준의 콘체른을 운영할 수 있다는 생각은 황제 치하에서는 전혀 할 수 없는 것이었다. 장녀였던 베르타는 빌라 휘겔의 주인이 되도록 그렇게 정해져 있었다. 그러나 알텐도르프 가(街)에 있는 크룹 사 본부 건물에서 사장이라고 불리게 될지도 모를, 그녀 곁에서 막강한 영향력을 행사하게 될 남자가 누가 될 것인지에 대해 세기 전환기의 타블로이드 언론뿐만 아니라 사회 전체가 관심을 갖고 있었다.

학교를 마친 지 단 석 달 뒤에 떠난 그녀의 첫 해외여행에서, 베르타는 교황청 주재 프로이센 대사관의 참사관인 구스타프 폰 볼렌 운트 할바흐를 알게 되었다. 두 사람은 6개월도 안 되어 결혼식을 올렸다. 그는 36살이었고, 그녀는 20살이었다. 구스타프는 경험이 많은 남자였을 뿐만 아니라 지식이 많은 성공한 외교관이었다. 그는 박사 칭호는 없었지만 성에 "폰"이라는 귀족 칭호를 갖고 있었다. 그 외에도 가족과 회사 경영진에서 자신의 지위를 확고히 하기 위한 이 "여군주 남편"의 무기로는 성실, 규율 그리고 지적 능력이 있었다. 왜냐하면 전직 관리였던 그에게 경제적인 능력은 없는 것이나 마찬가지였기 때문이다.

1906년 10월 15일에 치러진 결혼식에 특히 저명한 하객 한 명이 참석하여 부부와 그 하객들을 영광스럽게 해 주었다. 크룹 사가 자금을 지원하여 빌라 바로 옆에 지은 휘겔 역에 독일 황제이자 프로이센의 왕인 빌헬름 2세의 전용 기차가 도착했다. "황제 폐하"께서 결혼 입회인으로 이 부호와 귀족의 결합을 확인해 주었다. 베르타 크룹이 로마의 교황청 대사관에서 하필이면 헌신적이고 능력 있는 외교관 구스타프 폰 볼렌 운트 할바흐를 알게 된 데에는 빌헬름 2세가 무관치 않다는 소문이 끈질기게 떠돌았다. 포함(砲艦) 외교로 유명하고 악명 높았던 이 군주의 관심은 오로지 나라에서 가장 큰 철강업체가 신뢰할 수 있는 사람의 손에 넘어가는 데 있었다.

뿐만 아니라 베르타의 아버지 프리드리히 알프레트가 매우 민감한 상황에서 유명을 달리했다. 그가 죽기 직전에 사회민주당의 당지『포어베어츠』[앞으로라는 의미]가 "카프리 섬의 크룹"이라는 제하의 머리기사에서 그의 이중생활을 들추어냈다. 이 콘체른 대표가 이 지중해 섬의 동굴에서 젊은 남자들과 계속 만났다는 내용이었다. 소문은 계속 이어졌다. 프리드리히 알프레트가 이러한 치욕을 당한 뒤에 스스로 목숨을 끊었다는 것이었다. 그래서 빌헬름 2세는 이 병기 제작자의 좋은 평판에 흠이 나지 않도록 신경을 써야 했다.

이 때문에 결혼 입회인이자 중매인으로 추정되는 황제는 결혼 선물로 훌륭한 훈장을 수여함으로써 훼손된 크룹 가문의 이미지를 새롭게 하려고 했다. 그러나 더욱 귀중했던 것은 다른 것이었는데, 그것은 한 장의 볼품없는 종이였다. "성(姓)을 늘릴 수 있는 증서"라는 까다로운 제목을 단 칙령이었다. 황제는 이 증서에서 거의 절대적인 전권으로 구스타프 폰 볼렌 운트 할바흐에게 자신의 성 앞에 "크룹"이라는 성을 붙일 수 있도록 승인해 주었다. 이제 철강 왕조의 존속이 확보되었다. 크룹 사는 경영진에 새로운 사람을 얻은 것만이 아니었다. 이 사람은 이제 자신의 이름에 회사의 이름을 얻게 되었고, 이로써 그에게는 외견상으로도 확고하게 확립된 가문의 원칙에 따를 의무가 주어졌다. "국가에 대한 충성"은 향후에도 크룹 가문에서 매우 중요한 의미를 갖게 된다.

제국은 그들의 "쇠모루"[대장간에서 달군 쇠를

> 이런 결과를 가져온 행위는 살인에 다름 아니다. 왜냐하면 다른 사람에게 독약을 섞어 마시게 권하는 사람과 편집 사무실이라는 안전한 은신처에서 비방이라는 독화살로 이웃의 명예로운 이름을 더럽히고 이 때문에 생긴 심적인 고통으로 사망에 이르게 만드는 사람 사이에는 아무런 차이도 없기 때문이다.
> 빌헬름 2세, 프리드리히 알프레트 크룹의 죽음에 대한 담화, 1902년 11월 27일

올려놓고 두드릴 때 받침으로 쓰는 쇳덩이]인 크룹 사를 계속 필요로 할 것이라고 빌헬름 2세는 신혼부부에게 훈계했다. "의무 없는 권리는 생각할 수 없다"라고 이 호엔촐레른 가의 황제는 말했다. 그리고 그는 "… 우리의 조국 독일에 생산

> 금박이 칠해진 "의무"라는 단어가 그들 집 문 위에 붙여질 것이다.
> 베르타 크룹과 구스타프 폰 볼렌 운트 할바흐의 결혼식을 맞이하여 빌헬름 2세가 한 말

면이나 성능 면에서 다른 어떤 민족도 도달하지 못할" 방어 무기를 계속해서 조달하는 것이 구스타프와 베르타가 수행할 의무라는 점을 확실히 했다.

1906년 12월부터 크룹 사의 이사가 된 구스타프 폰 볼렌 운트 할바흐는 황제의 가르침에 따라 확고한 규율과 모범적인 책임 의식으로 업무에 임했다. 주강(鑄鋼), 기계 그리고 대포 제작은 그에게 유일한 인생의 의미였다. 그는 빌라 휘겔에서보다 회사가 있는 알텐도르프 가에서 더 많은 시간을 보냈다. 그는 빠르게 필요한 전문 지식을 습득했다. 1909년 그가

> 그는 마치 가면을 쓴 듯 경직되어 있는 얼굴의 땅딸막한 사람이었는데, 그 경직된 얼굴은 사교가다운 세련된 표정과 외교관다운 의중을 알 수 없는 표정뿐만 아니라 도덕적인 진지함 또는 농부의 겸양을 표현할 수 있었다. 30살이 될 때까지 엘베 강 동쪽 지역의 지주의 생각과 습관에 뿌리를 두고 있었던 그는 철강 재벌의 유일한 상속녀와 결혼을 함으로써 갑자기 서독 지역 대기업가들 중에서 최고 반열에 오르게 되었다. 이런 이행 과정이 급작스러웠고 환경 변화도 급격했다. 그래서 그 결과 약간의 불안정한 모습과 흔들리기 쉬운 약점을 드러냈다. 빠른 결단에 대한 요구와 어려움이 상존하는 역할에 적응하는 일은 그에게 매우 어려운 일이었다.
>
> 에릭 레거, 1919-1927년간 크룹 사 언론 담당관

> 그는 본래 크룹 사람이 아니라 선택된 사람이었지만, 크룹 사람들보다 더 크룹다웠다.
> 디아나 마리아 프리츠, 구스타프 크룹 폰 볼렌 운트 할바흐의 손녀

회장직을 맡기 전까지 3년 동안 그는 크룹 사의 이사로 일했다.

회사 경영에 참여하면서 그는 크룹 가문에서 전해져 내려온 원칙들을 자기 것으로 만들었다. 그는 시계처럼 정확하게 움직였으며, 언제나 회사 사무실에 모습을 나타냈다. 직원들의 말에 따르면, 그의 사무실은 언제나 싸늘했다고 한다. 회사 대표는 이를 통해서 손님들이 자신의 빠듯한 시간을 되도록 많이 잡아먹지 않도록 만들고자 했다고 한다.

구스타프 크룹 폰 볼렌 운트 할바흐 개인에게는 프로이센인과 외교관으로서의 특성이 그대로 남아 있었다. 그가 즉흥적이거나 경솔하게 흥분하는 일은 없었다. 그는 결코 평정심을 잃지 않았고, 항상 객관적이고 삼가는 태도를 유지했다. 그 외에도 엄청나게 부지런했다. 집안 축일이나 사회적 사건들은 그에게 별로 중요하지 않았다. 그는 밤에 일찍 잠자리에 들었다. 항상 같은 시간인 22시 15분이었다. 손님들을 만찬에 초대했을 때에는 하인들이 그들의 귀에다 30분 전에 차가 준비되었다고 속삭였다. 그의 손녀인 디아나 마리아 프리츠는 "그는 본래 크룹 사람이 아니라 선택된 사람이었지만, 크룹 사람들보다 더 '크룹다웠다'"고 오늘날 그를 평가한다.

구스타프가 감정에 치우치지 않고 거리를 두는 태도를 보였음에도 불구하고 그와 베르타의 결합은 정략결혼과는 매우 다른 모습을 보여 주었다. 내부 사람들은 사업과 동떨어진 베르타와 "타피"(그녀가 구스타프를 사랑스럽게 부르는 이름)를 보았다고 전한다. 사적인 그룹들 사이에서 이 두 사람은 항상 "폰 볼렌 부부"로 행동했다. 공적인 자리에서는 중요한 의미를 지니는 "크룹"이라는 이름을 사용했는데, 그런 자리는 가문과 선조들의 전통을 대표할 가치가 있는 것으로 여겨지는 자리였다.

"튼튼한 사내아이": 구스타프 크룹 폰 볼렌 운트 할바흐, 그의 아내 베르타와 아들 알프리트, 1910년

물론 구스타프 크룹 폰 볼렌 운트 할바흐는 그의 장인인 프리드리히 알프레트보다 장자 문제도 성공적으로 빠르게 해결했다. 베르타와 결혼한 지 10개월 만인 1907년 8월 13일에 장남 알프리트 펠릭스 알빈 폰 볼렌 운트 할바흐가 세상에 태어났는데, 출생 시에는 그의 성에 "크룹"이 붙질 않았다. 이름에 "크룹"을 추가하는 것은 오로지 그의 아버지에게만 주어진 것이었다. 그는 아들이 태어난 직후에 이사회에 전보를 보냈다. "1907년 8월 13일 휘겔 — 오후 2시 15분. 프리트 크룹 이사회 — 에센 — 나와 내 아내는 이사회에 급히 다음과 같은 사실을 전하는 바이다. 방금 튼튼한 사내아이가 태어났고, 그 아이에게 우리는 그의 위대한 선조를 기억하며 알프리트라는 이름을 주고자 한다." 그리고 나서 새로 태어난 이 아이에게 축복이 뒤따랐는데, 이는 그에게 지어진 부담과도 같은 것이었다. "크룹 사의 공장에서 성장하면서 실제 업무를 통해 내가 매일 그 중요함을 더욱 크게 인식하는 막중한 의무를 넘겨받기 위한 토대를 쌓기를."

알프리트가 태어난 지 채 한 시간도 되지 않았지만, 크룹 제국의 상속자이자 미래의 대표라는 그의 신분은 이미 정해져 있었다. 7명의 자녀가 더 태어났는데, 그중 한 명은 태어난 직후에 죽었다. 그러나 어느 누구에게도 알프리트와 같은 두드러진 역할이 주어지지 않았다. 장남이 집에 도착한 것은 또 한 번 고위 인사의 방문이 이루어지는 계기가 되었다. 빌헬름 2세는 1년 사이에 두 번째로 에센으로 왔다. 이번에 그는 어린 알프리트의 대부가 되었다. 그는 269개의 방이 있고 주거 면적이 8천 평방미터 이상되는 크룹 가문의 거처인 빌라 휘겔에서 다시 하룻밤을 보냈다.

그러나 빌헬름 2세와 크룹 가문 사이에는 우정 교환보다 더 중요한 것이 있었다. 황제가 제국을 대외 정책의 정도에서 벗어나게 만들고 이 때문에 조만간 무력 분쟁이 야기될 것이라는 징후가 점점 더 뚜렷해지고 있었다. 모든 분야에서 비이성적인 엄청난 군비 증강이 이루어지고 있었다. 크룹 사는 이 시장에 물건을 대고 있었다. 전쟁이 일어나기 전 몇 해 동안 매상의 30퍼센트 정도가 군수품 생산에서 이루어졌다. 그중에서 다시 3분의 1 정도가 외국 수출로 인한 매상이었다.

그럼에도 불구하고 크룹 콘체른에 대해 "국가적으로 신뢰할 수 있는가"라는 의구심을 빌헬름 2세는 가질 필요가 없었다. 베르타와 구스타프 크룹 폰 볼렌은 이 시기에 이따금 과도한 애국주의적 행위를 보여 주었다. 아들 알프리트도 여기에 투입되었다. 1912년 회사 창립 1백 주년 기념식에 즈음하여 다시 한 번 황제가 에센으로 방문하기로 되어 있었는데, 구스타프 크룹 폰 볼렌 운트 할바흐는 야외 연극을 준비했다. 이 연극에는 기사들이 빛나는 무기를 들고 서로 다투고 대포 소리도 나게 되어 있었다. 이와 함께 국민적 영웅이 무기를 든 장면을 넣기로 했는데, 이를 통해 보수적인 엘리트들은 분열된 사회가 다시 봉합되기를 기대하고 있었다. 구스타프는 막 5살이 된 장남에게 기사의 시종 역할을 주려고 생각했다. 어린 알프리트는 예행연습 때 중세 느낌이 나는 의상을 입고 조랑말을 타고 있었다.

그러나 광산 사고 때문에 연극은 상연되지 못했다. 그럼에도 불구하고 기념일을 축하하기 위한 간결하고 힘찬 연설이 이루어졌다. "우리가 보존할 가치가 있는 우리 민족의 미덕 중에는 옛 게르만이 가졌던, 나라를 지키려는 결연한 의지와 무기를 사랑하는 정신이 있습니다." 이는 당시 크룹 사의 최고경영자였던 반유대주의 성향의 민족주의자인 알프레트 후겐베르크가 한 말이었다. 후에 그는 히틀러의 출세를 돕는 조력자가 되었다.

> 크룹의 이름이 언급되는 곳에서, 그 이름은 자동적으로 대포 공장의 이미지와 연결된다.
> 크룹 사의 창립 1백 주년 기념식에서 알프레트 후겐베르크가 한 말, 1912년 8월

상: "나라를 지키려는 결연한 의지와 무기를 사랑하는 정신": 황제 빌헬름 2세가 1912년 회사 창립 1백 주년에 즈음하여 크룹 사를 방문하고 있다
하: "대포 공장의 상징": 크룹 사에서 포탑을 제작하는 모습(1차 세계대전 이전)

"포탄의 무시무시한 위력": 1915년 서부전선에 투입된 "뚱보 베르타"

"무기를 사랑하는 정신"과 "나라를 지키려는 결연한 의지." 전투적인 의미에서 한 이 말은 곧 비극적 현실이 되었다. 1914년에 1차 세계대전이 발발했다. 크룹 콘체른은 전쟁 장비를 생산하는 구동장치의 중심축이 되었다. 전쟁 발발 직전에 그는 420밀리 박격포를 완성했는데, 이 박격포는 시험도 거치지 않고 전쟁 초기에 벨기에 전선으로 공급되었다. 단 400발을 쏘고 난 뒤에 벨기에 리제 주변에 구축된 방어 시설이 무너졌다. 황제군은 첫 승리를 구가했고, 크룹 사는 전쟁 콘체른으로서의 세계적인 명성을 새롭게 구축하게 되었다. 중형 대포는 "뚱보 베르타"라는 이름으로 알려졌고 공포의 대상이 되었다.

에센의 철강 재벌에게도 불안했던 이 시기에,

> 크룹 사의 세계적인 명성은 대포 생산 분야에서 보여 준 혁신적인 활동과 밀접하게 연관되어 있다.
> 프리츠 라우젠베르거, 크룹 사 설계자, 1915년

"여기서는 아무도 자유롭지 못했다": 호화스러운 빌라 휘겔은 크룹 가문의 거처였다

알프리트는 자신의 유년기를 휘겔에서 보냈다. 나중에 친척들은 그가 아버지를 어려워했고 어머니를 우상처럼 숭배했다고 전한다. 에미 쾨르퍼는 1929년에 보모로 크룹 가에 들어왔다. 그녀는 알프리트의 동생들에 대해 다음과 같이 말한다. "나는 이렇게 성실하고 순수하며 침착한 아이들을 이제껏 본 적이 없다. 그리고 얌전했으며, 행실 바른 아이들이었다." 알프리트는 자기 어머니의 눈에도 아이들 중에서 "가장 성실한 아이"였다.

대저택인 빌라 휘겔은 형제자매들이 행복하고 편안한 유년기를 보내기에는 별로 적절하지 않은 것처럼 보였다. 에미 쾨르퍼는 다음과 같이 전한다. "75미터나 되는 홀을 가진 집이 주는 인상은 어두웠다. 정말 어두웠다! 그리고 그 후 10년 동안 이런 인상이 밝게 바뀌지 않고 계속 음울했다." 아이들에게 이 거대한 건축물은 마치 프로이센의 사관학교처럼 보였을 것이라는 얘기가 가족들 사이에서 나왔다.

언제나 의무와 책임감으로 가득 찬 장소였다. 빌라 휘겔에서는 아무도 자유롭지 못했다.
되르테 폰 볼렌 운트 할바흐, 알프리트의 제수

어머니는 내게 이렇게 말했다. 두려운 분위기였다. 너무 차가웠고 비인간적이었다.
아르트 폰 볼렌 운트 할바흐, 알프리트의 아들, 빌라 휘겔에 대해

알프리트는 나중에 자기 동생들과 마찬가지로 가정교사로부터 교육을 받았다. 아버지는 아이들의 일과를 꼼꼼하게 짰다. 수업 시간, 승마 시간, 미술 시간이 일과에 포함되어 있었다. 아이들이 부모를 볼 수 있는 시간조차도 그 일과표에 들어 있었다. 식사 시간에는 궁정에서처럼 엄격한 규율이 있었다. 아버지가 수저를 접시에 놓는 순간 식사가 종료되었다.

잘츠부르크 주의 블륀바흐 성에서 보낸 휴가가 온전한 가족생활이라는 이상에 보다 가까웠다. 크룹 가는 1914년 사라예보에서 피살된 오스트리아 황태자 프란츠 페르디난트 대공 소유였던 이 성을 1916년에 구입했다. 성에서는 확실히 에센에서보다 긴장이 풀리고 자연스런 분위기였다. 의전과 엄격한 하루 일과가 느슨하게 이루어졌다. 아버지 구스타프조차 여기서는 긴장을 풀었고, 방해받지 않고 자신이 좋아하는 취미인 사냥에 전념했다고 한다. 아이들에게는 심지어 게으름을 피우고 아무것도 하지 않아도 되는 드문 특권이 주어졌다.

하지만 집 안에서의 자녀교육은 크룹 가 선조들의 엄격한 원칙을 따라야만 했다. 책임 의식, 규율, 성실 등이 그것이었다. 교육을 받으면서 다른 아이들과 같은 불안감이 가끔 알프리트를 괴롭혔다. 1917년에 가정교사가 하필이면 국민윤리와 체조 과목에서 알프리트의 성적이 모자란다는 얘기를 부모에게 하지 않을 수 없게 되었던 것이다.

알프리트 폰 볼렌 운트 할바흐는 자신의 학창 시절 중 마지막 3년을 에센 브레데나이에 있는 김나지움에서 다닐 수 있게 되었다. 이곳에서도 그의 역할은 미리 정해져 있었다. 그는 동급생들로부터 다음과 같은 말로 인사를 받았다고 한다. "자, 크룹네 철강 공장은 무엇을 만들지?" 또래 친구들의 방문은 알프리트에게는 드문 일이었다. 어쨌든 고등학생으로서의 삶은 그에게 보다 많은 자유를 주었다. 그는 학교 조정 팀의 정조수가 되었고, 아버지 구스타프는 새 보트를 학교에 기부했다. 그렇게 알프리트는 빌라 휘겔 밖에서 자유로운 시간을 보냈다. 1924년, 그는 아비투어를 일찍 치렀다. 그사이 뛰어난 성적을 받았기 때문에, 그는 구술 시험을 보지 않아도 되었다.

아버지가 그렇게 꼼꼼하게 알프리트의 일과를 짠 것처럼, 그는 자식이 향후에 받을 수업 또한 면밀하게 준비했다. 알프리트는 자신의 신분과는 달리 사업을 "바닥부터" 배우게 되었다. 그래서 그는 이미 12살 때부터 크룹 사의 탄광에 다녔다. 5년 뒤에 그는 이사회에 참석했다.
 아버지 구스타프는 갓 졸업한 알프리트에게 우선 여섯 달간의 견습 생활을 자기 회사에서 하도록 했다. 알프리트 폰 볼렌은 대장장이, 선반공 그리고 철물공 일을 익혔다. 그는 다른 모든 "크룹인"들처럼 근무 수첩에 도장을 받아야 했고, 심지어 두 번 지각한 것 때문에 흑판에 "게으름뱅이"로 적혀 웃음거리가 되기도 했다.
 그러나 그가 아무런 특혜도 받지 않고 그 견습 기간을 헤쳐 나온 것은 아니었다. 그는 스쿠터를 이용해 견습공 실습 공장으로 쉽게 갈 수 있었는데, 당연히 크룹 사 제품이었다. 전쟁에서 패전한 이후에 주강 공장은 놀라울 정도로 빠르게 평시 제품을 생산하는 체제로 전환되었다. 장갑판 대신 기관차를, 야전 유탄포 대신 트럭을, 포신 대신 도관을 생

"자, 크룹네 철강 공장은 무엇을 만들지?":
1924년 졸업하는 해의
알프리트 폰 볼렌 운트 할바흐의 모습

산했다. 콘체른 대표였던 구스타프 크룹 폰 볼렌은 전후의 어려운 상황을 노련하게, 막대한 세금 지원을 받아 극복했다. 옛 "제국의 병기 제작소"는 민간용 제품을 생산해서 1926년에 다시 흑자를 기록했다. 크룹 사는 이 시기에 녹이 슬지 않고 산성에 견디는 강철을 판매했는데, 매우 성공적이었다. 그 강철은 "니로스타"라는 이름으로도 알려진 V2A였다. 이 강철이 실제로 세계 최고였다는 것은 오늘날 뉴욕의 크라이슬러 빌딩이 증명해 준다. 이 마천루의 현란한 첨두는 지금도 에센의 고급 강철로 만들어져 있다.

베르사유 강화 조약이 정확하게 규정하고 있었음에도 불구하고, 이 기업은 군수산업을 결코 완전히 포기하려고 하지 않았다. 승전국의 요구에 따르면, 크룹 사는 더 이상 무기를 생산해서는 안 되었다. 이 금지 규정을 준수하고 있는지를 연합군 군통제위원회가 날카로운 눈으로 지켜보고 있었다. 에센에는 6명의 영국군 장교와 2명의 프랑스 장교가 크룹 사가 무엇을 생산하고 파쇄하는지 그리고 무엇이 군수품 생산에 이용될 수 있는지 감시하고 있었고, 크룹 사의 많은 사람들이 추측한 대로, 세계 시장에서 영국과 프랑스 기업들을 위협할 수 있는 개발이 이루어지는 것을 막고 있었다.

그러나 콘체른에서 방법을 찾았다. 이미 1919년 9월에 크룹 사는 스웨덴의 철강 기업 AB 보포르스와 예전 사업 관계를 재개했다. 세

> 1927년은 앞선 해들과는 달리 경제 상황이 호전된 덕분에 종업원 수가 계속 늘었다.
> 크룹 사 인사부서의 1926-27년 연례 보고서

"대형 대포 대신에 금전등록기": 베르사유 조약의 제한 조치 때문에 크룹 사는 비군사적인 사업 분야로 방향을 돌려야 했다

계대전에서 중립국으로 남아 있었고, 베르타가 존경하는 빌헬름 2세의 망명을 허락해 주었던 네덜란드는 이제 크룹 사에서 구경 750밀리 대포 60문을 구매하고 싶어 했다. 그러나 이 계약은 콘체른에 허가되지 않았다. 그래서 스톡홀름의 보포르스 사는 자신들이 에센에서 만든 설계도에 따라 무기를 제작해도 되는지 문의를 했다. 사업은 문제없이 진행되었다. 크룹 사와 보포르스 사는 계속 협력해 나갔다. 에센의 거대 철강 기

"유보트 건조에 있어 세계 최고": 그러나 1935년이 되어서야 비로소 킬에 소재한 크룹 콘체른 산하의 게르마니아 조선소에서 공식적으로 유보트가 다시 진수되었다

업은 야금술에 관한 최신 개발 사항을 계속 제공했다. 그리고 스톡홀름의 기업은 크룹 엔지니어들에게 자신들의 사격 연습장을 제공했다. 그렇게 전쟁 기간 중에 습득한 "가치 있는" 노하우를 더욱 발전시킬 수 있었다.

얼마 지나지 않아 독일이 모든 시대를 통틀어 가장 큰 폭의 통화 가치 인하를 막 실시한 1922년 가을에 크룹 사는 네덜란드의 덴 하그에서 "조선 엔지니어 사무소(IvS)"를 설립한다. 크룹 사는 유보트 건조에 있어서 세계 최고였다. 그리고 조선 엔지니어 사무소는 국제적인 접촉을 통해서 세계 최고 수준을 유지하는 일을 맡았다. 일본은 크룹 사의 유보트를 구매하려고 했다. 물론 크룹 사는 유보트를 직접 제작할 수 없었다.

> 연합군의 조사위원회도 속았다. 맹꽁이자물쇠, 우유통, 금전등록기, 발라스트 탬퍼[철도 선로의 자갈 다지는 기계], 쓰레기 운반차 그리고 이와 유사한 "잡동사니"들은 정말 의심할 필요가 없는 것들로 보였다. 그리고 기관차와 트럭도 전적으로 "일반용"으로 보였다. 아돌프 히틀러가 권력을 장악한 뒤에, 나는 총통에게 크룹 사가 최소한의 준비 기간만 있으면 독일 국민의 재무장을 위한 준비를 빈틈없이 할 수 있다고 보고할 수 있어 만족스러웠다.
>
> 구스타프 크룹 폰 볼렌 운트 할바흐, 1942년

그래서 조선 엔지니어 사무소는 설계도를 팔았고, 제작 과정을 감독할 능력이 있는 엔지니어를 파견했다. 이와 비슷한 거래가 스페인, 터키와 이루어졌고, 1930년에는 핀란드와 이런 거래를 했다. 게다가 이런 거래를 통해서 조선 엔지니어 사무소는 독일 해군용 프로토타입을 개발하는 데 성공했다. 250톤의 보트가 의심을 받지 않고 생산될 수 있도록 장치별로 나누어졌는데, 필요시에는 선체에 끼워 넣기만 하면 되었다. 1935년 독일이 다시 잠수함을 보유할 수 있도록 한 독일과 영국의 해군 협정이 체결된 지 4주 뒤에 킬에 소재한 크룹 사의 게르마니아 조선소에서 최초의 독일 유보트가 진수되었다. U1부터 U24까지 전체 시리즈가 이런 식으로 준비되었다.

크룹 사는 비슷한 예비 작업을 육군을 위해서도 했다. 적어도 몇 년 동안 독일의 안정적 시기였던 1925년 7월에 베를린 포츠담 광장에 있는 고층 건물 9층에 "코흐 & 키엔츨레 (E)" 엔지니어 사무실이 입주했다. 19명이 이곳에서 일하고 있었다. 이들 모두 크룹 사람들이었다. 괄호 안에 조심스럽게 표시한 알파벳 "E"는 "개발"의 약자였다. 이 베를린 사무소에 크룹 콘체른은 무게가 17톤이 나가고 260마력의 모디를 가진 "대형 트랙터"를 설계하도록 했는데, 이 트랙터는 필요에 따라 라인메탈 사의 포탑을 장착할 수 있었다. 그런 강력한 "상용차"를 주문한 의뢰인은 엎어지면 코 닿을 위치에 있던 제국 국방부였다. 그곳 사람들은 실제 기능을 아무 의미 없는 기호로 표시하기 위해 암호 책을 가지고 있었다. 그러나 가끔 이런 비밀이 신중하지 못하게 다루어질 때도 있었다. 그래서 서류에 각주 형태로 제국 국방군 장교가 설계 사무실에 요구한 사항이 발견되기도 했다. "트랙터의 기술적 제원은 프랑스와 벨기에에서 무개화차로 수송하기에 적합해야 한다." 이것은 새로운 서부 지역 원정에 쓰일 자주포에 관한 내용이었다.

크룹 사와 제국 국방부 외에는 아무도 엄격하게 비밀이 유지된 서류와 계획에 대해 몰랐다. 프리츠 투벤징은 베를린 사무소에서 일하고 있었다. 그의 기억에 따르면, "아무도 우리를 주목하지 않았고, 아무도 우리를 방해하지 않았다. 정말로 아무도 우리 문을 두드린 사람이 없었다. 사실상, 우리는 제국의회 위에 있었지만, 제국의회는 그 사실을 전혀 몰랐다."

또 다른 설계 작품은 무한궤도가 달린 "농업용 경작 트랙터"였다. 이 트랙터는 짧은 시간 안에 Ia 타입 전차[독일 경전차]로 변신을 했는데, 이 전차 타입은 무게가 5.6톤이었고, 크룹 사의 60마력 모터로 구동되었으며, 라인메탈 사의 포탑을 장착하고 있었다. 1930년부터 "트랙터"가 테스트에 들어갔다. 볼가 강변의 카잔[러시아 연방에 속한 타타르 공화국의 수도]에서 테스트가 이루어졌는데, 그곳은 바이마르 공화국과 소련 사이에 비밀 협정이 체결된 곳이었다. 소련에서 설계 개발이 계속 이루어졌다. 전차를 제작하라는 정치적 시그널이 나오자 곧바로 생산을 시작할 수 있었다. 그 시그널은 히틀러가 1933년에 집권한 것이었다. 1933년 말에 "전차 Ia"가 완성되었고, 이어서 콘체른에서 "4호 전차"로 발전시켰다. 이 전차는 전쟁 개시 이후에 국방군으로부터 수천 대를 주문받았다.

그리고 하필이면 소련과의 전쟁에 투입되었다.

자신의 견습 기간이 끝난 뒤에 젊은 알프리트 폰 볼렌은 그런 재앙이 올 것이라고는 꿈에도 생각하지 않았다. 아버지의 계획에 따라 그는 1925년에 뮌헨에서 엔지니어 공부를 시작했다. 완전히 계획대로 이루어진 것은 아니었지만, 그는 이제 에센과 멀리 떨어져서 처음으로 새로운 자유를 만끽하게 되었다. 그는 이제 드디어 비행과 요트와 같은 취미를 가지게 되었다. 심지어 아버지로부터 스포츠카를 구입하기 위한 돈을 받아 내기도 했다. 아들이 제대로 된 학구열을 가지고 있는지 아버지가 의구심을 가졌음에도 불구하고 말이다. 그리하여 알프리트는 붉은 심슨을 타고 구시가지를 휘젓고 다녔다. 물론 그는 학우들의 대학 생활에 대해 별로 관심을 두지 않았다. 국가사회주의 대학생연맹이 점점 더 공격적으로 히틀러를 선전하고 다니는 등 정치적으로 점차 가열되어 가는 캠퍼스 상황도 그에게는 별로 영향을 주지 않았던 것처럼 보인다.

강의실과 실험실에서 알프리트 폰 볼렌 운트 할바흐는 장차 자신의 사업에 필요한 자연과학적 토대, 즉 물리, 화학, 야금술을 배웠다. 그러나 그가 대학 졸업 시험을 마칠 때까지 9년이 걸렸다. 뮌헨 이후에 베를린에서 짧은 휴지기가 있었다. 그는 1929년에 대학교뿐만 아니라 자동차도 바꾸었다. 그는 아헨 공대에 등록했고, 성능이 향상된 다임러 자동차를 구입했다. 오늘날 같으면 그는 "장기간 대학생활을 한 학생" 취급을 받았을 것이다. 그러나 그가 마침내 1934년 11월에 학업을 마쳤을 때, 그는 크룹 가에 어울리는 "출중"한 성적을 받았다. 이 시기에 모든 상황이 이미 근본적으로 바뀌어 있었다. 아돌프 히틀러가 독일을 지배하고 있었다.

1923년부터 이미 히틀러 캠프를 지원하고 있었던 루르 지방의 저명한 또 다른 철강왕 프리츠 티센과 달리, 알프리트의 아버지 구스타프 크룹 폰 볼렌 운트 할바흐는 나치 "총통"에 대해 관망하는 자세를 취했다. 그의 성향은 자유주의 우파 계열의 독일국민당(DVP)에 가까웠다. 이념이나 스타일 측면에서 그는 히틀러와 거리가 멀었다.

뒤셀도르프 경영자클럽이 1932년 초에 여러 정치인들을 초대한 후, 히틀러의 정치적 목적에 대해서도 듣기 위해 그를 초대했을 때, 크룹 사 대표이자 독일경영자제국협회(RDI) 회장은 불참했다. 3달 뒤에 히틀러가 제국 대통령 선거에서 현직 파울 폰 힌덴부르크 대통령에 맞서 후보로 출마했을 때, 구스타프 크룹 폰 볼렌은 당연히 "보헤미아 상병"[히틀러를 의미]이 아닌 제국 원수를 지원했다. 1932년 10월에 티센이 크룹과 히틀러가 서로를 알도록 루르 강변의 뮐하임에 있는 자신의 집으로 그를 초대했을 때에도 크룹은 개인 비서를 통해 거절 의사를 전했다. 거절 이유에 대한 설명도 없었다. 노련하고 침착한 이 기업가는 정치적인 구원의 메시지를 별로 좋아하지 않았다.

전직 제국수상이자, 보수주의자들이 선호하고 나중에 히틀러의 부수상이 되었던 프란츠 폰 파펜도 구스타프 크룹 폰 볼렌에게서 퇴짜를 맞았다. 그가 히틀러-파펜 정부에 대한 힌덴부르크의 지지를 얻기 위해 이 철강 보스에게 지원을 요청했던 것이다. 대신 크룹 폰 볼렌은 상대방이 몸이 달도록 만들었다. 히틀러가 제국수상이 되는 그 운명적인 1933년 1월 말의 며칠 동안, 그는 스위스 엔가딘에서 요양을 하고 있었던 것이다. 그는 그곳에서 독일경영자제국협회 회장으로서 맡은 바 역할에 따라, 현 독일경영자제국협회 회장단의 일원인 루드비히 카스틀이 현재 진

> 나는 아돌프 히틀러를 뽑을 것이다. 내가 그를 정확하게 알고, 그가 독일이 나락으로 떨어지고 붕괴되는 것으로부터 구해 줄 수 있는 유일한 사람이라고 확신하기 때문이다.
> 프리츠 티센, 1932년 3월

> 크룹 사에서는 노신사 구스타프 씨가 참석했다. 그는 일어서서 히틀러에게 감사 인사를 했다. 당시 그는 히틀러에게 매우 열광하고 있었다.
> 1933년 2월 20일의 일에 대해 히얄마르 샤흐트가 한 말

행되고 있는 음모와 관련해 힌덴부르크에게 항의함으로써, 이 사안에 개입하는 것을 승인했다. 독일경영자제국협회는 귀족이자 대지주 계층인 보수주의자들과 천한 정치 선동가 사이의 협정을 통해 농업 보호를 위한 관세가 제정되고, 이로 인해 수출 지향적인 중공업이 피해를 입을 수 있다고 우려하였다. 카스틀은 자신의 뜻한 바를 이루지 못했다. 구스타프 크룹 폰 볼렌 운트 할바흐는 히틀러에게 권력이 넘어가는 것에 대해 두 번째 막내를 거론하면서 다음과 같이 평했다. "나는 하랄트가 옳을까 봐 두렵다. 하랄트는 최근에 수소와 산소가 결합하면 폭발 가스가 생길 수도 있다는 것을 알았다!"

구스타프 크룹 폰 볼렌 운트 할바흐는 히틀러에게 관심이 없었다. 그러니까 그는 히틀러가 권력을 획득하기 전에 그에게 한 푼도 기부하지 않았다. 미국 조사관들이 알프리트 크룹 폰 볼렌 운트 할바흐에 대한 전범 재판을 위해 80톤에 이르는 방대한 문서를 살펴보았지만, 크룹 사가 기부를 통해 히틀러가 권력을 잡는 데 도움을 주었다는 증거는 발견하지 못했다.

그러나 히틀러가 제국수상이 된 이후에는, 크룹 폰 볼렌과 그의 회사는 더 이상 그를 피할 수도 없었고 피하려고도 하지 않았다. 1932년부터 제국의회 의장으로 있었던 헤르만 괴링은 전보를 보내어 2월 20일 베를린에서 열릴 협의회에 그를 초대했다. "이 협의회에서 제국수상께서는 자신의 정책에 대해 상세하게 설명하실 것입니다." 크룹 폰 볼렌은 다른 24명의 기업가들과 함께 정확히 저녁 6시에 그곳에 나타났다. 그러나 히틀러는 이 귀한 손님들을 처음에는 기다리게 만들었고, 그 다음에는 30분간의 독백으로 그들을 "행복하게 해 주었다." 경제정책에

많은 국민의 관심사가 이렇게 경솔하게 다루어지다니 대단히 슬프다.
구스타프 크룹 폰 볼렌 운트 할바흐, 1933년 2월 1일

우리는 통합된 국민의 지도자를 기꺼운 마음으로 뒤따를 것이다.
크룹 사 결산보고서, 1932-33년

병기 제작자 289

상: "나는 히틀러를 뽑을 것이다": 프리츠 티센이 1932년 1월 27일 뒤셀도르프 경영자클럽에서 열린 회의에서 연설하고 있다
하: "기꺼운 마음으로 뒤따른다?": 구스타프 폰 볼렌 운트 할바흐와 대화중인 독일노동전선 의장 로베르트 라이, 1933년

관한 것은 거의 다루지 않았다. 그보다는 히틀러가 좋아하는 주제인 국민의 "생존 투쟁"을 다루었고, 1933년 3월 5일에 치러지는 다음 선거가 투표로 공산주의자들이 발을 못 붙이게 만들 "마지막 기회"라는 얘기를 했다. 원래 크룹 폰 볼렌은 독일경영자제국협회 회장으로서 새로운 정부에 수출 지향적인 정책을 요청하는 연설을 준비했었다. 그러나 히틀러는 판에 박히지 않은 그의 자유로운 스타일대로 완전히 그를 무시했다. 크룹 폰 볼렌은 일어서서 즉흥적인 말 몇 마디로 히틀러에게 감사 인사를 했다. 히틀러가 방을 나서자 비로소 괴링이 본론을 꺼냈다. 나치당이 선거를 치르는 데 사용할 기부가 필요하다는 것이었다. 그러나 이 선거가 "확실히 10년 내에, 예상으로는 100년 내에" 치러지는 마지막 선거가 될 것이기 때문에, "요청받은 희생"을 받아들이는 것이 산업계에는 별로 어려운 일이 아니라는 얘기였다. 크룹 폰 볼렌은 엄청난, 그러나 자세히 밝히지 않은 액수를 "사취해 가도록" 했다. 어찌 되었든 3백만 제국마르크가 모였다. 히틀러에게 그날 밤은 유익했다. 궁극적으로 자신의 독재 정치를 공고히 하기 전에 치러지는 마지막 선거에 재정 지원이 이루어진 것이었다.

3달 뒤에 크룹 폰 볼렌은 결국 새로 만들어진 "독일 경제계 아돌프 히틀러 기부금" 신탁위원회의 위원장직을 맡게 되었다. 첫 해에만 3,600만 제국마르크가 여기에서 국가사회주의노동당으로 흘러 들어갔다.

그런데 어떻게 크룹 폰 볼렌은 꺾이게 되었을까? 히틀러의 압력이 너무도 컸을까? 그 때문에 오랫동안 주저한 것을 금전적인 제공을 통해서 만회하려고 했던 것일까? 아니면 그가 실제로 히틀러의 프로그램에 설득을 당한 것일까? 히

··· 농업계와 은행권을 포함한 독일 산업계 전반에서 모금을 촉구하자는 제안이 있었다. 모금액은 "히틀러 기부금"이라는 이름으로 국가사회주의노동당 지도자가 사용하게 될 것이다. ··· 나는 관리위원회 위원장직을 맡게 되었다.
구스타프 크룹 폰 볼렌 운트 할바흐가 샤흐트에게 한 말, 1933년 5월 30일

틀러가 부채로 재원을 마련한 경기 부양책을 관철시키면 자신의 회사가 이득을 볼 것이라고 기대한 것일까? 그가 기부 행렬에 동참한 동기는 불명확했고, 히틀러에 대한 관계도 모순적이었다. 구스타프 크룹 폰 볼렌 운트 할바흐는 히틀러의 충성스런 신하는 아니었다.

돌격대의 테러가 동반된 1933년 3월 5일 선거에서 히틀러가 승리한 뒤에, 크룹은 베를린 티르피츠우퍼에 위치한 독일경영자제국협회 본부에 하켄크로이츠 깃발을 다는 것을 저지하려고 시도했었다. 크룹은 황제의 존귀한 흑-백-적기가 휘날리는 것을 보고 싶어 했다. 그러나 돌격대가 옥상으로 가는 길을 내고는 하켄크로이츠 깃발을 달았다.

이 시기에 구스타프 크룹 폰 볼렌은 마지막으로 신정부에 대한 저항을 시도했다. 독일경영자제국협회 회장으로서 그는 독일노동조합총연맹 의장인 테오도르 라이파르트를 방문했다. 평소 대립하던 두 협회가 히틀러가 자신의 생각대로 경제 질서를 새로 만드는 것을 저지하고자 했다. 대화를 나눈 뒤에 크룹 폰 볼렌은 제국수상 청사로 길을 나섰다. 그러나 히틀러는 그를 맞아 주지 않았다.

히틀러 당의 "경제정책 대변인"인 오토 바게너가 독일경영자제국협회 회장에게 의사를 타진하러 왔던 날이 1933년 4월 1일이었는데, 그때는 전국적으로 유대인 상점들이 돌격대의 습격을 받고 봉쇄되어 물건을 팔지 못하게 되었던 때였다. 크룹 사가 "외부로부터 조치"를 받지 않으려면, 바게너가 말한 다음 조건을 크룹 폰 볼렌이 받아들여야만 한다는 내용이었다. 그 조건은 유대인 회원들을 협회에서 배제하고 임원진에 정부에서 파견한 두 명의 "믿을 만한 사람들"을 보강해야 한다는 것이었는데, 크룹 폰 볼렌은 이를 받아들였다. 유대인으로 회장단의 일원이었던 루드비히 카스틀이 떠나야만 했다. 간부진에 정부에 충성하는 "세 명

> 오랫동안 주문이 끊긴 이후 처음으로 우리는 다시 독일 국방군으로부터 대규모 주문을 받아 처리했고, 이로써 우리 가문의 명예로운 전통으로 복귀했다.
> 1934/35년 결산보고서에 나와 있는 크룹 이사회 보고 내용

의 임원"을 받아들임으로써 독일경영자제국협회는 독립성을 포기하게 되었다. 지도자 원칙[아돌프 히틀러가 모든 영역에서 최고의 명령권자라는 원칙]이 협회에도 도입되었고, 구스타프 크룹 폰 볼렌은 "특명 전권"이 부여된 협회의 "유일한 전권 위임자"가 되었다. 이제 그는 경제적인 합리성과 정치적 불가피성을 조화시키기 위해 히틀러 정권으로 방향을 선회했다.

신정부에 대해 저항하는 자세를 취하던 구스타프 크룹 폰 볼렌은 약탈을 자행하는 돌격대 무리들을 접하고는 독일경영자제국협회 회장으로서의 직무에 있어서는 완전히 충성하는 자세로 돌변했다. 회장단의 나머지 회원들은 중요한 결정을 독단적으로 처리한 그를 격렬하게 비판했다. 그러나 그런 비판은 더 이상 아무 소용이 없었다. 크룹 폰 볼렌은 이제 독일경영자제국직능단체의 지도자였는데, 제국직능단체는 그사이 제국협회가 이름이 바뀐 것이었다. 곧 독일 경제의 "자치"에 대해서는 더 이상 언급이 되지 않았다. 프리츠 티센과 같은 히틀러 추종자들과 구스타프 크룹 폰 볼렌과 같은 기업가들의 미적지근한 저항은 히틀러 독재 정치에 걸림돌이 될 수도 있었던 경제협회가 더 이상 힘이 없음을 확실하게 해 주었다.

크룹이 히틀러에게로 선회한 시기는 자기 사업에 진척이 생긴 시점과 때를 같이한다. 베를린 티르피츠우퍼에서 돌격대에 의한 깃발 사건이 일어나고 1주일 뒤인 1933년 3월 27일에 크룹 사는 해군 최고사령관 에리히 래더 제독과 접촉을 가졌다. 1차 세계대전 종전 이후로 킬에 있는 게르마니아 조선소의 활동이 제대로 회복되지 못하고 있었고, 20년대 중반 이후로는 계속 베르타 크룹의 사재에서 나오는 자금을 지원받아 겨

우 명맥을 유지하고 있었다. 수백 명의 "크룹인"들을 포함해 조선소를 매각하는 것은 크룹 가문에서 대대로 내려오는 규정에 따라 금지되어 있었다. 그래서 크룹 폰 볼렌은 이제 해군 지휘관에게 압력을 행사했다. "게르마니아 조선소의 손실을 지속적으로 견뎌 낼 수 있는지 여부를 심각하게 고려해" 보아야만 하는 상황이라고 그는 해군 제독에게 편지를 썼다. 그 때문에 "상황이 호전될 때까지 게르마니아 조선소 상황을 개선시키거나 계속 운영할 수 있는 다른 방법을 찾는 것"이 필요하다고 주장했다. 이 기업은 실제로 히틀러가 군비 확장을 통보하기를 기다리고 있었다. 이제 그때까지 임시변통 수단을 찾기만 하면 되었다. 그러나 크룹 폰 볼렌의 개입은 처음에는 별 성과가 없었다. 1934년이 되어서야 비로소 게르마니아 조선소는 새로운 유보트와 구축함을 건조하라는 주문을 받았다. 크룹 사는 조선소 문을 닫을 수도 있다는 위협을 실행에 옮기려고는 하지 않았다.

군비 확장에 필요한 재원을 마련하는 문제가 대두되었을 때도 그는 역시 복종하는 모습을 보였다. 제국은행 은행장 히얄마르 샤흐트는 탱크, 유보트 그리고 전투기가 외상으로 만들어진다는 점을 숨기려고 했다. 이 때문에 그는 독일에서 중요한 5개 군수 콘체른으로 하여금 "야금 연구 유한회사"(메포)라는 이름의 유령 회사를 설립하도록 했다. 독일군에 조달되는 군수물자 대금은 이 명목뿐인 회사의 어음으로 지불되었다. 제국은행은 이 어음을 인수했지만, 한 번도 지불한 적은 없었다. 그런 식으로 군수업체들에게 돈이 지불되었기 때문에 공공 재정에서 군비 지출이 발생하고 새로운 채무가 생긴 적이 없었다. 하여튼 1934년에서 1939년까지 120억 제국마르크가 이런 식으로 제공되었다. 이 수단이 정치적으로는 기막힌 수단이었지만, 화폐 정책이나 재정 정책 면에서는 의심스러운 수단이었다. 이런 신용 대부 조작에 관한 상세 내용을 크룹 콘체른

"새로 주어진 것에 적응하기": 나치 경제 지도자 구스타프 크룹 폰 볼렌 운트 할바흐, 아드리안 폰 렌텔른 그리고 알베르트 푀글러(오른쪽부터)

이 큰 그림으로 파악하고 있었는지는 불명확하다. 그러나 메포 어음이 군수물자 대금 지불에 쓰이는 통상적인 방법은 결코 아니었다는 사실을 기업 지도부에서는 알고 있었을 것이다. 그럼에도 불구하고 지멘스, 독일공업기업 슈판다우, 구테호프눙 제련 공장과 아우구스트-티센 제련 공장과 함께 "프리트. 크룹 주식회사"가 1933년 7월 메포 유한회사 설립에 참여했다.

그러나 구스타프 크룹 폰 볼렌이 무관심한 회의론자에서 히틀러의 충성스런 추종자로 탈바꿈한 것이 독재자의 광적인 이데올로기로 개종한 것을 의미하는 것은 아니었다. 유대인에 대한 그의 태도에서 정부에 대한 거리감이 분명하게 드러났다. 크룹 사의 4명의 이사 중 한 명이었던 아르투어 클로츠바흐는 국가사회주의 방식에 따르면 "반(半) 유대인"이었다. 그럼에도 불구하고 그는 유대인 박해의 밤 사건이 일어나기 2달

전인 1938년 9월에 사망할 때까지 그 자리를 유지했다. 크룹 폰 볼렌이 압력 때문에 독일경영자제국협회에서 해임하는 것에 동의해서 쫓겨났던 유대인 추밀고문관 루드비히 카스틀을 그는 재정적으로 계속 지원했다.

히틀러의 적수였던 엄격한 보수주의 성향의 카를 괴르델러는 1937년 라이프치히 시장 직을 내놓아야만 했는데, 그 이후 구스타프 크룹 폰 볼렌은 그를 콘체른의 이사로 영입하려고 했다. 그는 히틀러에게 그의 영입을 승인해 줄 것을 청했는데, 히틀러는 답을 회피했다. 결국 또 다른 시도가 이어졌는데, 명백한 거절 의사가 전달되었다. 히틀러의 부관 프리츠 비데만은 "최근에 들은 바에 따르면, 나는 당신에게 괴르델러 시장이 '프리트. 크룹' 주식회사 이사진에 들어가는 것을 총통께서 반기시지 않는다고 확실히 말할 수 있습니다"라고 전했다. 이번에도 구스타프 폰 볼렌은 압력에 굴복했다. 그리고 다시 그는 마지막으로 자기 개인 재산에서 도피처를 찾았다. 그는 자기 재산은 마음대로 사용할 수가 있었는데, 이 재산으로 괴르델러에 대해 호의를 가지고 있음을 증명해 보였다. 그는 괴르델러에게 외국 여행을 위한 외환을 장만해 주었고, 계속해서 그의 생계를 보장해 주었다. 괴르델러가 1944년 7월 20일에 있었던 암살 기도 이후에 체포되어 처형될 때까지 금전적 지원은 계속되었다.

크룹 폰 볼렌은 에센에서 공석이 된 이사진 자리를, 결국 괴르델러의 추천을 받아, 옛 라이프치히 부시장이었던 에발트 뢰저에게 주었다. 뢰저는 국가사회주의 "배경"이 없는 사람이었다. 크룹이 히틀러 정권과 가깝다는 것을 명시적으로 보여 주려 했다면 다른 선택을 했어야 되었을 것이다.

개인적으로는 그런 것들이 정당한 것으로 여겨졌다. 에센의 알텐도르프 가에 있는 본부 건물과 빌라 휘겔에는 여전히 흑-백-적 깃발만 휘날리고 있었고, 1935년까지 이 상태가 유지되었다. 1935년부터는 제국 깃발법의 규정에 따라 하켄크로이츠 깃발을 달아야 했다. 빌라 휘겔에서도 하켄크로이츠 깃발을 달게 되었을 때, 베르타 크룹 폰 볼렌 운트 할바흐는 유모인 에미 쾨르퍼에게 다음과 같이 말했다. "내려가서 한 번 봐요. 우리가 얼마나 몰락해 버렸는지." 교양 있고, 계급의식이 확고하고, 황제에 충성스러우며, 자신만의 스타일과 자부심을 가진 고귀한 부인 베르타 크룹에게 히틀러는 간단히 말해 천박한 벼락출세자였다. 그녀는, 그가 권력을 가지고 있었음에도 불구하고, 그를 그녀가 속한 사회에는 어울리지 않는다고 생각했다. 히틀러가 1934년 6월에 에센을 처음 방문했을 때, 베르타는 재치롭지 못하게 편두통이 있다고 양해를 구했는데, 이 때문에 그녀가 가지고 있는 혐오감이 노골적으로 드러났다. 히틀러는 이 "대포의 도시" 방문과 "제국의 병기 제작자"와 상징적인 악수 장면을 만들어 내야만 했다. 그는 경유하는 중에 잠시 들른 것일 뿐이며, 원래 목적은 에센의 대관구장 요제프 테르보벤의 결혼식에 참석하는 것이라고 주장했다. 그러나 이것은 단지 핑곗거리일 뿐이었다. 크룹 가문은 히틀러가 수상 직에 오른 지 반년이 지났지만 아직 그를 공식적으로 초청한 적이 없었다.

이 독재자는 빌라 휘겔에서, 그것도 빌헬름 2세가 고단한 몸을 눕혔던 바로 그곳에서 묵고 싶었을 것이다. 그러나 베르타 크룹에게 그것은, 마치 폐하의 침대에 버릇없는 사기꾼이 누워 있는 것처럼, 생각하기도 싫은 악몽이었다.

그래서 히틀러는 에센의 카이저호프에서 묵었다. 그러나 그의 방문은 개선행진과도 같았다. 그는 본부 건물에서 영접을 받았다. 그곳으로 가는 길에는 수천 명의 사람들이 모여 있었

크룹 공장 시찰. 폰 볼렌은 짧지만 효과 만점의 연설을 했다. 공장에 관한 개관이었다. 그리고 나서 공장을 일주했다. 우리는 커다란 구역을 보았다. 웅장한 시설이었다. 상상할 수 없는 차원의 시설이었다.
괴벨스, 1937년 9월 28일자 일기

병기 제작자 297

상: "천박한 벼락출세자": 베르타 크룹(오른쪽)이 1935년 9월 29일 에센을 방문한 히틀러와 상징적인 거리를 유지하고 있다
하: "웅장한 시설, 상상할 수 없는 차원": 히틀러와 무솔리니가 1937년 9월 에센의 크룹 공장을 방문하고 있다

는데, 그들은 오픈카를 타고 지나가는 국가수반에게 환호를 보냈다. 크룹인들은 이 매혹적인 사람을 보기 위해 심지어 건물 옥상 위에도 올라가 있었다.

22살이었고 오빠 알프리트처럼 내성적이었던 베르타의 장녀 이름가르트는 어머니 대신 안주인 역할을 해야 하는 불행을 겪었다. 매력과 자신감이 부족했던 그녀는 이 때문에 이날이 그의 어린 인생에서 최악의 날이 될 것이라는 것을 잘 알고 있었다. 그녀는 대문에서 화환을 들고 히틀러를 기다렸다. 그러나 그의 안중에는 그녀의 아버지뿐이었다. 독재자는 화환을 받고 미소로 화답한 다음 구스타프 크룹 폰 볼렌에게로 몸을 돌렸다. 참석한 크룹인들에게 세상은 이제 정연하게 정리가 된 것처럼 보였다. 국민의 "총통"과 회사의 "총수"가 서로 손에 손을 맞잡았던 것이다. 이 모습은 조국에 영광스런 시대를 약속해 주었고, 크룹 사에는 찬란한 미래를 약속해 주었다. 그러나 구스타프 크룹 폰 볼렌 개인으로선 여전히 거리를 두고 있었다.

그러나 아들 알프리트는 달랐다. 그는 1931년에 친위대를 후원하는 회원이 되었다. 히틀러는 의도적으로 어린 경영 후계자와 접촉을 시도했다. 이 친위대 후원 회원은 번호가 들어간 완장을 받았는데, 그 완장에는 하켄크로이츠와 "투쟁 시기에 보내 준 도움에 대한 친위대의 감사"라는 문장이 새겨져 있었다. 그 외에도 친위대 회원록을 받았고, 당연히 잡지 구독 신청을 피할 수 없었다. 알프리트는 학생일 때 매달 부모님에게 받았던 생활비에서 회비를 냈다. 그가 친위대에서 그 외의 다른 활동을 했는지에 대해서는 알려진 바가 없다. 후원 회원으로 친위대에 가입한 동기에 대해서 그가 언급한 적은 한 번도 없었다. 그도 동시대에 살았던 많은 젊은이들처럼 민주주의가 당면한 문제를 감당할 수 없다고 생각한 것일까? 정말로 그가 아돌프 히틀러와 그의 "지도자 원칙"을 믿었던 것일까? 1931년에 나치당은 스스로를 "운동"의 미래라고 표현했지만, 1931년에는 분명 그 미래가 매우 불확실했다. 낙관주의로는 알프리트의 이런 행보를 설명할 수 없다. 게다가 그는 친위대 후원 회원으로만 머물지 않았다. 히틀러의 권력이 공고해진 1935년에 그는 나치항공대(NSFK) 회원이 되었고, 단숨에 친위대 대령으로 진급했다.

이상하게도 그는 국가사회주의노동당에는 1938년이 되어서야 가입했다. 알프리트 폰 볼렌 운트 할바흐는 당원 번호 6989627번의 당원이 되었다. 자랑할 만한 것은 분명 아니었다. 그리고 초기에 다른 나치 기구에 가입한 회원 이미지와 맞지가 않았다. 아마도 뒤늦게 알프리트가 당에 가입한 행위로 인해 "여기서 정치 얘기는 하지 않는다"라는 오래된 크룹 가의 원칙이 무너질 수도 있었다. 성공했던 선조 알프레트는 자신의 성공 이유를 이렇게 설명했다. "강의, 정치, 그리고 그와 유사한 것들에 신경을 쓸 시간이 없었다. 모루가 나의 강단이었다." 이런 비정치적인 태도는 당연히 크룹의 기업 본연의 이해관계에 집중하게 만들었다.

학업을 마친 알프리트 폰 볼렌은 아버지의 눈에는 여전히 크룹 공장이 그에게 기대하고 있던 큰 임무를 감당하기에는 역부족으로 보였다. 그래서 구스타프 크룹 폰 볼렌은 대학 교육을 마친 자신의 27살 아들을 드레스덴 은행의 견습생으로 베를린으로 보냈다. 그러나 그는 금융계로의 진출에 별 매력을 느끼지 못했다. 오히려 베를린에서 알게 된 한 여성에게 더 매력을 느꼈다. 그녀의 이름은 안넬리제 바르였고, 차분하고 금발이었다. 그녀는 함부르크 도매상의 딸이었는데, 알프리트의 부모가 며느릿감으로 받아들일 수도 있는 재원이었다. 그러나 그녀는 이미 예전에 다른 함부르크의 도매상과 결혼한 적이 있었다. 알프리트가 무척 존경하는 어머니 베르타는 자신의 원칙을 고수했다. 이혼은 그녀에게 받아들일 수 없는 문제였고, 그래서 그녀는 알프리트를 심하게 비난했다. 부모가 안넬리제 바르를 "바에서 일하는 여급"으로 비방했다고 한다. 그러나 알프리트는 혼란스러워하지 않았다. 예전에 그렇게 말을 잘 듣던 이 아들은 생애 처음으로 부모와 맞설 준비가 되어 있는 것처럼 보였다. 1937년 11월 11일, 알프리트 폰 볼렌 운트 할바흐는 에센에서 멀리 떨어진 마르크 브란덴부르크 주의 비젠부르크에서 안넬리제 바르와 결혼했다. 결혼한 지 단 6주 만인 1938년 1월 4일 안넬리제는 베를린 샤르로텐부르크에서 아들 아른트 프리드리히 알프리트 폰 볼렌 운트 할바흐를 낳았다.

안넬리제와 함께 보낸 시절은 알프리트의 생애에서 가장 행복한 순간들이었다. 친구들과 친척들은 그가 이 시기에 자신들을 이상할 정도로 편안하고 즐겁게 그리고 입가에 미소를 띤 채 대했다고 나중에 전했다. 이와 비슷한 모습은 나중에 그에게 매우 예외적인 모습이 되었다. 1936년에 알프리트 폰 볼렌은 베를린 하계 올림픽에 참가했다. 그는 크룹 사 보트인 "게르마니아 3호" 승무원의 일원이었는데, 세일링 8m급 경기에 참가하여 동메달을 획득했다.

알프리트는 직업상의 황금 시기를 마주하고 있었다. 1935년 베를린으로 돌아온 이후에 그는 회사 내의 "훈련 프로그램"을 마쳤다. 1936년 10월에 그는 이미 부이사가 되어 있었다.

32살에서 37살까지, 즉 1938년부터 1943년까지 5년간은 그의 향후 인생에서 이전의 그 어떤 시기보다 더 중요한 위치를 차지하는 시기였다. 1938년 9월에 "반(半) 유대인"으로 간주되던 이사회 임원 아르투르 클로츠바흐가 사망했고, 1938년 10월에 알프리트 폰 볼렌이 그의 후임자로 취임했다. 클로츠바흐가 이끌던 광산업 외에, 그는 군수산업 분야를 넘겨받았다. 그래서 크룹 가 사람이 다시 에센 병기 제작소를 이끌게 되었다. 이사진에는 알프리트 폰 볼렌 외에 제강업 분야를 이끌고 있던 파울 괴렌스와 재정과 행정을 담당하고 사람들이 쉬쉬하며 "최고경영자"라고 불렀던 에발트 뢰저밖에 없었다. 31살로 상대적으로 젊은 나이였던 알프리트 폰 볼렌은 뢰저가 지도적 위치를 맡고 있는 것을 주저 없이 받아들였다. 과도한 공명심 또는 능력을 발휘하려는 욕구는 이 무관심한 젊은 매니저에게는 매우 낯선 것이었다. 그 대신 그는 주어진 환경에 순응했다.

정치적인 면에서도 이와 똑같았다. 알프리트 폰 볼렌은 자기 아버지의 대리인으로서 "독일 경제계 아돌프 히틀러 기부금" 신탁위원회의 위원장직을 넘겨받았다. 아직 크룹 사 이사회 임원이 아니었음에도 불구하고, 1937년 8월에 그는 아버지와 함께 "경제계 지도자"로 임명되었다. 기업가들은 이 듣기 좋은 칭호로 인해 정권과 결부되게 되었다. 그 때문에 구스타프 폰 볼렌과 그의 아들 알프리트 폰 볼렌은 "국가사회주의 국가관에 입각하여 성심성의껏" 일하겠다는 내용을 서면으로 제출해야 했다. 두 사람은 서류에 서명했다. 같은 해에 알프리트 폰 볼렌은 제국 전당대회 참석을 위해 뉘른베르크로 떠났다. 이 대회는 완벽하게 연출된, 대중을 위한 구경거리였는데, 여기서 히틀러는 민족의 구세주로 우상화되었다. 알프리트의 아버지인 구스타프 크룹 폰 볼렌은 곧바로 서면으로 나치당의 제국 지도자 마르틴 보어만에게 자신의 아들이 뉘른베르크에서 받은 "잊을 수 없을 정도로 엄청난 감명들"에 대해 감사 인사를 보냈다.

알프리트 폰 볼렌은 확고한 나치주의자들과 접촉하는 데 전혀 두려움을 갖고 있지 않았다. 일련의 나치 당원들이 그의 지인 그룹이 되었고, 사냥 모임과 스카트 모임[32장의 카드로 노는 게임]에 들어왔다. 그는 1938년에 이사가 된 이후로 그 스스로를 당원이라고 생각했다. 그럼에도 불구하고 그는 단 한 번도 적극적으로 참여하거나 당원 그룹 사람들

"국가사회주의 국가관에 입각하여 성심성의껏": 알프리트 폰 볼렌 운트 할바흐가 히틀러와 인사하고 있다, 1938년 5월

에게 열광한 적이 없었다. 알프리트 폰 볼렌은 오히려 사업과 자신이 맡은 임무에 집중했다.

1939년 히틀러가 대규모의 세계 파괴 전쟁을 시작했을 때, 크룹 사의 전쟁 물자 부서는 하루하루 그 중요도가 더해 갔다. 이와 함께 이 부서를

> 군수 기업으로 생산의 일부만을 전쟁 장비에 할당한 예가 바로 크룹 콘체른이다. 또한 나는 바로 이 크룹 기업이 비율적으로 이 전쟁에서 군수 제품을 가장 적게 생산한 군수 기업 중의 하나라는 점을 언급해야만 하겠다. 그때까지 크룹 사는 주로 신무기 개발에 몰두했고, 그 생산은 라이선스를 받고 다른 기업에 넘겼다.
> 알베르트 슈페어가 뉘른베르크에서 한 진술, 1946년 6월 20일

이끌고 있던 알프리트 폰 볼렌의 중요도도 커져 갔다. 유보트, 순양함, 트럭, 포탑, 전차 등 생산된 "국방군 물품" 리스트는 길었고, 그 수익도 컸다. 1934/35 영업연도에 콘체른의 영업 실적은 약 5억 제국마르크에 달했고, 1940/41 영업연도에는 영업 실적이 10억 제국마르크에 달했다. 에센 주강 공장에서 군수물자가 차지한 비율은 1935/36 영업연도의 17퍼센트에서 1941/42 영업연도에는 50퍼센트로 올라갔다. 전쟁 물자를 생산함으로써 발생하는 수익이 민간 용품을 생산하는 것보다 많이 떨어졌지만, 재정부장 요한네스 슈뢰더는 마침내 1941년 7월 이사회에 "매우 괜찮은 수익"을 올렸다고 보고할 수 있었다.

  물론 이런 수익에는 대가를 지불해야 했다. 국방군이 점점 더 많이 크룹 사를 통제했던 것이다. 아무튼 나치 정권은 군수물자를 생산하고 말고의 선택을 한 번도 크룹 사에 일임한 적이 없었다. 이제는 세부적인 내용도 크룹 사가 선택할 수 없었다. 1939년 초에 해군 최고사령부는 게르마니아 조선소에 최종적으로 확정된 생산 계획을 준수하라고 지시했다. 1939년 9월 1일 전쟁이 발발했을 때, 국방군 최고사령부는 에센 주강 공장을 "바로 효력을 발휘하는 명령으로 국방군 기업"으로 선포했다. 이제 이 기업은 "전적으로" 국방군 최고사령부 마음대로 할 수 있었다. 알텐도르프 가에 있는 본부 건물로 내려지는 "보다 자세한 지시들"은 이제

"거대한 대포": 크룹 사의 철도 대포 "도라"(이 사진은 1943년 히틀러에게 소개 시에 찍은 장면)는 그 크기 때문에 아주 가끔 실전에 투입될 수 있었다

베를린에서 직접 받게 되었다.

첫 번째 지시들 중에 작업 중인 모든 군수물자 주문의 4분의 1을 생산 중지하라는 명령이 있었다. 이미 전쟁 초기에 국방군 조달처가 전장에서 실제로 필요한 물량을 초과 계획해 주문했다는 점이 드러났다.

크룹 사는 1940년부터 민간용 트럭을 생산하는 것이 금지되어 있었다. 크룹 사 이사들의 눈에는 이것이 현실과 동떨어진 국방 경제의 전형적인 예로 보였다. 주강 공장은 소형 오프로드 차량을 기본으로 한 "총통용 특수 차량"을 개발하는 특권으로 인해 손해를 입었다. 제국수상 청사에서는 모두 14대를 주문했다. "총통"의 바람에 따라 에센의 철강 재벌은 궤도 위로 움직이는 거대한 대포 또한 제작해야만 했다. 이 "도라"는 길이 50미터에 무게 1,465톤, 구경 800밀리로 세계 기록 차원의 대포로 기동성 있는 전차전에서는 거의 사용되지 않았다. 그럼에도 불구하고 이 대포는 세바스토폴[크림반도 남서쪽에 있는 우크라이나의 항구 도시] 요새 전투에 투입되었다. 그러나 실제로 그곳에 결정적인 타격을 가한 것은 보다 운용이 유연한 폭격기를 이용한 괴링의 공군이었다. 물론 이 시기에는 제대로 된 비판이 나오지 않았다. "총통"의 "믿음"에 대한 감사로 크룹 사는 심지어 7백만 제국마르크짜리 대포에 투입된 자금을 포기하기도 했다.

그러나 제국 수도에서 하달된 지시들이 모두 기업에 손해를 끼친 것만은 아니었다. 1936년 초에 괴링의 제국 항공부는 함부르크 라인벡에 크랭크축 공장을 지어 줄 것을 요청했다. 크룹 사는 주저했고, 투자 금액의 7퍼센트만 냈다. 이 라인벡 공장이 몇 년 뒤에 충분한 수익을 내게 되었을 때, 크룹 사는 공장을 인수했고, 이로써 항공기 제작을 위한 핵심 공장을 추가적으로 갖추게 되었다.

전쟁은 통상적이지 않은 수익의 가능성도 열어 주었다. 오스트리아

> 총통이자 제국수상인 히틀러의 결정에 따라 '프리트. 크룹' 주식회사는 독일 국방군의 재무장 과정에서 그들에게 주어진 요구 사항을 감당할 수 있는 여건을 갖추기 위해 에센의 공장을 확충해야만 했다.
> 해군 최고사령관 에리히 래더 제독, 1938년 4월

를 병합하고 난 1938년에 이 에센 기업은 "베른도르프 금속 제품 공장"을 합병했다. 이 공장은 19세기에 크룹 공장과 알렉산더 쉴러에 의해 건립되었다. 그곳의 유산 상속자인 아르투르 크룹이 사망했을 때, 에센의 크룹 사가 8백만 제국마르크를 투자해 과반의 주식을 사들였다.

이런 거래가 이루어진 상황에 대해 많은 사람들이 비판했다. 나치 간부들이 뒤를 봐주었다는 얘기가 나왔다. 그러나 뉘른베르크 재판에서 이 공장은 알프리트 크룹 폰 볼렌에 대한 이의 신청을 위한 논거로 사용되지 않았다.

다른 "취득품"들은 더 미심쩍었다. 네덜란드와 프랑스에서 나온 "노획 기계"들이 즉흥적으로 구매한 첫 번째 구매품이었다. 이 때문에 뉘른베르크 전범 재판은 알프리트 크룹 폰 볼렌에게 약탈 행위죄를 적용했다. 이 비난은 무엇보다도 바이에른 출신의 예술사학자 아르투르 뤼만의 증언에 근거한 것이었다. 그는 독일이 프랑스를 공격하고 중립국인 벨기에, 네덜란드 그리고 룩셈부르크를 공격한 직후에 회원 전용의 뒤셀도르프 클럽에서 알프리트 폰 볼렌이 포함된 네 명의 대기업가들이 나누는 대화를 우연히 듣게 되었다고 주장했다. 뤼만은 거기서 이 기업가들이 지도 위로 몸을 구부린 채 노획물을 나누는 것을 보았다고 주장했다. "이 공장은 당신이 갖고, 이것은 당신 것이오." 크룹은 네덜란드에 있는 공장을 요구했다고 뤼만은 주장한다. 미국 재판관들은 이 독일 기업가로부터 뭔가 다른 것이 있을 것이라고는 전혀 기대하지도 않았다. 크룹 폰 볼렌은 이 비난을 받아들이지 않았고, 이 증언의 신빙성에 대해서는 아직까지도 의문이 풀리지 않고 있다. 알프리트 폰 볼렌이 실제로 크룹 사에서 해외 구매를 담당하고 있었지만, 크룹 공장은 네덜란드 기업을

탈취하지 않았다. 크룹 공장은 단지 기계만을 구매했고, 이 구매는 국방군의 규정과 법에 따른 것이었다고 크룹의 변호인은 주장한다. 왜냐하면 국방군이 자신들의 노획물을 배분했기 때문이었다. 그리고 전쟁이 더 지속될수록 독일에선 기계들이 계속 모자라게 되었다. 외부 상황에 의한 제한과 수익에 대한 가능성은 그 궤를 같이하는 것처럼 보였다.

파리 리아쿠르에 있는 오스틴 공장의 경우도 이와 유사하게 설명할 수 있을 것이다. 크룹 콘체른은 유대계 프랑스인 로베르 로쉴드가 소유하고 있는 이 트랙터 공장을 사려고 했다. 이것은 농기계에 관한 문제가 아니라 파리의 고상한 오스만 거리에 크룹의 프랑스 대리점 건물이 들어서는 문제였다. 그러나 로쉴드는 완고한 입장을 보였고, 그 때문에 우선은 임대차 계약으로 마무리되었다. 1944년 2월에 로쉴드는 강제수용소로 유배되었다. 그는 이해할 수 없는 상황에서 프랑스 파시스트에 의해 미점령된 프랑스 지역으로부터 독일군에게 넘겨졌다. 많은 사람들은 이 경우에도 크룹이 관여했다고 추측했다. 물론 그에 대한 증거는 없다. 반년 뒤에 연합군이 파리를 해방시켰다. 그사이에 일어난 일에 대해 크룹의 적대자들과 동정론자들이 오늘날까지도 논쟁을 하고 있다. 서류상으로는 크룹 콘체른이 실제로 더 부를 축적한 것처럼 보이지 않는다. 그럼에도 불구하고 크룹 콘체른은 독일이 승리할 경우 재산을 반환할 필요가 없다는 것을 염두에 두었을 수 있다. 적어도 오스틴 공장을 둘러싼 오랜 노력들이 이 추측을 뒷받침해 준다.

연합군 폭격기 편대가 이미 에센의 크룹 사에 심각한 손상을 입힌 1943년 봄에 이 기업은 자신들의 자동차 공장을 엘자스의 뮐하우젠으로 이전할 수밖에 없었다. 이 철강 재벌은 이미 그곳에서 프랑스 기업인 엘자스 기계제작사(SACM)를 임차했다. 그리고 이 회사에 크룹의 자회사인 엘자스 기계제작 주식회사가 간단하게 "덧씌어"졌고, 이로써 이 회사를 손에 넣게 되었다.

  이와 유사한 일들이 동부전선에서 보다 큰 규모로 진행되었다. 1939년 10월에 상부 슐레지엔 동쪽에 위치한 폴란드 제련 공장 인수는 크룹 사가 담당 관청, 이른바 "동부신탁관리본부"의 전쟁 노획물 분배에 대해 괴링과 의견 일치를 볼 수 없었기 때문에 실패로 돌아갔다. 그러나 독일군이 소련을 침공한 뒤에 우크라이나에서 새로운 기회가 생겼다. 크룹 콘체른은 드네프르 강과 도네츠 강 사이 지역에서 다수의 공장에 대한 "신탁 관리"를 넘겨받았다. 일지치 공장과 함께 최신식 기계 제작 기업으로 손꼽히는 마리우폴[우크라이나 동부에 위치한 도시명]의 아소프 제련 공장에서 크룹 사가 국방군 난로, 대공포 방호막 그리고 파종기를 생산했다. 크라마토르스크[우크라이나 동부에 위치한 도시명]의 기계 제작 공장과 베르단스크[우크라이나 동부에 위치한 도시명]의 농기계 공장에서는 크룹 직원들이 붉은 군대가 남겨 놓고 갔을 수도 있는 쓸 만한 것을 발견하지 못했다. 그렇기 때문에 서부전선의 노획물 중에서 쓸 만한 장비들을 이쪽으로 가져와야만 했다. 크라마토르스크 공장용으로만 67대의 철도 화물 차량이 필요했다. 이 시기에 빈 기차를 구하는 일은 어려운 일이어서 옮기는 데 몇 달이 소요되었다. 마침내 생산을 개시할 수 있었을 때, 공장은 더 이상 독일의 수중에 있지 않았다. 크룹 사가 국방군의 주문을 받아 한 일이었기 때문에 소요된 경비는 국방군이 지불해야만 했다. 그러나 모자란 인력과 구하기 힘든 기계를 위해 에센의 이 콘체른은 또 투자를 해야만 했다.

  크룹 동정론자들은 그러한 경제적 실패를 항상 알프리트 폰 볼렌의 변호를 위한 논거로 활용하였다. 그가 이 약탈 행각으로부터 이득을 보지 않았다는 주장이다. 그러나 상황은 그렇게 명확하지 않다. 어쨌든 아소프 공장은 크룹 사의 통제 하에 있었던 1년 동안 1,350만 제국마르크의

병기 제작자 309

상: "국민이 병기 제작소": 크룹 사는 1940년 6월 1일에 "나치 모범 기업"이 되었다. 독일노동전선 의장 리이, 히틀러 대리인 헤쓰 그리고 구스타프 폰 볼렌 운트 할바흐
하: "매우 괜찮은 수익": 2차 세계대전 기간 동안 크룹 사에서 전쟁 물자가 생산되었다. 하지만 전적으로 전쟁 물자만 생산한 것은 아니었다

> 1936년 8월 29일자 "국가사회주의 모범 기업" 표창에 관한 나의 명령에 근거하여, 나는 에센의 프리드리히 크룹 주식회사에 대해 전쟁 중에 그리고 평화 시에 보여준 특별한 성과를 인정하여 1940년 5월 1일 "국가사회주의 모범 기업" 표창을 수여하는 바입니다.
> 기업 지도자 크룹 폰 볼렌 운트 할바흐 씨는 개인적으로 최선을 다함으로써 이 표창에 가장 큰 수훈을 세웠습니다. 나는 오늘 그에게 독일 기업 지도자 중 처음으로 독일노동전선의 제국지도자로 임명할 것을 제안하면서, 노동 선구자 표창과 아울러 금으로 된 명예 훈장을 수여하는 바입니다.
>
> 히틀러 명령, 1940년 8월 7일

이익을 보았다. 게다가 만약 독일이 승리하게 된다면 "최종적인 소유 관계 조정" 시에 협력 정도에 따라 "협력 기업"으로 고려될 수도 있었다. 분명한 것은 우크라이나 공장들을 돌리기 위해 힘쓴 자가 나중에 이 공장들을 자기 소유로 등록할 수도 있었다는 점이다. 에센의 기업 지도부가 바로 이것을 목표로 삼았다고 가정하는 것도 그럴 듯하게 보인다. 그러나 계산이 들어맞지 않았고, 동부전선에서의 협력 관계는 경제적인 실패로 이어졌다.

그러나 전쟁이 지속되면서 크룹 사에게 경제적 재앙만 있었던 것도 아니었다. 1940년 1월 10일에 비행기 조종사였던, 알프리트의 동생 클라우스가 아이펠 산맥에서 비행기 추락 사고로 숨졌다. 그는 시험 비행을 할 예정이 아니었다. 하지만 새로운 호흡 장치를 검증해야만 했을 때, 그에게 주입된 의무 이행이라는 가족의 미덕이 떠올랐다. 클라우스는 부조종사와 함께 비행기에 올랐다. 이 두 사람은 다시 돌아오지 못했다. 아버지 구스타프는 눈에 띄게 충격을 받은 모습이었다. 그의 건강은 현저하게 안 좋아졌다. 그는 점점 더 많은 시간을 블륀바흐 성에서 보냈다. 크룹 사의 일상적인 비즈니스는 점차 이사회 단독으로 처리하게 되었다.

크룹 공장의 주인으로서 구스타프가 등장한 마지막 모습 중 하나가 1940년 5월 1일 주강 공장 작업장에서 연출되었다. 독일노동전선의 "황금 깃발"이 이 콘체른에게 수여되었다. 이 깃발은 나치 용어로는 "독일 기업의 성과 투쟁 명예 훈장"이었다. 하켄크로이츠를 발톱으로 움켜쥐고 있는 독수리 아래로 엄청난 깃발과 유니폼을 입은 사람들이 운집해 있었다. 그들은 연단을 바라보고 있었다. 연단에서 히틀러의 대리인인 루돌프 헤쓰가 친히 "국민의 병기 제작소"에 대한 힘찬 찬가를 쏟아내고 있었다. 크룹 사는 이로써 "국가사회주의 모범 기업"이라는 고상한 범주에 들어가게 되었다.

얼마 지나지 않아, 그의 70번째 생일이었던 1940년 8월에 구스타프는 마침내 개인적으로도 최고의 영예를 얻게 되었다. 히틀러는 그의 "독일 국방군의 군비 구축에 관한 업적을 기려" 그에게 금장 당 배지와 1급 무공십자훈장을 수여했다. 이는 어딘가 구스타프 크룹에 대한 작별 노래처럼 들렸다.

오래전부터 내부 사람들 모두에게 구스타프의 후계자가 곧 정리되어야만 한다는 점은 분명해 보였다. 그러나 상속인으로 예정되어 있던 알프리트는 여전히 부모의 근심거리였다. 계속해서 그의 아내 안넬리제에 대한 논쟁이 있었다. 빌라 휘겔의 높은 벽 너머에서 벌어진 갈등에 대해 우리가 알고 있는 것은 거의 없다. 그러나 베르타와 구스타프 폰 볼렌은 적장자인 아른트 폰 볼렌의 탄생에도 생각을 바꾸지 않았다는 점은 분명하다. 그들은

> 나는 언제나 군수 기업의 지도자인 것을 명예이자 의무로 생각하고 있었다.
> 구스타프 크룹 폰 볼렌 운트 할바흐, 1942년

> 신무기를 요구하는 정치 지도자와 그 신무기를 구상한 과학자들 뒤에서 그 신무기를 생산해야만 했던 제조업자는 모습을 드러내지 않았다.
> 노버트 뮐렌, 미국 작가

계속해서 이혼을 원했다. 그들의 요구에 강력함을 더하기 위해 그들은 갖은 수단을 다 쓸 준비가 되어 있었는데, 상속권 박탈까지도 생각하고 있었다. 엄청난 재산을 분배하는 일은 여하튼 복잡하기 그지없는 일이었다. 그 때문에 알프리트 폰 볼렌은 만일의 경우에는 즉각 유산 상속에서 배제될 수도 있었다.

알프리트는 다시 한 번 상황에 순응했다. 1941년에 그는 안넬리제와 이혼했다. 그녀는 동의했고, 6자리 수의 위자료를 받았다. 그녀는 테거른 호수로 옮겼고, 어린 아른트를 돌보는 데 전념했다. 그러나 알프리트 폰 볼렌에게는 이제 크룹 공장을 인수하는 길이 열리게 되었다.

물론 엄청난 재산을 양도하는 과정에서 크룹 가는 높은 위치에 있는 그 사람의 도움이 필요했다. 그 사람은 아돌프 히틀러로, 베르타가 너무나 싫어하는 사람이었다. 재무부는 56퍼센트의 감가를 고려하여 상속 재산을 4억 1,700만 제국마르크로 산정했다. 거기에다가 빌라 휘겔 대지에 대한 산정가 5백만 제국마르크가 더해졌다. 이 기업이 일반적인 개인 재산으로 상속되었다면, 그것은 아마 크룹 콘체른의 종말을 의미했을 것이다. 국고에서는 많은 증여세를 요구했을 것이고, 이 때문에 이 지출을 감당하기 위해 콘체른의 많은 부분을 매각해야만 했을 것이다. 그러나 이 엄청난 전쟁의 와중에 있던 히틀러는 이에 대해서는 관심이 없었다. 알프리트는 히틀러의 비서였던 마르틴 보어만과 오버잘츠베르크에서 이 건에 대해 논의했다. 그리고 보어만은 이 건은 총통이 다루어야 할 문제라는 의견을 냈다. 그래서 구스타프 크룹 폰 볼렌은 1942년 11월 11일에 히틀러에게 편지를 썼다. "사적 영역의 우두머리 자리에 책임을 집중하는 것은 이 심각한 시기에 전혀 중요하지 않을 수도 있습니다." 크룹은 지도자 원

> 광범위한 책임을 지는 소유주를 통해 사기업의 지도부를 장악하는 원칙은 우리 자신의 견해와 우리 국가사회주의 국가관과 상응한다.
> 구스타프 크룹 폰 볼렌 운트 할바흐, 1943년

칙을 적용했다. 구스타프 크룹 폰 볼렌은 계속해서 히틀러가 "크룹 공장의 지도부에 확보된 통일성이 미래에도 국가적으로 중요한 일이라고 인정할지 여부"를 결정해 주셔야 한다고 적었다.

당연히 크룹 사는 히틀러에게 "국가적으로 중요했다." 농업 분야에 통용되는 제국세습농지법을 본보기로 삼아 그는 즉각 "크룹법"을 만들도록 했다. 이 법은 특히 크룹 사에 맞추어 만들어진 법이었다. 이로써 크룹 사는 나치를 따른 어느 다른 독일 기업에도 주어진 바가 없는 특권을 얻게 되었다. 1943년 11월 12일자 "총통" 명령은 다음과 같은 말로 시작된다. "'프리트. 크룹' 사는 가족 기업으로서 독일 국민의 국방력을 위해 132년간 탁월하고 또한 그들만의 유일한 업적을 쌓았다. 때문에 이 기업이 가족 기업으로 남는 것이 나의 뜻이다." 서명: "총통. 아돌프 히틀러." 명령의 내용은 주식회사를 다시 개인 회사로 바꾸는 것이었다. 증여세 문제는 협의 과정에서 정리하는 것으로 되었다.

36살의 나이로 알프리트 폰 볼렌은 크룹 공장과 모든 자회사 및 출자 회사의 유일한 소유주가 되었다. 특별한 선물로 "총통"은 알프리트의 아버지 구스타프가 황제에게 감사해했던 그 허가를 다시 해 주었다. 그것은 가족의 성에 "크룹"을 추가할 수 있게 해 준 것이었다. 이제부터 알프리트 폰 볼렌은 성에 있어서도 "크룹" 사람이 되었다.

물론 알프리트는 성에 "크룹"을 써도 된다는 영예를, 예전에 그의 아버지가 그랬던 것처럼, "총통"의 명령 이후에도 거의 드물게 이용했다. 그가 회사 대표로서 서명했던 모든 문서에는 약자로 "A.K."가 아닌 "A.B.", 즉 알프리트 폰 볼렌이 사용되었다. 그는 1943년 봄에 이미 이 사회를 재편했다. 이것은 향후 그의 유일한 소유주로서의 지위를 대비한 사전 조치였다. 회사의 향후 계획을 두고 자주 갈등을 빚었던 "최고경영자"에발트 뢰저는 자신의 운이 다했다는 것을 일찌감치 간파했고, "황금 악수"[임기를 채우지 못하고 회사를 떠나는 경영진에게 지급되는 거액의 퇴직 보수]로 구스타프 크룹 폰 볼렌과 작별을 고했다. 이제부터 알프리트 폰 볼렌은 크룹 사에서 홀로 책임을 지게 되었다. 그리고 어릴 적부터 몸에 배도록 익힌 그 책임을 그는 성실하게 수행했다. 1943년부터 매주 수천 발의 폭탄이 도시에 떨어지고 상속받은 기업의 대부분이 폐허로 변했을 때, 에센에 남아 있던 가족은 그가 유일했다.

구스타프 크룹 폰 볼렌이 점차 일상적인 비즈니스에서 손을 떼고 알프리트 폰 볼렌이 아직 유일한 소유주가 아니었던 1942년에 이 전통 있는 기업의 역사에서 가장 비극적인 장이 시작되었다. 그것은 강제 노역이었다.

소련을 대상으로 한 히틀러의 전격전 계획이 수포로 돌아간 뒤에 크룹 사에 근무하는 독일 직원 수는 점점 더 줄어들었다. 회의에서 직원 수에 엄청난 공백이 발생했다는 우려가 점점 더 많이 제기되었다. 1941년 9월에 에센 주강 공장에는 약 8,500명의 크룹 직원들이 일선에서 일하고 있었다. 다음 12개월 동안에 작업장에서 전선으로 보내진 직원 수는 그 두 배가 넘는 1만 8천 명에 달했다. 제국 내의 산업 전반에서처럼, 다른 크룹 공장의 직원 수도 그리 달가운 상황이 아니었다. 그러나 이와 동시에 대포, 전차, 탄약 그리고 다른 군수물자를 생산해 달라는 요구량은 계속 증가했다.

제국 수도에 있던 경제 관료들은 노동력 부족에 대한 한 가지 해결책을 발견했다. 외국인들

> 크룹인들은 무기를 제작할 뿐만 아니라 제대로 다룰 줄 안다.
> 구스타프 크룹 폰 볼렌 운트 할바흐, 1941년

> 그것은 놀랄 만한 일이었다. 하지만 우리는 다른 독일 기업들처럼 노예 노동자들을 받아들이도록 강요받았다. 그런 조건 아래서 좋지 않은 일들이 생겼다.
> 알프리트 크룹 폰 볼렌 운트 할바흐, 1953년

이 부족한 독일인들을 대체하는 것이었다. 그래서 그들이 크룹 공장에서 갱도로 보내지고, 용광로로 투입되고, 압연기와 프레스를 다루었다. 1941년만 하더라도 주강 공장에서 일한 외국인은 1천 명이 안 되었는데, 대다수는 프랑스인이었다. 그래서 외국인 노동자 수는 전체 5만 3천 명 직원 중에서 소수를 차지했다. 그러나 단 2년 뒤에 철강 공장에는 각국에서 온 약 2만 5천 명의 노동자들이 일하고 있었다. 에센에서는 국가사회주의의 "민족 공동체"라는 이상이, 전쟁이라는 압박 하에서, 오래전부터 다민족 공동체로 바뀌었다. 물론 나치의 광기와 지시에 따른, 비자발적이고 매우 옳지 않은 공동체였다. 전쟁 포로와 모집된 숙련공들도 있었고, 고향에서 강제로 끌려온 노예 노동자들도 있었으며, 종전 직전에는 강제수용소 수용자들도 있었다.

나치 정권은 각각의 그룹들과 국적이 상이한 자들을 광신적 종족 우월감에 따라 다르게 취급하고자 했다. 서방 국가에서 데려온 전쟁 포로들은 국제법 규정에 따라 취급하고 배치했지만, 소련의 전쟁 포로들은 다른 취급을 받았다. 소련 포로들은 우선 계획에 따라 굶기고 지칠 대로 지치게 만들어 그 수를 줄인다는 것이 나치가 의도하던 바였다. 그들의 생활환경은 노동력이 절박하게 필요해지자 비로소 나아졌다.

베를린의 지침에 따라 민간인 노역자들 중에서 네덜란드인, 프랑스인 그리고 무솔리니가 실각할 때까지 조달된 이탈리아인들은 외국인 위계질서에서 상위에 자리 잡고 있었다. 그들은 전쟁 초기에는 숙소에서 자유롭게 출입할 수 있었고, 독일 동료들과 같은 보수와 급식을 받았다. 그리고 6개월 뒤에는 이곳에 남을지 아니면 떠날지를 스스로 결정할 수 있었다. 그러나 1942년 5월에 크룹 공장에 대해 의무적으로 복무를 하라는 명령이 떨어졌다. 자신의 계약을 자발적으로 연장하지 않는 자들은 노동 교육 수용소로 보낸다는 협박을 받았고, 따라서 작업장에 머무를

"숙소와 급식이 완전히 불충분한": 크룹 사에서도 이른바 "동부 노동자(Ostarbeiter)"라고 불리는 노동력을 착취했다

수밖에 없었다.

이른바 "동부 노동자"라고 불린 노동자들은 상황이 달랐다. 폴란드와 소련에서 민간인 수천 명이 노동력 배치 전권 위원장 프리츠 자우켈 휘

하 앞잡이들의 유혹을 받고 제국으로 끌려왔는데, 무력을 동원한 협박을 받고 끌려오지 않은 한에는 대부분이 헛된 약속을 믿고 온 사람들이었다. 그들은 울타리가 쳐진 수용소에 수용되었고, 나치의 인종 규정에 따라 하위 인간으로 낙인찍은 천 조각이 부착된 특별한 옷을 입어야 했다. "P"는 폴란드를 의미하는 것이었고 "Ost"는 소련에서 온 사람들을 의미하는 것이었다. 그들은 관청의 규정에 따라 시가 전철을 이용할 수 없었고, 작업장으로 가는 먼 길을 걸어서 가야만 했다. 남녀 간의 접촉은 금지되었고, 더구나 독일인과의 접촉은 더더욱 금지되었다. 특히 그들이 받은 보수는 박봉이었다. 예를 들어서 폴란드인 요십 스마츠니에게 크룹 사는 258시간 일한 대가로 상당히 많은 172제국마르크를 지불했다. 그러나 거기서 세금과 숙식비에 대한 특별 지출액으로 150제국마르크를 제했다. 하지만 숙식비는 그 이름에 전혀 걸맞지 않을 정도로, 제공되는 내용이 형편없었다. 1달간의 중노동의 대가로 남은 것은 고작 22제국마르크였다. 물론 고용주는 이를 통해 거의 이득을 보지 못했지만, 이와는 달리 국가는 많은 혜택을 보았다. 이 모든 것이 베를린의 지시와 일치했지만, 크룹 사 지도부는 전혀 고려하지 않았다.

그러나 인종주의적인 상세 규정을 에센에서 실제로 적용할 방법에 대해 베를린의 배후조종자들은 구체적으로 가진 생각이 없었다. 도시에는 350곳의 외국인 노동 수용소가 그물망처럼 깔려 있었다. 고급 빌라 지역 이외의 도시 "곳곳에" 그런 단지가 자리 잡고 있었다. 이런 수용소는 대부분 급하게 나무로 만든 막사로 구성되었다. 그러나 이런 막사조차도 부족한 적이 심심치 않게 있었다. 전쟁이 3년째로 접어

동부 노동자들의 식사는 매우 불충분했다. 동부 노동자들은 독일인의 하루 최소 칼로리보다 적은 1일당 1천 칼로리의 식사를 제공받았다. 중노동을 하는 독일 노동자들이 하루에 5천 칼로리를 제공받았던 반면, 같은 일을 하는 동부 노동자들은 겨우 하루에 2천 칼로리를 제공받았다. 동부 노동자들은 하루에 2번 식사 시간이 있었고, 하루치의 빵을 배급받았다. 두 번의 식사 중에 한 번은 허여멀건 수프만 제공되었다.
빌헬름 예거 박사, 크룹 사의 외국인 노동자 수용소의 주임 의사

> 발진티푸스가 이 노역자들 사이에서 만연했다. 이 질병의 매개체인 이가 셀 수 없이 많은 벼룩, 빈대, 다른 해충들과 함께 이 수용소의 수용자들을 괴롭혔다. 이 수용소의 불결한 환경 때문에 거의 모든 동부 노동자들이 피부병을 앓았다. 부족한 영양 공급은 이로 인한 부종, 신장염 그리고 이질을 유발했다.
>
> 빌헬름 예거 박사, 크룹 사의 외국인 노동자 수용소의 주임 의사

들면서 건축 자재가 부족했기 때문이다. 그리고 강제 노역자들을 배정하는 것도 부정기적이어서, 크룹 콘체른 지도부는 에센에서 이미 오랫동안 일한 노동자들에게만 숙소를 제공할 수밖에 없는 경우들이 자주 있었다. 그래서 크룹 사는 임시로 몇 달간 여자 강제 노역자들의 숙소로 사용될 대형 텐트 수용소를 만들어야 했다. 부(副)대관구장 슐리스만조차도 1942년 10월에 "도대체 이 계절에 사람들을 이런 텐트에 살게" 만들 수가 있는지 놀라며 고개를 설레설레 흔들었다.

그러나 마침내 견고한 나무 막사를 사용할 수 있게 되었지만, 그렇다고 문제가 완전히 해결된 것은 아니었다. 아말리엔 가에 있었던 크룹 사의 러시아인 수용소는 150명의 강제 노역자가 변기 하나를 나누어 써야 했다. 1942년 여름에 프랑스인 노역자를 위한 한 수용소에서는 게슈타포조차도 다음과 같이 비난을 했다. "불쾌한 상황이 더 이상 감당할 수 없는 지경에 이르렀다." 특히 위생 시설이 열악했다. "지금까지 만들어진 몇 개 안 되는 변소와 세면 시설이 상이한 국적을 가진 노동자들을 분리시키고, 특히 남녀 간을 분리시키는 데 있어 턱없이 부족하다."

위생 상태는 곳곳에서 형언할 수 없을 지경이었다. 1백 평방미터 크기의 공간에 15개의 침대가 "비치"되었고, 어떤 때는 더 많이 들여놓기도 했다. 이런 상태가 해충 번식과 전염병을 촉진시켰다. 크룹 사의 수용소

주임 의사인 빌헬름 예거 박사는 훔볼트 가에 있던 수용소에 대해 다음과 같이 전한다. "즉각 일이십 마리부터 삼십 마리까지의 벼룩의 습격을 받을 각오를 해야 이 수용소로 들어갈 수 있었다." 그 때문에 크룹 사 소속의 의사가 심지어 자기 상사에게 수용소에 들어가는 것을 거부하기도 했다. 전시경제라는 조건 하에서, 크룹 콘체른은 더 이상 문제를 해결할 처지가 못 되었다.

동부전선에서 온 강제 노역자의 경우, 열악한 숙소 상황은 일부 비인간적인 수용소장들에 의해 더 악화되었다. 전장에서나 공장에서 쓸모가 없어진 남자들이 문제였다. 수용소장들은 마음대로 행동할 수 있었고, 그들의 방자함은 그 끝이 없었다. 아무도 그들을 통제할 수 없었다. 많은 수용소에서 강제 노역자들은 그렇지 않아도 적은 그들의 하루치 식량을 빼앗겼다. 어떤 곳에서는 빵이나 담배꽁초에서 나온 담배 부스러기가 말도 안 되는 엄청난 가격에 팔렸다. 에센 보르벡에 있던 크룹 사의 "전차 제작 4" 공장에는 대략 100명의 소련 남녀가 수용된 수용소가 있었는데, 그 수용소는 30살의 빌리 L.이 관리했다. 수용소에서 금지된 남녀 간의 접촉이 발생하면, 그는 규칙 위반자를 즉시 양철 라커에 몇 시간 동안 가뒀다. 그 라커는 너무나 협소하고 높이가 낮아서, 규칙 위반자들은 그 안에서 설 수도 앉을 수도 없었고, 다만 몸을 구부려 억지로 들어갈 수밖에 없었다. 연합군이 에센을 해방시킨 뒤, 이 철제 캐비닛 사진을 찍고 난 뒤에 이 고문에 대한 이야기가 전 세계에 퍼졌다.

강제 노역자들에게 음식물 절도는 또 다른 중범죄였다. 소련 전쟁 포로 한 명이 파괴된 크

> 유감스럽게도 마지막 시기에 부하 직원들 몇몇이서 우연히 전쟁 포로의 권리를 침해하고 학대하는 일에 휩쓸렸다.
> 막스 인, 크룹 사 인사 관리자, 1942년 10월 7일
>
> 이 노역자들이 크룹 사의 감시를 받고 크룹 사를 위해 일하면서 영양실조에 걸리고 혹사를 당했으며, 학대당하고 비인간적인 취급을 받았다는 충분한 증거가 있다.
> 뉘른베르크에서 이루어진 구스타프 크룹 폰 볼렌 운트 할바흐에 대한 고발

룹 사의 빵집에서 청소 작업반으로 일해야 했다. 그는 몰래 빵 한 조각을 숨겼다. 그러나 빈틈없는 감시원에게 발각되었다. 이 전쟁 포로가 빵을 꺼내길 거부하자 감시원은 그의 가슴을 조준 사격해서 죽였다. 군법회의에 의한 절차는 중요하지 않았다.

그럼에도 불구하고 크룹 사에서 발생한 이런 학대와 살인은 예외적인 경우였다. 게다가 간혹 자신들의 버터 빵을 강제 노역자들과 나눈 크룹 직원들이 있었다. 강제 노역자들의 견딜 수 없는 생활환경도 의도적으로 세운 계획은 아니었는데, 왜냐하면 이 때문에 콘체른의 우두머리에게 비난이 쏟아질 수 있었기 때문이었다. 오히려 이런 환경은 특히 효율성과 군비 증강에 목표를 둔 베를린의 정치가 빚어낸 일반적인 결과들이었다. 이런 정치가 회사 경영진에 의해 에센에서 이행되었는데, 회사 경영진은 근본적인 문제점을 해결하려고 하지 않았고, 때문에 가능하면 그런 상황에 대해 눈을 감아 버렸다.

어쨌든 이사회는 1942년 가을에 회사 부담으로 심각한 영양실조에 걸린 "동부 노동자"들의 원기를 회복시키기 위해 당근을 대량으로 구입했다. 그러나 일회성에 그친 조치였다. 크룹 사는 식량청에 외국인 노동자를 위한 특별 식량을 지원해 줄 것을 자주 신청하기도 했다.

그러나 회사가 해결할 수 없는 어려움에 직면한 것처럼 보였음에도 불구하고 콘체른 지도부는 계속 더 새로운 강제 노역자들을 요구했다. 오래전부터 숙식 제공을 제대로 감당할 수 없다는 것을 지도부는 잘 알고 있었다. 어쨌든 에센에서는 강제 노역자들의 운명에 대해 전혀 알지 못했다는 변명을 아무도 할 수가 없다. 1943년 3월에 이미 에센 지방법원장은 외국인 노동자들이 도시의 거리 모습을 규정하고 있다고 불만을 터트렸다. 보르벡 광부협회의 연감에는 강제 노역자들에 대해 이렇게 묘사되어 있다. "여위고 머리를 박박 민 젊은이들이 말없이 길을 지나고 있

"크룹 씨를 위해": 종전 때까지 공장 시설은 공중 폭격을 받아 광범위한 지역이 파괴되었다

> 나는 외국인 노동자들 또는 전쟁 포로들이 매우 열악한 처지에 놓여 있었다고 들은 기억이 없다. 그들 모두 매우 원시적인 상황에 놓여 있었던 것은 잠시뿐이었다. 독일인 노동자들은 이 당시에 지하실에서 살고 있었다. … 작은 지하실 공간에서 종종 여섯에서 여덟 사람이 같이 지냈다.
> 뉘른베르크에서 슈페어가 한 진술, 1946년 6월 21일

다. 그들은 솜으로 만든 회색 상의를 입었고, 이따금 빵을 무슨 귀중품 보호하듯이 품에 껴안고 있었다.

1943년 3월 5일에 주강 공장에 대한 첫 번째 대규모 폭격이 있은 뒤에 강제 노역자들의 생활환경은 더욱 열악해졌다. 수십 번의 폭격이 더 이어졌다. 크룹 사가 바로 군수 기업이었기 때문이다. 많은 연합군 폭격기 조종사들이 폭탄에다가 다음과 같은 헌사를 적어 놓았다. 폭탄에는 분필로 쓴 "크룹 씨를 위해"라는 글귀가 적혀 있었다. 물론 폭탄이 생산 시설에만 떨어진 것은 아니었지만, 빌라 휘겔에는 떨어지지 않았다. 대신에 강제 노역자 수용소가 계속 폭격을 받아 파괴되었다. 이 수용소들은 광범위하게 퍼져 있었고 제대로 방호가 되지 않았다. 게다가 이 수용소들은 크룹 공장과 바로 인접해 있었다. 1943년 초에 그곳 강제 노역자들을 위한 침대 수는 모두 2만 6천 개였다. 반년 사이에 그 수가 절반으로 줄어들었다. 콘체른 지도부가 끊임없이 막사 수용소를 지었음에도 불구하고 침대 수는 결코 1만 3천 개를 넘지 못했다. 폭격으로 인한 피해가 매우 컸던 것이다. 그때부터 많은 동부 노동자들이 공장 작업장에서 잠자리를 해결해야만 했다. 크룹 사의 의사인 예거 박사는 이에 대해 다음과 같이 말한다. "그들이 작업하던 공장 건물 한 귀퉁이를 판자로 분리했다. 공장 작업장에서 나오는 소음 소리가 매우 컸음에도 불구하고 주간 작업반 노동자들은 밤에 그곳에서 잠을 잤고, 야간 작업반 노동자들은 낮에 그곳에서 잠을 잤다."

특히 300명의 프랑스 전쟁 포로들이 심각한 타격을 받았는데, 그들이 묵었던 막사 대부분이 1944년 4월 27일에 있은 공습으로 파괴되었다.

그들은 철도 밑 지하 통로에서 묵게 되었다. 수용소 의사인 슈틴네스벡 박사는 상사인 예거 박사에게 "이 통로는 축축하고 사람이 계속 묵기에는 적절하지 않다"고 보고했다. 그가 반년 뒤에 다시 수용소를 방문했을 때, 상황은 더 나아진 것이 없었다. 이 의사는 "사람들이 화로의 재받이, 개집, 오래된 빵 굽는 오븐과 손수 만든 판잣집에서 살고 있다"고 인사과에 적어 보냈다.

콘체른 지도부는 엄청난 폭격으로 인한 위기 상황에서 완전히 독자적인 결론을 도출해 냈다. 육군 최고사령부와 친위대 경제 관리부의 제안으로 콘체른 지도부는 새로운 기폭 장치 공장을 먼 곳에 세우는 방안을 고려했다. 그곳은 아우슈비츠로 이게 파르벤(IG Farben)[설립연도인 1925년부터 제2차 세계대전 이후 연합국 측에 의해 해체되기까지 세계 최대 규모를 자랑하던 독일의 화학공업 카르텔] 공장도 아우슈비츠 모노비츠에 공장이 운영하는 강제수용소를 가지고 있었다. 그러나 크룹 사의 관리자들이 이와 관련해서 이게 파르벤 지도부에 문의를 했을 때, 회사와 친위대 사이에 항상 의견 불일치가 있었다는 얘기를 들었다. 그래서 크룹 사는 이 계획을 파기했다. 따라서 아직 강제수용소 수용자들이 투입되는 일은 일어나지 않았다.

1944년 초여름에 결국 노동청은 더 이상 새로운 외국인 노동자들을 제공할 수 없다고 공표했다. 오래 전부터 퇴각하고 있던 독일 국방군은 전쟁 포로를 더 이상 잡지 못했다. 어디에서도 새로운 외국인 노동자들을 보충할 수가 없었다. 모집을 통해서도 강제력을 동원해도 안 되었다. 몰락하고 있는 제국에서 마지막으로 남은 대규모 노동 자원은 집단 학살 수용소에 있었다. 76만 5천 명의 헝가리 유대인들에 대한 추방과 학살이 친위대를 통해 1944년 4월에 시작되었다.

1942년에 크룹 콘체른은 강제수용소 수용자들을 투입하자는 제안을

아우슈비츠에서 공장 시설을 짓고 있는 강제수용소 수용자들. 크룹 사도 강제수용소 인근에 공장을 짓는 것을 계획했었다

거절했었다. 그러나 일련의 기업들이 비인간적일 뿐만 아니라 규제가 심하고 번잡한 노동력 투입을 포기했던 반면에, 주강 공장은 더 많은 인력이 긴급하게 필요했다. 이 때문에 이 기업은 2천 명의 강제수용소 남자 수용자들을 요청했다. 얼마 지나지 않아 주강 공장은 허가를 받았다. 1944년 6월 21일에 크룹 사의 담당자가 이사회에 이 사실을 알렸다. 그러나 콘체른은 이미 겔젠키르헨에 투입되어 있던 520명의 여자 수용자들만 받을 수 있다는 통보를 받았다. 이사회는 여자 수용자들을 살펴보기 위해 대리인을 겔젠키르헨으로 파견했다. 이 대리인이 여자 수용자들은 중노동에 적합하지 않다는 판단을 내렸음에도 불구하고, 콘체른은 친위대의 제안을 받아들이기로 결정했다. 38명의 젊은 크룹 사 여성 노

동자들이 그사이에 강제수용소 감독관으로서 필요한 10일간의 속성 과정을 밟기 위해 라벤스브뤼크로 가라는 명령을 받았다. 동시에 인사 관리부의 요한네스 돌하이네가 겔젠키르헨에서 2천 명이 넘는 헝가리 여성 유대인들 중에서 가장 알맞아 보이는 520명을 선발했다. 그는 나중에 다음과 같이 밝혔다. "이 여성들로부터 받은 첫 인상은 매우 불쌍해 보인다는 것이었다. 그들은 완전히 머리를 빡빡 밀었고, 의복은 결코 충분하지 않았다." 그럼에도 불구하고 그는 선발을 했고, 지명한 520명의 여성 유대인들은 며칠 뒤에 에센에 도착했다. 예전에 이탈리아 군 억류자들의 거처였던 훔볼트 가의 수용소는 그들이 도착하기 전에 소독이 되어 있지 않아서 빈대가 득시글거렸다. 이 여성들은 하루 12시간씩 중노동을 해야만 했다. 우츠호로드 출신의 엘리자베트 로트는 제2압연 공장의 용광로에서 일했다. "그곳은 우리가 가장 두려워하던 곳이었다. 이유는 그곳에서 우리가 받은 비참한 대우와 작업 성격 때문이었다." 왜냐하면 통상적으로 이런 작업은 건강하고 영양 상태가 좋은 남자들이 해야 했기 때문이다. 10월 23일에 심한 폭격으로 인해 훔볼트 가에 있는 위성 수용소[강제수용소 외부에 자리 잡은 부속 수용소]의 거의 모든 막사가 파괴되었다. 이제 여성들은 주방용 막사의 맨바닥에서 잠을 자야 했다. 중년의 크룹 사 노동자인 페터 구터존은 전쟁 이후에 다음과 같이 기억을 더듬었다. "겨울에 날씨가 좋지 않을 때는 유대인 여성들이 젖은 누더기 옷을 입고 흠뻑 젖은 이불을 어깨에 덮어 쓰고 작업장으로 가야 했다." 더욱이 대부분의 여성들은 공장이 파괴되어 더 이상 생산에 투입될 수 없게 되자 잔해를 치우는 일을 해야 했다.

  1944년 12월 12일에 연합군 폭격기가 마침내 주방용 막사도 파괴했다. 이제 젊은 여성들에게 남은 것은 차갑고 축축한 지하실뿐이었는데, 그곳에는 창문도 없어서 빛이 들어오지 않았다. 3개월간 그들이 삶을 부지한 좁고 어두운 집이었다. 수용소 지도부가 이 상황에 대해 보고했음에도 불구하고 아무것도 바뀌지 않았다.

1945년 2월에 훔볼트 가에 위치한 수용소 지도부는 친위대로부터 이 유대인 여성들을 어떠한 경우에도 산 채로 연합군에게 넘기지 말라는 명령을 받았다. 친위대원들이 그들을 위협했다. "우리는 마지막 순간까지 너희들을 없앨 것이다." 콘체른 지도부는 이에 대해 보고를 받았다. 그러고 나서 에센의 강제수용소 분견대는 친위대로부터 유대인 여성들을 부헨발트 강제수용소로 소개하라는 지시를 받았다. 나중에 크룹 사의 관리인이 뉘른베르크에서 진술한 것처럼, 이와는 관계없이 거의 같은 시점에 기업 지도부가 그에 상응하는 결정을 내렸다. 이 젊은 여성들이 즉시 에센을 떠나 기차를 타고 부헨발트 방향으로 가야 한다는 것이었다. 종전 몇 주 전에 자행된 비인간적인 고문이었고, 많은 사람들에게는 치명적인 고문이었다. 그들 일부는 객차에, 일부는 난방이 되지 않은 화물차에 탄 채 그리고 엄청나게 빈약한 식량을 배급받으면서 3일 동안 기차를 타고 갔다.

이 이송 조치는 부헨발트 수용소[바이마르 근교에 위치] 지도부에게도 매우 뜻밖의 일이었다. 그래서 여성들은 바이마르 기차역에서 내리지도 못하고 이번에는 식사도 전혀 제공받지 못한 채 베르겐-벨젠 강제수용소로 보내졌다. 그곳에는 기아, 티푸스 전염병 그리고 친위대 총살 부대가 이 헝가리 여성들을 기다리고 있었다.

크룹 콘체른이 예전에 자신들이 이송시켰던 유대인 강제 노역자들에게 배상을 했던 1959년, 520명 중 380명의 생존자가 유대인 배상청구위원회에 신고를 했다. 그들 중 얼마가 에센으로부터 이송 중에 그리고 종전 시에 죽었는지 상세한 내용은 알 수가 없다. 콘체른 지도부가 그렇게 서둘러서 추방시키지 않았다면 이 여성들이 그런 운명에서 벗어날 수 있었는지는 확실치 않다. 많은 사람들은 기업 지도부가 친위대원들의 위협에 따라, 에센의 몬탁스로흐 지역에서 경찰에 의해 자행된 것처럼, 대규모 처형이 있을까 두려워했을 것이라고 추측하고 있다. 그 처형으로 에센 형무소에 있던 35명의 소련 강제 노역자가 희생되었다.

그러나 6명의 헝가리 여성들이 생존한 것은, 그것도 에센에서 생존한 것은 확실하다. 부헨발트로 기차가 출발하기 직전에 기습적인 폭격이 있었는데, 이를 틈타 엘리자베트 로트를 포함한 여성들이 몰래 도주할 기회를 얻었다. 며칠 동안 그들은 유대인 공동묘지의 파괴된 관 안치소에 숨어 있었다. 그리고 나서 이 여성 중 한 명이 압연 공장에서 같이 일한 독일인 동료 에르나와 게르하르트 마르크바르트 부부에게 도움을 청하기 위해 완전히 기력이 쇠진한 채 은신처에서 빠져 나왔다. 생명의 위협을 받으면서도 마르크바르트 부부는 이 지칠 대로 지친 여성에게 먹을 음식을 제공했고, 동료들 집에 그녀를 위한 은신처를 마련해 주었다. 그 은신처 중에는 돌격대원의 집도 있었다. 1945년 4월 11일에 미군이 에센에 진주했다. 용기와 인간성이 정말 모범적이었던 크룹 노동자들의 도움을 받아서 여섯 명의 여성들은 홀로코스트에서 살아남았다.

알프리트 크룹 폰 볼렌 운트 할바흐는 그사이 승전국에 의해 체포되었고, 며칠 동안 심문을 받았다. 그러나 먼저 알프리트의 아버지인 구스타프가 뉘른베르크 전범재판소에 의해 독일 전체 중공업과 군수산업을 대표해 피고인석에 세워져 답변을 해야 했다. 그 외에도 제국 원수 헤르만 괴링, 히틀러의 대리인 루돌프 헤쓰 그리고 나치 외교부장관 요하임 리벤트로프와 같은 사람들이 피고인석에 서야 했다. 그러나 연합군이 블륀바흐 성에서 구스타프 크룹 폰 볼렌 운트 할바흐를 체포하려고 했을 때, 그들이 발견한 사람은 계속 심해지는 치매에 시달리고 있던 노쇠한 노인

"나는 사업가지 정치인은 아니다": 1945년 4월 11일에 알프리트 크룹은 미군에 의해 체포되었다

이었다. 1944년에 교통사고, 뇌졸중을 겪고, 종전 직전에 이탈리아에서 또 다른 아들을 잃은 뒤로, 그는 더 이상 예전의 그가 아니었다. 분명, 구스타프 크룹은 더 이상 뉘른베르크에서 책임을 질 수 있는 상태가 아니었다.

그럼에도 불구하고 연합군이 생각하기에 크룹 사는 "부당이득자의 상징이었고, 유럽의 평

> 나는 당연히 내 공장을 재건하고 생산을 재개할 것이다. 당신들도 알다시피 나는 사업가지 정치인은 아니다.
> 알프리트 크룹 폰 볼렌 운트 할바흐가 체포 뒤에 초병에게 한 말

화를 위협한 유해 세력"이었다. 이는 주요 전범에 대한 재판에서 미국 측 수석 검사 로버트 H. 잭슨이 명백하게 밝힌 내용이었다.

구스타프 대신 알프리트 크룹 폰 볼렌을 기소할 수 있는지 여부에 대해서는 연합군 사이에서도 의견이 갈라졌다. 영국인들에게 그는 단지 그가 가진 많은 직위와 비교해서 구체적으로 비난할 내용이 거의 없는, "특색도 없고 추진력도 없는" 사람일 뿐이었다. 외교적 줄다리기, 불명료한 상황과 불확실한 상황이 1947년까지 계속되었다. 이 시기에 알프리트 크룹 폰 볼렌은 구금되어 있지도 억류되어 있지도 않았다. 결국, 미군 당국의 발의로 크룹 이사회 전 임원진과 최고관리자들에 대한 독자적인 재판이 진행되었다. 괴르델러의 지인으로 1944년 7월 20일에 있었던 히틀러 암살 기도 이후에 게슈타포에 의해 체포되었던 에발트 뢰저와 같은 이미 은퇴한 사람들도 여기에 포함되어 있었다.

미군 제3군사법정에서 1947년 8월 17일에 뉘른베르크 후속 재판 사건 번호 10번으로 알프리트 크룹 폰 볼렌과 11명의 전직 임직원들에 대해 4가지 항목에 관한 기소가 이루어졌다. 4가지 기소 사유는 침략 전쟁의 계획, 평화에 반하는 모의, 점령 지역 약탈과 노예 노동 프로그램에 관여한 것이었다. 재판은 11월 7일에 주요 전범들에 대한 재판이 이루어진 바로 그 법정

> 나치당은 특히 크룹 사의 영향력을 통해 얻어 낸 산업계의 지원이 없었다면 독일을 통제할 수 없었을 것이다. 먼저 알프리트가 나치 당원이 되었고, 후에 구스타프 크룹 폰 볼렌이 합류했다. 크룹 사의 영향력은 유럽에서 침략 전쟁을 전개하려던 나치의 계획을 더더욱 확실하게 만들었다.
> 뉘른베르크에서 구스타프 크룹 폰 볼렌 운트 할바흐에 대한 기소 내용

> 모든 사적인 고려보다 선행되는 공공의 관심은 크룹 사의 군수품 분야에서 다른 대표자가 크룹 폰 볼렌을 대신해서 나서게 될 때에만 그를 소송에서 배제하도록 요구한다.
> 뉘른베르크 재판 미국 측 수석 검사 로버트 H. 잭슨

> 그의 아버지에 대한 심리가 이루어질 수 없기 때문에 알프리트 크룹 씨를 추가로 주요 전범 리스트에 넣는 것이 법적으로 가능한지 나는 모르겠다. 내 생각에 미국 대표 측에서는 법정에서 인정해 주지 않을 가능성이 있는 일종의 게임을 하고 있다는 생각이 든다.
> 테오도르 클레피쉬 박사, 뉘른베르크 재판에서 구스타프 폰 볼렌 운트 할바흐의 변호인

에서 개최되었다. 알프리트 크룹 폰 볼렌이 피고번호 1번으로 헤르만 괴링의 자리에 앉았다.

재판은 미국 법과 미국 재판 규정에 따라 진행되었다. 그러나 법정은 미국 변호사가 알프리트 크룹 폰 볼렌을 변호하는 것을 허용하지 않았다. 재판관은 미국 지방법원의 판사들로 구성되었는데, 그들은 이 재판 기간 동안만 원 소속기관으로부터 휴가를 얻었다. 이 때문에 재판관들은 판결을 내리기 위해 무척 서둘렀다. 그리고 피고에게 유리한 증인의 3분의 2가 법정에서 진술을 하지 못하고, 위임 받은 판사를 통해 증인 신문이 별도로 이루어졌다. 그리고 법정은 압수된 크룹 사 문서들에 대한 변호인의 접근을 막았다. 이런 방식들 때문에, 중립적인 재판 관찰자들이 보기에, 가끔 이 법정이 법치국가적인 절차에 전혀 관심이 없는 — 그리고 피고인 본인의 죄에 대한 입증에 전혀 관심이 없는 — 승전국 법정처럼 보였다.

알프리트 크룹 폰 볼렌은 자신의 재판에 냉정하게, 그러니까 거의 무관심한 듯이 임했고, 아무런 감정도 보이지 않았다. 그의 얼굴은 그 어느 때보다도 수척했고 진지했다. 재판이 개시되자 그는 자신이 "연좌제"에 따른 책임을 추궁 받고 있다는 생각을 내비쳤다. "나는 여기에 제 아버지를 대신해 섰습니다." 그는 계속 자기 이름의 유명세 때문에, "크룹이 전쟁을 원했고, 크룹이 전쟁을 수행했다는 오래되고 잘못된 관념 때문"에 기소되었다고 생각한다는 점을 명확히 했다. 그는 법정에서 자신은 "인권을 침해한 어떤 행위도 알고 있지 않다"고 말했다. 그의 변호 전략은 냉정하고, 거리를 둔 채, 냉담한 태도를 취하는 것이었다. 강제 노역자들을 학대한 것에 대해 그는 아무것도 모른다고 했다. "누군가에게 크룹 사의 범죄에 대해 책임을 물어야만 한다고 믿는다면, 나는 그것을 회사에 대해 책임을 지는 나의 임무로 생각하고 있습니다." 평생 의무 이행을 위한 수양을 쌓았던 누군가에게는 피고의 역할조차도 순전히 의무에 관한 문제였다.

 1948년 4월 5일, 첫 두 가지 기소 사항, 즉 침략 전쟁의 계획, 평화에 반하는 모의에 대해 모든 피고인에게 무죄 판결이 났다. 알프리트 크룹 폰 볼렌은 다른 기소 사항에 대해서는 유죄 소견을 받았다. 그는 12년을 감옥에서 보내야 했다. 목격자들의 진술에 따르면, 그는 이 판결 부분을 눈썹 하나 까딱하지 않고 무덤덤하게 들었다. 그러나 재판관이 판결의 두 번째 부분을 낭독했다. 전 재산을 몰수하는 것이었다. 알프리트 크룹 폰 볼렌의 얼굴이 창백해졌다. 다른 뉘른베르크 판결 중에서 그 어떤 판결도 이런 내용의 징벌은 없었다. 주요 전범에 대해서도 이런 판결은 없었다.

 알프리트 크룹에 대한 뉘른베르크 판결은 오늘날까지 뜨거운 논쟁거리이다. 그것은 비단 법정에서의 불공정한 절차 때문만은 아니다. 독일 논평가들과 역사학자들은 주어진 상황에 적응하고, 그럼에도 불구하고 이익을 내야 하는 것이야말로 기업가의 사명이라고 주장했다. 공장 소유주가 정치인들과 그들의 행위에 대해 어떤 태도를 취하든, 직원들 때문에 어떤 태도를 취하든 간에, 소유주가 행동을 할 때는 항상 기업의 안녕을 우선해야만 한다는 것이다.

 그럼에도 불구하고, 온갖 정치적·도덕적 희생을 치르고도 이윤을 추구할 가치가 있는지는 여전히 의문이다. 구스타프 크룹 폰 볼렌은 자기의 의지에 반해 히틀러의 매니저가 되었다. 그는 거부하지 않았지만, 체제 비판자들과 유대인을 후원했다. 그와 반대로 알프리트 크룹 폰 볼렌은 히틀러의 통치에 대해 전혀 입장을 밝힌 적이 없었다. 그는 나치 신봉자도 아니었고 정권의 반대자도 아니었다. 그는 집권하고 있는 나치에 대해 거리를 두지 않았지만, 그렇다고 가까이 하려고도 않았다. 그는 순

"나는 여기에 제 아버지를 대신해 섰습니다": 뉘른베르크 미 군사 법정에 선 알프리트 크룹

전히 자신의 의무를 이행한 것이었다. 아니면 자신이 옳다고 여기는 것을 수행했다고 하는 것이 더 맞는 말일 것이다.

알프리트 크룹 폰 볼렌이 자신의 변호를 위해 제시한 내용은 두 사람 모두에게 적용되는 것이다. "경제는 안정적으로 상향 성장을 할 필요가 있다. 우리는 히틀러가 그러한 건전한 성장을 이룰 것이라는 인상을 받았다. 실제로 그는 그렇게 했다." 이를 통해 다른 모든 것들은 중요하지 않게 되었을까? 구스타프와 알프리트 크룹 폰 볼렌은 아무튼 물려받은 기업 제국을 보존하고 확대하는 것을 우선 과제로 여겼다. 폭격전이라는 주어진 상

> 내 재판과 같은 재판들은 전후에 일어나는 현상들이었다. 이 재판들이 있을 것이라고 예견할 수 있었다. 감옥에 갇힌 상황은 나를 힘들게 만들었다. 나는 상대적으로 젊었고, 언제나 낙관론자였다. … 아니, 나는 미래에 대해 걱정하지 않았다. 시간이 해결해 줄 것이라고 생각했다.
> 알프리트 크룹 폰 볼렌 운트 할바흐, 1959년

황에서 엘자스의 공장을 인수한 것은 콘체른의 안녕을 위한 것이었다. 독일이 전쟁에서 승리하기를 기대하면서, 동부전선에 있는 공장들을 나중에 소유할 가능성도 감안하면서, 수탁 방식으로 운영했던 것은 기업의 이익과 관련된 것이었다. 노동력 부족이라는 압박 하에서 회사는 생산 결손을 피하기 위해 강제 노역자를 투입하는 것 외에 다른 대안을 찾지 못했으며, 심지어 너무나 큰 위기 상황에서 강제수용소의 수용자들까지 투입하게 되었다. 구스타프도, 알프리트 크룹 폰 볼렌 운트 할바흐도 누군가를 사지로 몰아넣으려고 하지는 않았다. 그러나 그들은 자기 기업에서도 비인간적인 조건 하에 강제 노역자들이 생활해야만 한다는 것을, 그리고 심지어 몇몇은 이 때문에 죽어야만 한다는 것을 감내했다. 많은 사람들은 크룹 사가 그 당시에 루르 지방에서 아무 대책 없이 다반사로 일어났던 범죄에 대해 책임을 져야 한다고 비판했다. 수백만의 다른 독일인들처럼, 구스타프와 알프리트 크룹 폰 볼렌 운트 할바흐는 그들만의 방식으로 범죄에 관여한 단순 가담자였다. 물론 그들은 관심의 대상이 되는 지위에 있었고, 남보다 두드러지는 책임을 졌다.

그러나 예외도 있다. 독재 시대에도 용기를 내는 것이 가능하다는 것을 보여 주는 예외가 있다. 확실히, 이런 예외에 유대인 여성들을 도운 크룹 노동자들도 들어간다. 또한 사람들이 예상도 하지 않았던, 알프리트의 동료 기업가인 프리츠 티센도 이 예외적인 경우에 속한다. 그는 나치를 신봉하는 추종자로서 크룹을 국민에 대한 선전선동가로 만들기 위해 오랫동안 시도했다. 그는 수십만 마르크를 히틀러에게 기부했고, 1923년 실패한 무장봉기도 지원했다. 그러나 전쟁 개시와 더불어 전기가 이루어졌다. 그는 제국의회 의원 중 유일하게 폴란드에 대한 공격을 공개적으로 반대했다. "제 생각으로는 협상을 위한 시간을 벌기 위해 일종의 휴전이 가능할 것이라고 생각합니다. 저는 전쟁에 반대합니다." 그는 스위스로 망명했고, 나중에 프랑스로 갔다. 프랑스가 히틀러 군에 의해 점령되었을 때, 티센은 제국으로 송환되었다. 그에게 정신병원행이 지시되었고, 나중에는 오라니엔부르크, 부헨발트 그리고 다하우 강제수용소 등으로 옮겨졌다. 1945년에 그는 석방되었다. 실용주의자인 크룹과는 달리 티센은 현실주의자가 아니었다. 그의 기업은 1926년 "연합철강 주식회사"로 시작되었다. 그래서 그는 크룹 사와는 약간 다른 상황에 처해 있었다. 그럼에도 불구하고 그는 정권과 그 정책을 그대로 받아들이지 않고, 예전에 자신이 나치에 현혹되었음에도 불구하고 정권에 대해 용기 있는 행동을 내보였다. 이 저항은 전망이 없어 보였다. 하지만 티센이 나선 행동은 자기 회사에만 국한되지 않는, 이를 훨씬 뛰어넘는 책임감을 보여 주었다.

  크룹 가문의 눈에는 그런 행동이 당연히 가문의 철칙에 어긋나는 것으로 보였을 것이다. 알프리트는 평생 아버지를 본받으려고 했고, 그 아버지는 다시 그의 장인을 본받으려고 했다. 선조의 유산을 보존하고 증식시키는 것이 두 사람에게는 중요한 의미였다. 알프리트 크룹 폰 볼렌은 후에 "우리 크룹 사람들은 결코 관념에 대해 많이 신경 쓰지 않는다. 우리는 잘 기능하고, 우리를 방해하지 않고 일할 기회를 제공하는 체제를 원한다. 정치는 우리 일이 아니다"라고 자신을 변호했다.

  하필 레히 강변의 란츠베르크에서 알프리트 크룹 폰 볼렌 운트 할바흐와 그의 이사진들이 형을 살았다. 히틀러도 1923년 자신의 무장봉기가 실패한 뒤에 그곳에서 복역을 했다. 죄수 크룹은 다시 가문이 지켜야 할 기본 도덕을 수행했다. 의무를 수행하고, 침착성을 유지하며, 모범이 되는 것이 그것이었다. 그는 결코 식사에 대해 불평을 한 적이 없었고, 급작스럽게 끝나 버린 "구시대"에 관한 얘기에 참여한 적이 없었으며, 감옥의 기계 공장에서 항상 성실하게 일을 했다. 그리고 자유 시간에는 근처에 있는 교회에 가서 촛대를 용접했다.

알프리트 크룹 폰 볼렌이 체포되었음에도 불구하고, 에센에서의 일상은 그대로 진행되었다. 바로 4월에 빌라 휘겔에는 영국군이 주둔했다. 그들의 지휘관은 물어보지도 않고 황제가 묵었던 신성한 방을 차지했다. 그 사이에 에센과 라인하우젠에 있는 거대한 크룹 사 대지를 확실하게 접수하기 위한 계획이 수립되었다. "머스터드"와 "피코크" 작전은 엄청난 군사력이 동원되었다. 중무장한 두 개 보병 여단이 주강 공장과 프리드리히 알프레트 제련 공장 지대로 진주하게 되어 있었다. 그 외에 2개 전차 연대와 영국 육군 공병대가 지원을 하도록 예정되어 있었다. 그사이 11월이 되었고, 전쟁은 6개월 전에 끝났다. 이 전투적인 광경은 고향에서 도덕성을 고양시키기 위한 목적으로, 그리고 그 밖의 패전한 독일인들에게 누가 "집주인"인지 다시 한 번 보여 주는 데 쓰도록 되어 있었다. 크룹 콘체른을 담당했던 영국인 감독관 E.L. 더글러스 파울스는 마지막 순간까지 히틀러의 병기 제작소를 접수하는 연극과 같은 장면을 막을 수가 없었다. 그는 비싼 대가를 치르고 얻어낸 평화의 와중에 전쟁놀이를 하는 것이 영국군을 우습게 만들 수도 있을 거라고 우려했다. 타협안으로 11월 16일에 알텐도르프 가에 있는 본부 건물과 선별된 몇몇 공장에 대해서만 돌격이 이루어지게 되었다. 그러고 나서 파울스는 크룹 콘체른이 해체되었고, 에센 공장이 더 이상 존속하지 않는다고 선언했다. "신사 여러분, 저기 밖에 있는 굴뚝에서 다시 연기가 나는 일은 절대 없을 것입니다." 파울스는 에센의 해체가 세계 평화와, 크룹인들이 생각하듯이, 영국 산업의 안녕을 위해 철저하게 이루어지길 원했다.

유럽에서 최신식 공장 중의 하나인 보르벡 제련 공장은 소련에 배상금 조로 주어졌다. 사용할 수 있는 모든 것들이 분해되어 동쪽으로 보내졌

"여기 굴뚝에서 다시 연기가 나는 일은 절대 없을 것이다": 2차 세계대전 이후 파괴된 크룹 공장의 모습

"영원히 크룹 사를 폐쇄할 것이다": 연합군의 목표는 우선 콘체른을 철저하게 해체하는 것이었다. 1949년에 진행된 철거 작업

다. 제련 공장에 남은 것이라곤 덩치 큰 시멘트 구조물뿐이었다. 마찬가지로 콘체른도 철저하게 "해체되었다." 자회사와 출자 회사들은 독립해서 떨어져 나갔다. 이는 주강 공장에 내려진 조치였던 완전한 철거와 해체 과정에서 벗어나기 위한 방법이었다. 그사이에 에센의 대부분의 공장들이 철거되었다. 폭격으로 인해 피해를 입지 않은 크룹 사 건물 수가 절반으로 줄어들었고, 이제 그 건물들도 파괴되었다.

그러나 승전국들은 그들의 노하우를 파괴할 수는 없었다. 정치 기상도가 크게 변하자 크룹 가문의 파란만장한 역사의 새로운 장이 시작되

신사 여러분, 저기 밖에 있는 굴뚝에서 다시 연기가 나는 일은 절대 없을 것입니다. 예전에 주강 공장이었던 곳은 들판과 초원이 될 것입니다. 영국군 군정은 크룹 사를 영원히 폐쇄할 것을 결정했습니다. 신사 여러분, 이상입니다.
E. L. 더글러스 파울스, 영국 감독관, 1945년 7월 크룹 이사진 앞에서 한 연설

었다. 극동 아시아에서 벌어진 한국전쟁은 영국, 미국 그리고 프랑스에게 스탈린의 붉은 군대가 갑자기 라인 강에 나타나지 않도록 하기 위해 강력한 서독이 필요하다는 점이 분명해졌다. 이런 정치적 변화는 1951년 마침내 결단을 내리게 만들었는데, 크룹 사람들도 절실하게 바라던 바였다. 독일 담당 미국 고등감독관 존 매클로이는 알프리트와 크룹 이사진을 사면시켰다. 그들은 이제 감옥을 떠나도 되었다. 그 밖에도 알프리트는 그의 재산을 돌려받았다. 그 이유는 뉘른베르크에서 유죄 판결을 받았던 모든 사람들보다 더한 죄인으로 만들기에 충분한 크룹의 개인적인 죄과를 입증할 수가 없다는 것이었다.

물론 알프리트가 기업 해체에 동의하고 자신의 석탄 공장과 철강 공장을 6년 내로 매각한다는 조건 하에서였다. 18개월간의 협상 끝에 알프리트는 완전한 자유재량권을 보장한다는 조건 하에 동의했다. 이 협정은 "멜렘 협약"으로 역사에 기록되었다. 크룹 콘체른이 전 세계에서 여전히 어떤 존경을 받고 있는지 마지막으로 입증되었다. 미국, 영국 그리고 프랑스 정부의 대표자들이 독일의 한 개인과 조약을 체결했다. 그는 "단지" 기업가였고 크룹 공장의 소유주였을 뿐이었다. 예전에 히틀러가 이미 크룹 사에 대해 헌법상의 특수성을 고려했던 것처럼, 이 세 국가가 철강 재벌을 위해 국제법상 전례가 없는 특별 방식을 만들어 냈다.

물론 동시대인들은 이 조약을 순수하게 크룹 사의 가치를 인정한 것이라고 해석할 수가 없었다. 그러나 1953년 3월 12일부터 알프리트 크룹 폰 볼렌은 다시 "자기 집 주인"이 되었다.

크룹이 자신의 권리를 다투는 동안 그는 새로 결혼을 했다. 독일계 미국인이었던 베라 호센펠트는 이미 세 번의 결혼 경력이 있었다. 그러나 사교계와 친하고 유별난 이 젊은 폰 볼렌 부인

우선은 사람을, 그 다음으로 기계을. 이것은 우리 크룹 가에 수백 년 전부터 내려오는 통상적인 사고방식이다.
알프리트 크룹 폰 볼렌 운트 할바흐, 그가 회사로 복귀한 뒤에 한 말, 1953년 3월

"과거는 접어 두고 시선을 미래로 돌리다": 란츠베르크 감옥에서 석방되는 알프리트 크룹, 1951년 2월

우리는 슈프렝어 집에서 대화를 나누었다. 그리고 그는 다음과 같이 말했다. 같이 저녁식사를 하지 않겠습니까? 그래서 우리는 에세너 호프로 갔다. 당시 나는 다임러-벤츠 사가 보험 회사로부터 돈을 받으려 했고 또 받았던 것처럼 그가 이두나 보험 회사로부터 돈을 받고자 한다고 생각했다. 우리는 그리고 다시 여러 번 만났다. 1952년 9월 25일에 알프리트 크룹은 나에게 함부르크에서 식사를 하자고 초대했고, 나에게 그와 함께 크룹 콘체른을 재건하고 싶어 하는지 물었다. "당신은 전권을 위임받을 것이고 소유주처럼 행동할 수 있습니다"라고 그가 말했다. 나는 거기에 동의했다.

베르톨트 바이츠, 1995년

"루르 산업계와 전혀 관계가 없는": 크룹의 전권 대리인 베르톨트 바이츠(오른쪽)가 50년대 중반부터 콘체른에 새로운 성공을 가져다주었다

은 크룹 가의 책임 의식을 전혀 행할 수가 없었다. 그녀의 취향 대신 알프리트는 많은 시간을 사업에 투자했고, 그녀와 거의 같이 하지 않았다. 1957년에 베라는 그와 이혼했다.

알프리트와 베르톨트 바이츠와의 만남은 그사이 계속 지속되었다. 바이츠는 2차 세계대전 중에 카르파티아 오일 주식회사의 젊은 경영자로서 갈리치아 지역에서 노동력이 필요하다는 구실로 수많은 유대인의 목숨을 구했다. 전후에 그는 영국 군정으로부터 영국군 지역의 보험감독위원회 부위원장으로 임명되었다. 몇 년 뒤에 그는 이두나-게르마니아 보험 회사의 최고경영자가 되었다. 그리고 그가 함부르크에 있는 본사에 에센 출신의 예술가 장 슈프렝어의 조각 한 점을 주문하려고 했을 때, 그의 아틀리에에서 알프리트 크룹 폰 볼렌을 알게 되었다. 두 남자는 금방 서로에게 호감을 갖게 되었다.

가벼운 이야기를 통해 그들은 금세 더 가까워졌다. 알프리트 크룹 폰 볼렌은 함부르크로 와서 바이츠를 사계절 호텔로 초대했다. 크룹은 자신의 전권 대리인이 되어 달라는 제안을 했는데, 38살의 바이츠에게는 너무도 뜻밖이었다. 바이츠는 제안을 받아들였고, 50년대에 기계 제작과 기계 설비 분야에서 콘체른이 새로운 호황을 누리도록 만들었다. 바이츠는 연합군의 매각 조건이 실행되는 것을 막았다. 알프리트 크룹 폰 볼렌은 그를 무조건 신뢰했다. 이때부터 바이츠는 "반지의 제왕"이 되었는데, 크룹 사의 회사 로고를 보면 그 표현의 의미를 알 수 있다. 그러나 크룹의 공장은 더 이상 무기를 생산하지 않았다. 이것은 알프리트 크룹 폰 볼렌이 석방될 때부터 분명히 밝힌 사항이었고, 냉전의 절정기에도 이 다짐을 계속 새롭게 강조했다.

콘체른이 심각한 파산 위기에 시달리고 있던 1967년 봄에 알프리트는 폐암 판정을 받았다. 병은 날이 갈수록 심각해져 갔다. 1967년 7월 30일에 그는 심장 기능 상실로 인해 59세의 나이로 운명을 달리했다. 사망하기 며칠 전에 그는 마지막으로 크룹 가의 기본 도덕을 수행했는데, 의무를 이행한 것이었다. 친척들의 방문을 받고 나서 헤어질 때, 그는 힘든 몸을 겨우

| 더 이상 크룹 가문은 존재하지 않고, 이제 폰 볼렌 운트 할바흐 가문만이 존재한다. 알프리트 크룹은 마지막 크룹 사람이었다. 그의 아들 아른트도 아른트 폰 볼렌 운트 할바흐로 불렸고, 이름에 크룹을 붙이지 않았다. 크룹 가문과 연관된 크룹이라는 이름은 1967년 알프리트의 죽음과 함께 소멸되었다.
베르톨트 바이츠, 1995년

움직여 관례대로 손님들을 문까지 배웅했다. 알프리트 크룹 폰 볼렌 운트 할바흐는 마이젠부르크 가에 있는 크룹 공동묘지에 안장되었다. 그곳에서 그는 곁에 부인도 없이 그의 삶처럼 홀로 외롭게 누워 있다. 막강했던 선조들의 무덤과 달리 그의 무덤에는 아무런 기념비도 없었다.

알프리트 크룹 폰 볼렌 스스로가 놓았던 기념비는 그 성격이 이전과 완전히 달랐다. 그는 자신의 전 재산을 그가 설립한 "알프리트 크룹 폰 볼렌 운트 할바흐 재단"에 양도했던 것이다. 아들 아른트는 베르톨토 바이츠의 능숙한 협상력 덕택에 매년 2백만 마르크를 받게 되었다. 언론들은 그를 국민 중에서 "가장 부유한 조기 은퇴자"라고 시기 어린 투로 표현했다. 수십억의 재산을 넘겨받은 재단은 오늘날 과학과 문화, 교육, 스포츠 그리고 보건 분야에 수백만 마르크에 이르는 금액을 지원해 주고 있다. 크룹 가문을 돌로 형상화해 표현한 빌라 휘겔에서는 이제 예술 전시회가 개최되고 있다. "제국의 병기 제작소"라는 신화는 이제 과거가 되었다.

결국 이 "마지막 크룹 사람"은 자기 선조들의 유산을 계승시키지 않았다. 그는 콘체른을 가족의 손에 맡기지 않았고, 이 엄청난 유산을 후세의 축복을 위한 용도로 지정했다. 그의 삶은 그에게 한 가지 교훈을 주었다. 개인적인 부는 결코 행복과 등가가 아니라는 것을. 그 부가 무거운 짐이 될 수도 있다는 것을.

기술자

팔러스레벤 역에 모습을 드러낸 페르디난트 포르쉐는 그 자리에 전혀 어울리지 않는 사람처럼 보였다. 플랫폼 가장자리에 모여 있던 제복을 입은 수많은 사람들 가운데 민간인은 그가 유일했다. 트렌치코트는 조금 헐렁해 보였고,

| 오늘날 독일이 보유한 가장 위대한 기술 천재는 볼품없는 외모를 가진 포르쉐 박사입니다. 그는 일을 완성하려는 용기도 가지고 있습니다.
히틀러 |

"비만"인 그의 몸에 둘러진 벨트가 트렌치코트를 꽉 붙들고 있었다. 키가 큰 보도 라페겐츠와 건장한 로베르트 라이와 같은 독일노동전선의 대표자들 옆에 자리한 이 자동차 설계자는 땅딸막하게 보였다. 성긴 머리카락은 꼼꼼하게 뒤로 넘겨져 있었고, 신경을 써서 꾸민 코밑수염은 그를 약간 이상한 사람처럼 보이게 만들었다. 이런 큰 행사에 참석하는 것은 그에게 맞지 않았다. 그러나 이날은 포르쉐에게 의미 있는 날이었다. 이날은 국민 자동차를 만드는 꿈에서 중요한 진전을 이루고 "폴크스바겐 공장"의 초석을 놓는 날이었다.

1938년 5월 26일은 햇빛이 비치는 화창한 날로 예수 승천일이었다. 뮌헨에서 출발한 히틀러의 특별 기차가 도착한 뒤, 대기하고 있던 사람들이 "총통"을 맞이했다. 그리고 나서 자동차 행렬이 4각 깃발과 3각 깃발로 장식된 도로를 지나 장차 폴크스바겐 공장이 들어설 건축 현장으

로 향했다. 5만 명의 구경꾼들이 이 큰 행사를 보기 위해 각지에서 몰려왔다. 그들 중에는 돌격대 부대, 소년대(Jungvolk), 히틀러 청소년단 그리고 친위대 대원들도 있었다. 수많은 기자들이 화려한 축제를 완벽하게 만들어 주었는데, 이 시기에는 통상적인 일이었다. 『브라운슈바이크 신문』은 다음 날 "히틀러 청소년단의 고수(鼓手)와 팡파르 연주자들이 무대에서 자신들의 악기를 위로 들어올렸다. 하일[나치 시대 인사말]을 외치는 소리의 물결이 꽉 들어찬 사람들 위로 퍼졌다. 호령 소리가 들리고 입장 행진곡이 울려 퍼졌다. 전형적인 작업복을 입은 장인(匠人)들이 둘러서 있는 초석 옆으로 총통 깃발이 올라갔다"고 인상적인 기사를 실었다.

그리고 연단 앞에는 3대의 폴크스바겐 자동차가 놓여 있었다. 자동차들은 햇빛 아래서 어두운 빛을 내고 있었다. 이 3대가 이 모델로 생산한 전부였지만, 식이 진행되는 동안에는 의도적으로 언급을 하지 않았다.

간부들이 크게 환영을 받고 자리에 착석한 뒤에 독일노동전선 의장 로베르트 라이가 첫 연사로 연설을 했는데, 민중들 사이에서는 그가 공공연하게 독주를 좋아한다고 밝히고 다녔기 때문에 "제국의 술고래"라고 불렸다. "총통 각하! 이곳에서 시작되는 것들, 이 공장과 이 공장에서 만들어지는 모든 것들은 온전히 당신의 작품입니다." 그러나 이것으로 충분하지 않은듯, 그는 격정적으로 말을 이어 갔다. "우리는 알고 있습니다. 당신이 이미 집권하시기 전에 언젠가 독일 국민에게 값싸고 좋은 자동차를 선사하려는 생각을 가지고 계셨다는 것을."

팔러스레벤[오늘날 볼프스부르크로 불리는 폴크스바겐 공장이 위치한 도시]의 청중들과 라디오를 듣고 있던 청취자들은 라이가 무슨 얘기를 하는 것인지 알고 있었다. 왜냐하면 문제의 일화가 국민들 사이에 이미 널리 퍼져 있었기 때문이다. 시기가 확실치 않은 예전 어느 춥고 비 내리는 날 밤에 히틀러가 한 오토바이 운전자를 만났는데, 장차 "총통"이 될 그는 자동차 안에서 따뜻하고 편하게 앉아 있었던 반면에, 그 운전자는 가엾게도 나쁜 날씨에 오토바이에서 오들오들 떨고 있었다고 한다. 그때 총통이 다음과 같이 진심 어린 약속을 했다고 한다. "내가 그럴 처지가 된다면, 이 사람들 모두에게 차 한 대씩을 선사할 것입니다."

이제 히틀러가 마이크 앞으로 나섰다. 그는 "자동차를 만드는 것"은 자신에게 언제나 우선 과제였다고 라이의 말을 뒷받침해 준 뒤에 계속 말을 이었다. "이 차는 우리 국민 대다수의 마음을 기쁨과 원기로 가득 채우는 데 모든 노력을 기울이는 조직의 이름을 붙여 줘야 합니다. 이 차는 KdF 자동차['Kraft durch Freude(즐거움을 통한 힘)'라는 국가사회주의 조직이 주도한 중요한 프로젝트 중의 하나]로 불릴 것입니다."

히틀러는 자신의 연설이 끝난 뒤에 관중들의 환호를 들으며 갓 만든 폴크스바겐 카브리오[지붕을 접거나 펼칠 수 있는 자동차의 종류]에 올랐다. 페르디난트의 아들 페리가 "총통"을 역으로 모시기 위해 핸들을 잡았다. 뒷좌석에는 로베르트 라이와 페르디난트 포르쉐가 앉았다. 이 행사는 확실히 아돌프 히틀러에게 기쁨을 선사해 주었다. 폴크스바겐의 개발자인 페르디난트 포르쉐가 목적을 달성했던 것이다.

"포르쉐"라는 이름은 오늘날 국제적으로 매우 높은 명성을 구가하고 있다. 포르쉐라는 이름은 속도, 우아함 그리고 고급을 나타내는 이름이다. 사춘기 소년의 큰 소망이었던 타입 "911" 스포츠카는 영원한 아름다움을 간직한 클래식이다. 오직 관심 있는 사람들만이 포르쉐란 이름과 연관을 지울 수 있는 그 차도 클래식이다. 그것은 폴크스바겐 비틀[풍뎅이 차]로 작고 땅딸막하며 순수한 상용 자동차로 엄청난 사랑을 받고 있는 차다. 2003년 마지막 모델이 멕시코에서 생

> 우리는 깜짝 놀랐다. 아버지는 이런 이름으로는 이 차를 외국에 팔 수 없다고 말했다.
> 페리 포르쉐, 아들, "KdF 자동차" 명칭에 대해

"독일 국민을 위한 차": 페리 포르쉐가 히틀러, 라이 그리고 그의 아버지를 팔러스레벤 역으로 모시고 있다, 1938년 5월 26일

산될 때까지 — 팬들이 이를 매우 슬퍼했다 — 2천만 대의 비틀이 전 세계 도로를 달렸다. 이 차를 고안해 낸 사람은 이 차가 성공을 거둘 것이라고 예감만 했지 그 모습을 지켜보지는 못했다. 페르디난트 포르쉐가 1951년에 사망했을 때, "비틀"에 대한 열광적인 반응이 처음으로 나오기 시작했고, 비틀이 독일 도로를 가득 메웠다. 그는 그래도 작고 단순하며, 살 수 있을 만한 차에 대한 꿈이 실현된 것을 보았다.

그러나 이 시점에 그는 더 이상 폴크스바겐 공장을 이끄는 위치에 있지 않았다. 그는 자신의 계획이 어떻게 전개되는지 살펴보기 위해서 손님으로 이 공장을 방문해야만 했다. 그는 독일 역사상 가장 암울했던 12년 동안 정권을 위해 너무나도 헌신적으로 봉사했다. 또한 그는 이 범죄적인 체제로부터 너무나도 많은 이익을 보았다. 페르디난트 포르쉐는 자발적으로 히틀러와 가까워지려고 했다. 그는 "총통"을 자신의 구상에 필요한 자금을 얻기 위한 적절한 수단으로 보았다. 그러나 그가 정권과 연루된 일은 여기에 그치지 않았다. 오늘날 볼프스부르크로 불리는 곳에 있는 폴크스바겐 공장에서 포르쉐는 최고경영자로 일하고 있었고, 그곳에서는 강제노역자, 전쟁 포로 그리고 마지막으로 강제수용소 수용자들이 비인간적인 조건 하에서 일을 해야만 했다. 포르쉐도 이를 알고 있었고, 심지어 일부는 그가 앞장서 시작한 것이었다. 그가 1945년 이후에 히틀러 치하에서 한 행동에 대해 추궁을 받고 결국 체포되었을 때, 그는 비정치적인 괴짜 천재라는 인상을 주었으며, 통찰력이 매우 부족했음을 드러냈다.

> 이 탁월한 남자는 직업적인 의미에서 진정 철두철미한 설계자이자 엔지니어였다.
> 하인리히 노르트호프,
> 전직 폴크스바겐 이사회 의장

그의 비서였던 기스레인 카에스는 한 TV 인터뷰에서 포르쉐가 전후에 히틀러에 대한 질문에 항상 주문처럼 다음 문장을 반복했다고 전했다. "총통께서는 아무것도 알지 못하셨다." 포르쉐의 조카였던 카에스는 통찰력 부족에 대한 해답을 찾았다. 그는 삼촌이 "스스로 기만당한" 것이라고 했다. 그는 삼촌이 "직무상" 강제수용소에 있었지만, 그가 "괴로워하는 것을 본 적이 없다"고 했다. 삼촌은 괴로워할 시간이 전혀 없었다고 했다. 포르쉐는 히틀러의 통치를 "신의 의지"이자 "운명"으로 받아들였다는 것이다. 포르쉐는 행위의 결과가 어떻게 될지에 대해서 숙고해 본 적이 없었다고 카에스는 말했다.

페르디난트 포르쉐를 19세기[예의 바른 교양 시민계급의 시대]의 아이로 특징짓기는 어렵다. 오만한 당 간부들에 둘러싸여 있던 이 땅딸막한 오스트리아 사람은 너무나 틀에서 벗어난 사람이어서, 그를 그들과 같은 부류로 분류하기는 어렵다. 실제로 어떤 식으로든지 포르쉐가 정치적인 발언을 하지 않은 것은 확실하다. 나치 시대의 기술 관료들에 의해 너무나 자주 남용된 "비정치적"이라는 형용사는 정말 그에게 맞는 표현인 것처럼 보인다. 그러나 그는 인간을 경멸하는 갈색 권력자의 정치를 받아들였고, 그 정치를 이용했다. 기술자이자 발명가로서 만물에 관심이 있었던 그에게 나치 이데올로기의 인종차별주의적인 생각들은 분명 낯선 것이었다. 그러나 그는 나치의 인종차별 정치가 폴크스바겐 공장에서 실시되는 것을 알고 있었다. 그의 정치적 무관심이 책임을 면제시켜 주지는 않는다. 아마도 포르쉐가 정권이 장담하는 약속과 참혹한 현실 사이에 존재하는 엄청난 모순을 안고 사는 것을 가능하게 해 준 것이 바로 이 무지함이었을 것이다.

페르디난트 포르쉐가 태어난 세상은 평온한 세상이었다. 보헤미아 북동쪽에 위치한 나이세우퍼 인근의 마퍼스도르프[체코 북쪽에 위치한 브라티스라비체 나드 니소우의 독일식 지명]에는 주민이 겨우 5천 명 정도였다. 1875년 9월 3일, 페르디난트 포르쉐가 오스트리아-헝가리 이중 제국의 신민으로 세상에 태어났을 때는, 이중 제국 어디에서나 그렇듯이, 이 소도시의 주도로들도 마차들로 가득 차 있었다. 안나와 안톤 포르쉐의 셋째 아이는 안정적인 생활환경에서 태어났다. 아버지 포르쉐는 어느 정도 명망을 누리고 있었다. 20명의 직원을 거느린 이 함석 장인은 지역 정치에 참여했고, 잠깐 부시장으로 일하기도 했다. 1898년에 포르쉐의 학창 시절이 끝났을 때, 아버지가 운영하는 공장에서의 견습 수업이 그를 기다리고 있었다. 부모는 언젠가 그가 함석 공장을 물려받는 것을 염두에 두고 있었다. 왜냐하면

> 마퍼스도르프 초등학교에서 페르디난트는 평범한 학생이었다. 그의 마음은 대부분 교실 밖의 조립 공간에 가 있었다.
> 기스레인 카에스, 포르쉐의 조카이자 비서

> 페르디난트는 골똘히 생각을 하고는 조립을 했다. 그 외의 시간에는 말을 하지 않았다.
> 에밀 마치히, 포르쉐의 학교 친구

기술자 **349**

"모든 전기 분야를 다룰 수 있는 재주": 자신이 고안해서 집에 설치한 전기 장치 앞에 서 있는 젊은 페르디난트 포르쉐, 1894년

아버지가 원래 그의 후계자로 생각했던 형 안톤이 교통사고로 목숨을 잃었기 때문이었다.

엄격한 가정에서 자주 있는 일이듯, 아버지와 아들이 생각하고 있던 향후 계획은 서로 일치하지 않았다. 페르디난트 포르쉐는 반항적인 성격이 전혀 아니었다. 학교에서 그는 조용했고, 눈에 띄지 않게 생각에 몰두하는 타입이었다. 하지만 그는 이제 견습 수업 외에 전기공학 과정을 밟겠다고 아버지에게 우겨 승낙을 받았다. 아버지 안톤은 새로운 에너지를 연구하는 것이 마술이라며 하지 못하게 했는데, 그렇다 할지라도 그에게 전기는 포기할 수 없는 열정이었다. 페르디난트는 자신의 전기에 관한 취미에 대해 단번에 아버지의 인정을 받았다. 포르쉐 시니어가 출장에서 돌아왔을 때, 가족들은 으레 그렇듯이 저녁 식사를 같이 했다. 갑자기 집안 전체에 환한 빛이 들어왔을 때, 그는 대단히 놀랐다. 그가 없는 동안 페르디난트가 마퍼스도르프의 하우프트 가 201번지에 위치한 집에 전기가 들어오게 만들었던 것이다.

모든 전기 분야를 다룰 수 있는 페르디난트의 재주는 섬유 공장 장인인 긴츠카이의 눈에도 띄었는데, 젊은 포르쉐가 자주 그의 일을 거들어 주었다. 긴츠카이 형제는 페르디난트에게 함석 일을 그만시키고 그를 빈으로 보내야 한다고 계속 안톤 포르쉐를 설득했는데, 결국 아버지가 굴복하고 말았다. 1894년 4월에 그는 마퍼스도르프를 떠나 수도 빈에 있는 "연합전기 주식회사"에 실습생으로 들어갔다. 이 회사는 쉰브룬 성에 전기 공급을 가능하게 만들어 명성을 얻은 벨라 에거의 아들인 에른스트 에거에 의해 운영되고 있었다. 수백 명의 직원을 고용하고 있던 아들 에거는 전기 공급 분야의 선구자였다. 1880년에 있었던 빈 산업박람회에서 그는 전기 기차로 2만 명의 승객을 실어 날랐다. 그런 행사가 비록 과시하기 위한 목적이었다고 할지라도, 페르디난트 포르쉐는 에거 회사에서 도전을 즐기는 환경을 접하게 되었고, 곧 이 환경을 편하게 느끼게 되었다. 실습생으로 시작했고, 그의 일이 공장을 청소하고 기계에 기름 치는 것에 국한되어 있었기 때문에, 그에게는 저녁 자유 시간에 공과대학에서 강의를 들을 수 있는 충분한 시간이 있었다. 그가 대학에 등록한 것은 아니었지만, 분명 아무도 이 "도강생"을 성가셔 하지는 않았다.

포르쉐는 직업적으로나 개인적으로 "연합 주식회사"에서 빠른 발전을 이뤘다. 겨우 22살이었던 그는 곧 "검사실장"과 "계산과 제1조수"로 임명되었다. 새 직위를 통해 더 자부심이 강해진 그는 오래 전부터 먼발치에서 흠모했던 사무실 직원 알로이시아 카에스에게 말을 건넬 용기를 내었다. 머지않아 빈의 프라터 공원에서 결혼을 약속하게 되었다.

1898년에 매우 흥미로운 주문이 에거 사로 들어왔다. "오스트리아-헝가리 이중 제국 궁정 마차 공장"의 로너가 자동차용 전기 모터를 주문했다. 페르디난트 포르쉐는 열광했다. 아직도 자동차에 몰두하고 있던 소수의 무모한 선구자들이 있었다. 빈의 도시 풍경은 마차가 지배하고 있었는데, 이 마차들은 포석으로 포장된 거리 위를 보행자 속도로 덜컹거리며 달리고 있었다. 첫 번째 시가 전철이 이미 주도로를 벨 소리를 내며 달리고 있었지만, 레일이 필요 없는 개인 자동차는 대부분의 사람들에게 여전히 말도 안 되는 공상에 불과했다. 게다가 첫 모습이 전혀 매력적이지 못했다. 귀가 마비될 정도의 소음을 내며 거리를 불안하게 만들었던 보기 흉한 괴물들은 경탄의 대상보다 조롱의 대상이 되었다. 그리고 대부분의 "신사 운전자"들은 운전석에 앉아 있기보다 모터 칸을 살피는 데 더 많은 시간을 보냈다. 운전자들의 화려한 옷은 통상 몇 킬로미터 가지 못해서 기름 범벅에 먼지투성이가 되었다. 페르디난트 포르쉐는 이런 초기의 진통이 자동차의 성공을 막을 수는 없을 것이라고 예견한 사람 중 한 명이었다. 세기 전환기는 혁신에 대한 열정과 개척 정신이 본격적으로 터져 나오면서 현기증이 날 정도였다. 이런 분위기는 1900년에 파리에서 개최된 세계박람회에서 분명하게 드러났다. 그러나 여전히 미래의 자동차가 화석 연료로 구동될 것인지는 전혀 확실치 않았다. 니콜라우스 오토 또는 루돌프 디젤과 같은 사람들 외에도 페르디난트 포르쉐를 포함한 많은 사람들이 전기 자동차에 중점을 두고 있었다. 전기 자동차는 깨끗하고 조용했지만, 주행 거리가 제한적이었다. 특히 배터리의 엄청난 무게가 대단히 큰 문제였다. 연합전기 주식회사에서 근무하던 포르쉐는 몇 달 동안 차량 모터에 대한 구상을 했다. 주문자인 로너 사는 결과물에 만족해서 젊은 발명가에게 자리를 제안했다. 포르쉐는 오래 주저하지 않고 로너의 "오스트리아-헝가리 이중 제국 궁정 자동차 공장"으로 옮겼다.

로너와 그의 새로운 직원은 이 기록적인 시기에 모터가 달린 마차, "로너-포르쉐"를 만들었다. 포르쉐의 첫 번째 작품은 시속 45킬로미터를 기록했다. 2개의 전기 모터가 5마력을 생산했는데, 그 출력이 작은 앞바퀴로 바로 전달되었다. 시각적으로 이 로너-포르쉐는 말이 없는 마차를 연상시켰고, 차 끝에는 나무 재질의 마부석이 남아 있었다. 그러나 시간적으로 보면 이 날렵한 자동차는 시대를 앞서 가고 있었다. 1900년 파리 세계박람회에서 로너-포르쉐는 큰 주목을 받았고, 그랑프리를 수상했다.

그러나 페르디난트 포르쉐는 이 초기 자동차에 대해 완벽주의적인 성향을 보였다. 전기 구동 방식은 결론적으로 자동차용으로는 실용적이지 못했다. 그러나 휘발유 자동차도 해결해야 할 심각한 문제들이 있었다. 휘발유는 약국에서만 구할 수 있었고, 사람들이 주유를 위험하게 여겨서 낮에만 주유

소음이 전무하고, 탄력 있는 용수철이 장착되고 쾌적한 쿠션으로 내부가 마무리된 로너-포르쉐 자동차를 탄 사람들은 차에 탄 것이 아니라 배에 탄 것이라고 생각했다.
『알게마이네 오토모빌 신문』, 1899년

상: "너무나 실험적인": 빈의 로너 공장 뜰에서 자신이 만든 "혼합차"를 타고 있는 포르쉐, 1902년, 서 있는 사람은 회사 사장 루드비히 로너
하: "대단한 성공": 엑셀베르크 경주에 참가하는 길에 운전대를 잡고 있는 자동차 설계자

를 해야 했다. 그러나 어쨌든 연료를 보충하지 않고 갈 수 있는 주행 거리가 다음 약국까지 가기에는 충분했고, 다시 출발할 준비를 하는 데 몇 분이면 충분했다. 페르디난트 포르쉐는 이런저런 해결책의 장점을 파악했다. 휘발유 자동차와 전기 자동차 간의 논쟁에서 그가 낸 답은 "혼합차"였다. 배터리로 점화를 하고 전기로 라이트를 켜고 시동을 걸 수 있는 휘발유 자동차였다. 포르쉐가 지속적으로 발전시켰던 혼합차는 대단한 성공을 거두었다. 1902년에 그는 직접 엑셀베르크 경주에 경주자로 참여해 우승했으며, 그 후 얼마 뒤에 보다 큰 명예를 경험하게 되었다. 기사단 및 독일 장인 연대의 예비역 보병이었던 페르디난트 포르쉐가 자동차로 프란츠 페르디난트 대공을 서부군 사령부로 모시게 되었다. 오스트리아의 황태자가 부대를 순시하는 동안에, 그들은 함께 중요 거점에서 거점으로 이동했다. 황태자는 운전기사와 차에 대해서 깊은 감명을 받았다. 순시가 끝난 직후에 프란츠 페르디난트 대공은 관심을 표명했다. "귀하에게 오늘 서부 헝가리에서 있었던 순시에 대한 기념품을 동봉해서 보낸다. 대공 전하께서는 귀하의 자동차 성능과 귀하의 확실하고 정확한 운전에 대해 모든 면에서 만족하셨다." 이것은 그가 통치자와 가진 첫 접촉이었다.

페르디난트 포르쉐는 자동차 개발의 선구적인 시기에 필요한 이상적인 인물이었다. 그는 탁월한 기술적 지식과 불굴의 정신을 소유한 사람이었다. 법률 규정, 까다로운 고객의 요구나 유행의 변화에 전혀 구애받지 않으면서, 그는 자신의 재능을 마음껏 펼칠 수 있었다. 다만 재정적인 문제가 그의 발명 욕구에 장애가 되었을 뿐이었다. 실제로 이 시점에 사업 파트너였던 로너와 불화가 생겼다. 공장주의 아들이었던 리하르트 로너는 후에 이렇게 기억했다. "포르쉐 씨는 아버지가 1백만 금화를 지불하

"모든 면에서 만족하셨다": 오스트리아 황태자 프란츠 페르디난트의 운전기사가 된 포르쉐

게 만들었다. 그는 너무나 많은 실험을 했다." 이 천문학적인 액수가 정말인지는 밝혀지지 않았다. 사실인 것은 로너가 끊임없이 자동차 모델을 개발해 낸 포르쉐를 감당할 수 없었다는 것이다. 5년 동안 포르쉐가 수많은 자동차 경주에서 승리했지만, 37대의 전기 자동차만이 팔렸을 뿐이었다. 더 비쌌던 혼합차에 관심을 보인 사람은 10명에 불과했다. 포르쉐는 그와 같은 문제에 대해서는 보통 거의 관심을 보이지 않았다. 자동차가 상용품이 되기 위해서는 정말로 시간이 필요했다. 그리고 어쨌든 상당한 명성을 얻는 데는 성공하지 않았던가? 1904년부터 빈 소방대는 소방용 자동차를 투입했다. 로너로서는 더 이상의 선전 효과를 기대할 수 없었다. 실제로 사업은 1905년에 비약적인 성장을 이룬 것처럼 보였다. 로너 사의 연간 매출의 절반이 이미 자동차에서 나왔다. 다음 해에

"개인적으로도 모든 것이 자동차 위주로 돌아갔다": 페르디난트 포르쉐와 약혼녀 알로이시아 카에스, 1902년

에밀 옐리넥이라는 사람이 로너-포르쉐와의 협력에 관심을 보였다. 옐리넥은 여러 해 동안 칸스타트에 있는 다임러 사의 사업을 이끌고 있었고, 자신의 딸 메르세데스의 이름을 자동차 모델명으로 명명함으로써 그 이름이 영원한 명성을 얻도록 만들었다. 포르쉐는 제안을 받은 지 오래지 않아 빈 신도시에 있는 "아우스트로 다임러 모터 유한회사"의 기술이사 자리를 받아들였는데, 이제 로너-포르쉐 특허도 이 회사의 소유가 되었다. 로너는 자신의 설계자를 마지못해 보낸 것이 아니었다. 포르쉐의 광적인 실험 욕구를 재정적으로 지원하는 문제 때문에 끊임없는 다툼이 있었고, 이것이 두 사람을 괴롭히고 있었다.

페르디난트 포르쉐에게 있어 다임러 사에서 보낸 시간은 자신의 활동 반경을 엄청나게 확장한 시간이었다. 왜냐하면 이 회사는 자동차 제조뿐만 아니라 항공기 제작에도 참여했기 때문이었다. 포르쉐가 설계한 모터 구동장치의 힘으로 제페린과 비슷한 비행선 "슈타글-만스바르트" 호가 오스트리아 상공을 날았다. 보헤미아 비행기 제작사인 에트리히 사의 성공적인 비행기 모델 "타우베"[비둘기를 뜻하는 독일어]는 빈 신도시에서 벌어진 "황제 비행"에서 포르쉐 모터를 장착하고 사람들을 열광하게 만들었다. 그러나 그는 대부분의 성공을 자동차를 통해 이루었다. 포르쉐가 개량한 "마야 차"는 에밀 옐리넥의 차녀의 이름을 딴 모델로, 1909년 제메링에서 펼쳐진 산악 경주에서 동급 차량 중 1위를 차지했다. 그러나 포르쉐는 같은 해에 열린 유명한 하인리히 왕자 경주 대회[1908년-1910년간 매년 개최된 자동차 경주]에서는 이기지 못했는데, 이 경주는 베를린에서 출발해 브레슬라우, 부다페스트, 빈과 잘츠부르크를 거쳐 뮌헨에 이르는 약 2천 킬로미터에 달하는 구간을 달리는 경주였다. 실망한 그는 대기하고 있던 기자들에게 내년에는 꼭 우승하겠다고 밝혔다. 그는 빈

신도시로 돌아오자마자 설계 사무실로 사라졌다. 1910년에 열린 하인리히 왕자 경주 대회에서 3위 자리까지 아우스트로 다임러가 차지했다.

30년대 중반의 페르디난트 포르쉐는 자동차 설계자로서 뛰어난 명성을 누리고 있었다. 개인적으로도 모든 일이 순조롭게 흘러갔다. 알로이시아 카에스와의 결혼 생활은 화목했고, 결혼 10개월 뒤에 예쁜 딸 루이제가 태어났다. 그리고 1909년에는 페리라 이름 붙인 장남이 태어났다. 페리 포르쉐는 후에 다음과 같이 기억했다. "아버지는 엄격한 분이 아니셨다. 오히려 우리를 풀어 놓으셨다. 아버지는 집에 있을 때에도 우리를 가르치려 하지 않으셨다." 포르쉐 가족은 빈 신도시에서 행복했다. 직원들과 동료들이 포르쉐 주위로 몰려들었는데, 그들 중 일부는 평생 동안 그와 동고동락했다. 포텐도르프 가에 있는 저택은 포르쉐 가족의 보금자리가 되었다. 물론 사생활도 모두 자동차 위주로 돌아갔다. 친구들은 모두 기술자들이었다. 페리 포르쉐는 후에 자신이 자동차에서 태어난 아이라고 생각했고, 자동차가 가족의 일상에 큰 영향을 미쳤다고 기억했다. 이 소년은 네 번째 생일에 자동차를 처음으로 선물 받았다. 그것은 페달로 움직이는 어린이 자동차로 1910년에 그의 아버지가 설계한 "하인리히 왕자 차"[1908년 하인리히 왕자 경주 대회에서 우승한 프리치 에를레를 기려 만든 경주용 자동차]를 정확하게 본뜬 자동차였다. 그러나 페르디난트 포르쉐는 성공의 정점에서 안주하는 그런 타입이 아니었다. 너무도 많은 가능성이 그를 기다리고 있었다. 그가 성장했던 이중 제국을 영원히 사라지게 만든 전쟁이 그에게 가장 큰 가능성을 제공했다.

 1914년에 발발한 1차 세계대전은 유럽을 미증유의 공포와 잔인함의 소용돌이로 몰아넣었다. 양측은 처절한 격전을 치렀다. 부대와 무기의 기동성이 전쟁에서 어느 때보다 중요한 의미를 지니게 되었다. 특히 독

"자동차의 선구자로서 이상적인 인물": 하인리히 왕자 경주 대회에서 아우스트로 다임러를 운전하고 있는 포르쉐, 1910년

일과 오스트리아의 육군 지도부가 중점을 두었던 거대한 박격포와 같은 치명적인 대형 포들이 전선에 공급되어야만 했다. 물론 전선 가까이에 철로가 없는 곳에는 대형 구경의 대포는 그저 고철 덩어리에 불과했다. 그리고 대포를 발사하고자 하는 방향으로 철로가 나 있지 않은 경우가 많았다. 크룹 사가 만든 공포의 420밀리 박격포 "뚱보 베르타"조차도 전선이 철도망 외에 위치하는 경우에는 무용지물이었다. 페르디난트 포르쉐는 모든 문제점을 해결할 수 있는 구상을 제안했다. "타첼부름"[알프스 산중에서 산다는 전설적인 괴물 이름]이라고도 불린 아우스트로 다임러 국토방위대 기차는 통행할 수 없는 지대로 엄청난 화물을 나를 수 있

"철로가 필요 없는 기차": 포르쉐가 설계하고 1차 세계대전에 투입된 "국토방위군 기차"

는 독특한 차량 형태였다. 철로가 필요 없는 기차처럼 강력한 기관이 수많은 운송 차량을 이끌었다. 힘들게 고안해 낸 궤도 시스템을 통해 모든 운송 차량이 정확히 견인 차량이 간 자국을 따라갔다. 두꺼운 전기 케이블이 차량들을 서로 연결했고, 도상에서는 25톤까지 가볍게 나를 수 있었다. "타첼부름"을 궤도에 올려놓으면 50톤까지도 나를 수 있었다. 오스트리아 참모본부는 이에 열광했고, 이 포르쉐 기차에 "오스트리아-헝가리 이중 제국 동력 기차"라는 명칭을 붙였다. 포르쉐가 1915년에 군에 선보인 "C 기차"는 150마력의 모터의 힘으로 심지어 80톤이나 나가는 대포를 나르기도 했다. 포르쉐에게 이 사업은 재정적으로만 유익했던 것이 아니었다. 이미 1912년에 프란츠 요제프 황제는 "우리의 사랑스런 충신, 빈 신도시의 아우스트로 다임러 모터 주식회사 기술이사를 프란츠 요제프 기사단의 기사"로 임명했다. 1916년, 이 명예에 "종군 장식이 달린 프란츠 요제프 오스트리아 황제 기사단의 장교십자훈장"이 덧붙여졌다. 1년 뒤에는 빈 공과대학의 박사학위가 수여되었다. 보헤미아 출신의 함석 공장 아들은 분명히 출세를 했다.

1차 세계대전 종전과 더불어 아우스트로 다임러 사는 우선 군수산업에서 손을 뗐다. 유럽은 1차 세계대전 후에 피폐해져 있었으며, 어느 누구도 민족 간의 증오가 그렇게 빠르게 재점화될 것이라고는 생각하지 않았다. 그러나 고급 차의 생산도 한물간 것처럼 보였다. 당면한 연료와 고무 제품의 부족은 자동차 운전을 예전보다 더 값비싼 오락거리로 만들었다. 자동차를 굴릴 수 있는 사람들은 소수였던 반면, 자동차 업체들은 매우 많았다. 독일에선 86개의 자동차 제작사가 144개 모델을 생산하고 있었다. 포르쉐는 시대가 요구하는 바를 깨닫고 평생의 꿈을 위한 작업을 시작했다. 그 꿈은 저렴해서 대다수 국민들이 살 수 있는 단순한 자동차였다.

1921년에 그는 "자샤"라는 최초의 소형차를 만들었는데, 이 모델은

> 포르쉐 이사는 심지어 제베르크자텔[오스트리아와 슬로베니아를 연결하는 고산 협로]로 우리를 보냈는데, 그 당시에 이 산에는 아직 도로가 완성되어 있지 않았다. … 우리는 대포 전체를 산 위로 올렸는데, 우리 스스로도 믿기지 않았던 일이었다. 나는 그리고 나서 다시 측량을 해보았다. 우리는 시간당 400미터를 나아갔다. 그러나 대포는 산 위로 올려졌다!
>   알프레트 노이바우어, 1차 세계대전 당시 아우스트로 다임러 사에 파견된 연락 장교

후에 만들어진 전설적인 폴크스바겐의 전신이었다. 겨우 6백 킬로그램 밖에 나가지 않는 "자샤"를 시속 140킬로미터로 가속시키기 위해서는 50마력이면 충분했다. 이후에 만들어진 2리터 버전은 "시속" 170킬로미터까지 낼 수 있었다. 1922년 시칠리아 섬에서 벌어진 경주 "카르가 플로리오"에서 이 차는 처음으로 명성을 얻게 되는 성공을 거두게 되었다. 포르쉐는 간단하고 연료를 절감할 수 있는 모델이라는 원칙에 가장 큰 희망을 걸었다. 헨리 포드의 T 모델은 몇 년 전부터 미국 시장에서 꾸준히 팔리는 자동차였고, 쓸데없는 것을 생략한 간단한 차량으로, 모든 사람이 구입할 수는 없었지만 적어도 유복한 중산층이 구입할 수 있는 차량이었다. 1920년 당시 440달러였던 구입 가격을 통해 포드 사는 다른 모든 유럽 모델들보다 경쟁에서 엄청나게 앞서 있었다. 이런 덤핑 가격은 새로운 제작 방식을 통해 가능했다. 유럽, 특히 독일이 개인 수공업 기술에 중점을 두었던 반면에, 포드의 T 모델은 최신식 공장의 리버 루지에서 30초 간격으로 컨베이어 벨트에서 쏟아져 나왔다. 이에 대해 유럽에서는 유럽의 구매자들이 "대량으로" 규격화된 생산품에 흥미를 갖지는 않을 것이라고 생각했다. 그리고 자동차의 제작 방식으로 구미를 맞춰 줄 수 있는 대중의 취향이란 없다고 생각했다. 하지만 페르디난트 포르쉐는 이 상황을 보다 관심 있게 바라보았다. 일단 주문이 들어오면 수요가 이어질 것이라고 아우스트로 다임러 사의 수석설계자는 생각했다. 게다가 1922년 9월에 자동차 경주 선수인 프리츠 쿤이 "자샤"를 몰다가 목숨을 잃으면서 기술적인 결함이 사고 원인이라는 비난이 일어났을 때, 다임러의 소형차 프로젝트는 개발의 무덤이 되고도 남을 것처럼 보였다. 게다가 아우스트로 다임러 사는 재정 상황이 점점 악화되고 있었다. 회사의 주요 투자자들과의 회의에서, 이 수석설계자는 계속 모델을 바꾸고 끊임없이 기존 모델을 개량함으로써 자본을 완전히 낭비했다

"최초의 소형차": "자샤"를 운전하고 있는 페르디난트 포르쉐, 1922년

는 비난을 받았다. 페르디난트 포르쉐는 쪼잔한 "놈들"이라고 욕을 하고는 회의에서 나와 버렸다. 16년간의 협력 관계가 갑작스레 끝이 났다. 그동안 제멋대로이고 타협하지 않는 설계자라는 일관된 평판을 얻고 있었음에도 불구하고 페르디난트 포르쉐가 새 직장을 구하는 데 그리 오랜 시간이 걸리지는 않았다. 슈투트가르트에 위치한 다임러 그룹의 독일 지사인 "다임러 모터 주식회사"의 기술이사 자리가 그를 기다리고 있었다. 포르쉐 가족은 짐을 꾸려 빈 신도시를 떠나 운터튀르크하임[네카 강변에 위치한 슈투트가르트의 한 구역 이름]으로 이주했다. 그가 쫓겨난 것은 맞았기 때문에, 그로 인해 마음의 상처를 받았음에도 불구하고, 포르쉐의 마음은 어느 한 곳을 집착하지 않았다. 그가 꿈꾸었던 세상처럼 그

스스로도 기동성이 있었다. 그는 슈투트가르트에서 자신과 자신의 가족을 위해 새로운 집을 만드는 데 열정적으로 매달렸다. 그의 아들 페리는 후에 쥐트베스트 방송국과 가진 인터뷰에서 독일에서의 새로운 출발에 대해 여전히 좋은 기억을 갖고 있다고 말했다. 아버지는 포이어바흐 로(路)에 있는 저택의 모든 침실을 해가 있는 방향으로 배치시켜 잠자리에서 일어날 때 햇살이 얼굴에 비치도록 만들었다고 그는 기억했다. 아들은 또한 아버지가 욕심이 많아서 차고를 밝게 만들고 그 앞에 있는 공간이 너무 오래 그림자 속에 놓이지 않도록 만드는 데 많은 공을 들였다고 말했다. 기계공들은 모두 빛이 가장 잘 비치는 조건 하에서 죄고 기름칠을 할 수 있어야 한다는 이유에서였다.

위계질서 상 매우 높은 직위에 있었음에도 불구하고 포르쉐는 여기서도 아우스트로 다임러 사에서 그랬던 것처럼 현장 업무에 관여했다. 그는 계속 공장을 돌아다니며 통제를 하고 경고를 했으며, 직접 스패너를 잡기도 했다. 그사이 47살이 된 그는, 비록 자신이 원하는 대로 작업이 되지 않으면 매우 기분 나쁘게 굴기도 했지만, 기계공들 사이에서 친밀하고 환영받는 손님이 되어 있었다. 그는 대부분 흑과 백의 점이 뒤섞인 비슷한 문양의 트위드 양복을 입었고, 모자는 귀를 덮을 정도로 푹 눌러 썼다. 그가 자동차 경주 구간에서 썼던 위로 젖혀 올린 경주용 안경은 설계자 특유의 모습을 완성해 주었다. 특히 철저하게 신사인 체하는 다임러 모터 사의 고위직 사람들 사이에서는 독특한 타입이었는데, 이 회사는 얼마 뒤에 벤츠 사와 합병을 해서 누구나가 다 아는 유명한 "다임러-벤츠"라는 회사 이름을 갖게 되었다. 서로 친숙해졌지만, 정말로 우정이 생긴 것은 아니었다. 페르디난트 포르쉐는 점잖게 행동하는 것에는 맞지 않는 사람이었다. 그에게는 그렇게 하는 것이 너무 비정상적으로 보였다. 그는 생산 공정에 대해서도 관심이 없었다. 오펠 사가 이미 포드

식의 공장 시설로 바꾸었고 "청개구리"[1924년 오펠 사가 생산한 4마력짜리 2인승 차량]라는 성공적인 소형차를 생산하는 동안, 다임러 사는 모든 것을 여전히 구식으로 하고 있었다. 포르쉐는 항상 새로운 모델, 새로운 변화, 새로운 개선을 설계하려고 했다. 그리고 그런 일을 자동차 영역에만 국한시키지 않았다. 1927년에 그는 육군 무기청으로부터 장갑차를 개발하라는 새로운 비밀 주문을 받았다. 그 결과로 나온 것이 강력한 다임러-벤츠 비행기 모터로 구동되는 15톤 무게의 묵직한 전투 차량이었다. 1차 세계대전 승전국들의 통제위원회는 이 개발을 중지시켰다. 베르사유 조약에 의하면, 이런 종류의 중무기 개발은 엄격하게 금지되어 있었다. 물론 다임러 사의 이 기술자는 위원회가 도착하기 직전에 이 모델을 소련으로 보내는 데 성공했는데, 연합군의 통제 지역 밖인 그곳에서 제국군과 붉은 군대는 오래전부터 공동으로 군비 강화를 위해 협력해 왔다. 머지않아 스탈린 제국에서 이 재능 있는 설계자를 떠올리게 되는 일이 생겼다.

다임러 사에서도 곧 회사 지도부와 수석설계사 사이에 불협화음이 생겼다. 포르쉐는 회사를 망하게 만들려 한다는, 이미 친숙한 비난을 다시 듣게 되었다. 회사는 그에게 미국으로 "연구 여행"을 떠나고, 이어서 수석설계사의 직책을 그만두고 "자문 기능"에 국한하라고 권했다. 포르쉐와 같은 제작자에게 이는 매우 불합리한 제안이어서, 그는 격분하며 이를 거부했다. 계약 때문에 이 고집 센 오스트리아인을 쉽게 몰아낼 수는 없었다. 그러나 그가 하고 있는 작업에 꼬투리를 잡을 핑곗거리는 충분히 있었다. 페르디난트 포르쉐와 이사진 간의 팽팽한 긴장 관계는 1929년 겨울 세간에 많이 인용되는 장면에서 폭발하게 되었다. 포르쉐가 설계한 38마력 리무진은 추운 날씨에 시동 문제가 있었는데, 이는 포르쉐가 완강하게 부인했지만, 오래 전에 증명된 사실이었다. 최고경영자인 키셀은 38마력 타입 15대를 밤새도록 밖에 세워 놓도록 했다. 다음 날 아침에 포르쉐는 모인 이사진들 앞에서 차에 시동을 걸어 달라는 요청을 받았다. 수석설계자는 처음 차에 시동을 걸었지만 소용이 없었다. 두 번째 차도 소용이 없었다. 세 번째, 네 번째 그렇게 계속 했지만 어느 차도 시동이 걸리지 않았다. 포르쉐가 모자를 눈 위에 팽개치고 짓밟으며 분노를 표출한 것도 포르쉐의 처지를 더욱 나쁘게 만들었다. 그는 뼛속까지 사무친 모욕을 당하고 물러났다.

로너, 아우스토로 다임러, 다임러-벤츠. 포르쉐의 직업 인생에서 거쳐 간 곳들은 유사점이 많았다. 모든 곳에서 그의 기술적인 능력은 인정했지만, 이 고집스런 설계자에게 지속적으로 조화로운 협력 관계를 유지하는 능력은 없었던 것으로 보인다. 그는 화를 너무 쉽게 내는 성격이었고, 최적의 자동차 모델 개발에 집중하려는 매우 자기중심적인 생각을 가지고 있었다. 그의 다음 고용주인 오스트리아의 슈타이어 공장에서도 상황은 달라지지 않았다. 1929년에 그는 이곳에서 기술이사로 일을 시작했고, 다음해 4월에 그만두었다. 뉴욕 증시의 검은 금요일은 슈타이어 사를 재정적으로 곤궁에 처하게 만들었다. 그렇다면 이제는 어디로 갈 것인가? 매력적인 제안이 있었음에도 불구하고, 포르쉐 자신도 계속된 다툼에 진력이 나 있었다. 큰 자동차 제조사의 이사들과 자본주들이 그에게는 소인배처럼 보였다. 이 설계자가 보기에 그들 모두는 자신의 독창적인 구상의 진가를 충분히 인정해 주고 필요한 작업 환경과 자금을 대어 줄 판단력과 특히 이를 받아들일 마음을 가지고 있지 못했다. 그래서 그는 이때부터 모든 것을 스스로 떠맡기로 했다. 포르쉐가 독립을 하게 된 것이었다. 자동차 설계를 위한 독립 사무실은 완전히 새로운 형태의 것이었다. 그럼에도 불구하고 그는 위험을 감수했다.

"어려운 시기의 한 가지 희망의 빛줄기": 포르쉐는 프리랜서 설계자로서 "아우토 우니온"을 위해 경주용 차량을 개발했다

1930년 10월에 이미 "모터와 자동차 제작을 위한 설계 및 컨설팅 포르쉐 유한회사"는 슈투트가르트에서 일을 개시할 준비가 되어 있었다. 포르쉐는 재능 있고 적극적인 스태프들을 모았는데, 이들은 모두 더 나은 보수가 보장된 자리를 얻을 수 있는 사람들이었다. 그러나 그들은 포르쉐를 따랐는데, 왜냐하면 그들은 기술적인 생각을 관철시키는 이 오스트리아인의 비타협성과 거친 방식을 좋아했기 때문이었다. 자동차 경주 레이서이자 뛰어난 상인이었던 아돌프 로젠베르거가 재정적인 문제에 있어서는 가망이 없을 정도로 형편없었던 페르디난트 포르쉐를 대신해서 회사 운영을 맡았다. 두 사람은 환상적인 팀워크를 보여 주었다. 영리한 로젠베르거는 재정을 담당하면서 협상을 주도했고, 무뚝뚝한 포르쉐는 많은 협상 파트너를 자신의 열정으로 감동시켰다. 그 뒤 3년 동안 로젠베르거와 포르쉐는 많은 이사회 회의에서 유명한 쌍두마차 구도를 형성했다. 1935년, 유대인이었던 로젠베르거는 때마침 미국으로 이주했기 때문에 나치의 박해에서 벗어났고, 사업 파트너였던 포르쉐는 바로 그 나치와 협력하기로 결심했다.

페르디난트 포르쉐는 항상 선택 기준에 따라 직업적 결단을 했다. 그 기준이라는 것은 그가 자신과 자신의 생각을 가능한 한 넓게 펼칠 수 있는 자유재량권을 제공하는 사람을 위해 일한다는 것이었다. 그는 자신의 고용주 중 어느 누구에게도 특별한 충성심을 보이지 않았고, 어느 누구와도 친밀한 사적 관계를 맺지 않았다. 이에 맞게 그는 그에게 새로운 제안이 제시될 때마다 모든 가능성을 열어 두었다. 그는 이런 식의 제안 중에서도 가장 특이했던 제안을 1932년에 받게 되었다. 소련에서 온 대표단이 포르쉐와 모스크바에서 공동 작업을 하는 것에 자기 나라가 관심이 있다는 것을 전했다. 포르쉐는 이 일에 매우 관심을 보였다. 7월에 그는 자신의 사촌이자 비서인 기스레인 카에스와 함께 소련의 수도로 길을 떠났다. 말 그대로 폭발적으로 성장하고 있는 이 나라의 산업이 그들에게 제공할 수 있는 가능성으로 인해 두 사람은 고무되었다. 스탈린이 최고 능력을 발휘하도록 채근하고 있던 소련은 유럽 국가들과 미국에 비해 현저하게 뒤처진 상황에서 경쟁력을 갖추는 일에 모든 것을 걸었다. 자력으로는 이 일을 해낼 수 없었고, 그래서 예전 피요트르 대제가 그랬던 것처럼 외국 전문가들을 자국으로 불러들였다. 소련은 국경을 넘어 널리 알려진 이 설계자에게 깊은 인상을 주기 위해 전력을 기울였다. 대규모 시찰 프로그램이 제공되었는데, 거기에는 자동차 공장과 비행기 공장 시찰, 농기계와 전차 제작 과정 시찰 그리고 자국의 명소를 탐방하는 것이 포함되었다. 제안에는 포르쉐와 그의 가족들에게 크림반도에 있는 저택을 포함한 호사스런 생활 조건도 포함되어 있었다. 그러나 특히 확실히 해 두었던 것은 그에게 소련의 기계화를 위한 전권 대리인의 지위를 주는 것이었다. 그러나 그에 대한 대가가 만만치 않았다. 이 설계자는 전 생애를 소련에서 지내야만 하는 것이었다.

포르쉐는 소련의 제안을 진지하게 고민했다. "내 생각에, 아버지는 체제가 그곳에서 어떻게 기능하는지와 상관없이, 그 체제가 기술자가 관심을 가지고 있는 분야를 실제로 추구할 수 있게 엄청난 가능성을 제공하고 있는 것을 보았다고 생각한다"고 페리 포르쉐는 후에 ZDF[독일의 공영방송]의 〈시대의 증인〉이라는 프로그램에서 회상했다. 그가 결국 그 제안을 거부한 배경에는 그 어떤 정치적 고려도 없었다. 그사이 57세가 된 그는 말도 안 통하는 낯선 땅에서 새 출발을 하기에는 자신이 너무 늙었다고 생각했을 뿐이었다. 일반적으로, 역사는 "만약"으로 시작되는 질문들에 아무 대답도 주지 않는다. 그럼에도 불구하고, 만약 포르쉐가 소련의 제안을 받아들였다면, 첫 번째 비틀은 히틀러가 아닌 스탈린이 몰았을 수 있지 않았을까 하는 추측은 할 수 있을 것이다.

> 그런 것들은 터놓고 크게 떠벌릴 수가 없다. 그러나 내가 그곳에서 보았던 것은 정말 굉장했다.
> 포르쉐가 1932년 소련에서 돌아온 뒤에 한 말

그는 그 제안을 받아들이지 않고 자신의 직원들과 함께 슈투트가르트에서 힘겹게 회사를 꾸려 나갔다. 주문이 들어왔지만 투자자가 자금을 다 소진하기 전에 계획을 완성하는 경우는 드물었다. 자동차 산업에 대한 잠재적인 투자자이자 동기부여자가 될 국가는 바이마르 공화국의 마지막 단계로 들어서 있었다. "온전히 살아남는 것이 중요했다. 더 나은 시기에 만든 설계로 연명하고 있다는 느낌이 들었다"라고 페리 포르쉐는 "세기의 증인"이 되어 말했다. 그리고 세계경제 위기에 따른 실업자 수의 계속적인 증가로 인해 장차 자동차 산업의 매출이 늘어날 가능성은 거의 없었다.

이 어려운 시기에 한 가지 희망의 빛줄기는 경주 스포츠 산업이었다. 1932년 가을에 국제스포츠위원회는 그랑프리 자동차를 위한 새로운 종목을 만들기로 결정했다. 이제 경주용 차량은 750킬로그램을 넘어서는 안 되었다. 포르쉐에게 이것은 환영할 만한 도전이었다. DKW, 아우디, 호르히 그리고 반더러 사가 합병한 "아우토 우니온"에서 그의 설계에 관심을 보였다. 단지 필요한 자금이 부족했을 뿐이었다. 포르쉐 사무실은 점점 더 허리띠를 졸라매야 했다. 그래서 포르쉐 부자가 뉘르부르크링의 자동차 경주에 나가려고 했을 때, 그들에게 지원된 경비로 구할 수 있는 숙소는 야영장뿐이었다. 50대 후반의 나이인 포르쉐에게도 마찬가지였다.

> 우리 회사는 하루 벌어 하루 사는 처지였다.
> 기스레인 카에스, 포르쉐의 조카이자 비서(1930년에 슈투트가르트에서 사무실을 시작할 때에 대해)

1933년 초에 전기가 마련되었다. 1년 전부터 자동차 레이서인 한스 슈툭은 친구로부터 그의 상사가 자동차에 미쳐 있다는 얘기를 들었다. 이 "상사"는 비약적으로 약진하고 있던 "나치당"을 이끌고 있었다. 친구가 만남을 주선했고, 슈툭은 뮌헨 쾨닉스플라츠에 있는 당사에서 영접을 받았다. 아돌프 히틀러는 이 레이서가 전반적으로 침체된 자동차 산업과 특히 비참한 상황에 놓인 경주 스포츠 산업에 대해 불만을 털어놓는 것을 흥미롭게 경청했다. "조금만 기다려 주시오"라고 히틀러는 이 레이서를 위로했다. "우리가 권력을 잡는데 그렇게 오랜 시간이 걸리지는 않을 것입니다. 그러면 내가 당신을 도울 수 있을 것입니다."

히틀러가 국가수반이 된다면, 페르디난트 포르쉐와 자동차 산업에 이보다 더 나은 일은 없을 것이다. 1933년 1월의 "권력 장악" 시점에 자동차 산업은 불황의 저점에 이르러 있었다. 얼마 남지 않은 고객을 두고 이름 있는 10개의 제작사가 여전히 다투고 있었다. 오펠 사가 40퍼센트의 시장 점유율로 가장 성공적인 모습을 보였고, 아우토 우니온 사가 약 25퍼센트의 시장 점유율로 그 뒤를 이었다. 그러나 아들러, 다임러-벤츠 그리고 포드 사도 아직 완전히 밀려난 것은 아니었다. 새로운 국가 지도부가 들어선 뒤의 경주에 나설 수 있다면, 장차 시장에서 선두를 차지할 가능성이 있었다.

왜냐하면 자동차광인 오스트리아 출신의 벼락출세자가 권력을 잡았기 때문이었다. 그가 1923년 실패한 무장봉기 후에 구금되어 있었던 란츠베르트 요새에서 석방되었을 때, 이미 육중한 다임러 차 한 대가 그를 문 앞에서 기다리고 있었다. 이때부터 고급 사양의 새 자동차가 자칭 구세주라는 그가 등장할 때면 꼭 같이 나타나게 되었다. 히틀러는 기술적인 모든 면에 대해 열광했다. 그는 신개발 프로젝트의 세부적인 면까지 살펴보고는 의견을 개진했고, 이를 통해 지식을 넓혔는데, 그는 적어도 자신의 지식이 공고해진다고 믿고 있었다. 그러나 자동차는 국가사회주의자들에게 있어서 히틀러의 개인적인 관심 그 이상의 의미를 지니고 있었다. 자동차는 선전 문구에서 표현했듯이 높은 "생활수준"을 나타내는 상징으로서 국가사회주의 이데올로기의 확고한 요소가 되었다. 높은 생활수준은 독일 국민의 우월성을 보여 주어야만 했다. "국민 라디오," 넓은 주택, "즐거움을 통한 힘"이라는 레저 조직을 통한 여행, 이 모든 것들은 "군주적 민족"이 어떤 성과를 낼 수 있는지 보여 주어야 했다. 그리고 무엇보다도 물질적인 축복을 받은 신민들이 이런 식으로 보다 쉽게 유혹에 넘어오게 되었다. 히틀러는 사랑받기를 원했고, 자동차는 국민들의 마음을 정복할 수 있는 탁월한 수단이었다.

"권력 장악" 후 2주가 채 지나지 않아 히틀러는 감칠맛 나는 약속을 하면서 베를린 자동차 박람회의 개막을 알렸다. 그는 기차에 경도된 교통부에서 자동차 분야를 분리할 것을 약속했고, 세금 경감과 현저한 도로망의 확장 그리고 경주 스포츠에 대한 지원을 발표했다. 이것으로 충분치 않았는지 그의 연설은 격정적인 고백으로 최고조에 달했다. "나는 무엇보다도 자동차를 사랑합니다. 왜냐하면 자동차가 내게 독일을 열어주었기 때문입니다!" 자동차 설계자들은 이 연설을 달콤하게 받아들일 수밖에 없었다.

페르디난트 포르쉐는 열정적인 전보를 통해 제국수상에게 경의를 표하고자 했다. 그 전문에는 다음과 같이 적혀 있었다. "오스트리아와 독일의 자동차와 항공기 분야에서 수많은 저명한 설계를 한 창작자로서, 30년 이상을 오늘날의 성공을 위해 싸워 온 사람으로서, 각하께 독일 자동차 박람회에서 행한 뜻깊은 개막사에 대해 축하를 드립니다. 저와 저희 직원들은 앞으로도 계속 독일 국민들에게 우리의 의지와 능력을 제공할 기회를 많이 갖게 되기를 바랍니다. 페르디난트 포르쉐 박사."

자신을 낮춘 표현들이 효과를 발휘했다. 채 2주가 지나지 않아서 포르쉐와 레이서 한스 슈툭은 베를린 제국수상 청사에서 있을 접견에 와 줄 것을 요청받았다. 히틀러는 포르쉐와 만나게 된 것을 매우 기뻐했고, 그와 예전에 만났을 때를 회상했다. 9년 전에 두 사람은 한 경주 구간 언저리에서 서로를 소개했다. 안타깝게도 포르쉐는 이 만남을 전혀 기억하지 못했다. 그럼에도 불구하고 국가수반과 설계자는 단숨에 서로를 이해했다. 브라우나우 출신의 남자[히틀러를 뜻함]는 오스트리아에서 온 이 사람을 좋아했다. 사투리는 그에게 친숙했고, 정서도 공감이 갔다. 분명 히틀러는 포르쉐에게서 마음이 맞는 사람, 평범함과 맞서 싸워야 했던 인정받지 못한 아웃사이더의 모습을 보았을 것이다. 게다가 포르쉐는 그에게 자신의 감을 전해 주었는데, 그의 이의 제기, 권고 그리고 세부적인 내용은 최고의 전문 지식에서 나온 것이었다. 자동차 기술에 관한 한 포르쉐는 우쭐해하는 "총통"에게 한 수 가르쳐 줄 수 있었고, 두 사람은 동등한 차원에서 대화를 나눌 수 있었다. 그리고 히틀러는 이에 대한 답례를 했다. 그때부터 그는 페르디난트 포르쉐를 천재로 여겼고, 그에 대한 무조건적인 신뢰는 더욱 확고해졌다.

페르디난트 포르쉐가 "통치자와 가까운 관계"를 추구한 것은 순전히 자발적이었다. 포르쉐에게 있어 히틀러는 잠재적인 투자자였다. 점차 궁핍해져 가는 시장에 내몰린 모든 자동차 설계자들에게 국고는 엄청난 발전을 보장해 줄 수 있었다. 그리고 포르쉐는 그 발전의 선두에 서고 싶어 했다. 그러나 다임러-벤츠의 설계자들도 좋은 기회가 왔음을 예감했다. 다임러 사의 매니저인 야콥 베를린은 곧 히틀러에게 연락을 취했는데, 탐탁찮은 슈투트가르트의 이 경쟁자를 몰아내려는 자신의 의도를 전혀 감추지 않았다. 그는 3월 15일자 편지에서 "경주용 차량 제작과 아직 관계가 없으면서도 경주용 차량 제작에 관여하고, 경주에 참여하기 위해 공적 자금을 엄청나게 요구하며, 이런 자금 지원과 기타 다른 보조를 일정 부분 받고자 요구하는 다른 회사가 있다는 것을 우리도 알고 있습니다"라고 적었다. 그러나 다임러-벤츠 사는 재정적 지원에 있어 현격하게 더 나은 상황에 있으며, 경주용 차량 개발에 계속 매진하기 위해 "1백만 제국마르크 이하의 그렇게 많지 않은" 자금이 필요하다고 적었다.

히틀러는 솔로몬 식의 판단을 내렸다. 두 개 경쟁 회사를 모두 재정적으로 지원했던 것이다. 다임러-벤츠 사는 50만 제국마르크를 받았고, 설계자인 포르쉐와 아우토 우니온은 30만 제국마르크를 받았다. 이로써 작업을 할 수 있게 되었다. 포르쉐는 정열적으로 타입 22에 대한 개량 작업에 착수했다. "아우토 우니온 P 경주용 차량"을 운전한 한스 슈툭은 1934년 아부스 경주에서 월등한 차이로 우승을 했다. 그러나 그보다 더 중요했던 것은 다임러-벤츠 사가 누리고 있던 명성을 포르쉐가 얻은 것이었다. 이어진 경주 시즌에서 "P 차량"의 품질은 증명이 되었다. 물론 뉘르부르크링에서 다시 경쟁이 치열해졌다. 유명한 "질버파일"[영어로 Silver Arrows에 해당하는 독일어로, 1934-1939년 사이에 제작된 메르세데스 벤츠 사와 아우토 우니온 사의 은색 경주용 차]이 그 이름을 얻게 된 경주였다. 다임러-벤츠 사의 차량이 한계 무게보다 1킬로그램이 더 나가자 기계공들이 밤새도록 차량에 도색된 페인트를 갈아냈다. 그리고 정말 차량은 허용된 750킬로그램밖에 무게가 나가지 않았고 은색으로 번쩍였다.

페르디난트 포르쉐에게 1933년 섣달 그믐날은 성공적인 한 해를 마무리 짓는 날이었다. 그는 아우토 우니온에 적용한 자동차 설계로 경주 스포츠에서 주목할 만한 성공을 거두었다. 물론 그가 두 번째로 정말 하고 싶던 과제인 소형차는 여전히 걸음마 단계를 벗어나지 못하고 있었다. 국제 자동차 박람회에서 행한 히틀러의 연설은 분명하게 국민의 기동화를 강조했다. 1933년 9월에 "총통"은 성대한 선전 의식을 통해 첫 삽을 뜸으로써 "제국 아우토반"의 착공을 알렸다. 고속

나는 많은 레이서를 가지고 있다. 하지만 아들은 하나뿐이다!
자신의 아들이 "질버파일"을 타고 테스트 주행을 마친 뒤에 페르디난트 포르쉐가 한 말

도로는 소수의 리무진 자동차들로는 그 최대 능력을 제대로 발휘할 수 없었는데, 그 당시 이 리무진들은 독일 도로에서 점차 자취를 감추고 있었다. "자샤" 차량 제작 이후로 포르쉐는 조그맣고 적당한 가격의 차량에 대한 꿈을 간직하고 있었다. "국민"들이 살 수 있는 여력이 되는 차, 바로 폴크스바겐이었다. 그래서 그는 책상에 앉아 과감하게 "독일 폴크스바겐 제작에 관한 제안서"를 작성했고, 이 제안서를 1934년 1월에 제국 교통부로 보냈다.

> 정부가 내게 연구 과제로 폴크스바겐 제작을 맡기길 바랍니다.
> 포르쉐가 1934년 1월 17일에 제국 정부에 보낸 글

폴크스바겐에 대한 생각은 뜬구름을 잡는 것이나 마찬가지였다. 포르쉐가 국민차를 만드는 일에 뛰어든 유일한 설계자는 결코 아니었다. 생각을 실현시키는 일과 관련해서 물론 다양한 안들이 있었다. 어떤 설계자는 삼륜 자동차와 같은 "가벼운 버전"의 자동차를 옹호했던 반면에, 포르쉐의 계획은 처음부터 높은 마력 수에, 수용할 만한 최고 속도를 내는 완전한 가치가 있는 견고한 차량을 목표로 했다. "나는 폴크스바겐을 억지춘향 식으로 그 부피나 성능, 무게를 인위적으로 축소시켜 지금까지의 제품 생산 전통을 그대로 이어 나가는 그런 소형 차량으로는 생각하지 않는다"라고 그는 적었다. 이 설계자는 가능한 제작 가격을 이미 염두에 두고 있었다. 차량을 1,550제국마르크에 보다 넓은 구매층의 사람들에게 제공할 수 있어야 했다.

"의견서"의 다음 구절이 주목할 만했다. "폴크스바겐은 제한된 사용 목적에 쓰이는 자동차가 되어서는 안 됩니다. 폴크스바겐은 그보다는 단순히 자체를 교체함으로써 실용적이라고 생각되는 모든 목적을 충족시켜야만 합니다. 그러니까 승용차일 뿐만 아니라 배달차이기도

> 나는 "폴크스바겐"을 다른 모든 상용차와 경쟁할 수 있는 완전한 가치가 있는 차로만 생각한다. 내 생각에 의하면, 기존의 "통상적인 상용차"를 "폴크스바겐"으로 만들기 위해선 근본적으로 새로운 해결책이 필요했다.
> 포르쉐, 1934년

"피 속에 휘발유가 흐른다": 뉘르부르크링에서 후에 사고로 운명을 달리한 자동차 레이서 베른트 로제마이어(오른쪽)와 함께 있는 포르쉐

"돌아가는 시곗바늘에서 눈을 떼지 않고 있는": 뉘르부르크링에서 훈련 중인 경주용 자동차 설계자

> 만약 독일 정부가 독일 국민에게 자동차에 대해 적극적인 관심을 갖도록 만들려면, 경제계가 독일 국민에게 맞는 적절한 자동차를 공급하고 제작해야만 합니다.
>
> 1934년 개최된 국제 자동차 박람회에서 히틀러가 한 말

하고, 군사적 목적에도 적합해야만 합니다." 그때까지 대부분의 사람들은 폴크스바겐의 군사적 사용 가능성을 히틀러가 요구한 것으로 생각했다. 분명 페르디난트 포르쉐가 "총통"을 교사했다고 주장할 수는 없을 것이다. 물론 군사적으로 사용 가능한 변형 모델은 결코 포르쉐의 의지에 반해 설계된 것은 아니었다. 왜 그랬을까? 그는 1차 세계대전에서 이미 군수품 설계자로 공을 세운 적이 있었다. 전선의 요구에 상응하는 차량을 개발하는 것은 그에게 특별한 것이 아니었다.

히틀러가 포르쉐의 문서를 읽었는지, 그리고 읽었다면 어떻게 읽게 되었는지에 대해서는 알 수가 없다. 포르쉐가 문서를 통해 정리한 생각들이 히틀러에 의해 여러 번 언급되었다. 베를린에서 개최된 국제 자동차 박람회가 다시 중요한 역할을 담당했다. 히틀러는 1934년 3월 7일 이곳에서 "독일 국민처럼 태어나면서부터 상급 국민으로 규정된 국민"은 적어도 다른 국민들처럼 자동차를 사용하게 될 것이라고 달콤한 얘기를 꺼냈다. 그러나 그는 또한 이런 생각의 가장 취약한 부분들에 대해서도 명확하게 언급했다. "우리가 정말로 독일의 자동차 보유자 수를 백만 명 수준으로 높이려고 한다면, 이 차를 살 만한 수백만 명의 구매자들의 재정 수준에 알맞은 가격을 제공해 주어야지만 성공할 것이다." "폴크스바겐(국민차)"이라는 개념이 직접 언급되지는 않았지만, 히틀러는 이를 다른 "국민 생산품"을 언급하면서 간접적으로 시사했다. "몇 달 전에 비로소 독일 산업계는 새로운 국민 라디오 생산을 통해서 엄청난 수의 라디오 기기를 시장에 공급하고 판매하는 데 성공했습니다." 언론은 이 연설을 헤드라인에 다음과 같이 논리적으로 축약해 올렸다. "수백만 명을 위한 값싼 폴크스바겐이 나온다." 이렇게 폴크스바겐이 탄생했다.

독일자동차제작사제국연맹(RDA)이라는 단체를 결성한 독일의 자동차 제작사들은 "수백만 명을 위한 자동차"를 설계한다는 생각을 별로 매력적으로 보지 않았다. 시장은 이미 포화 상태인 것처럼 보였다. 그리고 "구매자들의 재정 상태"에 상응하는 가격을 어떻게 얻어 낼 수 있단 말인가? 페르디난트 포르쉐는 전혀 달랐다. 그에게 있어 진지하게 가격을 산정해 보는 것은 부차적인 문제였다. 그는 히틀러의 계획에 열광했다.

1934년 4월 초에 이 일이 보다 구체적인 형태를 갖추게 되었다. 히틀러가 포르쉐에게 새로운 만남을 제안했는데, 이번에는 베를린의 카이저 호프 호텔에서의 만남이었다. 여기에 다임러-벤츠 사의 이사회 회원이며 히틀러의 지인이었던 야콥 베를린도 동석했다. "총통"은 이미 폴크스바겐에 대한 매우 구체적인 생각을 가지고 있었다. 차는 경량이어야 했고, 4인승이어야 했으며, 공랭식 3기통 디젤 모터로 구동되어야 했다. 그 외에도 전륜(全輪) 구동 방식이 필수적이었다. 그것은 국방군이 필요로 했던 것이었다. 그 생각들이 직접적으로 그 제안서에서 따온 것이라는 생각이 들 정도로 히틀러와 포르쉐의 생각은 일치했다. 물론 "총통"은 보다 높은 기준을 제시했다. 차량 가격이 1천 제국마르크를 넘으면 안 된다는 것이었는데, 이는 페르디난트 포르쉐와 야콥 베를린을 어떻게 해야

자동차가 특권을 누리고 있는 사람들의 교통수단으로만 머무는 한, 삶에 제한된 가능성만이 주어져 있는 수백만의 정직하고 부지런하며 유능한 이웃 사람들은 처음부터 교통수단의 사용으로부터 배제되어 있다는 것을 인식하며 쓰디쓴 감정을 갖게 됩니다. 이 교통수단이 일요일이나 휴일에 우리 이웃들에게 지금까지 몰랐던 기분 좋은 행복의 원천이 될 수도 있는데 말입니다. 우리는 이 문제 해결에 단호하고도 즉각적으로 착수하려는 용기를 가져야만 합니다.
1934년 국제 자동차 박람회에서 히틀러가 한 연설

할지 모르게 만든 유토피아적 발상이었다.

 4월 11일에 개최된 독일자동차제작사제국연맹 회의에서 1천 마르크 한도가 언급되었을 때, 뜻밖에도 전반적으로 좋은 분위기가 형성되었다. 그럼에도 불구하고 독일자동차제작사제국연맹 대표자들은 이 프로젝트에 신경을 쓰지 않을 수 없었다. 왜냐하면 소형차에 관한 임무가 연맹 외의 누군가에게 넘겨진다면 갑자기 현존하는 모든 자동차 모델들에 대한 엄청난 경쟁자가 생길지도 모르기 때문이었다. 만약 무언가를 해야만 한다면, 주도권을 잡아야 했다. 어쨌든 이 책임자들은 새로운 국가수반이 된 자동차광과 지금은 사이가 틀어져서는 안 된다는 것을 알았다. 연맹 사무총장이었던 빌헬름 숄츠는 "의구심을 보이거나 제동을 걸려는 눈치를" 절대로 보여서는 안 된다고 경고했다. 그래서 누군가에게 이 유토피아적 프로젝트에 대한 임무를 맡겨야 한다는 것이 독일자동차제작사제국연맹의 일치된 의견이었다. 그리고 그 누군가는 페르디난트 포르쉐였다. 아우토 우니온 이사였던 카를 한은 "아무 말도 하지 않고 목표를 달성하기 위해 노력하겠지만 오랜 시간이 걸릴 것이라고 윗선에 설명하는 것"이 최선이라고 정리했다.

 포르쉐는 기꺼이 독일자동차제작사제국연맹의 위탁을 받아들였다. 그는 별 생각 없이 판매가를 1,190제국마르크로 제안했는데, 이 금액은 판매상들이 이윤을 줄이거나 원료 공급상들이 크게 선심을 써야지만 가능한 액수였다. 어쨌든 프로젝트가 실패할 것이라고 확신하고 있던 독일자동차제작사제국연맹은 뻔뻔스럽게도 "총통"이 제시한 금액을 준수해야만 한다고 답장을 써 보냈다. 이런 식으로 마침내 정확하게 이 마법의 수에 도달할 때까지 서한이 오갔다. 폴크스바겐은 1천 제국마르크에서 단 1제국마르크

> 즉, 모든 국민을 위한 차라는 의미의 폴크스바겐은 옴니버스뿐이다. 이 때문에 옴니버스에만 폴크스바겐이라는 이름을 붙이는 것이 합당하다.
> 프란츠 요제프 포프,
> BMW 최고경영자, 1936년 6월

기술자 **381**

"이 문제 해결에 단호하고도 즉각적으로 착수": 히틀러가 값싼 자동차를 요구하면서 포르쉐와 야콥 베를린을 강하게 압박했다

라도 가격이 더 나가면 안 되었다. 어떻게 이것을 이룰 수 있을까? 그것이 포르쉐의 고민이었다.

6월 22일, 포르쉐와 독일자동차제작사제국연맹은 계약서에 서명을 했다. 그 계약서에 따르면, 포르쉐가 6개월 내에 설계도를 제출하고 그 10개월 뒤에 첫 번째 프로토타입을 공급해야 했다. 이 기간은 의도하는 차량의 판매가처럼 비현실적이었다. 아마 프로젝트를 완수할 수 있을 것이라고 믿었던 유일한 사람인 포르쉐는 기분 좋게 작업에 임했다. 계약서에 지정된 설계 단계를 완수하기까지 거의 4년이 걸렸고, 재정도 완전히 통제할 수 없게 되었다. 결국 독일자동차제작사제국연맹은 175만 제국마르크를 폴크스바겐 프로젝트에 투자하게 되었다.

과대망상적인 나치 정권은 페르디난트 포르쉐라는 사람을 후원하는

> 내 생각을 성공적으로 실행하기 위해선 히틀러의 지원이 정말 필요했다.
> 포르쉐

대 안성맞춤이었다. 히틀러는 "천재"를 찾았고, 그 천재를 건축가 알베르트 슈페어, 영화감독 레니 리펜슈탈 또는 포르쉐와 같은 사람들 속에서 발견했다. 이 설계자는 프로젝트에 수반되는 제한에 대해서는 거의 신경을 쓰지 않았다. 히틀러도 그와 비슷하게 생각했다. 제한 없는 거대한 생각 속에서 이 모든 것이 이루어져야 했다. 그것이 경제적으로 타당한지 여부는 상관이 없었다. 레니 리펜슈탈이 호화 영화 프로젝트에 수백만 제국마르크를 쏟아 붓고 알베르트 슈페어가 제국 수도 "게르마니아"의 건설에 착수할 수 있었던 것처럼, 히틀러의 의지에 따라 페르디난트 포르쉐에게 "독일 국민의 기동화"라는 대형 프로젝트가 맡겨지게 되었다.

물론 자신이 맡은 일에 비해 작업 조건은 형편이 없었다. 포르쉐는 한 번도 제대로 된 작업장을 쓸 수 없었다. 슈투트가르트 킬레스베르크에 있는 포르쉐의 저택 차고에 그의 직원들이 선반 두 대와 보링 기계, 절삭 기계 그리고 연마 기계를 각각 1대씩 설치했다. 12명의 직원이 수작업으로 차를 제작했다. 포르쉐는 실제로 여름에 설계도를 제출할 수 있었지만, 연말까지 자동차 타입을 확정짓지는 못했다. 그러나 히틀러는 1935년 자동차 박람회에서 성급한 마음을 드러냈다. 그는 "뛰어난 설계자의 능력과 그의 직원들의 협력으로 독일 국민차의 기초 설계를 완성하고, 이로써 올해 중반에 첫 시제품을 시험할 수 있게 되었다"고 분명하게 알렸다.

> 총통께서는 독일의 가장 위대한 자동차 설계자가 독일 국적을 취득하기를 바라셨습니다. 나는 당신에게 이 서한을 당신의 귀화 신청에 필요한 서류로 사용하기를 요청합니다.
> "제국 스포츠 지도자" 한스 폰 참머 운트 오스텐이 포르쉐에게 한 말, 1934년 12월 11일

> 정말 아무것도 해낼 수 없을 거야. 네가 그 일을 처리해 주겠니?
> 기스레인 카에스의 기억에 따른 포르쉐의 반응

> 이제 그는 잠자코 독일 제복을 입었다.
> 귀화한 뒤의 포르쉐에 대해 포르쉐의 조카이자 비서인 기스레인 카에스가 한 말

포르쉐는 노골적인 암시가 뜻하는 바를 너무도 잘 이해했고, 급하게 면담을 신청했다. 3월 초에 그는 "총통"을 방문했다. 이 회동에서 정확히 어떤 얘기가 오갔는지는 제대로 알려져 있지 않다. 어쨌든 포르쉐는 히틀러에게 자신의 천재성을 다시 한 번 입증해 보여야 했다. 왜냐하면 포르쉐가 5월에 독일자동차제작사제국연맹과 계약 연장을 하면서, 만약 독일자동차제작사제국연맹이 합의하지 않으면 "제국"이 프로젝트에 대한 권한을 넘겨받을 준비가 되어 있다고 허풍을 쳤기 때문이었다. 이것은 분명 협박이었다. 포르쉐는 오래 전부터 독일자동차제작사제국연맹을 무시했고, 노골적으로 히틀러와의 연줄을 압박 수단으로 이용했다. 그러나 독일자동차제작사제국연맹 사람들이 그렇게 쉽게 겁을 먹지는 않았다. 6월 말에 독일자동차제작사제국연맹은 포르쉐가 주어진 임무를 완수하지 못했다고 확정했다. 물론 이 설계자는 엄밀한 의미에서 그를 비판하는 사람들이 옳다는 것을 알고 있었다. 8월에 그는 의기소침한 채 "독일자동차제작사제국연맹이 우리에게 위임한 과제에 있어 그 당시 프랑크푸르트에서 정한 재정적인 범위와 기간을 상당히 초과했다"는 것을 인정했다.

그러나 그는 어느 정도는 이 약속을 지켰다. 다만, 독일자동차제작사제국연맹이 프로토타입을 보지 못했을 뿐, 히틀러는 그것을 보았다. 국

나는 뛰어난 설계자인 포르쉐의 능력 덕분으로 그의 직원들과 함께 독일 국민차의 기초 설계를 완성하고, 이로써 올해 중반에 첫 시제품을 시험할 수 있게 되어 기쁘게 생각합니다. 독일 국민들에게 예전 중형 오토바이보다 가격이 비싸지 않고 연료 소모도 많지 않은 차량을 선사하는 것이 가능해야만 합니다.
1935년 국제 자동차 박람회에서 히틀러가 한 연설

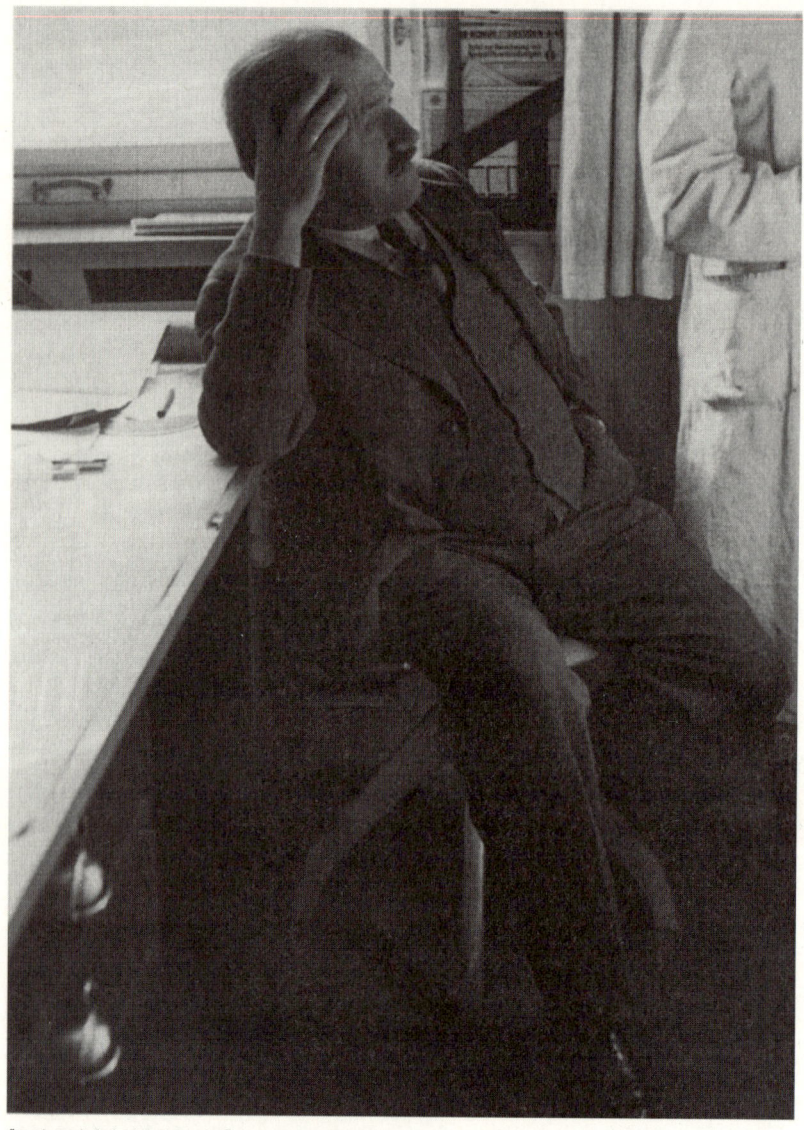

"독일 국민에게 자동차를 선사": 1935년 슈투트가르트에 있는 자신의 설계 사무실에 있는 페르디난트 포르쉐

제 자동차 박람회에서 "총통"은 공개적으로 기쁨을 표시했다. "위임을 받은 설계자이자 후에 제작자가 될 이 사람의 천재성이 참여한 모든 사람들의 국민경제에 관한 높은 식견들과 결합되어, 이 차량의 구입비, 관리비 및 유지비를 우리 국민 대다수의 수입으로 감당할 수 있을 정도로 만들어 내는 데 성공할 것이라고 믿어 의심치 않습니다." 포르쉐는 즉시 이 지원 사격을 이용했다. 그는 단가를 내리기 위해 가능한 모든 하청업자들에게 대놓고 "총통의 바람"이라는 것을 주지시켰다. 그러나 경제적으로 매우 어려움을 겪고 있던 회사들은 별 이익이 나지

> 포르쉐가 1934년부터 1938년까지 독일의 전체 자동차 산업계와 경쟁하고 있었다는 점은 의문의 여지가 없다. 물론 이 경쟁은 눈에 띄지 않게 진행되었고, 히틀러가 자신의 최고 권력을 모두 동원하여 전체 계획을 지원하고 있었기 때문에, 그와 폴크스바겐에 유리하게 경쟁이 진행되었다.
> 하인리히 노르트호프,
> 전직 폴크스바겐 이사회 의장
>
> 사경제 방식으로 운영되는 산업계는 실제로 자신들의 경쟁자가 될 수도 있는 그런 폴크스바겐에 관심이 없었다는 점은 분명하다.
> 빌헬름 R. 포어비히, 독일자동차제작 사제국연맹 수석 엔지니어

않는 이런 사업에 참여하지 않았다. 이 설계자는 독일 독재자와의 직접적인 연관관계를 보다 더 확고히 해야 한다는 것을 알았다. 1936년 7월에 "총통"에게 하는 또 한 번의 프레젠테이션 일정이 있었다. 이번에는 베르히테스가덴의 오버잘츠베르크에서 프레젠테이션이 이루어졌는데, 대성공이었다. 히틀러는 세부적인 설계 사항에 대해 의견을 내고 폴크스바겐의 내부 작동에 대해 전문가처럼 감정하는 것을 매우 즐겼다. 그러나 포르쉐는 의기소침해져서 이때까지 1,200 제국마르크 이하로 가격을 내리지 못했다고 인정해야만 했다. 문제가 되었냐고? 전혀 아니었다. 히틀러는 판매상들의 매매 차익을 터무니없게도 50제국마르크로 낮추었고, 이로써 판매가는 목표로 하던 990제국마르크가 되었다. 이런 "부차적인 문제"가 해결되고 난 뒤에 오버잘

> 자동차에 대한 소망은 다른 국민들과 마찬가지로 우리 국민들도 간절합니다. 그렇습니다. 나는 우리 국민들이 자동차를 갖고 있지 않기 때문에 우리 국민들의 자동차에 대한 동경이 특히 이상 깊게 다가온다고 말씀드리고 싶습니다.
> 1936년 국제 자동차 박람회에서 히틀러가 한 연설

츠베르크에 모인 신사들은 탁월한 계획을 짜는 데 다시 열중했다. 조만간 독일 거리에 폴크스바겐이 가득 찰 수 있도록 폴크스바겐 수백만 대를 생산할 수 있는 공장이 만들어져야 했다. 히틀러, 헤르만 괴링, 프리츠 토트 그리고 페르디난트 포르쉐는 고무되어 하늘로 날아갈 듯한 기분이었다. 9개월 내에 공장이 완성되고, 다음해에 30만 대의 폴크스바겐이 생산될 계획이었다. 페르디난트 포르쉐는 행복하게 귀로에 오를 만한 이유가 있었다.

독일자동차제작사제국연맹이 양측의 부담을 줄이기 위해 검사자들이 매우 만족해했던 세 가지 프로토타입에 대한 비용을 더 지불해야만 했지만, 1937년 초에 협력 관계는 끝이 났다. 30대의 테스트 차량 제작은 다임러-벤츠 사가 넘겨받기로 하였다. 누가 이 테스트 차를 몰아야 될지에 관한 문제에 있어서도 영리한 페르디난트는 재빨리 해결책을 마련했다. "제국친위대장" 하인리히 히믈러에게 보내는 편지에서 친위대원들을 제공해 줄 것을 요청했다. 흔쾌히 이 요청이 받아들여졌고, 결국 포르쉐 박사는 "총통"의 총애를 받게 되었다. 1937년 4월에 일련의 대규모 테스트가 시작되었다. 2년 반 동안 30대의 차량이 끊임없이 국도, 시내, 아우토반, 비포장도로를 달려서 총 150만 킬로미터를 뛰었다. 주행하는 동안 브레이크 작동 과정, 변속 과정 그리고 핸들 조작 과정들이 모두 면밀하게 기록되었다. 결과는 만족스러웠다. 포르쉐는 이 차량을 양산하기에 적합하다고 선언했다.

이제 독일자동차제작사제국연맹을 대신하는

> 3년 전부터 독일 제국수상 히틀러가 독일 국민에게 약속했고, 총통께서 이 차량으로 유럽 시장을 석권하고자 했던 폴크스바겐이 적어도 향후 2년 동안은 베일에 가려져 있게 될 것이다.
> 1937년 4월 23일자 AP 통신사의 베를린 발 보도 내용

> 도중에 포르쉐 박사와 새로운 폴크스바겐을 한 대 타 보았다. 이 차량은 굉장한 가속력을 가지고 있었고, 경사를 잘 올라갔고, 특히 완충장치가 되어 있었다. 그러나 이 차를 외관상 이렇게 멋없게 만들어야만 할까? 나는 포르쉐에게 몇 가지 조언을 해 주었다. 그는 그 조언을 매우 흔쾌히 받아들였다.
> 괴벨스, 1937년 9월 7일자 일기

기술자 387

상: "외관상 멋이 없는": 1937년에 처음으로 생산된 폭스바겐 테스트 시리즈 VW 30 차량들, 1937년
하: "특정 군사 목적에 적합한": 처음부터 포르쉐(조수석에 앉은 이)는 폭스바겐의 퀴벨 버전 [군사용 다목적 차량인 퀴벨바겐을 뜻함]도 계획했다

> 나의 변치 않는 결심은 우리 국민의 가장 큰 산업 중 하나인 독일 자동차 산업을 국제적인 수입의 불확실성에 좌우되지 않게 만들고, 확고하고 확실한 독자적 기반 위에 서게 만드는 것입니다. … 소위 자유 경제가 이 문제를 해결하든지, 아니면 자유 경제가 더 이상 존속할 수 없게 되든지 둘 중 하나가 될 것이라는 점은 의심의 여지가 없습니다.
>
> 1937년 국제 자동차 박람회에서 히틀러가 한 연설

독일노동전선이 가장 재정 능력이 막강한 나치 조직이 되었는데, 특히 이 조직은 노동조합들의 부동산을 마음대로 이용할 수 있었다. 처음에는 대중들에게 전혀 알리지 않았는데, 5월 28일에 "독일폴크스바겐준비협회(Gezuvor)"의 창립과 함께 이 교체 과정이 완료되었다. 페르디난트 포르쉐와 야콥 베를린 외에 "여행, 트레킹, 휴가"청 청장인 보도 라페렌츠도 독일노동전선 기구인 "즐거움을 통한 힘"의 최고경영자가 되었다. 폴크스바겐 생산을 위해 나치당과의 제휴가 이루어졌다. 이제 부족한 것은 적합한 생산 장소였다. 포르쉐와 히틀러가 제시한 엄청난 대수를 어느 정도라도 맞추어 생산해 내기 위해서는 미국 방식처럼 대량생산에 맞는 현대식 컨베이어가 갖추어진 공장이 필요했다.

이미 1년 전에 포르쉐는 조카 기스레인 카에스와 함께 미국을 방문했고, 특히 리버 루지에 있는 포드 공장을 시찰했다. 이 설계자는 다른 공장들에서도 그 현대적 시설에 감명을 받았다. 어쨌든 이 두 "촌뜨기"들은 많은 미국적 특징들을 살펴보고 당혹감을 감출 수 없었다. 카에스는 이렇게 기록했다. "미국에서도 여성 자가 운전자들은 도로에서 두려운 존재였다. 그러나 뉴욕 운전면허증 소지자 100명 중 45명이 여성이었기 때문에 이를 감수해야만 했다." 1938년에 다시 미국에 갔을 때, 포르쉐는 오랫동안 고대하던 헨리 포드와의 개인적인 만남을 갖게 되었다. 만

남은 화기애애하게 진행되었지만, 헤어질 때 약 | 포드 공장은 깨끗했고 마음을 유쾌
간의 불협화음이 발생했다. 포르쉐가 포드에게 | 하게 만들었다.
진심 어린 답방을 제안했을 때, 포드는 그 제안 | 미국의 인상에 대해 포르쉐의 조카이
을 사양했다. 그는 전쟁이 일어날 것이라고 간 | 자 비서인 기스레인 카에스가 한 말
단하게 말하고는 핑계를 대면서 작별을 고했다.

그럼에도 불구하고 포르쉐는 미국의 자동차 공장으로부터 많은 영감을 받고 독일로 돌아왔다. 그는 또한 미텔란트 운하 지역에 생기게 될 새로운 폴크스바겐 공장에서 일할 몇몇 직원들을 모집하는 데 성공했다. 공장 위치는 니더작센 주 팔러스레벤 시 근처의 인구밀도가 낮은 지역으로 결정되었는데, 보도 라페렌츠는 이 지역을 정찰 비행하면서 공중에서 살펴보았다. 지역이 외딴 곳이기는 했지만, 루르 지역에서 하노버를 거쳐 베를린으로 이어지는 철도 구간과 베를린 하노버 간 아우토반 등 잘 설치된 기반시설을 이용할 수 있었다. 그리고 이미 이때부터 공장이 외딴 곳에 위치하고 "폭격으로부터 안전"해야 한다는 사항이 고려되었던 것으로 보인다. 이 지역 소유주인 슐렌부르크 백작 가문의 저항은 받아들여지지 않았다. "총통" 지시로 인해 모든 반대 의견은 무시되었고, 그 지역은 독일폴크스바겐준비협회가 사용하게 되었다. 공장 위치를 "헤르만 괴링 제국 공장"과 인접한 곳으로 선정한 것은 노동 시장 정책상 말도 안 되는 결정이었다. 부지 설계자가 엘베 강 지역의 탕거뮌데에 공장을 설치하자는 의견을 피력했지만 헛수고였다. 헤르만 괴링과 같은 사람의 이해관계도 건설 계획을 바꾸게 만들 수는 없었는데, 이 건설 계획으로 인해 부지불식간에 독일 전후 시기에 진행될 폴크스바겐의 운명이 정해지게 되었다. 폴크스바겐 공장이 탕거뮌데에 건설되었다면, 1945년 이후에 붉은 군대의 세력 범위가 되었을 것이고, 폴크스바겐의 세계적인 성공도 결코 이루어지지 않았을 것이다.

이전에는 산업 프로젝트가 폴크스바겐 공장처럼 빠른 속도로 추진된 적이 드물었다. 독일폴크스바겐준비협회의 책임자들은 1937년에는 그저 머릿속으로만 생각했던 복합 단지가 1939년에 생산을 시작하고 다음 연도에 10만 대의 차량을 쏟아낼 것이라고 확신하고 있었다. 단계적으로 생산량이 몇 년 이내로 150만 대 수준으로 높아질 예정이었다. 이로써 이 공장은 다른 공장들과 현격한 차이를 보이는, 전 세계에서 가장 큰 규모의 자동차 공장이 될 것이었다. 이미 12월 1일에 히틀러에게 공장 구조에 대한 첫 설계도들이 제출되었다. 그리고 채 세 달이 지나지 않아서 폴크스바겐 공장의 공식 모형이 국제 자동차 박람회에서 공개되었다. 이 공장에는 미국식 모범에 따른 기술적인 합리성과 국가사회주의식 거대 건축 기술이 결합되어 있었다. 미텔란트 운하로 향해 있는 전면부는 짙은 색 벽돌로 만들어졌고, 눈에 띄게 길었으며, 우뚝 솟은 탑들로 나뉘어 있었다. 이로 인해 이 공장은 거대한 방어용 성곽처럼 보였다. 그 뒤로 엄청난 규모의 생산라인이 배치되어 있었다. 대규모 발전소가 공장 시설 동쪽 가장자리 위로 솟아 있었다. 핵심 시설 중의 하나는 "앞마당"이 있는 엄청나게 큰 "기념홀"로, 그 앞마당에서 노동자들의 이데올로기 교육을 위한 화려한 퍼레이드를 개최할 수도 있었다. 이 엄청난 복합 단지에 들어간 대략의 비용은 2억 제국마르크에 달했다. 호언장담을 한 계획에 따르면, 9개월 내에 공장이 생산을 시작하게 되어 있었다.

1938년 2월 24일에 첫 삽을 떴고, 3달 뒤에 공식적인 기공식이 열렸다. 다만 성대하게 시작된 건설 계획이 잠깐 동안만 실행에 옮겨졌다. 채 2달도 되지 않아 이 프로젝트에 가능한 모든 지원을 아끼지 않겠다고 얼마 전에 다짐했던 히틀러는 대부분의 노동자를 서부 방벽 건설을 위해 빼내어 갔다. 제국의 수장인 자동차광에게 이제 자기 국민들의 기동화보다 서쪽에 이웃한 적국들의 기동성을 저지하는 것이 더 중요한 것처럼

> 1937년 어느 날 아내가 전화 한 통을 받았다. 북 캐딜락(Book Cadillac) 호텔에 있는 포르쉐 박사에게로 오라는 내용이었다. 그는 내 이름을 아마 독일 영사를 통해 알게 되었을 것이다. 아내는 내게 조심하라고 말했다. 아내는 그가 내게 무엇을 원하는지 알지 못했다. 그럼에도 불구하고 나는 그곳으로 가서 포르쉐, 딕호프 그리고 라페렌츠를 만났다. 그들은 말한 대로 폴크스바겐 제작을 위해 미국식 교육을 받은 설계자와 생산 전문가를 찾고 있었다. 나는 그런 용도의 기계 설비에만 얼마가 들어가는지 아느냐고 그들에게 물어보았다. 그들은 돈은 부족하지 않다고 대답하고는 그런 설비를 갖춘 공장을 건설할 것이라고 알려 주었다. 그 얘기를 들었을 때, 나는 이것이 히틀러가 가진 유명한 미래의 꿈 중 하나라는 것을 확신했는데, 그가 진지하게 얘기한 내용을 나는 도대체 기억할 수가 없었다.
>
> 후에 폴크스바겐 이사가 된 요제프 베르너, 미국에서 행해진 직원 모집에 대해

보였다. 방금 공사가 시작된 현장에 갑자기 작업이 중단될 위기가 닥쳤다. 독일노동전선은 이런 비상 상황에서 파시즘 국가인 이웃 이탈리아로 눈을 돌렸는데, 이탈리아에는 높은 실업율과 낮은 임금으로 인해 독일로 가려는 노동자가 적지 않았다. 이미 8월 초에 처음으로 2,400명의 이탈리아인들이 팔러스레벤에 도착했고 폴크스바겐 공장의 주요 작업을 정력적으로 떠맡기 시작했다.

그들에게 숙소로 제공된 것은 초라한 막사뿐이었는데, "KdF(기쁨을 통한 힘) 차량 도시"가 도면상으로만 존재하고 있었기 때문이었다. 이 도시는 젊은 건축가인 페터 콜러가 설계한 것이었는데, 이 건축가는 페르디난트 포르

> 공장은 전 국민의 힘으로 만들어져야 합니다. 그리고 독일 국민의 기쁨을 위해 사용되어야 합니다.
> 폴크스바겐 공장 개막식 도중에 히틀러가 한 말, 1938년 5월 26일
>
> 새로 발표된 내용에 따르면 국민 자동차의 가격이 마지막으로 확정된 것보다 약간 올라간 것처럼 보인다.
> 『뉴욕 타임스』 논평, 1938년 10월 16일

상: "기술적인 합리성과 국가사회주의식 거대 건축 기술의 결합": 폭스바겐 모형 앞에 자리한 히틀러, 포르쉐, 슈페어 그리고 야콥 베를린
하: "초대형 프로젝트": 폭스바겐 건축 현장 광경: 1939년 8월

"파시스트 형제의 도움": 수많은 이탈리아인들이 폴크스바겐 공장 건설에 참여했다.
임시 우체국 앞에 있는 노동자들, 1938년 10월

쉐가 개인적으로 히틀러에게 보증해 준 인물이었다. 설계에 따르면, 노동자와 그 가족 3만 명까지 수용할 수 있는 작업 공간과 생활공간이 공장과 인접해서 생기게 되어 있었다. 대규모 주택단지는 최신식 콘셉트에 맞게 쾌적하고 편리하게 설계가 되었다. 도로 폭은 주요 간선도로가 52미터에 달할 정도로 엄청났는데, 이는 자동차 도시의 특성을 고려한 것이었다. 그리고 여기에 거주자들의 정신 활동을 위한 고려들도 가미되었다. "오르츠부르크"와 "국민회관"과 같은 수많은 당 건물이 클리페르스베르크에 세워지도록 되어 있었는데, 클리페르스베르크 언덕에는 주거지가 자리 잡고 있었다. 영화관, 극장 그리고 서점들이 필요한 오락거리를 제공해 주도록 되어 있었다. 다양한 스포츠 시설들도 이용할 수 있도록 되어 있었다. 적어도 책임자들의 계획에 따르면, "KdF 차량 도시"는 새롭고 현대적이며 국가사회주의적인 인간을 거주시키도록 되어 있었다. 그러나 처음에는 늪 같은 휴경지 외에는 아무것도 없었다.

너무 서둘러 계획을 진행하면서 이 초대형 프로젝트의 중요한 부분인 자금 조달이 제대로 이루어지지 않았다. 독일노동전선은 엄청난 자금을 마음대로 쓸 수 있었지만, 폴크스바겐 프로젝트는 상식을 뛰어넘는 자금이 필요했다. 자금을 구하면서 기만적인 "예금 시스템"을 생각하기에 이르렀다. 즉, "자신의 자동차를 갖고 싶다면, 한 주에 5마르크를 예금해야만 한다"는 것이었다. 750제국마르크에 상당하는 예금 쿠폰을 제시한 뒤에 예금자는 한 대의 KdF 자동차를 받고 나머지 금액은 나중에 지불해야 했다. 이는 매우 위험이 따르는 구상이었는데, 왜냐하면 "지금 지불하면, 언젠가는 차를 몰게 될 것이다"라는 원칙에 따라 기능하는 방식이었기 때문이다. 독일노동전선은 예금 금액을 무이자로 사용했고, 계약은 차량 인도 시점을 확실히 보장해 주지 않았다. 해지 권리조차도 계약 조항에 들어 있지 않았다. 30만 명 이상의 사람들이 그럼에도 불구하고 약속을 믿고 매주 5마르크를 수입에서 떼었다. 예금자들은 보통 중산층 사람들이었는데, 선전선동에 자주 언급된 노동자들은 이 액수를 전혀 저축할 수가 없었기 때문이었다. 예금자들의 꿈을 부추기기 위해서 광고가 행해졌다. 후에 일반적인 명칭이 된 "비틀"이라는 이름이 이 시기에 생겼는데, 그 명칭은 1938년 7월 3일자 『뉴욕 타임스』 기사에 한 창의적인 기자가 사용한 것이었다. 그 기자는 조롱조로 이 둥글둥글한 차를 "비틀"로 불렀는데, 비틀은 독일어로 캐퍼, 즉 풍뎅이를 의미한다. 그러나 전쟁 시기에 독일에서 이 차량은 여전히 "KdF 자동차"로 불렸다.

부지런한 예금자들이 1945년까지 2억 8천 제국마르크를 모았는데, 그 돈을 다시 보지 못하게 되었다. 왜냐하면 약속된 물건 폴크스바겐이 어느 누구에게도 배달되지 않았기 때문이다. 전쟁이 발발한 뒤에 실제로 자동차가 생산되었지만, 폴크스바겐의 군대식 버전인 수륙양용차와 퀴벨바겐이 주로 생산되었다. 다만 나치 유명 인사들의 강력한 요구에 따라 1941년 여름부터 소규모로 생산을 시작한 630대의 리무진이 나치 고위 인사들을 모시게 되었다. 자동차 이름에 들어 있는 "폴크(국민)"는 나치 독재 치하에서는 단 한 대의 차도 몰 수 없었다. 왜냐하면 전쟁이 지속되면서 독일노동전선은 계속 배달이 지연되는 이유를 설명하기 위한 이상적인 변명거리를 얻게 되었기 때문이다. 게다가 폴크스바겐의 구입 가격이 너무 작게 책정되어서 차를 판매할 때마다 대당 1천 제국마르크 이상의 순손실을 가져올 수 있었다. 전쟁은 차를 판매할 때마다 더 심각한 적자를 보게 되는 곤경으로부터 독일노동전선을 구제해 주었다.

페르디난트 포르쉐는 체제의 결함을 알아채지 못한 것처럼 보인다. 오히려 그는 프로젝트 초기의 일반적인 낙관론에 완전히 고무되어 있었다. 그가 국민들에게 곧 여름휴가 때 이런 자동차를 타고 알프스를 횡단하거나 북해로 갈 수 있다는 인상을 유발하는 폴크스바겐 프로토타입에 대한 프레젠테이션에 참여하지 않을 때면, 그는 공장에서 미친 사람처럼 일에 몰두하고 있었다. 그는 건축 현장 옆에 목조 오두막집을 짓고는 거기서 종종 몇 주를 보내면서 다른 많은 폴크스바겐 프로젝트 관계자들과 협의를 했다. 그의 원래 주거지는 예나 지금이나 슈투트가르트였지만, 폴크스바겐 공장 건설은 계속 더 많은 시간을 잡아먹었다. 비록 프로젝트가 독일노동전선의 관할

> 1kg의 버터 가격이 3.20제국마르크이고, 폴크스바겐 1kg의 가격을 환산하면 1.60제국마르크다.
> 포르쉐

> 4개의 큰 작업장이 있는 공장은 매우 인상적이었다. 첫 번째 작업장에서는 작은 부품들이 만들어졌다. 두 번째 작업장에서는 비행기 제작이 이루어졌고, 다음으로 철판을 눌러 찍어내는 프레스 공장이 나왔다. 신참들은 당연히 프레스가 내는 엄청난 소리에 경탄하게 된다. 그리고 자동차가 생산되는 컨베이어 벨트가 나왔다. 그 당시에 이미 여러 모델이 생산되고 있었다. 비틀이 있었고, 퀴벨바겐도 있었으며, 수륙양용차도 있었다.
> 로베르트 하르트만,
> 당시 KdF 공장 견습생

하에 있었음에도 불구하고, 폴크스바겐은 포르쉐였고, 포르쉐는 폴크스바겐이었다.

1939년 여름에 폴크스바겐 공장은 작업을 개시했다. 하지만 필수적으로 가져야 했던 7월 7일의 히틀러 기자회견 당시에는 공장이 미완성 상태였다. 단지 프레스 공장만이 완공되어 있었다. 12월까지 작업장은 난방이 들어오지 않았고, 심지어 유리를 끼우지 않은 창문을 통해서 바람이 들어왔다. 대형 복합 건물 단지에는 하품이 날 정도의 적막감이 감돌 때가 적지 않았는데, 기계 공급이 중단되었기 때문이었다. 전쟁이 선포됨에 따라 군수물자 생산이 우선되었다. 독일노동전선이 "노동의 아름다움" 캠페인의 모범 케이스로 이용할 예정이었던, 이 과장되게 선전된 국가사회주의 모범 공장에서 이루어진 것은 확실히 아무것도 없었다. "깨끗한 공장에서 일하는 청결한 사람들"과 같은 구호는 노동자들의 비참한 숙소를 고려하면 어처구니없이 들린다. "KdF 도시"에는 겨우 "독신자 숙소"가 어느 정도 완성되어 있었고, 시내에는 몇몇 거주 구역과 480세대의 "슈타임커베르크" 거주지가 골격만 갖추어져 있었다. 몇 달이 지나서야 노동자들이 들어갈 수 있었다. "생산 준비가 된" 공장을 히틀러가 둘러본 것은 연출된 행위에 불과했는데, 이때 모든 참가자들이 행복한 표정을 짓고 있었다. 공장 지도부도, "폴크스바겐의 아버지"인 히틀러도 이런 결점을 공개하는 데는 관심이 없었다.

> KdF 예금자들은 전쟁 기간 동안에는 자동차를 살 수 없었다. 차를 사는 것은 전쟁 이후에나 가능했다. 그러나 더 이상 999제국마르크가 아니라 거의 4천 독일마르크를 줘야 했다. 그러나 전쟁 전의 예금자들에게는 금액을 경감해 주었다.
> 로베르트 하르트만,
> 당시 KdF 공장 견습생

> 아버지는 건축 과정을 멀리서 지휘하려고 하지 않으셨다. 그는 현장에서 공장이 완성되는 광경을 지켜보고 싶어 하셨다.
> 페리 포르쉐, 아들

> 포르쉐는 우리가 보기에는 비범한 인물이었다. 그가 없이는 비틀이 결코 존재할 수 없었고, 공장도 결코 지어지지 않았을 것이다.
> 로베르트 하르트만,
> 당시 KdF 공장 견습생

기술자 **397**

상: "총통이 가장 좋아하는 생각": 포르쉐가 히틀러의 생일에 새로운 폴크스바겐의 모형을 보여 주고 있다, 1938년 4월 20일
하: "이 차를 KdF 차로 부를 것이다": 폴크스바겐 공장에서 독일노동전선 라이 의장, 히틀러 그 리고 포르쉐

"독일이 보유한 가장 위대한 기술 천재": 1938년 9월 국가 대상 수여식 장면(왼쪽). 자동차 설계자가 나치당 배지를 달고 포즈를 취하고 있다(오른쪽)

1939년 9월 1일, 독일 국방군의 폴란드에 대한 기습 공격과 함께 민간용 폴크스바겐 생산은 실질적으로 종료되었다. "군사상 중요하지 않은" 프로젝트에 원료도 노동자도 제공되지 않았다. 페르디난트 포르쉐가 전체 전쟁 기간 동안 민간 제품 생산이 재개될 것이라고 믿었다 하더라도, 우선 풍뎅이 차 생산은 중단되었다. 세계대전 중에는 휴가의 동반자인 차량이 필요치 않았고, 병사들은 가족들과 일요일 소풍을 갈 수 없었다. 공장이 살아남으려면 다른 제품 생산으로 전환해야만 했다. 이미 전쟁 개시 전부터 공군이 거대한 산업 복합 단지에 관심을 가지고 있었고, 포르쉐도 관심을 표명했다. 공군의 이용 계획은 공장 건설이 지연된 것을 다시 만회할 수 있는 기회를 제공했다. 그럼에도 불구하고 계획이 구체화된 적은 없었고, 그래서 군수물자 생산으로 전환하는 일도 극도로 지지부진하게 진행되었다. 1939년 9월 18일에 제국항공부장관 헤르만 괴링은 폴크스바겐 공장을 공군의 "Ju 88과 이 전투기에 맞는 폭탄 생산 프로그램을 실행하는 데 사용하기로" 결정했다. Ju 88은 독일 공군의 주력 전투기가 될 예정이어서 공장으로서는 확실한 수입원이기도 했다. 포르쉐는 이런 대형 주문을 받아들임으로써 승용차 생산 없이도 폴크스바겐 공장 건설을 추진할 수 있고, 나중에 승용차 생산도 재개할 수 있기를 바랐다. 물론 전쟁 개시와 함께 원료 상황이 악화됨에 따라 변덕이 심한 공군 수뇌부는 주문을 다시 줄였다. 그래서 금속 부품을 생산하기 위해 만든 유럽에서 가장 현대적인 공장이 처음에 생산한 것은 독일 비행기의 비행 거리를 늘릴 목적의 목재 연료통뿐이었다. 마치 고물 수집상이 하는 식으로 폴크스바겐 공장은 다음 몇 해 동안 계속 소규모 주문들을 끌어왔다. 어뢰 케이스, 원반형 지뢰, 회전 부품 또는 뇌관 구성 부품들이 자동차 공장에서 생산되었다. 그러나 이런 제품 생산으로는 공장의 엄청난 생산 능력을 제대로 발휘할 수가 없었다.

> 폴크스바겐 공장에서 작업이 시작되었다.
> 『브라운슈바이크 일간신문』, 1939년 7월 7일

> 폴크스바겐 공장은 세계에서 가장 크고 가장 현대적인 대량생산 공장이었다. 그러나 독일 전시경제에 기여한 정도는 매우 미미했다.
> 리처드 오버리, 영국 역사학자

히틀러는 전쟁 발발 뒤에 폴크스바겐 프로젝트에 대한 흥미를 잃었지만, 페르디난트 포르쉐는 예전처럼 계속 "총통"의 엄청난 총애를 받고 있었다. 1941년 여름 소련으로 진군하면서, 히틀러는 광활한 러시아의 엄청난 이동 거리와 열악한 기후 조건을 극복하기 위한 새로운 전차 타입을 만들도록 요구했다. 이미 1940년부터 프리츠 토트가 전차 생산을 위한 조언을 구하기 위해 포르쉐에게 접근했다. 이 설계자는 흔쾌히 조언을 해 주었지만, 구체적인 주문은 이루어지지 않았다. 히틀러가 단순하고 단단한 전차를 요구함으로써, 이제 누구도 부정하지 않는 단순한 설계의 왕인 포르쉐가 이 임무를 맡게 되는 순간이 왔다. 히틀러가 "바바로사 작전"으로 "동쪽의 생존 공간"이라는 옛 꿈을 실현하기 위해 행동

> 당시 사람들은 한 도시에 대해 언급할 수가 없었다. 아버지를 찾아갔을 때, 내가 본 것은 폴크스바겐 공장의 길게 이어진 건물들과 철로와 운하 위로 설치된 거대한 연결 통로 계단뿐이었다. 그리 많은 것이 없었다. 기차역은 긴 가건물이었고, 그곳에는 매표창구와 대기실 그리고 간이매점과 식당이 들어 있었다. 아버지의 주소는 다음과 같았다. 기프호른 군(郡), 팔러스레벤 근교 KdF 시(市), 합숙소 1, 막사 5, 방 번호 기타 등등.
>
> 에르나 슐림퍼, 당시 KdF 공장의 견습공

에 들어가기 하루 전인 6월 21일에 소위 전차위원회라는 것이 소집되었는데, 이 위원회는 "총통"의 정복 계획에 길을 터 주어야 했다. 페르디난트 포르쉐가 의장직을 맡았다.

그의 임무가 부러움의 대상이 되지는 않았다. 이미 동부 원정이 실시된 첫 몇 달 동안에 독일 전차들이 러시아의 "T34" 전차를 감당할 수 없다는 것이 드러났다. T34가 거의 끊임없이 러시아 공장에서 생산되고 손실이 힘들지 않게 보충될 수 있는 것처럼 보였던 반면, 독일 전차는 반년 사이에 50퍼센트가 줄었다. 가능한 한 빨리 무슨 조치가 이루어져야 했다.

히틀러는 독일 국방군의 새 전차가 어때야 하는지 구체적인 구상을 가지고 있었다. 전차는 육중해야 했고, 파괴되지 않아야 했다. 그리고 자주 그랬던 것처럼, 그는 개발을 한 회사에게만 주지 않고 두 회사에게 맡겼는데, 이로써 마지막에 더 나은 버전을 선택할 수 있었다. 페르디난트 포르쉐는 이번에는 헨셸 사와 경쟁을 해야 했다. 두 개의 모델이 1942년 4월 20일 "총통" 사령부 늑대성채에서 소개되었을 때, 히틀러는 포르쉐의 모델에 매료되어 그가 좋아하는 이 설계자

> 우리가 전쟁 중에 자재 실험을 하면서 얻었던 경험들이 우리 폴크스바겐에 매우 유익하게 작용할 것입니다.
> 히틀러

기술자 **401**

상: 로베르트 라이와 페르디난트 포르쉐가 "제국 원수" 괴링에게 KdF 차를 선사하고 있다, 1939년 6월
하: "비틀과 그 전신이 되었던 모델들": 폴크스바겐의 여러 프로토타입을 살펴보고 있는 페르디난트 포르쉐와 아들 페리

에게 즉흥적으로 일급 십자무공훈장을 수여했다. 그러나 헨셀 사의 전차가 자신들의 우수성을 선보였을 때, 포르쉐는 너무 일찍 샴페인을 터트렸다는 것을 기가 죽은 채 인정하지 않을 수 없었다. 경쟁사의 전차는 거의 모든 면에서 자신의 전차보다 확실하게 우위를 보여 주고 있었다. 특히 요구되었던 대로 단순한 설계 원칙이 적용되었다. 이와 달리 포르쉐의 "티거" 전차는 너무 복잡했다. "단순한 제작 방식"의 대가는 명백하게 실패했다.

그럼에도 불구하고 그는 히틀러의 호감을 잃지는 않았다. "총통"은 너무나도 부적합한 "티거"로부터 구축전차를 개발하라고 지시했다. 무게가 68톤이고 전차 정면 장갑판의 두께가 20센티미터인 구축전차 "페르디난트"는 마침내 히틀러가 원했던 "파괴되지 않아야 함"을 실현시켰다. 물론 이 전차는 최고 속도가 겨우 시속 15킬로미터로 느렸지만, 이 약점을 88밀리 장거리포로 메우려고 했다. 그러나 1943년 쿠르스크[우크라이나 국경과 멀지 않은 곳에 위치한 도시] 전차전에 "페르디난트"를 투입한 것은 재앙을 가져왔다. 90대의 전차 중에서 절반 이상이 기술적 결함으로 고장이 났다. 십중팔구는 합선으로 전기 장치가 마비되었다. "페르디난트"의 부족함은 이미 파악되어 있었다. 그러나 히틀러에게 사안에 대한 논증은 중요하지 않았다. "가장 위대한 천재"라는 포르쉐의 명성은 그에게 확고부동했다. 히틀러가 1942년에 위임한 엄청난 슈퍼 전차도 포르쉐가 설계자로 참여했다. "전 세기를 통틀어 가장 위대한 최고 지휘관"은 이제 궤도를 장착한 요새를 원했다. 이 괴물을 조소적으로 부른 명칭인 "마우스"는 아마도 2차 세계대전 중에 개발된 무기 중에서 가장 잘못 만들어진 무기 중의 하나일 것이다. 무게가 188톤이었고, 전차 사방의 장갑판 두께가 20센티미터였다. 그리고

슈페어는 한 번도 포르쉐 티거 전차를 테스트하려고 하지 않았던 반면에, 이 [헨셀 사] 시험 전차를 타고 야외를 달리는 것은 확실히 즐겼다.
페리 포르쉐, 아들

150밀리 포를 장착하고 1200마력 모터로 구동되었는데, 100킬로미터에 3,800리터라는 엄청난 연료를 소비했다. 절대적으로 연료가 부족했던 시기에 이 전차는 어처구니없는 발상이 아닐 수 없었다. 실제로 총 3대의 "마우스" 전차가 조립 공장에서 만들어졌다. 1943년 말에 페르디난트 포르쉐는 전차위원회의 의장 자리를 잃었다. 히틀러라는 보호막도 그가 그 자리를 유지하도록 할 수 없었는데, 그 일은 분명 그가 감당할 수 없는 과중한 일이었다.

이 시기에 폴크스바겐 공장에서도 성공에 길이 든 이 설계자의 생각과 맞지 않는 일이 몇 가지 일어났다. 민간용 승용차 생산을 위한 작업이 실질적으로 완전히 중단되었다. 그리고 폴크스바겐의 군사적 변형인 퀴벨바겐의 개발도 진척이 더뎠다. 차량이 마침내 대량생산에 적합하게 되었을 때, 원하던 몫은 이미 할당이 되어 있었고, 다른 자동차 제작사가 이 모델에 있어서 더 나은 조건을 갖고 있었다. 그러나 동부전선에서 독일군의 진군이 멈추고 사용하던 모델들의 결함이 드러난 1941년에 폴크스바겐은 퀴벨바겐으로 새로운 기회를 얻게 되었다. 퀴벨바겐은 상대적으로 경량이었고, 차축 최저 지상고가 높아서 야전 투입에 적합했다. 분기당 2천 대가 생산되어야 했다. 이 수치가 공장을 세우려던 원래 계획상의 유토피아적인 생산 대수와는 엄청 차이가 났지만 원하던 방향으로의 진전이 이루어졌다. 포르쉐는 1940년에 추가적으로 친위대로부터 166형 수륙양용차 주문을 받았다. 이 차량은 특히 야전 주행에 적합한 차량으로 전부 1만 4천 대가 제작되었다. 1942년 3월 19일에 돌파구가 마련되었다. 살을 에는 듯이 추운 러시아의 겨울에 수냉식 차량들이 줄지어 고장이 난 다음에 히틀러는 "모든 승용차 생산을 … 폴크스바겐에 집중해야 한다"고 결정했다. "노동의 선구자"라는 영광스런 칭호를 받은 포

상: "단순한 설계": "페르디난트" 전차용 새 차대에 대한 시험. 군수장관 슈페어가 조종간을 잡고 포르쉐는 측면에 앉아 있다

하: "궤도가 장착된 요새": 포르쉐의 "마우스" 전차 설계는 엄청난 규모를 선호하는 히틀러의 기호와 맞아떨어졌다

기술자 405

"세상에서 가장 우수한 자동차": 국방군과 무장 친위대용 수륙양용차도 포르쉐의 프로그램에 들어 있었다. 왼쪽에서 두 번째가 페리 포르쉐

르쉐는 『폴크스바겐 공장과 우리』라는 공장 잡지에서 열광적인 칭송을 받았다. "포르쉐 박사의 일생의 업적 중 최고는 폴크스바겐을 설계하고 생산한 것이다. 원래 직접적으로 독일 노동자들의 생활수준을 향상시키는 데 쓰고자 했던, 기술적으로 혁명적인 이 행위는 우리에게 강요된 전쟁으로 인해 우선 군사 분야에서 성과를 가져왔다. 이 독일 노동자의 차는 모든 전선에서 탁월한 성능을 입증해 보였다. 공랭식 엔진은 아프리카 사막의 작열하는 태양 아래서도 살을 에는 듯한 러시아의 눈보라 속에서도 고장이 나지 않았다. 이렇게 검증됨에 따라 그 어느 때보다 입지가 확고해졌다. 전쟁 후에 독일 노동자들은 세상에서 가장 우수한 차량을 몰게 될 것이다." 1942년 7월부터 공장에서 매달 4천 대를 생산하기로 되어 있었다. 그러나 1942년에도 그리고 1943년에도 이 할당량을 달성하지 못했는데, 공장 기계들이 대부분 비행기 부품 생산으로 전환되었기 때문이다.

히틀러는 "최종 승리"에 대한 장밋빛 미래를 설계하는 일에 전혀 지치지 않았고, 페르디난트 포르쉐는 이 설계를 꾸미는 일에 기꺼이 같이 했던 것으로 보인다. 알베르트 슈페어는 종전 뒤에 기이한 회의들에 대해 회상을 했는데, 그 회의들에서 히틀러는 종전 뒤에 우크라이나 출신의 한 독일 농부가 자동차를 타고 제국 수도까지 오는 데 얼마나 걸릴지 계산했다고 한다. 알베르트 슈페어의 기억에 따르면, 포르쉐는 재빨리 그에게 폴크스바겐은 시속 1백 킬로미터를 지속적으로 유지할 수 있다고 장담했다고 한다. 두 자동차광의 계산 결과에 따르면, 식민지 신민의 주행 시간이 30시간에 이를 것이라고 했다.

물론 당시 폴크스바겐 공장은 히틀러가 종전 후에 생산할 수 있을 거라고 생각했던 100만 대의 폴크스바겐과 같은 미래에 대한 환상만으로 운영될 수는 없었다. 1943년에 프랑스 푸조 공장을 인수한 것은 실패작

> 총통께서는 포르쉐 박사의 공랭식 엔진에 대한 작업에 큰 관심을 표명하셨다. 그는 이 자리에서 전쟁에서는 일반적으로 매우 민감한 6기통이나 8기통 엔진이 필요하지 않고 가능하다면 4기통만을, 그것도 아주 단순하고 고장이 없는 엔진을 이용해야 한다는 의견을 피력하셨다.
> "슈페어 의사록" 1942년 9월 20-22일

이 되고 말았는데, 포르쉐는 푸조의 주물 공장을 통해 더욱 독자적인 생산방식을 구축하고자 했다. 푸조 공장은 얼마 지나지 않아 영국의 폭격으로 파괴되었다. 비행 폭탄 Fi 103 생산을 떠맡으면서 비로소 폴크스바겐 공장은 지속적인 성공을 거두게 되었다. 폴크스바겐 공장이 이 비행 폭탄 생산에 낙찰된 것은 이 공장이 아직도 유럽에서 "가장 현대적"이라는 가공의 명성을 누리고 있었기 때문이었다. V1이라고도 불린 Fi 103은 선전선동을 통해 "기적의 무기"로 미화되었다. 제트 추진식의 이 폭탄은 독일 본토로부터 먼 거리를 커버하고, 별도로 사람이 관여하지 않고도 "적국 땅"에 파괴를 야기할 수 있다고 했다. 이 "보복 무기"가 상당한 기술적 어려움을 겪고 있었지만, 이 비행 폭탄은 나치 선전선동에 있어 엄청나게 중요한 무기로 폴크스바겐 공장의 군수물자 생산에서 가장 중요한 의미를 지닌 것이었다. 1944년에서 1945년까지 폴크스바겐 공장은 이 타입의 폭탄을 약 14,000기 생산했는데, 이 수량은 생산된 전체 V1의 절반에 해당하는 수치였다. 폴크스바겐 공장이 정권의 범죄와 깊숙이 연루된 이유가 바로 이 무기 때문이었다.

팔러스레벤에서 있은 기공식 때 『하노버 안차이거』지는 축하 기사를 실었다. "기념식장에서는 운하 너머로 완만하게 휘어진, 삼림이 우거진 언덕이 보인다. 그곳에 독일 제국에서 가장 현대적이고 아름다운 노동

> 내가 집에서 "기적의 무기"라는 단어를 언급할 때마다 아버지는 싱긋 웃음을 지었다. 당시 나는 어린 독일소녀동맹(BDM) 단원으로서 아버지에게 히틀러는 위대한 인물이고, 우리는 생존 공간이 없는 국민이라는 확신을 주고자 했다.
> 에르나 슐림퍼,
> 당시 KdF 공장의 견습공

도시가 들어설 것이다. … 이곳에 보금자리를 얻게 될 사람들은 행복한 사람들이다." 몇 년 뒤에 이른바 노동 천국이라고 불린 이곳은 황량한 합숙소 단지로 전락했는데, 그곳에서 강제 노역자, 전쟁 포로 그리고 강제수용소 수용자들이 공포와 곤궁 속에서 삶을 영위했다.

"누구나 우리를 때릴 수 있었고, 누구나 우리에게 모욕을 줄 수 있었다"라고 러시아 여성 마리야 리바츄크는 폴크스바겐 공장에서 지냈던 시기를 묘사했다. 당시 16살이었던 그녀는 1942년 가을에 팔러스레벤으로 강제 이송되었다. 그녀처럼, 이 시기에 수천 명의 강제 노역자들이 독일군 점령 지역으로부터 이송되었다.

2차 세계대전 개시와 함께 독일 산업계 전반에서 심각한 노동력 부족 현상이 발생했다. 우선 독일과 선린 관계에 있는 나라들에서 노동자를 모집하려는 시도들이 이루어졌다. 불가리아, 스페인, 헝가리, 슬로바키아, 루마니아 그리고 크로아티아에서 노동자들이 모집되었다. 물론 이렇게 자발적으로 제국으로 온 노동자들의 숫자는 엄청난 수요를 메우기에는 턱없이 모자랐다. 이 때문에 노동력 투입을 담당하는 관청들은 재빨리 "자발"을 강제하는 방법으로 선회했다. 프랑스, 벨기에, 네덜란드, 덴마크에서 담당 기관들이 노동 능력이 있는 사람들을 실업 보조 또는 생필품 지원을 중지하겠다고 협박하면서 근무처를 독일로 "옮기도록" 강요했다. 폴란드와 소련에서는 노골적으로 강제 이송을 시켰다. 1939년에서 1945년 사이에 거의 600만 명의 강제 노역자들이 독일 제국으로 왔다. 폴크스바겐 공장도 외국인 노동력을 착취하는 데 적극적으로 참여했다. 1940년 말에 약 1천 명, 그러니까 전체 직원의 약 20퍼센트 가

> 1942년 10월에 나는 바르샤바에 있는 학교 친구를 방문했다. 돌아오는 길에 어느 간이역에서 소란이 발생했다. 모든 승객들이 객차에서 내려야 했고, 나이든 승객과 어린 승객들로 분리가 되었다. 젊은 승객들 중에서 상당수가 체포되었고, 루블린[폴란드에서 9번째로 큰 도시로 바르샤바 남동쪽 150킬로미터 지점에 위치]에 있는 임시 수용소로 보내졌다. 그날은 1942년 10월 10일이었다. 얼마 뒤에 우리는 독일로 이송되었다. 10월 15일에 우리는 처음으로 KdF 공장에 도착했는데, 그곳에서 우리는 등록을 하고 여러 작업장으로 배치되었다.
>
> 율리안 바나스, 폴란드 강제 노역자

량이 있었는데, 1941년에는 외국인 노동자 비율이 40퍼센트, 1942년에는 69퍼센트, 그리고 1943년에는 70퍼센트 이상으로 높아졌다. 1944년 말에 폴크스바겐 공장에서 일한 외국인 노동자는 11,334명이었다.

폴크스바겐 공장의 강제 노역자들은 비참한 잠자리와 영양부족에 시달리고 있었다. 그들은 감독관에게 맞기도 했고, 사소한 위반 때문에 감금되기도 했다. 보초들의 횡포에 그들은 거의 무방비 상태로 놓여 있었다. "우리는 개보다 못한 취급을 받았다"고 마리야 리바츄크는 오늘날 말하고 있다. 인종차별적인 국가사회주의 체제는 이 공장에서 그 기능을 최대로 발휘하고 있었다. 합숙소의 위계질서에 따라 모든 국적자들이 확고한 지위를 부여받았고, 서로 격리된 합숙소 단지에서 생활했다. 서부 유럽 출신의 포로들이 "가장 좋은" 대우를 받았고, 서열상 가장 아래에는 러시아인들이 위치했다. 합숙소 식당에서 일했던 마리야 리바츄크는 다음과 같이 전한다. "우리에게는 국가마다 센티미터 단위로 할당된 수치가 주어졌다. 우리는 이에 따라 빵조각을 잘라야 했다." 1942년 가을에 "서부 유럽" 출신 외국인들은 1주일에 500그램의 고기, 225그램의 지방, 3천 그램의 빵과 5,250그램의 감자를 제공받았다. 이것으로 아침

> 이탈리아인 다음으로 폴란드인이 왔다. 그들은 폐쇄된 막사 숙소에 배정되었고 한꺼번에 공장 교대 근무에 투입되었다. 그들은 자유로이 움직일 수 없었고, 저녁이면 다시 합숙소로 돌아와야 했다.
> 에르나 슐림퍼,
> 당시 KdF 공장의 견습공

> 일하고, 자고, 걷고 있었지만 그야말로 배가 고파서 죽을 지경이었다. 언젠가 전쟁이 끝나고 자유롭게 될 것이라는 희망이 우리가 버틸 수 있는 유일한 힘이었다. 그렇게 나는 그 모든 시기를 견뎌 냈다.
> 스타니스라프 라타츠,
> 폴란드 강제 노역자

과 저녁을 해결해야 했고, 점심은 추가로 배급되었는데 통상 면과 감자 요리였다. 수많은 "서부 노동자"들이 고향으로부터 소포를 받을 수 있었기 때문에, 그들에 대한 배급 상태는 전반적으로 양호한 편이었다. 이에 비해 "동부 노동자"들의 배급량은 얼마 안 되었다. 따라서 그들 중 일부는 영양실조에 걸려 몸이 쇠약한 상태로 작업을 했다. 동부에서 온 강제 노역자들은 외풍이 심한 막사에 거주하며 독일 감독관들에 의해 항상 감시를 받았다. 합숙소는 철조망 울타리로 차단되어 있었는데, 작업하러 갈 때만 합숙소를 떠날 수 있었다. 이런 식의 취급이 동부 노동자들의 노동력을 저하시킨다는 제국보안본부의 인식에 따라 비로소 생활 여건이 개선되었다. 그렇게 해서 철조망 울타리가 없어졌고, 막사도 개량되었다. 그렇지만 여전히 최대 20명이 16평방미터 크기의 오두막을 나누어 써야 했고, 이불과 난방 수단이 충분한 경우는 드물었다. 후에 공장에서 일했던 프랑스 민간 노동자 한 명이 "그들은 끔찍한 곤궁 속에서 생활했는데, 그들에게 의복, 위생, 그리고 영양 공급이 부족해서 발생한 상황이었다"라고 그 사람들의 상황을 묘사했다. 그러나 전쟁 포로로 폴크스바겐 공장에 끌려온 소련인들의 상황은 더 비참했다. 전격적으로 소련에 진격해 들어간 독일 국방군은 1941년 12월까지 3백만 명의 소련군을 포로로 잡아들였다. 1942년 2월까지 그들 중 2백만 명이 죽었는데, 총살되거나 굶어 죽었고, 열악한 주거 상태로 인해 동사하기도 했다. 1941년 10월에 히틀러는 군수 정책적으로 좋지 않은 상황의 압박을 받으면서 전쟁 포로들도 군수산업에 투입시켜야 한다고 결정했다. 폴크

상: "누구나 우리를 때릴 수 있었다" · 소련에서 온 소위 동부 노동자 한 명이 원반형 지뢰를 만들고 있다
하: 폴크스바겐 차대를 만들고 있는 러시아 강제 노역자

스바겐 공장은 이 포로들이 할당된 최초의 공장 중 하나였다. 이에 따라서 포르쉐의 한 담당관은 직접 포로수용소로 가서 적합한 "전문가"를 물색했는데, 그는 자신이 들고 간 작업대에서 그들의 능력을 테스트했다. 그렇게 그는 팔링보스텔 포로수용소까지 가게 되었는데, 그곳의 상황은 소련 포로수용소에 비해 엄청나게 끔찍했다. 포로들은 노천에 판 구덩이에서 생활을 했는데, 그 구덩이는 그들이 맨 손으로 파낸 것이었다. 가끔 철조망 울타리 너머로 사람들이 빵을 던져 주었는데, 포로들은 그 빵을 차지하기 위해 필사적으로 싸웠다. 포로들이 폴크스바겐 공장에 도착했을 때, 그들은 영양실조로 인한 부종과 질병을 앓고 있었다. 작업에 투입하는 것은 생각할 수도 없었다. 공장 의사가 이 남자들이 처한 유감스런 상황을 기록으로 남기기 위해 사진을 찍게 했다. 페르디난트 포르쉐가 직접 이 끔찍한 사진을 히틀러에게 보여 주었는데, 그는 이 사진을 보고 격노했다고 한다. 뤼엔[니더작센 주 동쪽에 위치한 시골 마을]에 있는 한 수용소 구역에서 약해질 대로 약해진 러시아인들이 다시 원기를 회복하기 위한 보살핌을 받았다. 전후에 나온 많은 문서들에서 포르쉐의 이 행위를 매우 인도주의적이고 용감한 처사로 칭송하고 있다. 사람들이 회고한 내용을 통해서는 고통 받고 있던 포로들의 운명이 그에게 영향을 미쳤는지 여부에 대해서는 알 수가 없다. 그러나 중요한 것은 히틀러의 지시에 따라 헤르만 괴링이 작성한 명령은 1941년 11월 7일에 공표한 내용, 즉 포로로 잡힌 러시아인들을 "배불리 먹이고 작업에 투입할 수 있는 능력을 유지하도록 해야" 한다는 내용이었다.

　소련 전쟁 포로들의 처지가 개선되었지만, 그들의 생활 여건은 여전히 비참했다. 수용소에서 유일한 가구는 나무 침대였다. 의복 지급이 잘 되지 않아서 대부분의 남자들은 몸에 누더기를 걸치고 있었다. 생존자들은 몇몇 사람이 폐타이어로 신발을 만들어 신었다고 기억하고 있다. 중

노동자들조차도 하루에 단 2,570칼로리를 배급받았다. 이웃 수용소의 상황을 관찰할 수 있었던 한 프랑스 전쟁 포로는 다음과 같이 묘사했다. "1943년에 그들의 비참함은 극에 달했고 사망자도 많이 발생했는데, 그들은 죽은 사람들의 빵 배급량을 계속 타 내기 위해 시체를 가능한 오래 숨겼다."

성인 강제 노역자들의 상황도 비참했지만, 그들의 아이들은 더 가혹한 고통을 겪었다. 폴크스바겐 공장 역사에서 가장 비극적인 장면 중의 하나는 공장에서 멀지 않은 곳에 세워진 보육원에서 일어났다. "노동력 투입 전권 대리인"이 내린 명령은 외국인 여성 강제 노역자가 낳은 신생아들은 그들이 직접 키워서는 안 되고 보육원에 보내야 한다고 규정했다. 1943년에 폴크스바겐 회사 지도부는 이 규정에 따라 보육원을 개원했다. 이 보육원에는 공장에서 일하는 여성 강제 노역자들과 기프호른 군 지역의 농업 노동자들의 유아들이 수용되었다. 보육원은 금세 정원을 초과해서 아이들에게 위생과 건강에 관한 충분한 보살핌을 제공할 상황이 아니었다. 1943년에 등록된 45명의 유아 중에서 그해 말까지 10명이 죽었다. 1944년에는 전염병이 창궐하여 상황이 더욱 악화되었다. 하루에 아이들 시체 여러 구를 뤼엔 공동묘지로 날랐고, 그 시체들을 마분지 상자에 담아 매장하는 일이 빈번하게 일어났다. 1944년 6월에서 1945년 4월 사이에 사망 건수가 300건에 달했다. 결국 보육원에서 생존한 아이는 한 명도 없었다. "매장" 비용은 어머니가 부담해야 됐는데, 얼마 되지 않는 임금에서 20제국마르크가 공제되었다. 보육원 담당 의사였던 쾨르벨 박사는 종전 후에 진행된 전범 재판에서, 1944년 크리스마스에 개최된 폴크스바겐 콘체른 이사회에서 페르디난트 포르쉐에게 보육원의 상황에 대해 알려 주었다고 진술했다. 뤼엔의 아이들을 위해 포르쉐가 취한 조치들에 대해서는 알려진 바가 없다.

> 전체 러시아 노동자 투입의 효율은 급식에 의해 좌우되었다. 제국 식량농업부가 1942년 4월 17일자 긴급 회람을 통해 허용한 정량이 너무 적어서 폴크스바겐 공장에 투입된 러시아인들의 능력이 떨어졌다. 그들의 영양 상태는 경악할 정도였다. 60에서 70파운드까지 체중이 줄었다. 영양실조로 인해 사망자가 발생했다. 매일 사람들이 기계 옆에서 실신해 맥없이 쓰러졌다.
>
> 브라운슈바이크 군수사령부의 보고, 1942년 5월 8일

폴크스바겐 경영진은 페르디난트 포르쉐의 지휘 아래 공장을 군수품 생산 체제로 전환시켰다. 이와 관련해서 폴크스바겐 공장은 독일 산업계에서 선두 주자 역할을 했다. 폴크스바겐 공장 책임자들은 강제 노역자와 전쟁 포로를 모집하는 데 있어서도 그 배분과 선발에 적극적으로 관여했다. 그러나 나치 정권의 범죄에 연루되는 일은 더 있었다. 이미 여러 번 대립했던 군수장관 슈페어를 피하기 위해 이 설계자는 강제수용소라는 잔혹한 제국의 최고 수장인 하인리히 히믈러와 숙명적인 관계를 맺게 된다.

1942년에 페르디난트 포르쉐와 그의 사위 안톤 피에히는 폴크스바겐 공장 단지에서 독자적으로 경금속을 제작하기 위한 노력을 경주했다. 그들은 분배량과 하청업자들로부터 자유로워지기를 원했고, 더 이상 전쟁 수행에 필수적이지 않은 것으로 간주되던 차량 제작을 위해 경금속을 공급받고자 했다. 그들의 계획을 실현하기 위해 포르쉐는 수년 전에 그에게 많은 테스트 운전자를 쓸 수 있도록 해 주었던 히믈러에게 의뢰를 했다. 협상의 내용은 다른 해석의 여지가 없을 만큼 명확했다. "이 주물 공장의 완성과 그 운영은 제국 친위대장이자 독일 경찰의 수장에게" 위탁되었다. 히믈러는 "이에 필요한 노동력을 강제수용소로부터" 조달할

것을 약속했다. 포르쉐가 히틀러에게 직접 문의를 함으로써 알베르트 슈페어를 피했지만, "병기 및 군수품 제국장관"은 이를 즉시 중단시켰다. 그는 전쟁 수행에 필수적인 경금속을 자동차 생산에 이용하는 것을 낭비라고 여겼다.

그러나 이 시점에 이미 노이엔감메 강제수용소로부터 5백 명의 수용자들이 팔러스레벤으로 이송되어 주물 공장 작업장을 지었다. 그 뒤에 그들은 작센하우젠 강제수용소로 보내졌다. 이 모든 일이 친위대와의 추잡한 추가 협의 내용 때문에 발생했다. 포르쉐가 그 반대급부로서 4천대의 자동차를 무장 친위대에 우선적으로 공급하는 것을 약속한 것이었다.

1944년 4월에 다시 강제수용소 수용자들이 팔러스레벤으로 옮겨졌다. 공장에서 3킬로미터 떨어진 지점에 780명의 남자 수용자를 수용하는 라크베르크 수용소가 노이엔감메 강제수용소의 지소로 만들어졌는데, 수용자들은 공장과 수용소 건설에 투입되었다. 얼마 뒤에 아우슈비츠에서 이송된 650명의 헝가리 출신 여성 유대인들이 수용소에 도착했다. 강제수용소 수용자들의 생활 조건이 그들이 마지막으로 고통 받던 수용소와는 완연히 달랐지만, 폴크스바겐 공장에서도 "노동을 통한 절멸"이 체계적으로 이루어지고 있었다. 학대, 중노동 그리고 영양실조가 강제수용소 수용자들이 겪던 일상이었다. 라크베르크의 남자들은 그들이 도착했을 때 수용소장으로부터 다음과 같은 말로 인사를 받았다. "너희들은 더 이상 사람이 아니다. 왜냐하면 너희들은 이름을 가지고 있지 않기 때문이다. 너희들은 짐승이고 번호를 받게 될 것이다." 그들에 대한 처우도 이에 상응할 만큼 비인간적이었다. 수용자들은 언덕에 있는 수용소를 "새가 없는 언덕"이라고 불렀다. 1944년과 1945년에 폴크스바겐 공장에서 41명의 수용자들이 목숨을 잃었는데, 죽을 지경이 되어서 급히 노이엔감메 강제수용소로 재이송된 수용자들이 포함되지 않은 숫

> 포르쉐 박사는 친위대가 적극적으로 도와주면, 무장 친위대를 위한 4천 대의 퀴벨바겐을 우선적으로 공급할 수 있을 것이라고 장담했다.
> 친위대와 포르쉐의 협의에 관한 비망록, 1942년 1월 29일

자였다. 서류들이 명확하게 보여 주듯이, 강제수용소 수용자들을 이용하겠다고 나선 것은 항상 폴크스바겐 공장 경영진 측이었고, 페르디난트 포르쉐도 이를 주도했다. 1944년 3월 4일에 그는 히믈러에게 문의를 하면서 "지하 공장에서 작업이 이루어지고 3,500명의 노동력이 필요한 비밀 무기 공장을 강제수용소 공장으로 인수해 줄 것"을 청했다. 폴크스바겐 공장 책임자들도 "전문가"들을 선별하기 위해 직접 강제수용소 수용자들을 구하러 다녔다. 포르쉐는 제국친위대장을 통해 제국의 테러 기구와 더욱 밀접하게 연결되었다. 더욱이 히믈러는 그에게 친위대 상급 지도자 계급을 부여하고 친위대 해골 반지를 수여했다. 그러나 포르쉐가 실제로 인간을 멸시하는 히믈러의 인종 이데올로기에 동화되었는지에 대해서는 의구심이 든다. 그러나 그는 의심스런 계급과 선물을 물리치지 않았고, 이로써 공포의 조직의 회원이 되었다. 그가 강제수용소 수용자들을 적극적으로 요구한 것과 폴크스바겐 공장에서 그들이 처한 비인간적인 생활 조건을 보더라도, 그는 이미 공포의 조직의 회원이나 마찬가지였다.

페르디난트 포르쉐는 1945년 1월에 결국 폴크스바겐 공장을 떠났다. 이

> 라크베르크에 강제수용소가 지어졌다는 소문이 돌았다. 어느 일요일 오후에 나는 내 친구와 같이 강제수용소를 보기 위해 그곳으로 갔다. 그러나 가시철조망과 높은 망루로 둘러싸여 있었기 때문에 우리는 확신을 할 수가 없었다. 수용소 안에서 무슨 일이 벌어지는지 알 수가 없었다.
> 에르나 슐림퍼, 당시 KdF 공장의 견습공

미 1943년 말에 공장을 폭격으로부터 안전한 곳으로 옮기는 작업이 시작되었다. 자재 창고가 첼암제[오스트리아 잘츠부르크 주에 있는 도시 이름] 근처에 만들어졌다. 포르쉐 설계 회사는 오스트리아 그뮌트 근처에 새 사무실을 마련했다. 티에르셀레 철광산에서, 그러니까 프랑스 로렝의 엄청나게 큰 지하 시설에서 Fi 103의 생산이 계속되었다. 1944년 8월 팔러스레벤에 첫 폭탄이 떨어졌을 때, 포르쉐와 공장 지도부는 급히 행동을 취해 그곳에 남아 있던 귀중한 기계들을 옮기려고 시도했다. 에쉐스하우젠 근처의 갱도에서 생산이 계속 이루어져야 했다. 같은 해 9월에 연합군이 진주함에 따라 티에르셀레 광산을 포기해야만 했다. 그러나 거기에 붙잡혀 있던 강제수용소 수용자들에게는 여전히 고통스런 시간이 끝나지 않았다. 그들은 다른 지하 생산 장소로 다시 이송되었다. 연합군이 제국의 서부 국경을 넘었을 때에도 포르쉐와 폴크스바겐 공장은 여전히 생산을 계속할 수 있는 적합한 장소를 찾고 있었다. 예전에 최단 코스로 현대식 생산을 하기 위해 통합적으로 계획했던 공장이 이제 수많은 소공장, 창고 그리고 임시 가건물로 나누어졌다. 페르디난트 포르쉐는 자신이 하고 있는 행위의 의미에 대해 의구심을 가진 적이 없는 것처럼 보인다. 그는 마지막까지 이 어처구니없는 시설들을 유지하기 위해 노력했다. 그의 아들 페리는 후에 다음과 같이 인정했다. "그는 전쟁이 끝나고 나서야 비로소 전쟁에 졌다는 것을 깨달았다."

1945년 4월 11일 아침에 상황이 발생했다. 첫 번째 미국 전차 부대가 주택단지로 들어왔다. 더 이상 저항이 없었기 때문에 부대는 계속 전진했다. 그들은 자동차 공장을 지나갔는데, 그곳은 전혀 안중에도 없었다. 이에 대해 나중에 덧붙여진 설명은 이렇다. "KdF 차량 도시"가 자신들의 지도에는 없었기 때문에, 점령군 병사들이 그 도시를 완전히 간과해 버

"전쟁이 끝나고 나서야 비로소 전쟁에 졌다는 것을 깨달았다": 페르디난트 포르쉐

렸다는 것이다. 3일 뒤에야 비로소 부대가 공장을 점령했다. 몇몇 직원들은 공장을 점령해 달라고 요청하기도 했는데, 특히 강제 노역자들의 보복이 두려웠기 때문이었다.

전쟁 막바지의 몇 달 동안 엄청난 공습이 공장에 가해졌다. 작업장의 3분의 2가 폐허로 변했다. 평화가 찾아온 뒤에 흐린 유리창을 통해 따사로운 봄 햇살이 녹슨 기계 부품과 우그러진 생산라인의 잔해 위로 비쳤다. 조립 공장에는 이곳에 추락한 완전한 모양의 연합군 비행기가 숨겨져 있었다. 미군은 희생된 제물에 전혀 관심을 보이지 않았다. 그러나 1945년 5월에 공장과 "시"를 점령한 영국군은 미군과 달랐다. 그들은 아직 가동할 수 있는 공장의 일부를 즉시 자신들의 군용기 수리에 이용했다. 8월에 영국군 소령 이반 허스트가 공장에 대한 명령권을 넘겨받았다. 허스트는 공장에 남아 있던 유일한 "KdF 차"가 마음에 들어서 그것을 자신의 상관에게 보여 주었다. 영국군 군정은 즉시 반응을 보였고, 바로 엄청난 대수를 주문했다. 이미 1946년 10월에 1만 번째 풍뎅이차가 꽃 장식을 하고 작업장에 서 있었다. 그 후의 일은 굳이 말하지 않아도 알 것이다.

페르디난트 포르쉐는 종전을 첼암제에서 맞이했다. 너무나도 놀랍게도, 그는 체포되어 헤센 주의 바트 나움하임에 있는 심문 캠프로 옮겨졌는데, 그곳에는 수많은 매니저들, 기업가들 그리고 생산업자들이 잡혀 와 있었다. 이 설계자는 자신의 70번째 생일을 알베르트 슈페어, 히얄마르 샤흐트 등과 보냈다. 9월 13일에 마침내 포르쉐는 "기소되지 않았다"는 안심의 말과 함께 다시 집으로 갈 수 있었다.

> 아버지는 정신적인 관점에서 보면 더 이상 예전만 못했다. 그가 적극적으로 작업을 할 수 없다는 점은 분명했다. 이제는 스스로 헤쳐 나가야 했다.
> 페리 포르쉐, 아들(1947년 이후의 아버지에 대해 한 말)

> 우리의 가장 큰 행운은 우리가 시대를 훨씬 앞선 포르쉐 박사의 설계를 받았다는 점이고, 이는 의심의 여지가 없다.
> 카를 한, 전직 폴크스바겐 이사회 의장

그러나 이 설계자의 "나치 청산"은 여전히 끝나지 않았다. 지금까지도 완전히 밝혀지지 않은 과정을 통해 프랑스인들이 페르디난트 포르쉐와 그의 아들 페리 그리고 사위 피에히를 바덴바덴으로 유혹해 냈다. 분명 이 설계자에게 팔러스레벤의 공장을 프랑스로 옮기고 그곳에서 포르쉐가 여전히 꿈꾸고 있던 "국민"을 위한 저렴하고 단순한 설계의 자동차를 생산하는 것을 약속해 주었던 것으로 보인다. 그러나 그 대신에 이 늙은 고안자는 체포되었고, 일주일 동안 바덴바덴 감옥에서 머문 뒤에 프랑스의 슈바르츠발트에 구금되었다. 이 기묘한 사건의 배경은 아마 포르쉐에 대한 정치적인 비난 때문이 아니라, 폴크스바겐과 유사한 자동차를 푸조 사에서 생산하려 하거나 이 자동차 생산을 저지하려 한 경쟁 관계에 있던 프랑스 기업가들의 음험한 이익 다툼 때문이었을 것이다. 71살의 이 노인은 더 이상 이 기괴한 게임을 파악할 만한 상태가 아니었다. 1947년 2월에 그의 건강이 나빠졌고, 예전 건강을 다시는 회복하지 못했다. 마침내 1947년 8월에 포르쉐의 자식들이 많은 보석금을 지불하고 아버지를 빼내는 데 성공했을 때, 그의 몸은 망가져 있었다. 그때부터 포르쉐의 사업을 계속 위임했던 아들 페리는 후에 "그는 생기를 잃었다"고 기억했다. 재정적으로는 매우 안정적이었다. 포르쉐는 폴크스바겐 공장과 공식적으로 결별한 대가로 폴크스바겐을 한 대씩 팔 때마다 수익 배당금을 받기로 되어 있었다.

1951년 1월 30일에 페르디난트 포르쉐는 사망했다. 그가 생전에 마지막으로 한 중요한 여행 중에 하나가 볼프스부르크의 폴크스바겐 공장을 방문한 것이었다. 영국으로부터 사업을 넘겨받은 하인리히 노르트호프

"내가 옳았다": 자신의 아들이 지원을 한 폴크스바겐을 기반으로 하여 만들어진, 전후 최초의 포르쉐와 같이 서 있는 설계자

가 예전 집주인을 작업장으로 안내했고, 그에게 공장이 단 5년 만에 유럽에서 가장 현대적인 자동차 생산 공장으로 탈바꿈한 모습을 보여 주었다. 풍뎅이차가 2분마다 생산라인에서 굴러 나왔다. 포르쉐가 방문하고 2달 뒤에는 생산량이 몇 십만 대 수준이 될 것이었다. 이 노(老)설계자는 후임에게 팔을 갖다 대고는 이렇게 말했다고 한다. "당신이 이를 증명한 이후로 비로소 나는 내가 옳았다는 것을 알았습니다!"

폴크스바겐이라는 꿈에 관한 한 페르디난트 포르쉐는 정말로 옳았다. 하지만 그의 이 꿈이 실현된 것은 그가 몸 바친 살인적인 정권 덕분이 아니라 한 영국 장교의 활약과 전후 서독이 누린 번영의 역사 덕분이었다.

은행가

한순간 유쾌한 분위기가 법정에 퍼졌다. 1950년 9월 공판이 있던 날, 방청객들은 주저 없이 행해진 수많은 자기선전에 대해 적잖게 놀랐다. 방금 피고가 왜 자신이 1933년에 히틀러를 위해 봉사하게 되었는지에 대해 상세하게 설명을 했다. 뤼네부르크 슈프루흐캄머[나치 당원으로 활동한 적이 있었는지를 심사하던 특별재판소] 배석판사는 왜 그래야 했는지 아주 정확하게 알고 싶어 했다. "작은 사자인 당신이 어떻게 큰 사자의 우리로 들어갈 수 있었습니까?" 대답은 이러했다. "당신은 내가 작은 사자가 아니라 조련사로 들어갔다는 사실을 잊고 있습니다." 히 얄마르 샤흐트는 평생 자신을 고삐를 손에 쥐고 막강한 권력자들조차도 제어할 수 있는 매니저로 보고 있었다. 분명 그는 네 시기의 독일, 즉 몰락하던 제2제국, 바이마르 공화국, 국가사회주의 "제3제국" 그리고 마지막으로 두 번째 독일 공화국인 독일연방공화국에서 가장 다채로운 경력을 소유한 인물 중 한 명이다. 피고인석에 앉아 있는 이 사람, 무테안경을 쓰고 코밑수염을 기른, 후리후리하게 키가 큰 이 사람은 20세기 전반

> 샤흐트와 같은 사람은 당연히 자기 영역에서 출중한 인물이었다. 그러나 그는 자신의 정치적 방향 설정에 대해 확신을 가지고 있지 않았다. 처음에 그는 손해배상에 반대하는 투쟁에 헌신했지만, 나중에는 자금 조달자로서 히틀러를 섬겼으며, 무장을 하기 위한 히틀러의 대담한 시도가 성공할 수 있도록 하는 데 결정적인 기여를 했다.
> 빌헬름 그레베, 아데나우어의 지인

"기념비적인 사람으로 만들든지 아니면 단두대로 이끌 것이다": 1946년 뉘른베르크 군사법정에 있는 히얄마르 샤흐트

기에 가장 많이 희화화된 인물 중의 한 사람이다. 그의 트레이드마크는 언제나 약간 커 보이고 너무 빳빳해 보였던 고풍스런 하이칼라 셔츠였다.

> 내 경력은 나를 기념비적인 사람으로 만들든지 아니면 단두대로 이끌 것이다.
> 샤흐트

샤흐트는 위대한 금융의 귀재, 임기응변에 강한 천재, "생산적 신용 창출"의 대가로 여겨졌다. 1920년대에 그는 인플레이션을 잡고 국가재정을 구해 냈다. 1930년대에 그는 독일의 첫 번째 경제 기적을 이루어 냈고, 대량 실업 사태를 해결하고 군비 확충을 위한 재정 지원을 했다. 그는 베를린의 민주당 정치인들이 자신의 제안을 무시했을 때 그들을 꾸짖었고, 독일의 독재자가 다른 길로 나아갔을 때 이를 제지했다. 그러나 경제적이고 재정 기술적인 업적들은 히얄마르 샤흐트의 직업적인 삶의 한쪽 단면에 불과하다. 다른 쪽으로는 샤흐트가 히틀러의 출세를 도왔던 가장 중요한 사람들 중 하나라는 비난이 주를 이루는데, 히틀러는 샤흐트의 재정 성과를 엄청난 파괴 잠재력을 구축하는 데 이용했다. 샤흐트는 자신이 "총통" 당을 지원함으로써 극우주의가 보수층에서 널리 통용될 수 있도록 해 주었으며, 자신의 경제적 전문 지식을 통해서 국내외에서 국가사회주의노동당의 경제적 전문성에 대한 신뢰를 얻어 냈다.

샤흐트는 스스로를 과대평가하는 경향이 있었다. 그는 항상 자신이 옳다고 확신했다. 그는 언제나 상황을 지배하고 있다고 믿었다. 그리고 그는 비판을 받아도 자신의 방식을 고수하려고 했다. 그의 성격이 항상 보여 주는 것은 지속적인 자기기만, 자신은 틀리지 않았다는 착각이었다. 결국 이 금융의 귀재는 자신이 불러낸 정치적 정령들을 더 이상 제어할 수 없는 하찮은 마법사의 제자임이 드러났다.

그러나 덴마크에 뿌리를 둔 독일인 어머니와 미국인 아버지 사이에서 태어난 이 아들이 어떻게 국가사회주의 독일을 떠받치는 사람이 될 수 있었을까? 어떻게 자유주의 이념 교육을 받은 프리메이슨 단원이 인간을 경시하고 반민주적인 체제를 위해 봉사할 수 있었을까? 도대체 무슨 일이 일어났기에 성공한 은행가이자 자유로운 기업 경영의 옹호자인 그가 자주 경제를 고집하고 신분 국가와 같은 질서를 선언한 정책을 따르게 되었을까?

학생은 셈에 서툴렀다. 함부르크에서 가장 명문 학교 중의 하나인 요한 네움 고등학교 입학시험에서 그는 두 번째로 나쁜 점수인 "충분하다"는 성적을 받는 데 그쳤다. 하지만 후에 그 스스로는 나쁜 성적에 대해 별로 개의치 않았다. 그는 종전 후에 교도소 심리학자에게 "은행장은 부기계원이 아닙니다. 당신이 괜찮은 수학자인 금융 전문가를 지목한다면, 나는 사기꾼을 지목할 것입니다"라고 당당하게 설명했다. 샤흐트는 40년 전에 자신의 증조부인 크리스치안 폰 에거스에 대해 언급한 적이 있었는데, 그는 덴마크의 금융 개혁에 기여했고, 이로써 1813년에 파산한 덴마크의 국가 지불 능력을 회복시켰던 사람이었다. 샤흐트는 그의 자서전에서 자신의 선조들을 조망하면서 "통화가치를 안정시키는 능력은 그러니까 유전적으로 물려받은 것이다"라고 말했다.

그는 자랑스럽게 모계 쪽 친척들의 업적들을 언급했다. 에거스 남작 가문에서 태어난 어머니 콘스탄체는 유복한 함부르크 시민계급 집안 출신이었다. 그녀의 아버지는 슐레스비히 경찰국장이었고, 할아버지는 덴마크 왕립 크레디트 카세 은행의 중역이었다. 덴마크 뿌리라는 것은 그의 이름에도 나타나 있는데, 이 이름은 할머니의 강요 때문에 붙여진 것이었다. "그가 적어도 제대로 된 이름을 갖기 위해서," 이 사내아이는 세 번째 이름인 히얄마르로 불리게 되었다. 아버지 빌리암 샤흐트는 원래 자신의 두 번째 아이를 위해 다른 이름을 마련해 두고 있었다. 그것은 호러스 그릴리(Horace Greeley)였다. 아버지는 이름을 통해 그의 사고방식이 미국에서 알게 된 자유 민주주의적인 전통과 친숙하다는 것을 나타냈다. 그는 미국인 출판인이자 정치가인 호러스 그릴리를 존경했는데, 호러스 그릴리는 『뉴욕 트리뷴』지의 설립자이자 공화당 대통령 후보자였다. 빌리암 샤흐트는 19세기 후반에 수많은 독일 사람들처럼 미국으로 이주했고, 미국 국민이 되었다. 그는 자신의 소년 시절의 첫사랑을 미국으로 데려와서 1872년 1월 14일에 결혼했다. 이 젊은 가족은 5년간을 신세계에서 보냈는데, 샤흐트는 뉴욕에서 경력을 쌓고 싶어 했지만, 그것이 이루어지지 않았기 때문에 1876년 가을에 유럽으로 돌아가게 되었다.

얼마 지나지 않아 1877년 1월 22일에 호러스 그릴리 히얄마르가 태어났다. 그가 태어난 곳인 팅글레프는 덴마크 영토였던 북슐레스비히에 위치해 있었다. 가족들이 불렀던 것처럼, 이 작은 "얄레"가 파란 많은 청소년기를 보낸 것은 이동이 많았던 아버지 때문이었다. 그는 처음에 팅글레프의 한 사립학교에서 교사로 지냈다. 그 다음에 그는 『하이더 신문』의 편집장이 되어 디트마르쉔으로 이사했다. 기자 월급만으로는 살 수가 없었기 때문에, 그는 부기계원 일을 같이 했다. 4년 뒤, 그는 비누 공장 공장장이 되어 후줌으로 이사했다. 그곳에서 그는 처음으로 회사가 파산하는 것을 경험했다. 함부르크에서 그는 부기계원으로 가족을 부양했

내 아버지는 일생 동안 민주주의 신념의 신봉자였다. 그는 프리메이슨 단원이었다. 그는 세계주의자였다. 나는 모계 쪽으로는 덴마크에, 부계 쪽으로는 미국에 많은 친척들이 있었고, 지금도 있다. 그리고 지금까지도 나는 그들과 왕래를 계속하고 있다. 이런 관계들 속에서 나는 성장했고, 프리메이슨적이고 민주적이며 인도주의적이고 세계주의적인 사고 원칙들에서 결코 떨어져 생활한 적이 없었다.
뉘른베르크에서 한 샤흐트의 진술

"큰일을 할 것임": 함부르크 요한네움 고등학교 졸업생들과 함께 한 햘마르 샤흐트(X 표한 학생), 1895년

고, 또 다른 파산을 당한 뒤에는 임시 직업을 전전하며 겨우 생활을 영위했다. 그 당시 얄레는 가난과 빈궁함을 알게 되었다. 검소한 생활이 샤흐트 가족의 최고의 덕목이었다. 돈이 있어야 쓸 수 있다는 것을 후에 독일 통화를 다루는 관리자가 된 그는 유년기에 뼈저리게 경험했다.

그러나 금전적으로 매우 궁핍했음에도 불구하고 세 아들은 좋은 교육을 받았다. 호러스 그릴리는 함부르크의 노동자 거주 구역의 집 뒤채에서 성장했지만, 그의 성적은 곧 고급스런 대저택 지역에서 자란 동급생들의 성적에 뒤지지 않게 되었다. 처음에 셈에 약했던 부분도 이미 보완이 되었다. 그리고 가족의 재정 상황도 나아졌다. 아버지는 미국 생명 보험 회사에 들어가 경력을 쌓기 시작했다. 그는 최고경영자가 되어 베를린으로 옮겼다. 반면, 둘째 아들은 계속 함부르크에서 학교를 다녔고, 1895년에 "졸업 시험"에 합격했다. 그의 졸업 증명서에는 다음과 같이

Inserate!		Abonnement!

Der
Theater-Courier.

Wochenschrift für Theater, Musik, Literatur und Unterhaltung.
Centralverkehrsblatt für Bühnenvorstände, Mitglieder und Theaterbesitzer.

Verlag, Redaction und Expedition: **Edm. May, Hannover,** Nicolaistr. 18 D. — Fernsprecher 1461 — Telegramm-Adresse: „Theatercourier," Hannover. Beiträge erwünscht. — Nicht zur Aufnahme geeignete Manuscripte werden nur zurückgesandt, wenn denselben 20 Pfg. Rückporto beigefügt ist.

Nr. 124.	Hannover, den 9. Mai 1896.	III. Jahrgang.

München. Kgl. Hoftheater. Die verflossene Theaterwoche brachte uns wieder einmal eine Darstellung des zweiten Theiles von Goethes Faust. Die Vorführung zeigte wieder, dass das alte Ziel Herrn Possarts, auch den zweiten Theil des Werkes auf unseren Bühnen heimisch zu machen, doch nicht ganz erreicht ist und auch wohl nie erreicht werden wird. Es heisst doch nicht die Pietät verletzen gegen unseren Altmeister, wenn man eingesteht, dass der zweite Theil des Faust doch gar zu viel undramatisches enthält, um ein Bühnendrama zu sein. So vermochten denn auch selbst Kräfte wie Herr Stury, Herr Wohlmuth und Frl. Bland die klassischen Partien nicht dramatisch zu beleben. Bewundernswerth war nur die Inscenierung und die Maschinerie, die unter der Leitung Herrn Lautenschlägers steht, ohne dessen Mitwirkung Herr Possart nach eigener Versicherung die Bewältigung des zweiten Theiles der Tragödie an einem Abend für ausgeschlossen hielt. — Im **Volkstheater** füllt Herr Julius Fiala allabendlich seine Kasse durch den Grundsatz „multa sed non multum." Die Schuld liegt aber am Publikum und nicht an Herrn Fiala und seinem Ensemble. Als eine der „Novitäten" ging am vorigen Mittwoch die Bearbeitung eines Gartenlaubenromans von E. Werner durch H. Busse erstmalig in Scene.

„Vineta, die versunkene Stadt." Die nicht sehr dankbare Rolle des Waldemar Nordeck gab Herrn Fiala leider keine Gelegenheit, seine grosse eigenartige Begabung zu entfalten. Es liesse sich manche schöne Betrachtung an dies Stück anknüpfen über die Nutzlosigkeit, Romane für die Bühne zurechtzuschustern, aber das Machwerk ist gar zu unbedeutend. Doch Herr Fiala kennt sein Publikum, und für einen Theaterdirector steht ein zahlendes Publikum höher als sechs ästhetische Kritiker. So war leider auch eine Aufführung der Ibsen'schen „Gespenster", bei der das Fialaensemble zeigte, was für vortreffliche Leistungen es zu bieten vermag, um biblisch zu reden, eine vor die Säue geworfene Perle. Das Fialaensemble ist eines besseren Publikums werth. Auch eine Bearbeitung brachte uns am vergangenen Sonnabend das **Gärtnerplatztheater:** „Der Pumpmajor". Operette in 3 Akten nach Gogol's Revisor von Julius Horst und Leon Stein. Musik von Alexander Neumann. Die Aufnahme der Première war eine recht günstige, doch ist das wohl mehr der flotten lebendigen Darstellung und dem ganz niedlichen Libretto als der Musik zuzuschreiben, die wenig originell ist. Der Inhalt dürfte aus dem „Revisor" hinlänglich bekannt sein. Dadurch, daß der leichtsinnige Pumpmajor Feodor Soboleff in den Vordergrund gerückt ist, kam man darauf, den Titel des Gogol'schen Stückes derartig ominös zu ändern. Herr Neumann, Herr Neumann, Sie bekennen Sich doch nicht etwa zu dem Wahlspruch Ihres Pumpmajors hinsichtlich der Musik?

„Ich pumpe früh, ich pumpe spät,
Ich pump' so oft als möglich.
Notabene — wenn es geht —
Wenn's sein muß, wohl auch täglich."
Hj. Sch.

적혀 있다. "재능이 많고 큰일을 할 것임." 물론 어느 분야에서 이 젊은 이가 성공할 것인지에 대해서는 적시하지 않았지만 적절한 평가였는데, 이 자의식 강한 고등학교 졸업생 자신도 어떤 분야에서 성공할지에 대해서는 몰랐다.

그의 형 에디는 그에게 의학 공부를 하라고 권유했다. 그는 의학 공부를 시작하긴 했지만, 병행해서 공부한 독어독문학과 문학사처럼 진지하게 파고들지는 않았다. 대신에 그는 아버지의 제안에 따라서 저널리즘 공부에 전념했다. 공부를 하는 동안에 그는 베를린에 있는 몇몇 신문사에 기고를 했고, 그 밖에도 문학 창작 활동을 했다. 그는 오페레타 각본을 쓰기도 했다.

그는 전부 9개 학과에 등록을 했고 5개 대학을 다녔다. 그사이 그가 특히 관심을 두었던 것은 새로운 학문들인 사회학과 경제학이었다. 그는 1899년 킬에서 이 전공 분야에 대한 학위를 취득했다. 그의 박사 논문 주제는 "미국 중상주의의 이론적 내용"이었다. 샤흐트는 그가 다룰 주제를 찾았는데, 그것은 돈과 신용 제도였다.

그는 1900년 3월 1일 "상사(商事)계약 준비 본부"에서 사원으로 사회 경력의 첫발을 내디뎠다. 그것은 그가 지원해야만 했던 유일한 직장이었는

이미 26살에 내게 제국의회 선거에서 당선이 확실한 선거구를 주겠다는 제안이 들어왔다. 하지만 나는 그 제안을 받아들이지 않았다. 나는 정당정치에는 전혀 관심이 없었기 때문이었다. 내 관심사는 항상 경제 및 금융 정책 방향과 관련된 것이었다. 그러나 나는 공공의 문제에 있어서는 항상 전반적으로 관심을 두고 있었는데, 그것은 국가와 국민의 운명에 관한 관심에서 나온 것이었다.

뉘른베르크에서 샤흐트가 한 진술

데, 그의 이력에 나오는 다른 직장들로부터는 먼저 자리를 제안 받았다. 이 협회에서 그는 많은 관계를 맺었는데, 결국 이 관계로 인해 은행권에 있는 자리를 제안 받게 되었다. 1903년에 그는 경제 관련 법률고문 및 기록관리인으로 드레스덴 은행에서 일하게 되었다.

직장 생활에서와 마찬가지로, 샤흐트는 정치적으로도 길을 모색하고 있었다. 그는 베를린 대학에서 이른바 강단사회주의를 이끌던 구스타프 슈몰러의 세미나를 청강했고, 자유 보수주의[보수적 가치와 고전적 자유주의 경향이 결합된 보수주의의 분파] 사상의 대변인인 역사학자 한스 델브뤽의 사고에 천착했으며, 그 외에도 예를 들어 루돌프 브라이트샤이트의 사회 자유주의를 접했다. 결국 샤흐트는 "청년자유주의협회"에 가입했는데, 이 협회는 국가자유주의당의 매우 진보적인 청년 조직이었다.

그는 직업적으로 지향할 바를 정하고 정치적으로 확고한 입장을 견지했다. 그에게 필요한 것은 이제 개인적인 관계 정립뿐이었다. 이를 고려해서 25살의 샤흐트는 결정을 내렸다. 1903년 1월 5일, 그는 어릴 때부터 사랑했던 루이제 조바와 결혼식을 올렸는데, 직업상 불확실한 미래 때문에 첫 약혼을 파기한 뒤의 일이었다. 같은 해에 딸 잉에가 세상에 태어났다.

그동안 호러스 그릴리 히얄마르 샤흐트라는 이름에서 세 번째 것을 이름으로 하기로 한 샤흐트는 직업적으로 급격한 출세 가도를 걷기 시작했다. 그는 드레스덴 은행의 경제문서고 소장이 되었고, 1908년에는 부행장이 되었다. 갓 32살이 된 샤흐트는 제국 내에서 가장 젊은 은행가 중 한 명이었다.

그러나 야심 찬 이 젊은이는 그것으로 만족하지 않았다. 직업적으로 경력을 쌓아 가는 일과 병행해서 샤흐트는 정치적인 인맥을 구축하고

> 국민 경제 정책의 과제는 두 가지 기본 요구 사항으로 귀결된다. 그것은 가능한 경제적 생산을 하는 것과 소득을 가능한 공정하게 분배하는 것이다.
> 샤흐트, 1908년

관리하는 일을 소홀히 하지 않았다. 국제적으로도 기반을 잡기 위한 첫 시도는 세계대전 와중에 실패로 돌아갔다. 그는 나쁜 시력으로 인해 군복무를 면제받았기 때문에 벨기에 독일 총독부의 재정 부서에서 일했다. 자신의 경력에서 처음으로 엄청난 전쟁 자금을 어떻게 조달할 것인가라는 문제를 다루게 되었다. 구체적으로는, 독일군이 필요한 수요를 무턱대고 징발할 필요가 없도록 하기 위해 이때까지 몰수한 현물급여를 어떻게 현금화할 수 있는가 하는 문제였다. 이를 위해 벨기에 당국은 국채를 담보로 하는 새로운 화폐를 발행해야 했다. 새로운 지폐를 발행함에 있어 독일 은행의 각 지점들이 참가했는데, 이 문제에 이전에 간부로 일했던 샤흐트를 개입시킨 드레스덴 은행도 참여했다. 성질상 그렇게 관여할 필요가 없었지만, 그로 인해 샤흐트는 불법적인 특혜를 주었다는 나쁜 평판을 얻게 되었다. 샤흐트가 그만두어야만 했다. 이 사건에서 흥미로운 점은 그의 상관이 제국은행 이사회의 임원인 추밀고문관 폰 룸이었다는 것이다. 샤흐트가 이 위원회와 관계된 것은 이것이 마지막이 아니었다.

전후에 샤흐트는 정치적인 문제에 적극적으로 나섰고, 1918년 11월 9일 제국이 붕괴된 이후에는 영향력 있는 자유주의 계열 정치인들과 접촉을 시도했다. 구스타프 슈트레제만은 "좌파 시민 정당"이 필요하다고 제안했다. 이틀 뒤에 독일민주당(DDP)이 창립되었다. 최초의 당 강령은 기사를 쓴 경험이 있는 샤흐트가 만들었다. 중심적인 인물인 슈트레제만을 영입할 수는 없었지만, 좌파 자유주의 계열의 독일민주당은 후고 프로이쓰, 프리드리히 나우만, 막스 베버 그리고 프리드리히 마이니케와 같은 유명한 대표자들을 모을 수 있었다. 당은 강령을 통해서 새로운 공화국,

"불법적인 혜택": 벨기에 독일 총독부의 재정 부서 직원이었던 샤흐트(왼쪽)

법치국가, 흑-적-황색을 표방했다. 샤흐트의 발의로 당 강령에 채택된, 원래 문장인 "우리는 공화주의자입니다"를 대치한 구절이 바로 "우리는 공화국의 토대 위에 설 것입니다"였는데, 작지만 미묘한 차이가 있었다.

첫 선거에서 좌파 자유주의자들은 20퍼센트를 득표했고, 이로써 새로운 독일공화국을 떠받치는 주축이 되었다. 독일민주당은 중앙당(ZENTRUM) 및 사회민주당(SPD)과 함께 정부를 구성했는데, 이 정부 앞에는 한 가지 난제가 놓여 있었다. 그것은 패전 후 안팎의 저항에 맞서 새로운 독일을 건설하는 것이었다.

샤흐트가 좌파 자유주의 계열 당에 참여한 것은 그가 자라난 전통, 즉 부모의 민주적인 이상과 개방적인 함부르크에서 받은 학교교육 분위기에 따른 행위였다. 국가주의적이었지만 국수주의적이거나 애국주의적인 성향은 아니었고, 쇼비니즘적인 성향은 더구나 아니었다. 프리드리히 에버트 제국대통령은 바로 이런 샤흐트의 견해를 높이 평가해 주었다. 몇 년 뒤 제국은행 총재를 정할 때가 되어 샤흐트가 보수주의 계열의 경쟁자를 물리쳤을 때, 사회민주당 당원이었던 에버트는 샤흐트와 환담하면서 다음과 같이 밝혔다. "우리는 세계관이 근본적으로 매우 좌파적인 당신에게 우선권을 주었습니다."

관계를 맺으려는 샤흐트의 주도면밀한 노력이 그 첫 번째 결실을 거두었다. 그의 재능이 사람들 사이에서 알려졌다. 직업상 새로운 활동 영역을 찾고 있던 전직 학교 선생의 아들인 그는 전쟁 중에 이미 슐레스비히 홀스타인 왕자의 재산 관리를 담당할 수도 있었다. 사경제 분야에서 카를 프리드리히 폰 지멘스는 그에게 재무이사 자리를 제안했다. 그는 지멘스 사의 이사회 임원으로서 독일, 아니 유럽 산업계에서 최고의 회사에 속하는 그곳에서 자신의 역할을 수행할 수도 있었다. 그러나 샤흐트는 은행업계에서 일하기로 결정을 내렸다. 그는 나치오날방크[1881년 베를린에서 설립된 은행으로 정식 명칭은 독일 나치오날방크(Nationalbank für Deutschland)임] 이사로 취임했다. 이 기관은 다른 은행들과 비교해서 규모가 작았지만, 샤흐트는 잠재력을 보았고, 그 가능성을 이용할 자신의 능력을 믿었다. 채 6년이 되지 않아 이 새 이사는 목표에 도달했다. 여러 번의 합병을 거쳐 "그"의 기관은 "다름슈테터 나치오날방크"라는 이름으로 독일 거대 은행의 반열에 오르게 되었다. 샤흐트는 다름슈테터 나치오날방크를 가장 많이 이용하는 은행의 하나로 만들었고, 이사로서 바이마르 공화국에서 가장 영향력 있는 은행가 중 한 사람이

> 대략 1921년에 이루어진 배상 결정을 처음 알게 된 순간부터, 배상을 이행하게 되면 전 세계가 엄청난 경제적 혼란을 겪게 될 것이라고 증명해 보이면서 이 터무니없는 결정에 맞서 싸웠다.
> 뉘른베르크에서 샤흐트가 한 진술

도난당한 옷감과 반지를 되찾는 데 엄청난 보상금을 제시한 광고탑 포스터 — 인플레이션의 결과, 1923년 2월

되었다.

신생 공화국은 금융 전문가를 매우 필요로 했다. 승전국들과 배상 문제에 관해 협상을 했던 전문가 그룹의 일원으로서 그는 특히 프랑스가 패전한 동쪽 이웃 국가에 얼마나 가혹한 짐을 지우려고 했는지 알았다. 그리고 그는 이 배상 요구가 독일 통화의 안정성에 얼마나 영향을 미칠 것인지 예견하고 있었다. 그는 많은 기사를 기고했는데, 이 기사들을 통해서 그는 인플레이션이 임박했고, 그것이 경제 발전에 나쁜 결과를 가져올 것이라고 경고했다. 그의 경고는 곧 현실이 되었다.

독일 사람들은 급격한 평가절하가 가져온 결과를 몸소 체험했다. 독일

"성공한 심리적 속임수": 렌텐마르크를 도입함으로써 인플레이션이 끝났다. 아이들이 쓸모가 없어진 구 지폐를 가지고 놀고 있다

인의 자산은 그 가치를 상실했고, 오늘 번 것으로 다음 날 빵 한 덩어리 값을 지불할 수조차 없었다. 1923년 초에 1달러가 1,800마르크의 가치가 있었다면, 11월 12일에 1달러의 가치는 공식적인 환율에 따르면 6,300억 마르크였다. 11월 26일의 상거래에서는 1달러에 11조 마르크를 지불해야만 했다. 1조는 1에 0이 12개나 붙은 수로 상상도 할 수 없는 환율 수치였다. 지폐를 불태우는 가치가 구매 가치보다 훨씬 높았는데, 왜냐하면 어떤 생산자도 자신의 생산물을 가치 없는 종이와 맞바꾸려고 하지 않았기 때문이었다.

인플레이션의 정점에서 햘마르 샤흐트는 급격한 통화가치 절하를 막는 데 있어 중심인물이 되어야 했다. 우선 제국수상 슈트레제만이 그를 재무장관으로 새로운 내각에 참여시키려고 했다. 새로운 내각 구성이 어려운 가운데

> 우리는 당시 좋은 수확량을 기록했지만, 실제로는 곳간이 꽉 찼음에도 불구하고 굶어 죽을 위험에 처해 있는 상황이었다.
> 한스 루터, 식량장관, 1923년

샤흐트가 점령지 벨기에에서 활동할 때 있었던 이른바 특혜 부여에 대한 나쁜 소문이 무성하게 퍼졌다. 슈트레제만은 자신의 계획을 포기했지만, 제국대법원장 발터 시몬스를 통해 그 당시 샤흐트가 어떤 과오도 저지르지 않았다고 밝히도록 했다. 이렇게 하는 것이 슈트레제만에게는 중요했는데, 왜냐하면 재무장관이 아니더라도 샤흐트를 다른 자리에 임명하려고 했기 때문이었다. 1923년 11월 12일에 햘마르 샤흐트는 제국통화위원 임명장을 받았다. 그보다 경험 있는 다른 금융 전문가들이 불명확한 권한 때문에 그 자리를 거절했음에도 불구하고 그는 이를 받아들였다. 샤흐트는 자신이 새 재무장관인 한스 루터의 최선의 선택이 아니라는 것을 알고 있었다. 그러나 그는 그런 점이나 그저 희생양 역할을 떠맡아야 한다는 위험에 전혀 구애받지 않았다. "정부는 통화 안정에 실패할 경우 전체 내각에 피해를 끼치지 않은 채 책임을 지우고 사퇴시킬 수 있는 그런 사람을 원했다." 이런 점이 샤흐트와 같이 자신감에 찬 사람을 껄끄럽게 만들지는 못했다. 그가 아니라면 누가 이런 문제를 해결할 능력이 있단 말인가? 그렇게 그는 예전에 창고였던 임시 사무실로 들어갔다. 얼마 전까지 청소부들이 자신들의 도구를 두었던 장소에서 그는 파국에 이른 독일 재정 상황을 정상으로 돌려놓는 일에

> 나는 마지막 순간까지 렌텐마르크의 반대자였다. 왜냐하면 렌텐마르크가 통화정책상으로 그저 머릿속에서나 존재하는 가장 불가능한 시스템 중 하나였기 때문이었다. 그러나 렌텐마르크는… 성공한 심리적 속임수였다.
>
> 내가 통화위원으로 임명되었을 때, 나는 렌텐마르크에 대한 반대 입장을 즉시 포기하고 렌텐마르크로 해야 하는 것을 하려고 했다.
> 샤흐트, 1925년 4월에 행한 연설

착수했다.

 이 시기에 이미 독일 통화의 안정화를 위한 가장 중요한 방침이 세워졌다. 1923년 10월 15일에 정부 규정에 따라 렌텐은행이 설립되었다. 제국은행이 통화량을 그에 상응하는 등가물로 메우기 위해 요구되는 금 보유량을 제시할 수 없었기 때문에, 정부는 토지를 기초로 삼아서 토지에 허구의 토지 채무를 부가했다. 그리고 제국은행은 이자가 붙은 렌텐은행 증서를 발행했다. 인플레이션의 악순환이 새로 시작되는 것을 막기 위해 이른바 렌텐마르크[1923년 인플레이션을 막기 위해 렌텐 은행에서 발행한 독일 화폐단위]라는 새로운 통화의 총규모는 12억 마르크로 제한되었다. 더 이상의 발행은 없었다. 기존의 지폐는 지불수단으로서의 기능을 상실했고, 렌텐마르크로 교환되었다. 기존의 1조 마르크가 1렌텐마르크에 해당했다.

 11월 14일, 은행 창구가 열리고 새 은행권이 발행되었을 때, 어느 누구도 통화가 얼마나 빨리 안정화될지 알지 못했다. 렌텐마르크는 안정적인 통화로 입증이 되었고, 생산자들은 자신들의 물건을 새로운 통화를 받고 넘겨 줄 준비가 되었다. 샤흐트는 독일 통화를 충분하지 않게 만들어 그 가치를 높이려고 한다고 기자들에게 설명했다. 전 언론이 곧 냉혹한 긴축위원의 이미지를 그려낸 것은 놀랄 일이 아니었다. 확실히 개선된 경제 수치는 없었고 분위기만 조성되었다. 샤흐트는 "렌텐마르크는 성공한 심리적 속임수"라는 점을 인식했다. 이 첫 번째 조치에 이어 두 번째 조치가 따라야 했는데, 왜냐하면 그가 렌텐마르크의 도입을 그저 "임시 해결책"으로 여기고 있었기 때문이었다. 그는 통화량을 엄격하게 제한하고 독일 통화를 외채를 통해 떠받침으로써 궁극적으로 인플레이션을 종식시키고자 했다. 샤흐트는 자신이 독일 제국은행 종신 총재로 임명된 1923년 12월 22일에 이를 실현시킬 가능성을 얻게 되었다. 또 다시 그의 임명은 저항에 부딪혔다. 우파 계열 정당들이 "좌파적인" 샤흐트를 공개적으로 반대했다. 예상되었던 이 비판보다 더 위협적인 것은 산업계와 은행권 일각에서 나온 저항이었다. 다시금 제국은행에서 비판적인 목소리가 나왔고, 묵은 "벨기에 건"이 다시 제기되었다. 그러나 슈트레제만은 "자신"의 후보자를 관철시켰다.

샤흐트는 자신이 임명된 뒤에 비판자들에게 공세적으로 나갔다. 그는 제국은행 이사진들 앞에서 행한 취임사에서 "나는 이 직책을 맡을 것입니다. 그리고 이것이 당신들의 한결같은 소망에 반해 일어난 일이라는 것을 알고 있습니다"라고 말했다. "나는 이를 당신들이 나와 같이 일하는 것을 좋아하지 않는 것으로 생각할 것입니다. 그렇지 않다면 나는 당신들이 이제까지 표명했던 입장을 전혀 문제 삼지 않을 것이고, 나에게 헌신적으로 협력하려는 모든 사람들을 기꺼이 계속 제국은행에서 일하도록 할 것입니다. 내일까지 당신들이 나와 같이 일하기를 원하는지 여부를 알려 주시기 바랍니다." 이사들은 같이 일하기를 원했다. 그리고 제국은행의 중앙위원회도 새 총재에게 충성을 약속했다. 샤흐트는 확신을 가지지 못한 비판자들을 그렇게 침묵하게 만들었다.

자신감으로 충만한 제국은행 총재는 통화 안정을 위해 필수적으로 여겼던 일을 하기 위해 즉시 업무를 시작했다. 그것은 외국의 신뢰를 얻는 일이었다. 그는 프랑스의 뻣뻣한 태도를 알고 있었기 때문에 영국과 조율을 시도했다. 그는 이때 민간은행권에서 일하던 시기에 맺은 연줄을 이용했고, 유서 깊은 영란은행(Bank of England)의 총재와 접촉을 했다. 그는 제2독일통화은행에 자금을 대기 위해 일부 파운드화 표시 외채를 차입하려는 자신의 계획에 몬태규 노먼을 끌어들이는 데 성공했다. 소위 금할인은행(Golddiskontbank)이라 불리는 이 은행은 독일 산업계에서 시급히 필요로 하는 대출을 해 주도록 되어 있었다. 샤흐트는 이 계획에 유럽 시장에서 프랑스 경제가 우위를 보이는 것을 저지하려는 영국의 노력을 교묘하게 이용했다.

유럽에서 가장 중요한 금융 국가의 지원을 받음으로써 샤흐트는 다른 나라들의 대출을 받을 수 있는 계기를 마련했다. 1924년 8월, 런던에서 발행되는 한 경제 잡지는 "그는 영국과 프랑스 금융계가 귀를 기울이는 유일한 독일인이다"라고 인정하는 기사를 실었다. 그가 국내 정치적으로 반대가 있었음에도 불구하고 엄격한 이자 정책과 대출 정책을 운용했을 때, 그에 대한 국제사회의 신뢰는 더욱 공고해졌다. 1924년 4월 7일, 제국은행은 다시 시작되는 인플레이션에 대처하기 위해 대출을 완전히 중단시켰다. 수많은 기업을 파산시키고 그 결과로 실업자를 양산했기 때문에, 독일 내에서 엄청난 비판을 받은 이 결정이 외국에서는 통화 안정을 위해서 동요하지 않는 전사라는 샤흐트의 명성을 더욱 확고하게 해 주었다.

이제 금융의 귀재라고 존경받는 샤흐트는 후에 자신의 저서 『돈의 마술』에서 "나는 첫 번째 인플레이션을 종식시키는 데 도움을 줄 수 있었다"고 적었다. 곧 샤흐트가 마르크화의 구세주이고 확고한 통화의 보증인이라는 이미지가 만들어지기 시작했다. 렌텐마르크가 대단한 성공을 거두었다는 것은 맞다. 그러나 이 성공은 주지하다시피 많은 주창자들이 있었기 때문에, 곧 누가 원조인가에 대한 논쟁이 시작되었다. 1924년 봄에 벌어진 제국의회 선거에서, 모든 정당들이 자신들의 업적이라는 식의 구호로 선수를 쳤다. 독일민주당의 선거 포스터에는 "누가 렌텐마르크를 만들었는가? 물론 우리의 히얄마르 샤흐트이다"라고 적혀 있었다. 독일국가인민당은 다음과 같은 슬로건으로 맞받아쳤다. "렌텐마르크는 샤흐트 씨가 아니라 오로지 헬프페리히가 생각해 낸 것이다." 다행스럽

은행가 441

"영국과 프랑스 금융계가 귀를 기울이는 유일한 독일인": 1924년 1월 파리에서 열린 배상 회의 직전의 샤흐트

> 그는 항상 자신을 전면에 내세우는
> 것을 이해하고 있었다.
> 한스 루터, 당시 재무장관

게도 마르크화의 안정은 선거전의 구호보다 더 잘 이루어지고 있었다.

논란이 된 이 문제는 통화가치 이론에 대한 경제학 세미나의 토론 주제가 되었다. 이 토론에서 렌텐마르크에 대한 생각이 1922년 재무부 실무자들 사이에서 나왔고, 이름을 바꾸면서(로겐마르크 또는 보덴마르크) 계속 발전되었다는 점이 알려졌다. 그러나 대중들의 의식 속에는 다른 원조가 있다는 생각이 박혀 있었다. 결정적인 시점에 제국통화위원인 히얄마르 샤흐트가 해냈다는 것이었다. 그리하여 샤흐트가 오래 전에 렌텐마르크의 도입에 반대 의사를 표명했음에도 불구하고, 렌텐마르크의 성공은 그의 차지가 되었다. 그는 1925년 4월 뮌헨에서 "나는 마지막 순간까지 렌텐마르크의 반대자였다. 왜냐하면 렌텐마르크가 통화정책상으로 그저 머릿속에서나 존재하는 가장 불가능한 시스템 중 하나였기 때문이었다"라고 말했다. 그의 입장을 설명하기 위해 그는 인플레이션을 탈출하는 전혀 다른 방법이 제시된 서류를 작성했다. 그러나 그를 "렌텐마르크의 아버지"로 만들었던 이미지는 전혀 훼손되지 않았다. 샤흐트의 다른 업적, 즉 그가 외국에서 개인적인 협의를 통해 독일 금융정책에 대한 신뢰를 회복할 수 있었다는 점에 대해서는 논란의 여지가 없었다. 독일 통화 시스템의 개혁은 1924년 제국마르크로 복귀함으로써 잠정적으로 끝을 맺었다. 렌텐마르크는 단 9개월 뒤에 수명을 다했다.

이것은 도스(Dawes) 협정 체결로 인해 가능해졌다. 1924년 1월, 미국인 찰스 G. 도스의 사회로 파리에서 배상 문제에 관한 새 규정에 대한 협의가 시작되었다. 국제적으로 독일이 지금까지의 배상액을 제공할 사정이 되지 않고 이 때문에 세계 경제도 위협을 받는다는 의견이 지지를 얻었다. 존 메이너드 케인스와 같은 경제 전문가들이 이미 오래전부터 이를 지적했지만, 모든 경고들이 프랑스인들에게는 쇠귀에 경 읽기였다. 프랑스는 정권이 교체된 뒤에 배상 문제에 관한 사고의 전환이 가능해졌는데, 이 배상 문제는 그때까지 독일 경제의 목을 옭아매는 올가미와 같았고 독일 경제가 회복할 수 있는 모든 가능성을 앗아 갔다.

신임 제국은행 총재도 독일 대표단의 일원이었다. 그가 세계 여론 무대에 처음으로 등장한 모습이 향후 여러 해 동안 해외에서 바라보는 그의 이미지를 규정 짓게 만들었다. 이때부터 모든 캐리커처에 빠지지 않고 나온 특징적인 모습이 풀을 먹인 깃이 높은 칼라였는데, 이것

> 서명 찬반에 대한 결정은 계획이 경제적으로 실현 가능한지 여부에 달린 것이 아니라, 서명을 하지 않음으로써 더 심각한 새로운 정치적 문제점들이 야기될 것이냐 또는 서명을 함으로써 배상금 지불을 궁극적으로 없애는 새로운 가능성이 생길 때까지 배상에 반대하는 저항이 계속될 것이냐에 달려 있었다.
> 샤흐트

> 1924년, 샤흐트는 도스 플랜에 특히 찬성했었는데, 이 플랜이 실행되면서 독일에 8억 금마르크의 차관이 제공되었다.
> 샤흐트에 대한 나치 청산 재판의 고소장, 1947년

이 항상 그의 인상을 더 뻣뻣하게 보이게 만들었다. 끝까지 단추를 채운 조끼에 짙은 색 정장을 말끔하게 차려입은 이 남자는 수줍어하는 것처럼 보였지만, 동시에 신뢰를 주었다. 그의 상세한 설명은 위원회의 금융 전문가들의 찬성을 얻어 냈다. 특히 영국 재무부 대표였던 조시아 스탬프 경과는 거의 무조건 신뢰하는 관계로 발전했다. 제국은행 총재가 남긴 긍정적인 인상은 결과적으로 그를 위원회의 일원으로 만들었는데, 이 위원회는 제국은행의 장차 지위에 대한 계획을 세우고 있었다. 그는 제국은행이 정부로부터 독립되어야 한다고 확신하고 있었다. "그"의 은행의 독립은 바람직한 협상의 부산물이었다. 주요 사항에 있어서도 샤흐트는 결과에 만족감을 표시했다. 그는 도스 플랜을 "정치적 강압 조치의 영역으로부터 배상 문제를 분리시켜 경제적으로 해결 가능한 문제로 되돌린" 계획이라고 특징지었다. 이로써 독일의

> 베르사유 조약은 영원불멸의 문서가 될 수 없다. 왜냐하면 경제적인 전제 조건뿐만 아니라 정신적이고 도덕적인 전제 조건도 틀렸기 때문이었다.
> 샤흐트, 1927년

"그는 수줍어하는 것처럼 보였다": 그의 첫 부인인 루이제와 딸 잉에와 함께 있는 샤흐트, 1927년

신용 능력이 회복되었고, 향후 경제적 건전성을 위한 토대가 마련되었다. 바이마르 공화국의 경제 회복 및 국제사회로의 정치적 통합을 특징으로 하는 "황금의 20년대"가 시작되었다.

그러나 이런 진전에는 어두운 면이 있었다. 성공과 함께 다시 다양한 요구들이 생겼다. 노동자들은 임금 인상을 요구했고, 정당들은 샤흐트의 견해에 따르면 이제 겨우 이룩한 통화의 안정성을 위태롭게 만들 수 있는 제안들을 했다. 독일민주당의 창립 멤버였던 히얄마르 샤흐트는 항의를 하면서 1926년 6월에 탈당했다. 왜냐하면 그가 "좌파 자유주의적 성향"을 더 이상 지지할 수 없었기 때문이었다.

"도대체 당신이 어떻게 할 수 있었겠어요?": 샤흐트가 배상 협상이 끝난 뒤에 파리 생 라자르 역에서 오언 D. 영과 작별하고 있다, 1929년 6월

그는 "공무원 임금 인상"에 대해 분명하게 반대 의견을 표명했던 1927년 7월 22일의 각료 회의에서와 같이 내부적으로 정부 여당의 정책에 대해 비판을 계속 제기했다. 제국은행 총재는 대중들에게도 공개적으로 자기 의견을 표명했다. 특히 기초자치단체의 지출 행태가 계속 그의 분노를 자극했다. 그는 1927년 11월 보훔에서 행한 매우 주목을 끈 연설에서 "사치스런 지출"에는 재정 지원을 하지 말 것을 요구했다. 그는 이 연설에서 수영장 건설을 강하게 비난했고, "비경제적인" 주택 건설도 비판했다. 그는 이제 막 공들여 내쫓은 인플레이션의 유령이 다시 나타나는 것을 보았다. "외채의 대부분은 비경제적이다"라고 그는 판단했다. 그럼에도 불구하고 제한적인 대출 정책의 틀 안에서 이 금융 수단을 제어하는 것의 가능성도 한계가 있었다.

배상 문제의 새 규정에 대한 협상이 끝난 뒤, 1929년 한 해가 지나가는 동안 불화가 발생했다.

샤흐트가 이끄는 독일 대표단은 2월 9일 배상 문제와 전쟁 책임 문제에 대한 최종 조율을 위한 회의가 시작되는 파리로 향했다. 회의가 끝난 뒤 문서가 작성되었는데, 그 문서에는 배상액이 약 1,120억 금마르크[1차 세계대전 이후 통화 팽창 시에 쓰인 통화]로 확정되어 있었다. 힘든 협상이 끝난 뒤에 찬성 의견을 냈던 샤흐트는 이 문서에 서명을 했다. 그가 서명한 이유는 다음과 같았다. "서명을 하지 않는다면 정치적으로 복잡하고 새로운 문제점들이 야기될 것이다."

"도대체 당신이 어떻게 할 수 있었겠어요?" 이렇게 말하며 루이제 샤흐트는 귀향하는 남편을 맞았다. 정치적으로 극우 성향인 부인의 이런 반응은 소위 영 플랜이 독일에서 맞닥뜨리게 되는 거부감의 징후를 미리 보여 주는 것이었다. 우파 성향의 정당들은 이 조약을 정부에 반대하는 선동을 위해 이용했고, 국민투표를 요구했다. 수많은 선전선동과 비방 문건들이 국내 정치 분위기를 오염시키고 있었다.

토마스 만에서 알베르트 아인슈타인에 이르는 수많은 저명인사들이 호소문에서 우파 정당들이 선전하고 있던 국민청원을 거부했다. 제국은행 총재도 이 호소문에 서명한 사람 중에 한 명이었다. 그것은 샤흐트가 민주적인 독일을 지지한 마지막 행동이었다.

그러나 이후 생각이 바뀌기 시작했다. 1929년 12월 6일, 샤흐트는 그 초안에 공동 서명했던 영 플랜에 반대하는 내용의 의견서를 발표했다. 그의 의견서는 정부의 재정정책과 결별을 고하는 유일한 서류였다. 자신의 생각이 돌변한 이유로 샤흐트는 독일 제국에 대외 채무가 계속 증가하고 있는 것을 들었다.

샤흐트는 이제 자신의 정책을 추구했고, 추가적인 양보를 통해 그가 협상한 조건들을 악화시켰다고 정부를 비난했다. "더 추가된 금액을 조달할 수 있게 되었다는 자국 국민들의 자기기만적인 생각을 믿을 수도 있을 것입니다. 나는 그런 기만적인 생각이 기승을 부리는 데 기여할 생각도 없고 하지도 않을 것입니다."

신임 재무장관 파울 몰덴하우어는 샤흐트에게 물러날 것을 권했다. 그러나 샤흐트는 민주적으로 선출된 정부를 공개적으로 더욱 흠집 내기로 했다. 그는 "과도정부의 바람대로" 사직하지는 않을 것이기 때문에 물러날 생각이 없다고 말했다. 하지만 1930년 3월 3일, 그는 제국의회가 영 플랜을 비준하는 것을 저지할 수 없었기 때문에 힌덴부르크 제국대통령

> 세상 사람들의 자기기만, 즉 우리가 영이 제시한 금액보다 더 많은 수백만 또는 수십억을 더 지불할 수도 있다거나 소유권을 포기할 수도 있다는 생각을 믿을 수도 있을 것입니다. 지금의 경제적 부담 또는 아마 더 증가된 경제적 부담과 연관해서 영이 제시한 금액 또는 아마도 더 추가된 금액을 조달할 수 있게 되었다는 자국 국민들의 자기기만적인 생각을 믿을 수도 있을 것입니다.
> 나는 그런 기만적인 생각이 기승을 부리는 데 기여할 생각도 없고 하지도 않을 것입니다.
> 샤흐트의 의견서, 1929년 12월

"적절하지 않은 시점에 적절하지 않은 행동을 했다": 1930년 1월 제국 내각이 영 플랜에 대해 토의하고 있다. 맨 오른쪽 샤흐트 곁에 앉아 있는 사람이 재무장관 몰덴부르크

나는 1930년에 제국은행 총재직에서 물러났다. 왜냐하면 정부가 성공적인 통화정책을 불가능하게 만드는 재정 정책을 추진했기 때문이었다.
샤흐트, 1966년

샤흐트 박사는 영 플랜에 대해 더 이상 책임을 질 수 없다고 생각했기에 결론을 도출해 냈다. 이로써 그가 이 순간에 정부를 어느 정도 불편한 상황으로 몰아넣었다는 점에 대해서는 아무도 부인하지 못할 것이다. … 나는 그가 사임한 것이 매우 유감이다. 그러나 나는 그 사람이 자신이 처한 상황에서 선택해야만 하는 길을 선택했다는 점을 인정한다.
제국의회에서 재무장관 파울 몰덴하우어가 한 발언, 1930년 4월

에게 사직서를 제출했다. 뉴욕의 한 신문은 다른 누구보다도 독일 통화의 안정을 추구했던 이 사람이 사직하는 것에 대해 "그는 적절하지 않은 시점에 적절하지 않은 행동을 했다"고 논평했다.

이 상징적인 인물의 항복은 우파 진영의 승리였다. 독일 통화의 구세주로 간주되었던 사람이 독일 통화가 위험에 빠졌다고 생각했기 때문에 물러났다. 더 좋지 않았던 점은 민주주의 성향인 독일의 중요 인사가 공화국에 등을 돌렸다는 점이었다. 그것은 독일 민주주의에 대한 불길한 징조였다.

1930년 3월 7일, 샤흐트는 자신의 사임 의사를 공개적으로 알렸고, 3월 27일, 바이마르 공화국의 마지막 내각이 무너졌다. 전쟁이 끝난 뒤에도 샤흐트는 정부에 반대하던 자신의 행위가 적절했다고 주장했다. 자신을 정당화하는 저서 『히틀러와의 청산』에서 그는 단호하게 다음과 같이 설명했다. "민주당 정권은 외채에 반대하는 내 투쟁을 납득하지 못했고, 배상에 반대하는 내 투쟁도 이해하지 못했다." 자칭 금융 천재였던 그는 곧 더 말이 통하는 사람, 즉 아돌프 히틀러를 발견하게 되었다. "민주당 정권이 주도권을 행사하지 않으면서 사람들은 히틀러의 선전선동력에 더 다양한 기대를 갖게 되었다"고 그는 회고했다. 국가사회주의자들의 지도자였던 히틀러와의 개인적인 첫 만남은 헤르만 괴링이 주선했다. 1931년 1월 5일에 있었던 "만찬은 자유로운 분위기" 속에서 이루어졌다고 한다. 완두콩 수프를 대접하기 위해 자신의 베를린 주택으로 사람들을 초대한 이 사람은 훗날 성공한 뒤에는 화려한 분위기에 값비싼 자기 식기에다 정선된 음식을 담아 내오도록 했다. 처음에 샤흐트는 "소박한 집기를 갖춘 아담한 임차 주택"에 대

> 샤흐트는 물러났다. 헤이그 조약에 대한 신랄한 비판과 함께, 이런 비판은 더욱 심해졌다.
> 괴벨스, 1930년 3월 8일자 일기

식사로 나온 것은 베이컨이 들어간 간단한 완두콩 수프였다. 그리고 특히 매우 인상적이었던 것은 괴링의 첫 번째 부인이었다. 저녁 식사 뒤에 히틀러가 나타났고, 대화를 통해 분위기가 부드러워졌는데, 이 대화의 95퍼센트가 히틀러의 몫이었고, 나머지 5퍼센트가 우리들 몫이었다. 그가 말한 내용은 국가적 문제들로, 그는 이 문제들에 있어서 전적으로 우리와 의견이 일치했다. … 사경제를 제거하는 것이 아니라 사경제를 통제하는 방식으로 영향을 끼치는 것이 필요했다. 그리고 우리들에게는 이 생각이 전적으로 합리적이고 타당한 것처럼 보였다.

뉘른베르크에서 샤흐트가 히틀러와의 첫 만남에 대해 진술한 내용

"애국적인 열기가 시들해지지 않기를 바랍니다": 1931년 10월 "하르츠부르크 전선" 집회에서 연설하고 있는 히틀러. 샤흐트는 후겐베르크 뒤 두 번째 열에 앉아 있다

해서 불쾌한 인상을 드러냈지만, 히틀러의 등장에 대해서는 칭찬을 늘어놓았다. "이 히틀러라는 사람에게는 사람을 감동시키는 열정이 있고, 이론적인 생각에 머물지 않고 실제 행동으로 옮기는 실천의지가 있다."

물론 샤흐트는 국가사회주의노동당이 가진 경제정책에 관한 생각들이 빈약하다는 것을 알고 있었다. 그는 "개인의 이익보다 공공의 이익이 우선한다"와 같은 슬로건들을 "정신적인 빈곤"으로밖에 평가할 수 없었다. "이자 종속 타파"와 같은 요구들조차도 전직 은행장을 자극하지 못했다. 그에게 내용은 전혀 중요하지 않았다. 퇴직한 제국은행장에게 중요했던 것은 히틀러의 "선전선동력"이었다. 정치권을 떠난 이 마술사는 배후에서 마법사로서 운명을 조종하고 서커스장 안의 배우들을 통제하려고 했다. 1931년 3월, 미국인 도로시 톰슨 기자가 신흥 정당에서 누가 경제문제를 해결할 수 있는지 질문했을 때, 샤흐트는 "나치들은 관리할 수 없지만, 나는 그들을 통해서 관리할 수 있다"고 설명했다. 그리고 샤흐트는 나중에 회고를 통해서도 이 진술을 견지했다. 그는 전후에 자신의 자서전에서 다음과 같이 기술했다. "내가 그때까지 견지해 온 신중한 태도에서 벗어나게 된 계기는 경제를 다루는 국가사회주의 정치인들에 대한 경험 때문이었다. 그들이 은행정책과 통화정책을 좌지우지하게 되면, 나는 경제정책이 파탄날 것이라고 예견했다." 그리고 단 한 사람만이 그 붕괴를 막을 수 있었는데, 그가 히얄마르 샤흐트였다. 적어도 히얄마르 샤흐트는 그렇게 믿고 있었다.

막후조종자이고자 했던 그는 제국수상인 하인리히 브뤼닝과 나눈 대화에서 처음으로 영향력을 행사했다. 1931년 3월, 그는 과반 의석을 차지하지 못한 채 집권하고 있던 이 제국수상에게 두 번째로 의석이 많던 국가사회주의노동당을 정부에 참여시킬 것을 촉구했지만, 브뤼닝은 이를 거절했다. 그러나 샤흐트는 자신의 새로운 우상을 위해서 정치적인 인맥만을 동원한 것이 아니었다. 독일 경제계 수장들과의 다양한 관계를 이용해서 그는 이 급진적인 아웃사이더를 그때까지 국가사회주의 운동의 "진두지휘자"에게 유보적인 태도를 취하고 있던 그룹들과 연결시켜 주었다.

샤흐트가 공식적으로 우편향적인 입장을 내보인 것은 1931년 10월 11일에 있었던 연설을 통해서였다. 바트 하르츠부르크에 독일국가인민당과 연관된 여러 그룹과 국가사회주의노동당의 지도급 인사들이 모였다. 많은 의견 차이

> 단지 공명심과 권력욕 때문에 민주주의의 원칙을 거스르고 기꺼이 대자본의 도구로 전락하기를 원했으며, 반대로 세금이 요구되는 모든 문화적인 진보와 사회개혁의 확대에 대해서는 비난했던 사람.
> 카를 세베링, 전직 프로이센 내무장관, 1947년

와 개인적인 적대 관계에도 불구하고 그들은 한 가지 목표에 합의했는데, 그것은 바이마르 공화국을 종식시키는 것이었다. 히얄마르 샤흐트는 알프레트 후겐베르크, 아돌프 히틀러 그리고 뤼디거 폰 데어 골츠 원수 다음으로 연설을 했다. 명백하게 "정당에 소속되지 않은 학자"의 입장에서 전직 제국은행 총재는 연설을 했고, 마치 그가 독일 산업계의 대표자인 것 같다는 인상을 주었다. "실제로 독일 경제계의 초미의 관심사는 국가적인 운동이 최종적으로 성공을 거두는 것입니다"라고 샤흐트는 설명했다. 공화국 정부에 대한 그의 비판은 앞선 연설자들의 공격과 별반 차이가 없었다. 그는 "기존 체제의 잘못된 내부 토대, 그 체제의 부정직성과 법적 불안정성"에 대해 비난했다. 샤흐트와 극우적인 여당 대표자들과의 연대는 다음 문장에서 그 절정에 달했다. "그 때문에 나는 독일 전역을 휩쓸고 있는 애국적인 열기가 다시 자신감을 가지고 최종적인 성공을 거두는 길을 틀 때까지 시들해지지 않기를 바랍니다."

"봇물처럼 쏟아지는 국가사회주의자들의 연설"에 그가 보조를 같이 했다는 사실이 『뉴욕 타임스』만 놀라게 한 것은 아니었다. 미국 통신원은 대서양 너머로 "국제적으로 명망 있는 금융계 인사가 그렇게 정도를 벗어난 일에 빠지게 된 것이 심히 유감스럽다"는 기사를 전했다.

샤흐트는 이른바 하르츠부르크 전선에 그저 공개적으로 참여만 한

> 1932년, 내가 제국수상이었을 때, 7월 아니면 8월에 집에 있었는데, 샤흐트가 나를 방문하러 왔다. 그는 내 아내가 있는 자리에서 다음과 같이 말했다. "매우 지적인 사람이 있는데, 그에게 당신 자리를 주십시오. 히틀러에게 자리를 내주십시오. 그는 독일을 구할 수 있는 유일한 사람입니다."
>
> 프란츠 폰 파펜

것은 아니었다. 선전을 통한 지원만큼이나 샤흐트가 배후에서 전개했던 활동도 중요했다. 1932년 8월 28일, 그는 히틀러에게 "당신은 저를 신뢰할 수 있는 조력자로 간주해도 좋습니다"라고 다짐했다. 전직 제국은행 총재는 "힘찬 하일 구호로" 인사를 하면서 자신의 새로운 역할을 받아들였다.

> 나는 1932년 7월 선거 이전에 서류상으로나 구두상으로 국가사회주의당을 옹호하는 말을 한 적이 없다.
> 샤흐트, 『히틀러와의 청산』

샤흐트는 여러 분야에서 활동했다. "샤흐트 부서"가 생겼는데, 그곳은 독일 산업계의 지도급 인사들이 공동출자한 사무실로, 국가사회주의노동당을 위해 무역과 산업에 대한 관심사를 조정하는 경제 프로그램을 만드는 곳이었다. 그 외에 샤흐트는 케플러 그룹의 일원이 되었는데, 이는 빌헬름 케플러의 이름을 따서 만든 모임으로, 케플러는 히틀러가 경제문제에 관해 자신의 조언을 들을 것이라고 생각했던 사람이었다.

 실질적인 문제를 다루는 업무 이외에도 샤흐트는 배후에서 수많은 활동에 관여함으로써 히틀러가 경제 분야에 입문하는 데 크게 기여했다. 대부분의 독일 산업계 수장들은 오랫동안 유보적인 태도를 보였다. 국가사회주의노동당을 크게 지원했던 프리츠 티센 외에는 독일 중공업계에서 나오는 기부금은 미미했다. 그러나 곧 샤흐트의 권유로 1933년 선거전에서 산업계의 지도급 인사들이 나치와 독일국가인민당을 지원했다. 기부자 목록은 독일 경제계의 "후즈 후(Who's who)" 목록과도 같았다. 프리츠 티센에서 구스타프 크룹까지, 알베르크 푀글러(연합 제강소)에서 이게 파르벤의 게오르크 폰 슈니츨러에 이르기까지 다양했다. 헤르만 괴링이 중공업계 대표자들을 초대한 1933년 2월 20일 모임에서, 히얄마르 샤흐트는 히틀러가 격한 연설을 한 뒤에 장차 권력을 쥐게 될 그의 관심사를 간략하게 표현했다. "자, 이제 그러면, 신사 여러분 헌금을 하

> 「나의 투쟁」이라는 저서에도 들어 있고 일부 당 강령에도 포함된 한 항목이 나는 매우 우려스러웠다. 그것은 모든 경제문제에 대해 전혀 이해력이 없음을 보여 주었다.
> 샤흐트

시죠." 경제계 수장들은 이 요구를 순순히 따랐다. 3백만 제국마르크가 국가사회주의노동당을 위해 모금되었다.

샤흐트는 정치적인 영역에서도 막후조종자로서의 능력을 입증했다. 1932년 11월, 그는 "경제계 우호 그룹"의 일원으로서 파울 폰 힌덴부르크 대통령에게 보내는 독일 기업가와 은행가 들의 청원을 발의했다. "우리는 정당정치가 가진 모든 편협한 견해들과는 관련이 없음을 밝히는 바입니다"라는 부분처럼, 처음에는 객관적인 입장을 취하는 듯했다. 하지만 곧 다른 방향으로 논리가 전개되었다. "우리는 이 국가적 운동을 통해서 이 시대의 희망적인 시작을 보았습니다. 이 운동은 계급 간의 대립을 극복함으로써 독일 경제의 부흥을 위해 필수불가결한 토대를 만들 것입니다. 우리는 우리가 설정한 목표를 달성하기 위해 각하께 최대한 국민의 여망을 반영하여 제국 내각을 재편하도록 경의를 다 바쳐 청하는 것을 양심의 의무로 간주할 것입니다."

여기에 장황하게 에둘러 표현한 것은 힌덴부르크가 히틀러를 제국수상으로 임명해야 한다는 것이었다. 샤흐트가 제국수상 히틀러를 위한 옹호자로 나선 것은 이것 말고도 더 있었다. 11월 22일, 그는 한 인터뷰

> 내 기억에 의하면, 샤흐트가 일종의 초대자로 그 자리에 나타났다. 괴링이 오기를 기다리는 동안, 히틀러가 들어와 모든 사람과 악수를 나누고 테이블에 자리를 잡았다. 그는 긴 연설을 통해서 주로 공산주의의 위험에 대해 언급했는데, 때마침 공산주의에 대해 결정적 승리를 거두었다고 주장했다.
> 이게 파르벤 이사회 일원인 게오르크 폰 슈니츨러의 선서 진술서

에서 국가사회주의노동당의 지도자가 "제국수상 자리에 적합한 유일한 사람"이라고 밝혔다.

1933년 1월 30일, 히틀러와 그의 조력자들은 그들의 원대한 목표를 달성했다. 고령의 제국대통령은 전직 상병을 제국수상으로 임명했다. 이로써 히틀러는, 보수 진영 의석수가 많기는 했지만 결정을 내리는 데 있어 중요한 장관 수에서는 국가사회주의노동당의 장관 수가 확연히 많았던, 정부의 수장이 되었다.

전후에 샤흐트는 국가사회주의노동당의 당원이 결코 아니었으며, 1932년 7월의 선거 이전에 공개적으로 히틀러 당을 옹호하며 나서지 않았다는 것에 큰 가치를 부여했다. 그는 배후에서 펼친 이전 활동들에 대해서는 비밀에 부쳤다. 샤흐트가 국제 법정과 독일 법정에서 그리고 수많은 책과 인터뷰에서 나치당을 지원한 것을 변호하며 댄 논거를 보면 놀랍기만 하다. "헌정 파괴를 통해 생기는 군사정권과 히틀러의 제국수상직 사이에서 선택하는 수밖에 없었다. 나는 전적으로 민주적인 내 기본 생각에 따라 군사정권에 반대하고 국가사회주의노동당을 통한 내각 구성에 찬성한다는 입장을 밝혔다."

심정적으로는 그가 언제나 민주주의자였을까? 히얄마르 샤흐트 자신은 그렇게 생각했다. 그의 논리에 따르면, 히틀러 정부는 "정부나 의회 내 우파들 간의 합헌적인 연정"이었다. 그러나 1933년 3월 23일에 수권법이 나오지 않았던가? "나는 방청석의 관객처럼 나와 무관하게 법이 성립되는 것을 지켜보았다"라고 그는 나중에 변명했다. 새 집권자의 방법들이 명확해졌을 때조차 샤흐트는 항상 자신의 실패를 상대화시키는 구실을 찾았다. 그는 자신의 저서 『1933년, 어떻게 민주주의가 무너졌는가』에서 "국가사회주의자들의 투쟁 방법이 그들과의 협력에 대한 흥미

"자, 이제 그러면, 신사 여러분 헌금을 하시죠": 히틀러가 "권력 장악"을 하기 이전에 이미 샤흐트는 경제계로부터 국가사회주의노동당을 위한 기부금을 모금하려고 했다

를 반감시킨다는 것을 인정할 수밖에 없다. 그러나 정치적 필요를 위해서는 그것이 방해물이 되어서는 안 된다"고 적었다. 그는 자신을 결코 민주주의가 무너지는 데 도움을 준 사람으로 보지 않았다.

그가 민주당으로부터 전향한 이유는 민주당이 자신의 조언을 무시한 것에 대한 실망감 때문이었다. 상처받은 자존심이 샤흐트로 하여금 히틀러를 지원하도록 만들었을 것이다. 그리고 그처럼 상대방에 대한 근본적인 오판과 자신의

> 나는 마냥 지켜보는 관찰자로 머물지 않았고, 전력을 다해 히틀러 정권이 깨끗하고 투명한 길로 접어들 수 있도록 노력했다. 민주당 정치인들은 이 과제에서 도망쳤지만, 나는 이 과제를 처리하는 데 착수했다.
> 샤흐트

> 루터는 그가 믿는 것에 대해 말한다. 히틀러는 그가 말하는 바를 믿는다. 괴벨스는 그가 말하는 바를 결코 믿지 않는다. 샤흐트는 그가 믿는 것을 말하지 않는다.
> 베를린의 정치 재담

가능성에 대한 치명적인 과대평가를 하고 있던 사람들이 있었다. 그는 다른 많은 보수주의자들처럼, 사랑받지 못하던 바이마르 공화국의 전복에 국가사회주의자들을 이용하고 난 다음에 그들을 통제하려고 생각했다. 많은 보수주의자들처럼, 샤흐트는 "강하고 위대한 독일"을 원했다.

비록 "권력 장악" 이전에 지원을 한 덕분 때문만은 아니었지만, 히틀러는 1933년 3월 16일 히얄마르 샤흐트에게 제국은행 총재직을 제안했다. 새 제국수상은 보수 진영의 지원을 확보하기 위해서 간판으로 내세울 인물이 필요했다. 국내외로 보낸 메시지는 다음과 같았다. 렌텐마르크의

> 나는 중도정당들도 거세되는 것을 보고 점점 더 실망감이 커졌다. 1933년 3월 23일에 발효된 이 수권법을 통해 히틀러 정권에 대한 어떤 반대도 불가능하게 되었다. 국가사회주의자들이 거대 여당을 만들 수 있게 된 것은 국민들의 경제적 비참함을 극복할 수 없었던 이전 정부들의 무능 덕분이었다.
> 샤흐트가 1953년에 1933년 3월 23일 수권법에 대해 한 발언

458 히틀러의 매니저들

"우리 국민 대다수의 복지에 대한 열렬한 관심": 1933년 히얄마르 샤흐트가 주재한 제국은행 이사회 회의

아버지로 인정받는 금융 전문가가 장차 독일 통화의 운명을 이끌게 될 것이다. 전 세계적으로 독일 신뢰도를 대표하는 인물이라 할 수 있는 이 사람 외에 신정부에 국제적인 신뢰를 가져올 더 적합한 인물이 또 있겠는가?

절박했던 실질적인 문제로 인해 사람들은 심리적 포기 상태에 이르렀다. 그것은 실업 문제로, 히틀러는 이를 해결하겠다고 약속했다. 샤흐트는 실업 문제 해결을 위해 적격인 사람으로 간주되었는데, 그는 이미 1923년에 독일 경

> 나는 경제 번영을 이룩하기를 원하고 당의 다른, 부분적으로 비합리적인 생각과 목표들을 수행하는 것은 포기하려고 했다.
> 샤흐트

> 아버지는 경제가 정치를 지배하는 것이지 정치가 경제를 지배하는 것이 아니라고 확신했다.
> 코르둘라 샤흐트, 딸

제를 구한 바가 있었다. 어느 누구도 이에 대해 샤흐트만큼 확신을 가진 사람이 없었다. 그래서 그가 히틀러의 제안을 받아들인 것은 놀라운 일이 아니었다. "본인이 예전 관직을 다시 받아들이는 것은 개인적인 공명심 때문도 아니고, 국가사회주의노동당에 호응해서도 아니며, 이익을 탐내기 때문도 아니다. 오로지 우리 국민 대다수의 복지에 대한 열렬한 관심 때문에 받아들인 것이다."

독일은 도움이 절실히 필요했다. 물가가 급속도로 치솟았고, 부채 규모도 커졌다. 공화국은 전쟁배상금 지불 문제로 신음하고 있었다. 더 심각했던 것은 독일이 자력으로 다시 설 수 있기 위한 외환 보유고가 부족하다는 점이었다. 전반적인 세계경제 상황을 볼 때, 더 나아지리라는 가망은 없었다. 다른 국가들이 관세장벽을 구축했기 때문에, 수출에 의존하는 독일 산업이 세계시장에 물건을 팔 가능성은 희박했다. 그렇다면 어떻게 650만 실업자들에게 다시 봉급을 주고 식량을 제공할 수 있을까? 어떻게 일자리를 창출할 수 있을까? 어떻게 국가 부도를 막을 수 있을까? 그리고 무엇보다 누가 이에 소요되는 비용을 지불해야 할까? 새 국가 지도부 앞에 이렇게 산적한 문제들이 쌓여 있었다. 이 때문에 베를린 정가의 수많은 나치 적대자들은, 적어도 이전 민주당 정권처럼, 그들도 곧 실패를 겪게 될 것이라고 믿고 있었다.

1933년 연말에 실업자 수가 2백만 명으로 줄고, 그 다음 몇 해 동안 실업자 수가 더 줄어들자, 그들 모두는 자신의 눈을 의심하게 되었다. 1930년대 중반, 히틀러 제국 시절에는 완전고용이 이루어졌고, 심지어 노동력이 부족하기까지 했다. 동시에 독일인들이 외국에 진 개인 부채의 대부분이 상환되었고, 수출이 번창했으며, 제국마르크는 안정적인 통화로 증명되었다. 공공 재정은 확실히 회복의 길로 접어들고 있었다.

히얄마르 샤흐트는 이런 대과업을 성취할 수 있는 사람임을 다시 한 번 증명했다. 그는 역사상 가장 비상한 실업자 고용 계획을 세운 정신적 지도자로 간주되었다. 그는 별도의 부채 없이 경기 부양에 자금을 댔고 실업자들을 구제했다. 성공보다 더 효과적인 것은 없기에, 샤흐트의 직업적 성공은 또한 개인적 성공이기도 했다. 1933년에 제국은행 총재에 취임한 그를 히틀러는 1934년 8월에 제국경제부장관으로 내각에 불러들였다. 머지않아, 1935년 5월 31일, 히틀러는 그에게 전시경제 전권 대리인의 직위를 추가로 맡겼다.

히얄마르 샤흐트, 금융의 귀재, 그리고 나락으로 떨어지는 독일 경제를 구할 생각으로 가득했던 사람. 그는 그렇게 전설이 되고자 했다. 그러나 모든 전설처럼 여기에도 숨겨진 진실이 있고 과장된 이야기가 포함되어 있다. 참된 역량은 다른 영역에 있는 것이다. 바로 그곳에 비판의 주안점을 두게 되는데, 이로써 샤흐트의 처세가 비판의 대상이 될 것이다.

실업 해소를 위한 첫 조치는 다음과 같은 식이었다. 샤흐트는 실업자 고용 계획을 재정적으로 지원하기 위해 제국은행이 10억 마르크를 쓸 수 있도록 했다. 오늘날에는 이런 방식을 국고 보조를 받은 경제 현대화 대출이라 부를 수 있겠는데, 당시에는 라인하르트 프로그램이라고 불렸다. 이 명칭은 그의 정신적 스승인 조세 전문가이자 국가사회주의당 제국의회 의원이었던 프리츠 라인하르트의 이름을 딴 것이었다. 샤흐트는 이전 사람들이 세운 계획을 실현했다. 두 번째 조치에도 유사한 방법이 적용되었는데, 아우토반 건설을 위해 신용을 대부하는 것이었다. 오늘날에는 이런 방식이 사회기반시설 투자라고 불린다. 당시에 이 계획은 굉장한 선전 수단이었다. 왜냐하면 토목 회사들이 단지 노동자만 고용한 것은 아니었기 때문이

표면상 국가사회주의 운동에 동참하기 오래 전부터 그는 내심 이 운동을 따르고 있었다. 그가 옛 정권의 관리자로 있을 때부터 말이다.
프란츠 로이터, 샤흐트의 전기 작가, 1934년

"굉장한 선전 수단": 프랑크푸르트 암 마인과 하이델베르크 간 "제국 아우토반" 건설을 위한 첫 삽을 뜨고 있는 히틀러, 1933년 9월

다. 새 지도부는 아울러 아우토반의 현대성을 부각시켰다. 샤흐트는 이 사업에서도 광범위한 사전 작업의 덕을 보았다. 노동부는 함부르크를 프랑크푸르트와 바젤과 연결하는 고속도로망인 "하프라바" 프로젝트를 실현하고 자금을 조달하기 위한 세밀한 조사 결과를 제출했다. 1920년대에 이미 독일 전역을 연결하는 고속도로 시스템에 대한 구상이 나와 있었다. 실업자를 고용하는 독일 기업에 세금 혜택을 보장했던 라인하르트 프로그램과 파펜 플랜에서처럼, 이 사업에서도 샤흐트는 이미 있었던 계획들을 적용할 수 있었다. 히얄마르 샤흐트의 성공 비결은 심리 게임을 한 것이었다. 금융계는 예전 민간은행가를 신뢰했고, 신용 대부를 제공해 주었다. 산업계는 제국은행 총재를 믿었고, 신용 대부를 요구했다. 그리고 외국 정부도 이미 예전에 독일 통화를 구한 적이 있는 이 사람에게 기대를 했고, 비록 자신들의 요구의 큰 부분을 포기하는 것이었지만, 샤흐트의 제안을 받아들였다. 바로 이 때문에 제국은행 총재인 이 사람이 히틀러에게 중요했던 것이었다. 이 사람은 신뢰를 창출했다. 그는 국가사회주의노동당 지도부에게 국내의 보수적 엘리트들의 동의와 외국의 승인을 얻어 주었다.

 샤흐트는 기존 계획들에 기반을 둔 금융 시스템을 실제로 가동시켰는데, 비록 그 원칙이 그 자신에 의해 개발된 것이 아니었다 할지라도, 이 시스템은 항상 그의 이름과 결부되었다. 샤흐트가 회고하면서 한 얘기 — "나는 메포 어음이라는 시스템을 생각해 냈다" — 가 틀린 말은 아니지만, 그렇다고 완전히 맞는 말도 아니다.

 독일의 문제는 외채를 지불하고 일자리를 창출하며 투자를 하는 데 쓸 자금이 부족하다는 것이었다. 필요한 자금을 마련하기 위한 한 가

은행장은 부기계원이 아니다. 그의 업무에서 중요한 것은 아주 다른 기법들을 잘 알아야 한다는 것이다. 예를 들면 심리학, 경제 지식, 건전한 상식, 결정 능력, 특히 신용의 본질에 대한 통찰이 그것이다.
샤흐트

은행가 **463**

상: "실업자들을 구제했다": "제국 아우토반"에 투입된 노동자들이 나치 시스템에 동감을 표명하고 있다
하: "비상한 실업자 고용 계획": 샤흐트가 히틀러와 독일 도로 총감독관 프리츠 토트와 함께 "독일 알프스 도로" 건설 현장을 시찰하고 있다

> 그는 5년짜리 채권을 통해 새로운 시스템을 고안해 냈다. 제국은행이 발권은행이라는 지위를 이용해 채권의 지급을 보증하지만 실제로는 아무것도 지불하지 않는, 소위 메포 어음이라고 알려진 5년짜리 채권을 발행했다. 이 5년짜리 채권은 단기 자금시장으로부터 군비 확장을 위한 엄청난 자금을 확보하기 위해 사용되었다.
> 뉘른베르크 전범 재판에서 샤흐트에 대한 소장에 나온 내용

지 방법은 새로운 지폐를 발행하는 것이었다. 그러나 샤흐트는 악마가 성수를 두려워하듯 이 방법을 쓰는 것을 두려워했다. 왜냐하면 이 방법은 제품 생산은 늘어나지 않는 상황에서 동시에 통화량을 늘려 바로 인플레이션을 불러올 것이기 때문이었다.

그러나 오래전부터 다른 자금 조달 방법이 존재하고 있었다. 이미 1930년에 "공공 노동 독일 협회 주식회사"가 창립되어 있었다. 약자로 "외파(Oeffa)"라고 불린 이 기관은 공기업에 어음을 받고 신용 대부를 해 주는 업무를 하고 있었다. 은행들은 현금을 마련하기 위해 이 어음을 제국은행에 담보로 제공할 수 있었다. 원칙상 할인해서 매입할 수 있는 이 어음은 현금이나 다름없었는데, 통화량이 증가하지도 않았고, 이로써 인플레이션의 위험도 커지지 않았다. 이 어음은 현금 잔고를 대신했는데, 이를 통해 샤흐트는, 그가 이 재원의 원칙을 설명한 것처럼, "해를 불러올 수 있는 지폐 유통의 증가"를 피했다.

샤흐트는 그의 첫 실업 대책 조치에 대한 자금을 이 외파 어음을 통해 마련했다. 다음 조치에 대한 자금 마련을 위해 샤흐트는 같은 원칙을 따

> 제국은행 총재 샤흐트 박사는 여러 자금 조달 방법을 숙고한 뒤에 마침내 군비 확장을 위해 필요한 자금의 상당 부분을 마련하기 위해 "메포 어음"의 도입을 제안했다. 이 방법의 특히 좋은 장점은 처음 몇 해 동안 군비 확장을 비밀에 부칠 수 있는 점과 "메포 어음"을 이용함으로써 다른 자금 조달 방법을 이용했다면 대중에게 알려질 수도 있는 지불 방법을 비밀에 부칠 수 있었다는 점이다.
> 제국은행장 에밀 풀의 설명, 1945년 11월

르는 다른 수단을 만들어 냈다. 그것이 메포 어음이었다. 1백만 마르크의 창립 자금으로 그는 "야금술 연구 유한회사"를 설립했다. 약자로 "메포(Mefo)"라 불린 이 위장 회사는 금속에 관한 것을 다루지만 연구를 하는 것이 아니었다. 설립 목적은 그보다는 군수 자금 조달에 있었다. 당연하게 4대 콘체른인 크룹, 지멘스, 라인슈탈 그리고 구테호프눙 제련공장이 각각 25퍼센트씩 메포 지분을 인수했다. 메포는 4퍼센트의 이자를 지불하고 3달 뒤에 액면가로 제국은행에 상환할 수 있는 공채를 발행했다.

원래 계획이었던 독일의 군비 확장에 필수적인 재료 또는 반제품을 납품했던 회사들은 이 공채로 대금을 받았다. 독일의 전 산업계는 이제 제국 영토 곳곳에서 독일군이 필요로 하는 모든 것을 생산하는 데 전력을 기울였다.

메포 어음을 통해 자금 지원을 받은 프로젝트들이 노동시장에 미친 파급효과는 외파 어음의 고용 효과를 빠르게 넘어섰다. 이미 1934년에 군수 목적에 투입된 자금이 약 40억 제국마르크였는데, 이는 1933년과 1934년에 민간 프로젝트에 지출된 자금과 거의 같은 액수였다. 1937년에는 메포 어음을 통한 신용 대출 규모가 120억 제국마르크에 달했다. 회사의 자기자본이 100만 제국마르크에 불과했음에도 불구하고 이루어진 일이었다. 채무자는 이 어음이 부도나서 자기자본을 잃을 수도 있다는 생각을 할 필요가 없었을까? 샤흐트는 몇 년이 지난 뒤에도 절대 그럴 필요가 없다고 장담했다. 왜냐하면 제국은행이 이 어음의 상환을 보증했고, 제국은행의 총수가 이 투자가 결실을 거둘 것이라고 믿었기 때문이었다. 그의 견해에 따르면, 이 메포 어음이라는 계획에서 가장 중요한 것은 장기적으로 봐야 하는 초기 자본이었다. 샤흐트는 이 계획을 당시 국민경제에 관한 논의 수준에서 접근했다. 샤흐트가 이 계획에서 실행한 것은 존 메이너드 케인스가 "재정수입을 초과하는 적자 지출

(deficit spending)"에 대한 이론적인 기반을 제공했던 것과 같았다. 저명한 케인스의 저서[『고용, 이자 및 화폐에 관한 일반이론』]가 비록 1936년이 되어서야 출간되었지만, 침체된 민간 수요를 신용 대출에 기반한 재정 지출을 통해 촉진시키는 그의 현대적 국민경제이론에 관한 사전 성과들은 이미 나와 있었다. 박식한 경제학자였던 히얄마르 샤흐트는 이 혁명적인 사고의 단초들을 이미 알고 있었다. 독일 경제와 금융정책의 절대적인 스타였던 그는 자신의 "독창적인 구상"이 실현되어 경기회복이 이루어지고 경제의 성장 동력이 마련될 것이라는 점에 대해 추호의 의심도 품지 않았다. "고용 창출을 통해서 기대하는 경제 활성화가 이루어지면 세수가 늘어날 수밖에 없고, 예산은 상환 부담을 감당할 수 있는 수준이 된다." 만일의 경우를 대비하여 샤흐트는 다음과 같은 안전장치를 두었다. 어음의 최대 유통기한은 5년이고 그 뒤에 상환이 시작되어야만 했다. 두 번째 안전장치가 노회한 금융계의 여우에 의해 마련되었는데, 그것은 또 다른 장점을 갖고 있었다. 바로 부채 문제를 해결하는 것이었다.

독일은 외채 문제로 인해 질식할 지경에 이르러 있었다. 국가나 개인이 부담해야 하는 채무가 어마어마했던 반면, 상환 가능성은 거의 없었다. 전쟁배상금은 영 플랜에 따라 매년 7억 4천만 제국마르크에서 20억 마르크로 늘어났지만, 독일의 수출고는 40억 마르크 정도에 불과했고, 점점 더 줄어들고 있었다.

이미 1933년 6월에 개최된 세계경제회의에서 샤흐트는 충격을 받은 외국 채권자들에게 독일이 어떤 경우에도 채무를 완전히 갚을 수 있을 것이라고 설명했다. 그가 연초에 루스벨트 신임 미국 대통령에게 통보했던 지불유예로 인해 이제 이자율이 5.5퍼센트에서 4퍼센트로 낮아졌고, 뒤이어 부채 경감 조치가 이어졌다.

1933년 6월 9일에는 법률에 따라 소위 전환 금융기관이 만들어졌다.

제국은행의 관리 하에 향후 모든 외국 채권의 상환이 이 전환 금융기관에서 이루어지게 되었다. 독일 채무자들은 이를 통해 부채가 없어졌다. 그러나 외국 채권자들이 얼마만큼 돈을 받게 되는지에 대해서 제국은행이 모든 것을 결정했다. 제국은행은 채권자들에게 원래 채무 금액의 50퍼센트를 할인해서 상환하겠다는 제안을 했다. 독일의 부족한 외환 보유고를 감안하여 상환도 주요 외화로 이루어져서는 안 되었다. 절반의 상환금은 이른바 스크립트(Scripts)로 지불되었는데, 이것은 일종의 특별한 채무 증서 형식으로서 특별한 통화로 교환할 수가 있었다. 금융 경제적으로 복잡하게 들리고 화폐경제학자들에게 이마에 식은땀이 나도록 만든 이유는 간단한 원리 때문이었다. 샤흐트는 돈이 없었고, 그래서 새로운 지불 방법을 고안해 낸 것이었다.

스크립트 채무 증서는 마르크화로 교환될 수 있었다. 물론 일반적으로 통용되는 제국마르크가 아니라 새로운 마르크 형식으로. 이 마르크는 독일에서의 특정 급부로 지불될 수 있었다. 그러니까 독일에서의 여행 경비를 지불하기 위한 여행마르크가 있었다. 그리고 수출용 독일 생산품을 살 수 있는 레기스터마르크가 있었다. 또한 독일에서 구체적인 프로젝트를 재정 지원하기 위한 아스키마르크(외국인 특별계정 마르크)가 있었다. 조롱조로 유곽마르크와 맥주마르크를 허구로 고안해 내기도 했지만, 실제로 이 마르크로는 상응하는 급부를 받을 수 없었다.

곧 "제3제국" 내에서 다음과 같은 정치 재담이 많이 회자되었다. "괴링, 괴벨스 그리고 샤흐트가 어느 레스토랑에서 식사를 했는데, 사람들이 이들 모두를 알아채지 못했다. 왜냐고? 괴링은 제복도 훈장도 착용하지 않았고, 괴벨스는 저녁 내내 아무 말도 하지 않았고, 샤흐트는 계산을 했기 때문이다." 제국에서 최고 직위에 있는 이 은행가는 개인이 가진 절약 정신을 전체 독일 국민경제 영역으로 옮겨 실행했다. 그리고 동시에

"국제적인 명망": 1933년 5월 루스벨트 미국 대통령을 만나고 있는 샤흐트. 샤흐트의 왼쪽은 독일 대사이자 전임 제국은행 총재였던 한스 루터

세계경제에도 옮겨 실행했다.

왜 외국에서 이 조건을 받아들였을까? 이유는 간단하다. 샤흐트가 당근과 채찍 전술을 썼기 때문이다. 한편으로는 그가 독일의 절망적인 상황을 아주 객관적으로 설명하면서 지원을 얻으려고 노력했다. 자료들이 이를 잘 말해 주었다. 외환 보유고 부족, 지나친 전쟁배상금 부담, 국제무역에서의 장애물들. 어느 누가 이를 반박할 수 있었을까? 다른 한편으로는 외국이 타협할 준비가 되어 있다는 것을 보여 주지 않을 경우 나타날 결과를 그가 너무도 생생하게 묘사했다. 1934년 3월 15일, 그는 베를린의 독미 상공회의소에서 솔직하게 설명을 했다. "외국은 독일에서 그들의 손실을 포기해야지만 비로소 다시 우리와 사업을 할 수 있을 것입

니다." 그는 1934년 4월에 있은 외환 지불 회의에서 보다 더 명확하게 말했다. "7월 1일은 진실의 날이 될 것입니다"라고 그는 확실하게 밝혔고, 언급된 날에 국가 부도가 일어날 징후가 있다고 경고했다. 외국 은행들은 마침내 자신들이 투자한 것을 전부 잃을 수도 있는 상황이 목전에 도래한 것을 보고 상환 조건 축소를 받아들였다. 그렇게 샤흐트는 이자 부담 경감을 통해서만 독일에 수천만 마르크 규모의 지출을 절감시켜 주었다.

다음 조치가 곧바로 이어졌다. 동년 9월 샤흐트는 "신(新)계획"을 발표했는데, 그것은 매우 고심을 해서 고안해 낸 외환 통제 시스템으로, 이를 통해 경제 독재자로 떠오른 이 제국은행 총재 겸 경제장관이 독일 국민경제를 조정할 수 있게 되었다. "신계획"은 "옛 시장경제"와 자유로운 기업 활동의 종말을 확고히 했다. 자유롭고 제한 없는 상행위 원칙은 더 이상 유효하지 않았다. 샤흐트는 스크립트 지불 시스템을 통해 돈의 교환 수단으로서의 기능을 무효화시켰다. 상품 대금은 지불되지 않았고, 다른 급부로 청산되었다. 독일 산업계는 시급하게 필요한 원자재를 특히 남아메리카와 발칸반도에서 더 이상 주요 외화를 주고 획득하지 못하고 물물교환을 통해 얻었다. "우리가 지불할 수 있는 것만을 구입하고, 우선 우리가 물건을 팔 수 있는 곳에서 구입한다"가 나치 경제정책의 원칙이었다. 곧 독일 대외무역의 절반 이상이 이 방식에 따라 이루어졌다. 경제학에서 이 원칙은 "청산(clearing)"으로 정의되었다. 자유로운 세계무역을 담당하는 실무자들은 "선사시대 교환 무역으로의 회귀"라고 혹평했다. 나치 경제 이론가들과는 달리 항상 자유로운 경제를 칭송했던 히얄마르 샤흐트도 그때까지는 그런 생각을 가진 사람이었다. 그는 자신이 펼친 실제 정책에도 불구하고 자신의 신념은 변하지 않았다는 점을 1934년 8월 30일 바트 아일젠에서 열린 국제회의 연설에서 분명히 밝혔다. 이 연설에서 쌍무 무역협정을 철저하게 장려할 것을 강요받았던 샤흐트는 다음과 같이 설명했다. "철저하게 시행되는 청산은 세계무역을 완전히 파괴하는 결과를 가져올 수도 있을 것입니다. 지금 벌써 모든 방식의 청산이 문제의 해결책이 아니라는 점을 알아차릴 수도 있을 것입니다." 그리고 샤흐트는 다른 기회를 통해서 다음과 같이 밝혔다. "이른바 이 신계획을 제가 끔찍한 계획으로 여기고 있다는 점을 여러분에게 밝히는 바입니다. 그러나 이 방법 없이는 성과를 낼 수 없을 것입니다."

실제로 샤흐트의 완고한 방식은 성공을 거둔 것처럼 보였다. 독일은 부족한 외환을 아꼈고, 그럼에도 불구하고 부족하지 않게 원료를 얻었다. 기분 좋은 부작용은 제국마르크의 가치가 다른 통화와 비교해서 인위적으로 높게 책정되었기 때문에 독일 부채 가치가 하락한 것이었다. 영 차관은 4년 내에 시세의 절반을 잃었다. 샤흐트는 채무 상환을 (고평가된) 제국마르크로 할 것을 권했고, 전환 금융기관을 위해 이윤을 챙겼다.

이것은 이 시스템이 가져다준 가장 특별한 효과였다. 전환 금융기관은 이 절감을 통해 이득을 보았다. 이 예기치 못한 수입을 통해 샤흐트는 메포 어음을 변제하고자 했다. 달리 말하면, 상환과 이자 지불을 포기함으로써 외국이 상당 부분 독일 군비 확장에 자금을 댄 것이었다.

물론 장기적으로 보면 이 정책의 부정적인 결과들도 드러났다. 독일은 무역 파트너를 잃었다. 브라질과 체코슬로바키아와 같은 나라들은 자신들의 좋은 제품에 대한 대가를 지불받지 못하고 필요치 않은 상품만을 받아야 했기 때문에 제품 공급을 중단했다. 샤흐트가 예견한 대로 세계 무역의 완전한 붕괴가 시작되었다. 독일 금융의 귀재는 특히 자신의 가장 귀중한 자산인 국제적인 신뢰를 걸고 모험을 했다. 물론 샤흐트는 (거의) 절대적인 외국에서의 명성 외에도 두 번째로 믿는 구석이 있었는데, 그것은 그가 가진 (거의) 절대적인 국내에서의 권한이었다. 이 은행가는 성공과 더불어 1935년과 1936년 사이에 독일에서 최고의 명성을 누렸고, 특히 한 사람, 히틀러로부터 신망을 얻었다.

　독일 경제계에서 격상된 샤흐트의 입지는 오로지 "총통 겸 제국수상"과의 개인적인 관계 덕분이었다. 히틀러가 "제3제국"의 정치 독재자로 커 가고 가차 없이 자신의 정적들을 처리하는 동안, 샤흐트도 나란히 경제 독재자가 되었다. 새로운 체제에서 "금융 건축가"로서 그는 나치 정권 초기에 경제정책을 마음대로 주물렀다.

　그것은 같은 관심사를 가진 것처럼 보이지만 — 샤흐트는 적어도 그렇게 믿고 있었다 — 동등하지 않은 두 사람의 공생 관계였다. 그는 자신의 제국은행 총재 임명 당시를 회상하며 "히틀러와의 논의를 통해 대단한 실업자 고용 계획을 실시하기 위해 제국은행이 강력한 재정 지원 조치를 해야 한다는 데 의견 일치를 보았다"고 말했다. 그리고 그는 자신이 히틀러 내각에 들어가게 된 이유를 나중에 다음과 같이 말했다. "내가 제국은행 측의 입장에서 착수했던 과제는 미비한 경제정책으로 인해 실패할 수도 있었다. 내 과업이 위험에 처해 있었다. 통화정책과 경제정책을 연계시키는 것은 매우 현명한 생각이었다. 나는 적절한 방법을 발견했다고 믿었다."
　샤흐트는 히틀러가 어떤 방법을 이용해 자신의 권력을 구축하는지 매우 영리하게 관찰했다. 게다가 그는 히틀러가 자신의 입지를 공고히 하기 위해 부하들을 가차 없이 다루는 방법을 권력의 중심 가까이에서 제대로 체험할 수 있었다. 구체적인 정치 문제에서 국가사회주의자인 히틀러와 보수적인 샤흐트 사이에는 일치

> 히틀러는 경제를 전혀 몰랐다. 내가 그를 위해 무역수지를 정상화시키고 필요한 외환을 마련하는 동안, 그는 내가 어떤 식으로 이런 일을 성취하는지에 대해서 신경 쓰지 않았다.
> 샤흐트
>
> 내가 그의 정책을 담당하는 동안 나는 그와 완전한 의견 일치를 보았다. 그러나 나중에는 더 이상 의견 일치를 보지 못했고, 나는 사퇴했다.
> 히틀러와의 관계에 대해 샤흐트가 한 말

"나는 그와 완전히 의견 일치를 보았다": 베를린 제국은행 신청사 기공식에 참석한 샤흐트와 히틀러, 1934년 5월

된 관심사가 있었던 것으로 보이는데, 이미 목표를 달성한 수단을 선택할 때는 이 관심사란 것이 달라질 수도 있지 않았을까? 샤흐트는 그로부터 어떤 결론을 도출해 내었을까? 그는 다음과 같이 주장했다. "히틀러 정부가 부당하고 폭력적인 조치를 취하는 경향이 있었기에, 나는 의식적으로 히틀러 정부의 반대자로 그 정부에 들어갔다." 이는 명예스러운 시도였는데, 샤흐트는 이를 "내부의 야당"이라는 명칭으로 표현했다. 그는 종전 직후에 "민주당 정치인들은 이 과제에서 도망쳤지만, 나는 이 과제를 처리하는 데 착수했다. 나는 전력을 다해 히틀러 정권이 깨끗하고 투명한 길로 접어들 수 있도록 노력했다"며 자신의 행위를 정당화했다. 그의 목표는 "시간이 흐름에 따라 좋은 사람들을 결집시키고 점증하는 테러 행위에 대해 저항하는 것"이었다. 그의 희망은 "좋은 모범으로 많은 사람들을 감동시키는 것"이었다.

경제부를 넘겨받으라는 히틀러의 제안을 받아들이기 전에 그는 "총통이자 제국수상"에게 어려운 질문을 던졌다. "나는 당신이 내게 유대인 문제를 다루기를 원하는지 알고 싶습니다." 샤흐트 본인이 묘사한 바에 따르면, 히틀러는 "유대인들은 경제 분야에서 지금까지와 같이 활동할 수 있습니다"라고 대답했다. 샤흐트는 갈색 돌격대 무리들이 노골적으로 유대인 상점을 공격했음에도 불구하고, 도처에서 관찰되던 유대인 반대 선전들에도 불구하고, 이 시점에, 즉 1934년 8월에 히틀러의 이 말을 믿었다.

히얄마르 샤흐트가 처세에 능한 면을 고려하면, 이 경제 천재가 정치적 문제에서 보여 준 그 순진함의 정도에 놀라지 않을 수 없다. 이 순진함은 상대방을 과소평가하고 자신의 능력이나 가능성을 과대평가한 것이 혼재되어 나온 것이라고밖에 설명할 수 없다. 그의 딸인 코르둘라조차 후에 이렇게 인정했다. "아버지에게 약점이 있었다면 직업적인 것보다 인간적인 것이었다. 당신은 인간을 평가하는 감각이 떨어지셨다. 아버지는 히틀러를 과소평가했을 뿐만 아니라 히틀러를 통제하는 자신의 힘을 과대평가하셨다."

우선 그의 계획은, 그가 생각하기에, 성공할 가망이 매우 높은 것처럼 보였다. "히틀러 통치 초기에 나는 많은 일들을 해낼 수 있었는데, 이 일들은 언제나 내게 전반적인 발전 상황을 좋은 방향으로 이끌 수 있다는 희망을 일깨워 주었다." 이 일들을 하면서 샤흐트는 특히 자신을 항상 불신하고 본질적인 부분에서 다른 정책을 추진했던 "제3제국"의 고위 인사들, 나치 고위 간부들과 다투어야 했다. 나치 거물 인사들과의 교제가 그에게 불편했던 이유는 정치적인 것보다 개인적인 사유 때문이었다. 그는 히틀러가 자신의 충복들을 모아 제국수상 청사에서 정기적으로 가졌던 오찬에 참석했던 것에 대해 "대화 수준이 형편없었기 때문에, 이 식사 참석자들과 계속 접촉하는 것을 포기했다"고 적었다. 박식한 교양 시민이었던 샤흐트가 그들에 대해 "대부분은 교양이 부족했다"고 평한 것은 전적으로 맞는 말이었다. 식사중의 공허한 대화와 천박한 남자들의 농담들이 그에게는 맞지 않았다. "참석자들의 이런 교양 수준으로 인해 사교 모임이 되질 못했는데, 이런 사교 모임은 폭음과 음담패설로 끝나서는 안 되는 것이었다. 이 자리는 내 취향에 맞지 않았다." 샤흐트는 "제3제국"의 지도급 엘리트들 사이에서 아웃사이더로 머물렀다. 그들은 그의 능력을 존중하기는 했으나 제대로 평가해 주지 않았으며, 그를 히틀러가 중시했기 때문에 받아들이기는 했지만, 결코 당원으로 대접해 주지는 않았다. 반대로 샤흐트는 처음부터 나치당을 국가기관으로부터 떼어 놓고 경제 분야에서 "당이 권력 장악"을 하지 못하도록 했다. 당 고위 인사들의 영향력을 배제하려는 그의 줄기찬 싸움은 "제3제국"에서 그가 지속적으로 한 일이었다. 샤흐트는 옛 국가 질서를 대표했고, 당 간부들은 새로운 사고의 선전자인 양 했다. 이 때문에 적대자들의 수가 대단히 많았고, 그들의 공격을 막아 내야 했던 전선도 다양했다.

그러나 샤흐트는 자신의 성공을 굳건히 믿고 있었다. 그는 자신이 취임한 직후에 제국경제부 고위 관료들에게 다음과 같이 말했다. "우리 부(部)는 정의의 간성이 되어야만 합니다." 그의 측근 중 한 사람은 종전 후에 진행된 뉘른베르크 재판에서 연합군 재판관들에게 다음과 같이 진술했다. "샤흐트 박사께서 자신의 업무 영역과 경제 분야에서 법과 청렴함을 준수하기 위해 전력을 다하겠다는 의지를 저희들은 금방 알게 되었습니다." 제국경제부와 제국은행은, 샤흐트가 내부적으로 항상 강조했듯이, "품위의 간성"이었고 "법의 안전지대"였다. "나는 그럴 가능성이 있다면 언제나 내 소관 분야에서 법과 정의를 수호하기 위해 모든 수단을 다 동원해야만 했다." 그리고 그럴 기회는 충분히 있었다. 샤흐트가 장관으로서 취한 첫 번째 조치 중 하나는 나치 경제 이론의 정신적인 아버지인 고트프리트 페더의 해임을 지시한 것이었다. 히틀러는 "이자 종속 타파"와 같은 투쟁 구호의 고안자를 해임시키도록 했다. 얼마 지나지 않아서 샤흐트는 나치 운동 초기의 다른 우상 중 한 명이었던 빌헬름 케플러를 가택 연금시켰다. 그러나 샤흐트는 국가사회주의자들 중에서 2선에 있는 대표자들만 무력화시킨 것이 아니었다. 그는 나치 거물들과의 싸움도 피하지 않았다. 하인리히 히믈러나 헤르만 괴링이라도 상관없었고, 요제프 괴벨스나 로베르트 라이라도 상관없었다. 샤흐트는 히틀러의 모든 충복들과 잇따라 대립했다. 그가 경제부장관에 취임한 이후, 친위대장 히믈러는 자신의 부관 크라네푸쓰를 통해 그에게 즉각적인 퇴임을 권했다. 샤흐트는 제3제국에서 가장 위험한 사람의 사자(使者)를 그가 가진 고유한 자신감과 거만함을 뒤섞어 내보이며 퇴짜를 놓았다.

내무부장관 빌헬름 프릭이 샤흐트에게 제국은행에 근무하는 직원이라

할지라도 모든 프리메이슨 단원들을 공직에서 면직하라는 내용의 일반 지침을 따르라고 요구했을 때, 샤흐트는 이 무리한 요구를 명확하게 거부했다. 그의 논거는 다음과 같았다. 그 자신이 프리메이슨 단원이면서 제국은행 수장의 자리에 있고, 그가 이 자리에 있는 한 어느 누구도 프리메이슨 단원이라는 이유로 쫓아낼 수 없다는 것이었다. 선전장관 괴벨스와의 논쟁도 샤흐트는 마다하지 않았다. 그는 동료 장관인 괴벨스의 공적인 수단을 없앴는데, 괴벨스는 이 수단을 통해 이때까지 외국에서의 선전 계획에 자금을 대고 있었다. 샤흐트는 그가 할 수 있는 한 외화를 아꼈다. 그리고 그는 선전 목적을 위해 예외를 허용할 준비도 되어 있지 않았다.

경제부장관으로서 직무를 할 때 샤흐트를 가장 화나게 만들었던 적대자는 독일노동전선 의장인 로베르트 라이였다. 국가 질서의 전형적인 대변인이었던 샤흐트처럼, 라이는 새로운 엘리트의 일원으로 간주되었던 당 간부의 전형을 보여 주었다. 라이는 독일노동전선을 모든 노동자가 당의 지도 아래 결집되어 있는 계급 조직으로 이해했다. 라이는 경제 문제에 있어서 그에 상응하는 포괄적인 권한을 요구했다. 많은 분야에서 불붙은 논쟁에서 대표적인 것이 수공업자 교육에 관한 논쟁이었다. 장인시험이 그때까지 조합에서 치러지고 수공업회의소와 경제부에 의해 감독되었지만, 이제 라이는 도제 훈련 기간이 "국가사회주의적인 분위기" 속에서 이루어지도록 하기 위해 그 교육을 독일노동전선 관할 하에 두려고 했다. 당연히 경제계는 이런 간섭에 대해 엄청난 불만을 토로했다. 샤흐트는 당 조직에 반대하는 명확한 입장을 보였고, 이 입장을 자신이 참석한 도제 졸업식에서 밝히고자 했다. 라이는 이 때문에 경제부장관에 대한 초대를 취소하도록 했다. 이 적대적인 행위에 샤흐트도 그에 못지 않게 적대적인 행동으로 맞섰다. 그는 사퇴하겠다고 위협했다. 이 때문에 히틀러는 장관 편을 드는 결정을 내렸다. 라이는 양보할 수밖에 없었다. 샤흐트는 당에 반대하며 경제계를 지지했고, 경제계에 대한 그의 힘을 더욱 증대시켰다. 그는 이와 같은 식으로 제국경제회의소와 함께 상부 기관을 만들었는데, 그 기관에는 경영자 조직, 상공회의소 그리고 기업연합들이 통합되어 있었다. 그는 이를 통해서 당 조직의 대안적 구상들을 수포로 만들었을 뿐만 아니라, 전체 경제계를 조정할 수 있는 효과적인 수단을 마련했다.

그는 할 수 있는 한, 독일노동전선 지도자의 요구들에 맞서 중산계층을 보호했다. 그는 대기업도 당의 직접적인 간섭에서 벗어나도록 할 수 있었다. 샤흐트는 이로 인해 나치의 공식적인 이론과 대립하고 있다는 평가도 개의치 않았다.

실용주의자 샤흐트는 이데올로기보다 경제가 우선한다고 옹호했다. 그리고 그는 심지어 나치 이데올로기를 당의 이론가들에게 맞서는 수단으로 이용할 정도로 자신의 적대자들보다 지적으로 뛰어나다는 점을 보여주었다. 그 전형적인 예가 "독일 혈통을 순수하게 유지"하기 위한 뉘른베르크 인종법을 실시하는 것에 대해 내무부장관 프릭과 한 논쟁이 그것이다. 샤흐트는 독일 내 유대인들에 대한 차별이 외국에 얼마나 부정적인 영향을 미칠지 알고 있었다. 그는 또한 독일 경제가 기능을 발휘하는 데 유대인들이 여전히 중요하다는 것도 알고 있었다. "제3제국"의 강경론자들은 "유대인의 영향"을 배제하는 조치를 취함에 있어, 소위 "아리아인과 유대인 혼혈"들도 경제활동에서 제외시키려고 했다. 이때 나치 이론가들은 샤흐트가 경제적인 이유를 들어 자신의 저항을 정당화하려고 할 것이라고 생각했다. 그러나 샤흐트는 다른 전략을 써서 나치 이론가들이 가진 무기로 그들을 공격했다. "저도 세계관의 관점에서 바라보

> 독일에서 권리가 없는 사람은 아무도 없습니다. 국가사회주의 강령 4항에 따르면, 유대인은 국민도 국민 동지도 아닙니다. 그러나 당 강령 5항은 그들에게도 법을 마련하고 있습니다. 즉, 5항은 자의적으로 해석되어서는 안 되며, 법에 따라 해석되어야 합니다.
> 샤흐트의 연설, 1935년 8월 18일

겠습니다. 그러나 저는 당신들이 두려워하는 유대인 피가 조금 섞인 자들을 아무렇지 않게 처리할 수 있을 정도로 게르만 인종이 강하다고 생각합니다." 이 문장들은 샤흐트가 그와의 토론에서 진 상대방에게 전형적으로 내보이는 냉소와 거만함을 담고 있는 문장이었다. 그는 그들을 비웃음의 대상으로 만들었다. 그들은 그의 논쟁 상대가 되질 못했다. 이를 통해 샤흐트는 소위 인종 간 결혼에 대한 조치를 당분간 중지시키려는 자신의 목표를 달성했다.

그러한 연설들은 완전히 상이한 해석을 가져올 수 있다. 종전 뒤에 샤흐트 자신은 이런저런 사건들을 정력적으로 나치의 반유대주의에 반대하는 입장을 표명하고 유대인들을 변호했다는 증거로 들었다. 샤흐트는 1935년 8월 18일에 라디오를 통해 전파를 탄 쾨닉스베르크 박람회 개막식 연설에서 유대인들에 대한 권리침해에 반대하는 자신을 입장을 가장 명확하게 밝혔다. 그는 명확한 어조로 "밤중에 영웅답게 창문을 더럽힌 사람들, 유대인 상점에서 물건을 구입한 모든 독일인들을 매국노라고 써 붙인 사람들"을 비난했다. 괴벨스는 라디오 중계를 중단시킬 수는 없었지만, 신문에서 샤흐트의 연설을 "순화시키는 일"은 할 수 있었다. 그러나 그는 이 사건에서도 자신의 용기에 대한 예를 들어 보였다. 그는 제국은행을 통해 자신의 연설문을 25만 부 인쇄해서 배포시켰다. 국가사회주의 테러 정권이 몰락한 뒤에 유대인들이 자신들을 지원해 준 것에 대해 샤흐트에게 사의를 표한 것이나 당의 권리침해에 반대하는 투쟁을 증명해 주는 많은 예들은 전적으로 샤흐트

> 다행스럽게도 제국은행이 검열을 받지 않는 은행 소유의 인쇄소를 갖고 있었기 때문에, 나는 이 연설문을 제국은행 인쇄소에서 인쇄하도록 하였다. 이 연설문은 25만 부가 인쇄되어 400곳의 제국은행 지점을 통해 전국에 배포되었고, 이런 식으로 전 국민들에게 알려졌다.
> 뉘른베르크에서 샤흐트가 한 진술, 1946년 5월 1일

은행가 479

"가장 화가 나게 만든 인물 중의 한 명": 샤흐트는 독일노동전선 의장인 로베르트 라이와 수공업자 교육 문제로 대립했다

"자신을 과대평가하는 경향": 입장 표명서와 공개적인 출현을 통해서 샤흐트는 자신이 생각하는 대로 히틀러의 정책에 영향을 끼칠 수 있다고 믿었다

"유대인들은 우리에 대한 그들의 영향력을 영원히 끝내는 것을 감수해야만 한다": 샤흐트의 비호 아래 소위 "아리안화"가 철저하게 수행되었다

가 유대인에 대한 국가사회주의 테러를 비판했음을 보여 준다.

그러나 반유대주의적인 내용이 포함된 샤흐트의 연설들도 발견되었고, 전술적인 고려를 했다고 정당화하거나 전체주의 국가의 강요 탓으로 돌릴 수 없는 연설들도 있다. 일견 이런 모순이 해소될 수도 있다. 샤흐트가 나치 당원들의 유대인들에 대한 거리 테러를 거부하고 유대인 상점들에 대한 보이콧을 비판한 실제 이유가 있었기 때문이다. 두 가지 행위는 샤흐트가 가진 원래 목표를 달성하는 데 방해가 되었다. 그는 "경제 번영을 이루기 위해 당의 다른, 부분적으로 비합리적인 생각과 목표들의 수행을 포기"하려고 했다. 고삐 풀린 공개적인 테러는 그의 과업을 방해했다. 그래서 그는 아른스발데 제국은행 지점의 폐쇄를 지시했는데, 그것은 샤흐트의 직원 부인이 유대인 상점에서 물품을 구매했다는 이유로 당 간부들로부터 모욕을 당한 그 직원에게 그곳 구역 지도자가 공개적으로 사과할 때까지 내린 한시적인 조치였다.

샤흐트는 유대인이 차질 없는 경제 운영에 필요하지 않는 분야에 대해서는 침묵했다. 그가 유대인 여성에게 도움을 주길 거부했을 때, 그는 자신의 딸에게 "모든 사람을 도울 수는 없다"라고 설명했다. 더욱 나쁜 것은 유대인에 대한 차별이 그의 목적에 필요하면 경제부 자체적으로도 유대인의 경제활동을 제약하는 결정을 내렸던 것이다. 그는 쾨닉스베르크에서 한 연설에서 "유대인들은 우리에 대한 그들의 영향력을 영원히 끝내는 것을 감수해야만 한다"라고 말했다. 샤흐트는 이 문제에 있어서 실용적인 기회주의자였다. 샤흐트가 폭력을 동원해 유대인을 경제활동으로부터, 더욱이 공적 생활로부터 완전히 몰아내려 했다고 비방할 수는 없다. 하지만 그에게 유용한 것으로 보이면, 그는 유대인을 경제활동에서 몰아낼 준비가 되어 있었다. 이때 그에게 중요한 것은 이런 일이 국가 규정이나 법이라는 수단을 통해 "정해진" 과정을 거쳐 이루어졌는가 하는 점이었다. 이때 샤흐트는 완전히 옛 국가 질서의 대변자였다.

"원하는 대로 유대인들을 해당 법에 따라 열등한 권리를 가진 주민으로 낙인찍을 수 있다. 그러나 그들에게 허용하고자 하는 권리에 있어서는 국가가 그들을 광신자들로부터 보호해 주어야 한다"는 것이 그의 신조였다. 이 태도가 보여 준 재앙적인 면은 샤흐트가 "적어도 겉보기에 법과 질서"가 회복된 것을 충분하다고 생각했다는 것이다. 형식이 충족되면 내용은 그에게 상관이 없었다. 이런 의미에서 법실증주의자 샤흐트는 제국과 바이마르 공화국의 민족주의적 보수 엘리트들의 대변자였다. 이 엘리트는 국가사회주의의 반유대주의를 법과 법규를 통해 제어할 수 있다고 생각했다. 법치국가의 방식을 준수하는 것처럼 보인다 할지라도 불법행위는 정당하지 않다는 것을 샤흐트는 생각하지 못했다.

> 아버지는 확실히 반유대주의자는 아니셨다. 그는 많은 유대인을 도왔고, 이는 증명된 일이다.
> 코르둘라 샤흐트, 딸
>
> 기회주의는 힘이다./기회의 순간을 포착하는./이를 통해 무언가 옳은 일을 이루어냈다면,/나는 조용히 비난을 받아들일 것이다./내 성격이 한결같지 않다는 비난을.
> 샤흐트

그는 그가 맡은 직무를 통해 경제정책과 금융정책에서 성공을 거둔 것에 현혹되어 있었고, 히틀러의 정책과 궤를 같이 하고 있다고 확신했다. 그는 실업 문제 해소를 위해 재정 지원을 했으며, 메포 어음이라는 정교한 자금 조달 시스템을 도입하고 "신계획"의 테두리 안에서 외환 통제를 함으로써 군비 확장을 위한 재정적 수단을 마련해 주었고, 이를 기반으로 베르사유 조약에 의한 독일 차별을 종식시켰다. 독일은 다시 유럽 강대국의 지위로 돌아왔고, 이로써 목적은 달성되었다고 샤흐트는 믿었다.

재무장에 재정 지원을 할 때 제국은행 총재 겸 경제부장관으로서 샤흐트는 교묘한 조치를 취함으로써 권력을 장악하고 공고화시키는 단계에 있던 히틀러에게 자신을 없어서는 안 될 존재로 만들었다. 스스로를 없어서는 안 될 존재로 생각하고 있던 샤흐트는 히틀러가 그에게 기대하는 성과를 가져오는 한에서만 "총통"의 지원을 확보할 수 있다는 사실을 간과했다. 그러나 30년대 중반에 샤흐트도 어렴풋이 그의 목표가 독재자의 의도와 더 이상 일치하지 않는다는 것을 알게 되었다. 히틀러는 군비 확장을 위한 더 많은 자금을 원했고, 이를 위해 더 많은 신용 대부를 받든 말든 그에게는 상관이 없었다. 그러나 샤흐트는 국가재정이 올바르게 운영되기를 원했다. 이는 두 사람의 목표가 상이함을 보여 주었고, 이로써 곧 서로 자신의 길을 가게 되었다. 1935년 한 해 동안 샤흐트는 군비 확장이 계속 추진될 것이라는 사실을 알았다. 12월 24일, 제국국방장관에게 보내는 서한에서 샤흐트는 다음과 같이 밝혔다. "당신은 필요한 것을 얻는 데 필요한 외화를 내가 장만해 주기를 원하고 있습니다. 나는 이에 대해 현 상태로는 그 가능성이 없다는 점을 정중하게 알려 드립니다." 바이마르 공화국 때와 마찬가지로, 샤흐트는 점차 늘어나는 부채에 대해 반대했다. 그러나 이번에 그는 다른 적수를 상대하고 있었다.

1936년 2월 23일자 『뉴욕 타임스』지의 경제면 머리기사는 "독일의 무역적자는 샤흐트의 신계획 덕분에 큰 폭의 흑자로 전환되었다"고 전했다. 1936년 5월에 히틀러는 경제장관으로부터 외환 관리 권한을 빼앗아 그 권한을 괴링에게 넘겼는데, 괴링은 경제문제에서 샤흐트에게 가장 완강하게 맞서 가장 성공을 거둔 적수로 자리 잡게 된다. 새로운 4개년 계획의 대리인이자 장차 경제문제를 담당할 괴링과 지금까지 경제 독재자로 군림하던 샤흐트 사이에 더욱 자주 다툼이 벌어졌다. 커다란 파열음이 들리기 시작했고, 폭탄이 터지는 것은 단지 시간문제에 불과했다. 여기서 놀라운 점은 이 다툼들이 공공연하게 이루어졌다는 것이다.

거만한 괴링은 1936년 12월 17일 독일 산업계의 주요 대표자들 앞에서 "경제적으로 생산하는 것이 중요한 것이 아니라, 어찌되었든 생

샤흐트는 자신이 1934년과 1935년에 히틀러를 위해 재무장이 가능하도록 해 준 것은 맞다고 말했다. 그러나 그는 이것이 그저 독일의 방어를 위해서 했던 일이라고 말했다. 그는 히틀러가 세계를 정복하려고 한다는 것을 알게 되었을 때, 그와 결별했다고 했다.
리하르트 W. 존넨펠트,
뉘른베르크의 통역사

물론 그 밖에 나의 정책에 반하는 정책이 시작되었다. 왜냐하면 내가 적당한 군비 확장을 했던 반면, 이제부터 과도한 군비 확장이 시작될 것임을 나는 아주 정확하게 알고 있었기 때문이었다.
뉘른베르크에서 샤흐트가 한 진술

상: "경제적으로 생산하는 것이 중요한 것이 아니다": 샤흐트는 괴링과 격렬한 논쟁에 연루되었다
(이 사진은 두 적수가 1937년 6월 베를린에 있는 독일 오페라 극장에 있는 모습)
하: "만약 당신들이 비경제적으로 생산을 한다면, 당신들은 독일 국민이 가진 자산을 낭비하는 것
입니다": 샤흐트의 성명, 1936년 9월

> 괴링의 지식은 정부 구성원들이 통달해야만 하는 모든 영역에서 무에 가까웠다. 경제 분야에서도 마찬가지였다. 그에게는 히틀러가 1936년 가을에 위임한 모든 경제 사안을 처리할 능력이 털끝만큼도 없었다.
> 뉘른베르크에서 샤흐트가 한 진술

> 제국은행 총재 샤흐트 박사는 자신이 가진 전권과 괴링 대장이 가진 전권 사이에 충돌이 일어나는 것을 인식했기 때문에 자신의 일은 끝났다고 내게 전해 왔습니다. 이 때문에 경제적으로 동원을 준비하는 사전 작업이 지체되었습니다.
> 전쟁장관 베르너 폰 블룸베르크가 히틀러에게 보낸 편지, 1937년 2월 22일

> 새롭고 심각한 샤흐트 위기가 시작되었다. 그러나 이번에는 그대로 넘어갈 것 같지가 않다. 그는 총통에게 뻔뻔스런 조건을 제시했다. 그는 더구나 나치도 아니다. 나는 총통께서 그를 제거하는 일을 피하지 않으시리라 생각한다.
> 괴벨스, 1937년 3월 19일자 일기

산을 하는 것이 중요합니다"라고 밝혔다. 괴링은 대체 원료와 자주 경제에 중점을 두었고, 법적인 외환 규정 같은 것은 그에게 중요하지 않았다. 그는 어떤 대가를 치르더라도 생산을 하고자 했다. 이는 모든 기업가들에게 매우 낯선 입장이었다. 샤흐트는 이미 1936년 5월 27일자 비망록에다 그의 적수가 추구하는 자주 경제에 반대하는 생각을 기록했지만, 소용없는 일이었다. 샤흐트는 괴링의 선전포고에 대해 1937년 1월 22일 제국은행 총재 겸 경제부장관의 60세 생일을 축하하기 위해 모인 사람들 앞에서, 괴링의 선전포고를 들은 같은 청중들 앞에서, 그의 대답을 들려주었다. 샤흐트는 괴링에게 모욕적인 발언을 연달아 했는데, 물론 그의 이름을 직접적으로 언급하지는 않았다. 그러나 청중들은 모두 그가 누구를 지목하는지 알고 있었다. "나는 여러분들에게 말합니다. 만약 당신들이 비경제적으로 생산을 한다면, 당신들은 독일 국민이 가진 자산을 낭비하는 것입니다." 괴링이 그에게 던진 도전을 받아들이면서, 샤흐트는 "누군가가 법률에 따른 규정을 무시한다는 말을 듣는다면, 그들을 모두 법정에 세울 것이다"라고 위협했다.

더 많은 문제들에서 괴링과 샤흐트는 상이한 의견들을 내보였고, 그 의견 차이는 점점 더 커졌다. 그러나 이런 공개적인 다툼에도 불구하고 히틀러는 이 금융의 귀재를 해임시키지 않았다. 정반대였다. 히틀러는 제국은행 총재로서의

샤흐트의 재임 기간을 4년 더 연장할 것을 촉구했다. 샤흐트는 그사이 신중해져 있었다. 그는 "총통"을 포함한 당 거물들이 내놓은 약속에 대해 맹목적인 신뢰를 보이는 것이 더 이상 현명한 판단이 아니라고 인식했다. "제국은행 총재로 나를 재임명하는 것이 임박해 있었는데, 나는 이것을 메포 신용 대출을 중단하는 것과 연계시켰다." 그는 조건들을 제시했는데, 왜냐하면 "자발적으로 그리고 조기에 자신의 영역을 포기하려고 하지 않았기" 때문이었다. 그는 여전히 국가 부채를 해결할 수 있다고 믿고 있었고, 이 때문에 그는 그에게 약속한 신용 상환이 지켜지는지 검증해 보기 위해서 자신의 재임 기간을 1년만 연장하려고 했다. 히틀러는 이 시점에 금융 문제에 있어 국제적인 간판을 포기하려고 하지 않았기 때문에 이에 호응했고, 샤흐트의 조건을 받아들였다. 동시에 그는 자신의 영향력에서 벗어난 전직 경제 스타를 인정해 주었고, 그 중요도가 미미해진 다른 각료들에게 그랬던 것처럼, 그에게도 1937년 1월 31일에 금장 당 배지를 수여했다. 비록 샤흐트가 국가사회주의노동당 당원이었던 적이 없었음에도 불구하고.

그 외에도 히틀러는 두 적수들에게 화해할 것을 촉구했다. 그는 1937

> 1937년 여름, 샤흐트가 베르크호프에 왔을 때, 나는 오버잘츠부르크의 베르크호프 테라스에서 내 건축 계획을 보여 주기 위해 기다리고 있었다. 테라스에 있던 나는 히틀러의 방에서 흘러나오는 히틀러와 샤흐트 간에 벌어진 시끄러운 다툼 소리를 들었다. 히틀러의 목소리가 점점 더 커졌다. 면담이 끝난 뒤에 히틀러가 테라스로 나와서 눈에 띄게 격앙된 표정으로 샤흐트와 같이 일을 할 수 없을 것 같다든지, 그와 심각한 다툼이 있었다는 등의 말을 했다. 샤흐트가 재정 수단을 가지고 자신의 계획을 방해할 것 같다는 얘기도 했다.
>
> 슈페어의 설명, 1946년 1월

년 10월 6일 베르크호프를 방문한 샤흐트에게 "당신은 괴링을 이해해야만 합니다"라고 권했다. "총통"이 가장 성공한 장관의 비위를 맞춰 주었다. 샤흐트는 자신의 회고록에서, "그러나 샤흐트, 그럼에도 나는 당신을 좋아하오"라는 고백에서 절정을 이룬 히틀러의 멜로드라마와 같은 간청에 대해 묘사했다.

    샤흐트는 생각할 시간을 줄 것을 부탁했고, 이틀 뒤에 결말을 내야 한다는 인식에 도달했다. 그는 서한을 보내 "친애하는 제국수상, 총통 각하"에게 사임을 청했다. 이 편지에서 별난 부분은 칭호뿐만 아니라 마지막 부분에서도 보인다. 샤흐트의 청원은 자신이 입수했다고 하는 풍자시로 마무리되어 있었다.

> 괴링이 말하기를, 내게 4년의 시간을 다오,
> 자금 걱정 없는 경제 상황을 만들 때까지.
> 그대들에게 보증인으로 샤흐트를 남겨 둘 테니,
> 내가 달아나면, 그의 숨통을 끊어도 좋다.

신의와 정직이라는 고전적 신조의, 쉴러의 「보증」이라는 시를 넌지시 암시한 것은 샤흐트가 교양 시민이라는 것을 보여 주었을 뿐만 아니라 자신의 신념을 솔직하게 밝히려는 그의 입장을 보여 주었다. 히틀러는 1937년 11월 26일에 샤흐트의 청을 받아들일 때까지 여러 주를 소비했다. 물론 부분적으로 청을 받아들였다. 히틀러는 그에게 경제부장관과 전권 대리인의 직을 면해 주었지만, 무임소장관으로 그를 내각에 남겨 놓았다. 이로써 샤흐트는 영향력 없는 국가기관의 영향력 없는 일원으로 남게 되었다. 중요한 결정들은 다른 그룹에서 이루어졌는데, 이에 대해서 샤흐트는 전혀 알지 못했다. 1937년 11월 5일, 히틀러는 한 비밀회의에서 자신의 진짜 의도를 드러냈다. 이 회의를 기록한 소위 호스바흐 회의록에 나타난 핵심 메시지는 그가 전쟁을 원한다는 것이었다. 만약 샤흐트가 이에 대해 알았다면, 아마도 그는 이 무의미한 관직에서 물러났을 것이다. 그렇지만 그는 관직에 남았고, 부당한 국가에서 계속 최소한의 법적 질서를 세우려고 했다. 이에 대한 모든 가능성을 샤흐트는 열어두었다. 경제부장관에서 물러난 뒤에도 그는 여전히 상대적으로 독립적인 제국은행 총재로 남아 있었다.

11월 9일 밤, 상부에 의해 조정된 박해 지시로 인해 유대인 상점과 유대교 회당들이 불타오른 소위 "제국 수정의 밤" 사건과 관련해서 상황은 명확해졌다. 샤흐트는 이 사건을 비난했고, 제국은행 직원들 앞에서 그의 거부 입장을 숨기지 않았다. "방화는 범죄행위이기에 점잖은 모든 독일인들은 부끄러움에 얼굴이 달아올랐을 것입니다"라고 그는 말했다. "제국은행에서 다른 사람의 생명과 재산 그리고 신념을 존중하지 않는 사람에게 우리가 내줄 자리는 없습니다. 제국은행은 신의와 신뢰의 바탕 위에 세워졌습니다." 바로 이 신의와 신뢰를 존중하기 위해 그는 개인 면담을 통해서 히틀러에게 한 가지 제안을 했는데, 이 제안은 규칙과 법을 믿는 사람에게는 전형적인 것이었다. "만약 당신께서 독일 내의 유대인들을 위한 법적 토대를 세울 생각이 없으시다면, 적어도 그들의 이주를 완화시켜 주어야만 합니다." 그는 국채를 토대로 한 금융모델을 개발했는데, 이 금융모델은 유대인 재산의 양도를 규정하고 유대인들의 이주를 위한 실질적인 토대를 보장하기 위한 것이었다. 그것은 모범적인 한 금융가의 모습을 보여 주었는데, 그에게 있어 신뢰는 모든 상행위의 기초 자본이었다. 놀라운 일은 히틀러가 그 제안을 받아들였다는 것이었다. 샤흐트는 외국에서 필요한 지원을 얻기 위해 모든 열과 성을 다했

샤흐트는 떠나야만 한다. 그는 우리 정책의 암과 같은 존재다.
괴벨스, 1937년 11월 4일자 일기

다. 하지만 그는 실패했다. 처음으로 이 금융 귀재는 중요한 문제에서 국제적인 동의를 얻지 못했다. 샤흐트가 세운 계획이 객관적인 관찰자들의 눈에 "자유를 대가로 한 돈"이라는 원칙하에 강탈을 하고 있다는 의심을 갖게 만든 것이 그 원인일 수 있다. 그 원인은 또한 국가사회주의 독일에서 성공적으로 자행된 수많은 강탈 시도들 이후에 세계 여론이 변화했다는 것에서 찾을 수도 있다. 어찌되었든 샤흐트는 히틀러에게 자신의 실패를 인정하지 않을 수 없게 되었다. 샤흐트의 적대자들은 환호했다.

이 금융 귀재는 탐탁지 않았지만 자신이 불러낸 정령을 더 이상 제어하지 못한다는 사실을 받아들여야 했다. 제국의 재정은 결국 통제가 되지 않았다. 군수 지출은 히틀러의 약속과 달리 계속 늘어났다. 계속 새로운 자금 차입을 통해 자본시장에서 총액을 늘려야만 했는데, 이는 탐욕스러운 군비 확장이라는 괴물을 키우기 위해서 필수적이었다. 1939년 1월 7일 제국은행 전체 이사회가 히틀러에게 보낸 입장 표명서에는 "국가 재정지출이 무한정 늘어나는 것은 체계화된 예산 운영을 위한 모든 시도를 무산시키고, 국가재정을 붕괴시키며, 통화를 뒤흔듭니다"라고 적혀 있었다. 이런 명확한 언급에 대해 히틀러는 그저 "모반"이라고 말했을 뿐이었다. 어쨌든 샤흐트가 자신의 확실한 비판에 대한 이런 반응을 감지하게 될 때까지 12일이 걸렸다. 1월 19일 제국은행 총재는 제국수상 청사로 들어오라는 지시를 받았다. "총통"은 그에게 "나는 제국은행 총재직 해임장을 전하기 위해 당신을 불렀소"라고 설명했는데, 이 내용은 비망록에 기록되지도 않았다. 접견은 몇 분 뒤에 끝났다. 이제 샤흐트는 모든 책임과 무언가를 만들어야 하는 의무에서 자유롭게 되었다. 그는 자신의 책무를 다했기에 떠날 수 있었다. 히틀러에게는 더 이상 샤흐트의 권위와 명성이 필요하지 않았다. 오래전부터 국가사회주의 정권은 국내적으로나 국제적으로 충분히 확고한 입지를 점하고 있었다. "제3제

"탐욕스러운 군비 확장이라는 괴물": 샤흐트의 경제/금융 정책 조치들은 군수품 생산을 활성화시켰다. 한 독일 군수 기업에서 전차를 제작하는 모습

"당신은 국가사회주의 전체 틀에 들어맞지 않습니다": 결국 독재자와 금융 귀재는 더 이상 할 말이 없어졌다

국"의 충복들은 이미 오래전부터 샤흐트의 전문 지식이 필요 없다고 믿고 있었고, 히틀러조차 이 경제 전문가의 계속되는 인플레이션 경고에 짜증이 나 있었다. 제국은행 총재 자리에서 해임된 이후, 샤흐트는 딱 두 번 "총통"을 만났다. 독일군이 프랑스 원정에 성공한 후인 1940년 6월에 있은 리셉션 자리와 1941년 2월에 무임소장관으로서 히틀러에게 30

살 어린 마우치카 폴커와 결혼한다는 사실을 알려 줄 때였다. 샤흐트는 "총통"의 지근거리에서 모습이 사라졌을 뿐만 아니라, 그의 이름도 독일 언론에서 더 이상 언급되지 않았다. 괴벨스는 독일 경제 부흥을 이룬 옛 스타에 대해 입을 다물게 했다. 『순수 민족 관찰자』지가 "권력 장악" 8주년을 기념하여 나치 정권의 업적과 성과를 작성한 상세 연대기에서 샤흐트는 일절 언급되지 않았다. "그러한 침묵은 무서운 무기였다." 항상 주목을 받아 왔고 자신의 업적에 대해 자신하고 있던 사람이 실망감을 내보인다면, 그것을 그저 상처받은 허영심이라고 볼 수는 없었다. "사실을 알리지 않고 격려하는 인상만 주려고 한다면, 폭력에 대해 싸우면서 순교한 것이 무슨 소용이 있겠는가?"라고 그는 자신의 자서전에 적었다. 그는 자신이 히틀러를 지원한 것을 항상 나치에 의한 지배를 내부에서 통제하기 위한 시도였다고 정당화했다. 이제 그는 권력을 가진 지위를 잃었다. 그는 자신의 역할을 지칠 줄 모르는 경고자의 역할로 국한시켜야만 했고, 자신의 경고가 공염불에 그친다는 것을 알아야만 했다. "히틀러의 정책이 도를 지나치는 것을 막으려는 나의 시도는 실패로 돌아갔다. 나는 모든 라인에서 배제되었다." 거만함에 가까운 자부심을 가졌던 한 사람의 고백으로는 놀라운 고백이었다.

> 국가사회주의노동당이 정권을 장악한 이후, 제국은행처럼 발권은행이 평화 시에 그런 과감한 신용 정책을 취하기는 어렵다. 그러나 이런 신용 정책의 도움으로 독일은 어느 나라에도 뒤떨어지지 않는 무장을 이뤄 냈다. 그리고 다시 이 무장으로 인해 우리 정책이 추구하는 결과를 얻을 수 있었다.
> 샤흐트, 1938년 11월 29일 연설

> 제국은행은 항상 국가사회주의적으로 운영될 것이다. 그렇지 않다면 나는 더 이상 총재로 남고 싶지 않다.
> 샤흐트, 오스트리아 국립은행을 인수하면서 그 직원들에게 한 연설

> 당신은 국가사회주의 전체 틀에 들어맞지 않습니다.
> 히틀러가 샤흐트에게 한 말

> 샤흐트는 면직되었다. 그의 제국은행 총재 후임자는 [발터] 풍크였다. 샤흐트는 총통을 협박하려 했으나 미수에 그쳤다. 그는 무뢰한이고 늙은 프리메이슨 단원이다. 이제 그는 피면되었다. 그렇게 되어야 할 때였다.
> 괴벨스, 1939년 1월 20일자 일기

1943년 1월, 그가 무임소장관직에서 해임된 소식은 독일 언론에 전혀 언급되지 않았다. 그렇지 않아도 무용지물로 평가되던, 히틀러의 내각에 남아 있던 이 옛 스타를 제거하기 위한 이 마지막 조치는 샤흐트가 여러 계기를 통해 히틀러의 충복이었던 거물 적대자들에게 퍼부었던 지속적인 비판이 불러온 결과였다. 이 건에 대해 그는 1942년 11월에 작성한, 괴링에게 보낸 입장 표명서에서 왜 전쟁에서 지게 될 것인지에 대한 8가지 이유를 조목조목 들었다. 히틀러의 대답은 2달 뒤에 있었는데, 더 기대할 것이 없다는 점이 분명해졌다. "총통께서는 현재 숙명적인 전투를 벌이고 있는 전반적인 상황을 고려하여 일단 당신을 제국장관직에서 해임하기로 결정하셨습니다." "일단"이라는 단어는 더 나쁜 일을 예상하게 만들었다. 샤흐트가 더 걱정해야만 했던 것은 괴링의 반응이었는데, 그는 며칠 뒤에 "패배주의적이고 독일 국민의 투지를 떨어뜨리는 편지에 대한 대답으로" 샤흐트를 "프로이센 국가평의회"에서 축출했다. 금장 당 배지를 반납하라는 요구도 샤흐트는 견딜 수 있었다. 그러나 모든 관직에서 물러나게 함으로써, 예전에 여러 관직을 맡았던 그에게, 예전 후원자였던 히틀러와의 결별이 최종적으로 결정되었다는 점을 분명히 해 주었다. 샤흐트는 오래전부터 게슈타포로부터 감시를 받고 있었고, 나치 정권 내 그의 적대자들은 그저 그의 입을 닫게 만들 구실을 찾고 있었다.

독일의 운명, 국가사회주의와 히틀러의 운명은 너무 밀접하게 연관되어 있습니다. 그래서 나에 대한 대우조차도 내 충성심과 의무감에 영향을 줄 수는 없습니다. 때문에 나는 총통께서 다시 한 번 정치적 상황에 대한 나의 짧은 서면 의견을 받아 주실 준비가 되어 있는지 확인해 준다면 당신에게 매우 고마워할 것입니다.
샤흐트가 제국수상 청사 사무국장 한스-하인리히 람머스에게 보낸 편지

총통에게 정치적 상황에 대한 짧은 서면 의견을 제출하려는 당신의 소망에 대해 보고를 드렸습니다. 총통께서는 당신이 그렇게 하지 말 것을 부탁하셨습니다.
람머스의 답신, 1943년 4월 19일

그는 당이 변질되는 것에 용감하게 맞서 싸웠고, 많은 비난을 감수했다. 그는 비록 늦었지만 히틀러에게 자신의 의견을 개진할 수 있었던 유일한 장관이다.
카를 괴르델러, 전직 라이프치히 시장이자 저항운동가, 1944년

샤흐트는 내심 오래전부터 히틀러 정권과 거리를 두고 있었다. 1938년 2월에 있은 블롬베르크-프리취 위기와 같은 사건들은 이 독재자가 자신의 정적들을 어떻게 처치하는지 확실하게 보여 주었다. 그 당시 육군 최고사령관이었던 베르너 폰 프리취 장군이 동성애자라는 소문 때문에 파면되었고, 제국국방장관 베르너 폰 블롬베르크 장군과 같이 "총통"의 전쟁 계획에 회의적이었던 장군들이 자리를 비워야 했다. 보수 엘리트의 일원으로서 샤흐트는 1938년 이후 히틀러에 대해 저항하고 있던 민간 계통과 군 계통의 많은 사람들을 알고 있었다. 샤흐트는 1949년 『히틀러와의 청산』에서 "내가 전쟁 전에 이미 폰 클루게 장군과 비츠레벤 주위 사람들을 동원하려고 한 적이 있었기 때문에, 그래서 이 시도를 계속했다"라고 저항에 관여한 것에 대해 적었다. 그러나 그가 말한 "동원"은 여러 여당 대표자들과의 대화에 국한되었다. 그 자신이 적극적으로 나서지는 않았다. 1944년 7월 20일에 히틀러의 암살을 시도한 사람들의 계획에 대해, 샤흐트는 알고는 있었지만, 아마도 그 계획이 성공할 것이라고 믿지는 않았던 것 같다. 그는 이 계획에 대해 알고는 안전을 위해 자신의 어린 두 딸을 오버바이에른[바이에른 주 남동쪽에 있는 행정구역]으로 보냈다. 샤흐트는 귈렌에 있는 자신의 영지(領地)로 돌아온 뒤 7월 23일에 체포되었고, 우선 라벤스브뤽 강제수용소로 보내졌다. 그러나 게슈타포는 그가 공모했다는 증거를 발견하는 데 실패했다. 그럼에도 불구하고 샤흐트는 "제3제국"이 몰락할 때까지 10개월간 구금되어 있었다.

히틀러의 앞잡이들은 그를 전직 오스트리아 연방수상이었던 쿠르트 슈쉬닉 또는 프랑스의

> 내게 기회가 있었다면 그를 죽였을 것이다. 내가.
> 뉘른베르크에서 샤흐트가 한 진술

> 7월 20일은 당의 적으로 알려진 제국은행 총재 샤흐트를 증인들의 증언을 통하거나 7월 20일 사건과 연관시켜 어떤 식으로라도 기소를 할 수 있었기 때문에, 그에게 죄를 물을 수 있는 다분히 좋은 기회였다.
> 돌격대 대장 오토 올렌도르프가 뉘른베르크에서 한 진술

"죄인들과 똑같이 취급당했다": 히얄마르 샤흐트는 뉘른베르크 전범 재판에 부당하게 고발당했다고 믿었다

레온 블룸 총리와 같은 나치 정권의 다른 고위 죄수들과 함께 플로센뷔르크에서 다하우에 이르기까지 여러 게슈타포 수용소와 강제수용소를 전전하게 만들었다.

유명 인사들이 수용된 니더른도르프 수용소에서 샤흐트는 종전을 맞았다. 바이에른 주에 진주한 미군은 수용소를 접수했다. 그러나 나치 수용소들을 전전하며 10개월을 보낸 샤흐트에게 나치의 멍에서 자유롭게 된 것이 자유를 의미하는 것은 아니었다. 미군은 나치 정권의 저명한 죄수들에게 그들을 앞으로 포로로 간주하겠다고 말했다. 샤흐트는 격분했다. "히틀러에 대항해 목숨을 걸고 싸웠던 우리들이 죄인들과 똑같이 취급당했다." 민간인 샤흐트는 고위급 군인들과 함께 전쟁 포로로 나폴리로 보내졌고, 그곳에서 첩보기관 장교들로부터 심문을 받았다. 샤흐트가 믿고 싶지 않았던 일이 벌어졌다. 전범위원회는 "독일 정부의 모든 인사들이 개인적으로 이 범죄에 대한 책임을 져야 할 것"이라고 결정했다. 그리고 그렇게 샤흐트의 이름은 뉘른베르크 국제전범재판소에서 책임자 명단에 올라가 있었다.

> 피고 샤흐트는 위에서 언급한 관직을, 자신의 개인적인 영향력과 총통과의 밀접한 관계를 다음과 같은 식으로 이용했다. 기소 조항 1항에서 상술한 바와 같이, 그는 나치 일당들이 권력을 잡고 독일에 대한 그들의 통제를 확고히 하는 것을 지원했다. 그는 기소 조항 1항에서 상술한 전쟁 준비를 지원했다. 그는 기소 조항 1항과 2항에 상술한 침략 전쟁과 국제조약, 협정 그리고 확약을 해치는 전쟁을 준비하는 데 관여했으며, 이를 위한 군사적이고 경제적인 계획을 세우는 데 관여했다.
>
> 뉘른베르크 전범 재판에서 샤흐트에 대한 소장에 나온 내용

> 나는 원칙적으로 군비 확장에 찬성하지 않았습니다. 나는 원칙적으로 독일의 동등한 권리를 찾는 데 찬성했습니다. 이 독일의 동등한 권리는 다른 국가의 군비축소나 우리의 군비 확장을 통해 이룰 수 있었습니다.
> 뉘른베르크에서 샤흐트가 한 진술

그들은 세계 여론이 지켜보는 가운데 나무로 만들어진 피고인석에 두 줄로 쪼그리고 앉아 있었다. "제3제국"의 최고위직에 있었던 나치 정권의 대표적인 인물 20명에 대한 재판이 뉘른베르크 사법부 건물에서 이루어졌다. 4가지 주요 기소 조항은 평화에 반하는 공모, 평화에 반하는 범죄, 전쟁범죄 그리고 반인도적 범죄였다. 결여된 죄의식, 분노 그리고 비굴한 복종심이 피고인석에 자리 잡고 있었다. 히얄마르 샤흐트는 특별한 무죄 전략을 생각해 냈다. 전직 경제 독재자는 무고한 사람의 성난 모습을 보여 주었다. 그는 자신에게 해당되는 두 가지 기소 항목에 대해 "무죄"라고 대답했다. 그는 미국 측 수석검사 로버트 H. 잭슨으로부터 독일 국민경제를 실전 태세로 운용한 주책임자라는 비난을 받아야만 했다. 그의 해명은 뉘른베르크 전범재판소의 최고재판관에게 믿을 만한 인상을 주지 못했다. "때때로 그는 나치 동료들과 가장 효율적으로 목표를 달성하는 방법에 대해 의견 일치를 보지 못했지만, 결코 그 목표 자체에 대해서 의견을 달리한 적은 없었다. 그가 정권이 몰락하는 과정에서 나치와 결별했을 때, 그것은 결코 근본적인 숙고를 통해 내린 결론이 아니라 전술적인 고려에서 나온 결정이었다." 그러나 이 해석들은 샤흐트의 변호인인 루돌프 딕스가 의뢰인의 혐의를 벗기기 위해 소환했던 일련의 증인들의 증언과 상충했다. 제국은행 이사회의 일원이었던 빌헬름 포케는 샤흐트가 실업을 해소하기 위해 군비 확장을 재정적으로 지원했고, 독일이 다시 유럽 이웃 국가들과 동등해질 때까지 군비 확장은 필수적이라고 생각했다고 증언했다. 같은 피고인이었던 알베르트 슈페어는 히틀러와의 다툼에 대한 샤흐트의 진술을 뒷받침해 주었다. 그는 히틀러가 1937년 8월 11일 베르크호프에서 샤흐트와 대화를 가진 뒤에 자신에게 "나는 샤흐트와 아주 심각한 다툼을 벌였습니다"라고 설명했다고 진술했다. 그리고 계속해서 다음과 같이 진술했다. "나는 샤흐트와 더 이상 같이 일할 수 없습니다. 그는 내 재정계획을 방해하고 있습니다." 피고의 핵심 증인들만 히틀러와 샤흐트 사이의 상이한 견해에 대해 증언한 것이 아니었다. 한스 베른트 기세비우스와 함께 독일 저항운동의 일원 중 한 명도 "제3제국" 기간 동안 샤흐트의 태도에서 볼 수 있는 상반된 면에 대해 진술했다. "샤흐트는 의심의 여지 없이 애국적인 견지에서 히틀러 정부에 참여했고, 그가 확실하게 실망을 느낀 그 순간부터 똑같이 애국적인 견지에서 야당에 합류하기로 결정했다고 나는 증언하고 싶습니다."

218일간의 심리 뒤에, 주요 전범들에 대한 재판은 1946년 10월 1일 판결을 언도함으로써 끝이 났다. "본 법정은 히얄마르 샤흐트 그에게 부과된 기소 항목에 대해 무죄임을 확정합니다. 아울러 이 공판이 끝남과 동시에 법정 경리를 통해 그를 석방시킬 것을 지시합니다"라고 프랜시스 비들 재판관이 발표했다. 히틀러의 경제 전문가 외에 프란츠 폰 파펜과 독일라디오방송국의 수석논설위원인 한스 프리췌 단 두 명의 피고만이 무죄 선고를 받았다.

소련 측 검사들은 이에 대해 항의했으나, 그들도 샤흐트의 "범죄" 행위를 증명하지 못했다. 그 대신 법정은 샤흐트에 의해 재정 지원을 받은 군비 확장 프로그램은 오직 "다른 유럽 국가들과의 동등한 권리에 기반해서 존중을 받게 될, 강력하고 독립적인 독일을 건설하는 목적을 가지고 있었다"고 인정했다. 그것은 범죄로 분류될 수 없었고, 반대의 성격을 가지고 있었다고 했다. "만약 샤흐트가 지지한 정책이 실제로 실행되었다면, 독일은 유럽에서의 전면전을 준비하지 않았을 것이다." 두 번째 기소 조항인 침략 전쟁의 준비 항목에 대해서도 법정은 무죄라고 보았다. 왜

상: "최고의 무죄판결": 뉘른베르크 법정이 의외의 판결을 내린 뒤에 히얄마르 샤흐트가 자필 서명을 하고 있다

하: "광범위한 계층의 독일 국민에게 놀라움과 의아함을 불러일으켰다": 샤흐트의 무죄판결에 반대하는 독일공산당의 항의 시위, 1946년 10월

냐하면 "샤흐트가 이 계획에 아주 깊숙이 관여한 히틀러의 이너서클(inner circle)에 속해 있지 않았기"때문이었다.

샤흐트는 판결이 언도될 때 이 최고의 무죄판결에 대해서 전혀 놀라지 않았다. 법정의 견해에 따르면, 다른 결론에 이를 수가 없었다. 그가 뉘른베르크 감방을 자유의 몸으로 나설 수 없었다는 사실에 그는 더욱 놀랐다. 문 앞에는 그를 다시 체포하기 위해 독일 경찰들이 기다리고 있었다. 샤흐트는 3일을 더 감방에서 보냈

> 아버지는 단 한순간도 자신의 석방에 대해 의심하지 않으셨다. 아버지는 신이 자신을 도와줄 것이라고 단단히 믿고 있었다. 일생 동안 때때로 자기 회의에 빠지기도 했지만, 언제나 아버지는 자신의 모든 행동에 확신을 가지고 계셨다.
> 코르둘라 샤흐트, 딸

> 이 무죄판결은 광범위한 계층의 독일 국민에게 놀라움과 의아함을 불러일으켰다.
> 카를 제베링, 전직 프로이센 내무장관, 1947년

는데, 이 감방은 문을 잠그지 않은 채 열려 있었다. 결국 그는 승전국의 견해에 따라 자유의 몸으로 간주되었던 것이다.

독일인들은 물론 이에 대해 생각이 달랐다. 베를린에서 2만 명이 샤흐트의 무죄판결에 대해 시위를 했을 뿐만 아니라, 바이에른 나치청산청 청장인 안톤 파이퍼도 연합군의 명령에 의해서 샤흐트를 다시 체포하는 것을 겨우 막을 수 있었다.

미군정은 결국 샤흐트를 독일 당국에 넘기게 되었다. 독일 시민이 자신의 행위에 대해 다시 한 번 책임을 져야 하는지 여부를 독일 법정이 다루어야 했다. 1944년 7월 23일부터 샤흐트는 여러 감옥과 수용소를 전전했고, 계속 감시자가 바뀌었다. 처음에는 독일이, 다음에는 연합군이, 그리고 이제 다시 독일이 감시자가 되었다.

역사의 아이러니는 샤흐트를 철창 뒤에 가장 오래 가두었던 법정이 바로 민주 독일의 법정이었다는 것이다. 1947년 슈투트가르트 슈프루흐캄머는 나치 청산 소송에서 전직 장관 겸 제국은행 총재를 "주범"으로 분류했고, 그에게 8년의 노동수용소 형을 언도했다. 샤흐트는 항고했다.

그러나 이것이 끝이 아니었다. 또 다른 나치 청산 소송이 그의 거주지인 뤼네부르거 하이데에서 열렸는데, 이번에는 구금되지는 않았다. 그는 판결이 날 때까지 루에 강변에 위치한 빈젠의 게스트 하우스에 격리되어 있어야만 했다. 1950년 9월 13일에 독일 법정은 마지막 심급 절차를 통해 히얄마르 샤흐트에게 "제3제국"에서 그가 행한 행위와 관련해 제기된 모든 기소 항목에 대해 무죄를 선고했다.

샤흐트는 최종적으로 자유의 몸이 되었고 신원이 깨끗한 시민으로서 자신의 세 번째 경력을 시작할 수 있었다. 바이마르 공화국과 "제3제국"에서 그가 지도층 엘리트 반열에 올랐던 것처럼, 그는 전후 독일에서도 이 두 번째 공화국의 지도층으로 다시 돌아왔다. 비록 이번에는 그가 최고 위치에 오르는 것이 허용되지 않았지만, 그는 그가 건립한 뒤셀도르프 무역은행 "샤흐트 & Co."를 통해 개인 재산을 모았다. 석방 뒤에 마르크 브란덴부르크에 있는 영지를 상실함으로써 그를 괴롭혔던 돈 걱정은 진작 없어졌다.

그는 죄수로서의 시간을 이용해 『히틀러와의 청산』을 저술했는데, 약 25만 부가 팔렸다. 그의 자서전 『76년간의 내 인생』도 베스트셀러가 되었다.

저작 활동을 좋아했음에도 불구하고, 정말 그가 여전히 열정을 가지고 있던 분야는 금융 분야였다. 독일 내에서 그에게 자문을 구하는 일은 드물었지만, 그는 브라질, 서아프리카 또는 중동 국가들의 경제 및 금융 자문가로서 다시 국제 무대에 개입했다. 특히 인도네시아 정부 및 금융권과 샤흐트는 활발한 교류를 갖고 있었다. 갓 독립한 공화국 정부를 위해 그가 이루어야 했던 임무는 독일에서 1923년에 했던 임무와 유사했다. 급격하게 진행되는 인플레이션을 막는 일이었다.

"독일연방공화국에서 세 번째 경력": 그가 설립한 뒤셀도르프 민간은행의 출자자들과 함께한 샤흐트, 1953년

1963년, 그는 86세의 나이로 무역은행에서 물러났지만, 공적인 활동은 계속했다. 그는 계속해서 금융 문제에 대한 의견을 표명했고, 자신의 관직 후임자들을 공개적으로 호되게 꾸짖었다. 샤흐트의 비판은 언론이 바라던 기삿거리였고, 이 금융계의 권위자는 자신의 명성을 이용해 연방공화국의 정치인들을 비판했는데, 예전에도 바이마르 공화국과 "제3제국"의 정치인들이 이와 똑같은 비난을 들어야만 했었다. 1966년, 그는 자신의 저서 『돈의 마술』에서 "나는 첫 번째 인플레이션을 종식시키는 것을 도울 수 있었다. 나는 두 번째 인플레이션을 막기 위한 시도에서 내 관직과 삶 그리고 내 영향력을 희생시켰다. 나는 침묵함으로써 세 번째

인플레이션이 조장되도록 내버려 두지는 않을 것이다"라고 적었다. 그는 평생 동안 많은 신용 대출을 촉진시키는 것에 천착했다.

1970년 6월 3일, 그의 파란 많은 생애가 끝이 났다. 히얄마르 샤흐트는 뮌헨에서 낙상 후유증으로 사망했다. 의사가 "옷을 입으시려면 앉으셔야 하지 않겠습니까"라고 물었다고, 샤흐트의 전기 작가인 존 바이츠가 마지막 대화를 묘사했다. "내가 앉아야 된다고 왜 미리 얘기하지 않으셨습니까"라고 그가 대꾸했다. 죽음에 직면해서도 샤흐트는 자기주장을 관철시키기 위해 끝까지 물고 늘어졌다. 그는 마지막 순간까지 자신이 잘못을 저질렀다는 것을 인정하지 않았다.

옮긴이의 글

평화의 땅 다레살람. 내 여섯 번째 근무지인 탄자니아 대사관이 소재한 도시다.

하지만 내 마음은 그리 평안하지 않다. 지난 2주 사이에 조깅을 하다가 핸드폰을 날치기 당하고 테니스를 치러 갔다가 지갑을 털리고 나서는 모든 것이 의심스럽다. 저 사람이 또 내 핸드폰을 노리는 것은 아닌지, 아니면 내 지갑을 노리는 것은 아닌지 의심의 눈초리를 모두에게 던진다. 그렇게 환경의 변화가 나의 심리 상태를 변하게 만들었다. 하지만 이것이 전부 그들의 잘못일까. 그들을 그렇게 내몬 위정자의 잘못은 아닐까. 그래서 위정자의 한 마디가 무섭고 파괴적이라는 생각을 하게 된다.

요사이 뉴스 상에 나오는 우리나라 정치인들의 선정적이고 날선 한 마디 한 마디들이 도대체 정말로 국민을 생각하고 하는 말일까. 정치인들의 목적이 비록 정권을 잡는 것이라 할지라도 무조건적인 반대와 지엽적인 문제의 과장이 과연 받아들여질 수 있는 것일까. 그들은 국민을 위해서 보다 큰 그림을 그려야 되는 것이 아닌가. 이런 생각들이 요새 제3제국 선전장관인 요제프 괴벨스의 연설문을 읽으면서 더 마음에 다가와서 마음을 무겁게 만든다. 국민은 없는 국민을 위한 정치.

필리핀 마닐라에서 시작한 번역 작업이 이제야 마무리되었다. 열악한 아프리카에서 고생하는 아내와 아이들에게 미안한 마음을 전한다.

2018년 3월
탄자니아 다레살람에서

참고 문헌

군수 기획자

Fest, Joachim: Das Gesicht des Dritten Reiches — Profile einer totalitären Herrschaft. München, Zürich 1977.
Fest, Joachim: Speer — Eine Biographie. Berlin 1999.
Reif, Adelbert: Technik und Macht — Albert Speer. Frankfurt/Main u. a. 1981.
Schlie, Ulrich (Hrsg.): Die Kransberg-Protokolle 1945. Seine ersten Aussagen und Aufzeichnungen (Juni-September). München 2003.
Schmidt, Matthias: Albert Speer — Das Ende eines Mythos. Speers wahre Rolle im 3. Reich. Bern, München 1982.
Sereny, Citta: Albert Speer — Sein Ringen mit der Wahrheit. München 2001.
Speer, Albert: Der Sklavenstaat — Meine Auseinandersetzungen mit der SS. Stuttgart 1981.
Speer, Albert: Erinnerungen. Berlin 2003.
Speer, Albert: Spandauer Tagebücher. Berlin 2002.
Willems, Susanne: Der entsiedelte Jude — Albert Speers Wohnungsmarktpolitik für den Berliner Hauptstadtbau. Berlin 2002.

로켓 연구자

Béon, Yves: Planet Dora — Als Gefangener im Schatten der V2-Rakete. Gerlingen 1999.
Braun, Wernher von: Start in den Weltraum — Ein Buch über Raketen, Satelliten und Raumfahrzeuge. Frankfurt/Main 1960.
Dornberger, Walter: V2, der Schuss ins Weltall — Geschichte einer großen Erfindung. Esslingen 1952.

Eisfeld, Rainer: Mondsüchtig — Wernher von Braun und die Geburt der Raumfahrt aus dem Geist der Barbarei. Reinbek 2000.
Erichsen. Johannes (Hrsg.)/Hoppe, Bernhard M. (Hrsg.): Peenemünde, Mythos und Geschichte der Rakete 1923-1989. Katalog des Museums Peenemünde. Berlin 2004.
Fiederrnann. Angela/Heß, Torsten/Jaeger, Markus: Mittelbau-Dora — Ein historischer Abriss. Berlin 1993.
Haining, Peter: The Flying Bomb War — Contemporary Eyewitness Accounts of the German V-1 and V-2 Raids on Britain. London 2002.
Henneberg, llse (Hrsg.): »Niedergefahren zur Hölle — aufgefahren gen Hirnrnel«. Wemher von Braun und die Produktion der V-2-Raketen im KZ Mittelbau-Dora. Bremen 2002.
Neufeld, Michael J.: Die Rakete und das Reich — Wernher von Braun, Peenemünde und der Beginn des Raketenzeitalters. Berlin 1999.
Oberth, Hermann: Wege zur Raumschifffahrt. Düsseldorf 1986.
Piszkiewicz, Dennis: Wernher von Braun — The Man who sold the Moon. Westport/Conn., London 1998.
Reisig, Gerhard H. R.: Raketenforschung in Deutschland — Wie die Menschen das All eroberten. Berlin 1999.
Stuhlinger, Ernst/Ordway, Frederick I.: Wernher von Braun — Aufbruch in den Weltraum. Die Biographie. Esslingen, München 1992.
Wagner, Jens-Christian: Produktion des Todes — Das KZ Mittelbau-Dora. Göttingen 2001.
Weyer, Johannes: Wernher von Braun. Reinbek 1999.

장군

Das Deutsche Reich und der Zweite Weltkrieg. Hrsg. vom Militärgeschichtlichen Forschungsamt. Bislang 7 Bände. Stuttgart 1979-2001.
Feuersenger, Marianne: Mein Kriegstagebuch — Zwischen Führerhauptquartier und Berliner Wirklichkeit. Freiburg i. Br. 1982.
Jodl, Luise: Jenseits des Endes — Leben und Sterben des Generaloberst Alfred Jodl. Wien, München, Zürich 1976.

참고 문헌 **509**

Kaltenegger, Roland: Gebirgsjäger im Kaukasus — Die Operation »Edelweiß« 1942/43. Graz, Stuttgart 1997.
Loßberg, Bernhard von: Im Wehrmachtsführungsstab — Bericht eines Generalstabsoffiziers. Hamburg 1949.
Macksey, Kenneth: »Generaloberst Alfred Jodl«. In: Ueberschär, Gerd R. (Hrsg.). Hitlers militärische Elite. Band 1 Darmstadt 1998, S. 102-111.
Scheurig, Bodo: Alfred Jodl. Gehorsam und Verhängnis — Biographie. Berlin, Frankfurt/Main 1991.
Taylor, Telford: Die Nürnberger Prozesse — Hintergründe, Analysen und Erkenntnisse aus heutiger Sicht. München 1996.
Warlimont, Walter: Im Hauptquartier der deutschen Wehrmacht. 1939-1945. Augsburg 1990.
Weinberg, Gerhard L.: Eine Welt in Waffen — Die globale Geschichte des Zweiten Weltkriegs. Stuttgart 1995.
Wilt, Alan: »Alfred Jodl — Hitlers Besprechungsoffizier«. In: Smelser, Ronald (Hrsg.)/ Syring, Enrico (Hrsg.): Die Militärelite des Dritten Reiches. Berlin, Frankfurt/Main 1995, S. 236-250.

병기 제작자

Abelshauser, Werner: »Gustav Krupp und die Gleichschaltung des Reichsverbandes der Deutschen Industrie 1933-1934«. In: Zeitschrift für Unternehmensgeschichte 47 (2002), S 3-26.
Engelmann, Bernt: Krupp — Die Geschichte eines Hauses. Legenden und Wirklichkeit. München 1986.
Friz, Diana Maria: Die Stahlgiganten — Alfrred Krupp und Berthold Beitz. Frankfurt/Main 1990.
Gall, Lothar (Hrsg.): Krupp im 20. Jahrhundert — Die Geschichte des Unternehmens vom Ersten Weltkrieg bis zur Gründung der Stiftung. Berlin 2002.
Herbert, Ulrich: Fremdarbeiter — Politik und Praxis des »Ausländer-Emsatzes« in der Kriegswirtschaft des Dritten Reiches. Berlin 1985.
Herbert, Ulrich: »Von Auschwitz nach Essen — Die Geschichte des KZ-

Außenlagers Humboldtstraße«. In: Jüdisches Leben in Essen 1800-1933. Essen 1993, S. 173-192.

Klaas, Gert von: Die drei Ringe — Lebensgeschichte eines Industrieunternehmens. Tübingen 1953.

Köhne-Lindenlaub, Renate: Die Villa Hügel — Unternehmerwohnsitz im Wandel der Zeit. München 2002.

Manchester, William: Krupp — Chronik einer Familie. München 1978.

Rother, Thomas: Die Krupps — Durch fünf Generationen Stahl. Frankfurt/Main 2001.

Stenglein, Frank: Krupp — Höhen und Tiefen eines Industrieunternehmens. München 1998.

기술자

Edelmann, Heidrun: Vom Luxusgut zum Gebrauchsgegenstand — Die Geschichte der Verbreitung von Personenkraftwagen in Deutschland. Frankfurt/Main 1989.

Gall, Lothar (Hrsg.)/Pohl, Manfred (Hrsg.): Unternehmen im Nationalsozialismus. München 1998.

Hughes, Thomas P.: Die Erfindung Amerikas — Der technologische Aufstieg der USA seit 1870. München 1991.

König, Wolfgang: Volkswagen, Volksempfänger, Volksgemeinschaft — »Volksprodukte« im Dritten Reich. Vom Scheitern einer nationalsozialistischen Konsumgesellschaft. Paderborn u. a. 2004.

Mommsen, Hans/Grieger, Manfred: Das Volkswagenwerk und seine Arbeiter im Dritten Reich. 1933-1948. Düsseldorf 1996.

Müller, Peter: Ferdinand Porsche — Der Vater des Volkswagens. Graz, Stuttgart 1998.

Nelson, Walter Henry: Die Volkswagen-Story. München 1965.

Osteroth, Reinhard: Ferdinand Porsche — Der Pionier und seine Welt. Reinbek 2004.

Porsche, Ferry/Molter, Günther: Ferry Porsche — Ein Leben für das Auto. Eine Autobiographie. Stuttgart 1998.

Siegfried, Klaus-Jörg: Das Leben der Zwangsarbeiter im Volkswagenwerk 1939-1945. Frankfurt/Main, New York 1988.

은행가

Der Prozess gegen die Hauptkriegsverbrecher vor dem Internationalen Militärgerichtshof. 42 Bände. Nürnberg 1947-1949.

Fischer, Albert: Hjalmar Schacht und Deutschlands »Judenfrage« — Der »Wirtschaftsdiktator« und die Vertreibung der Juden aus der deutschen Wirtschaft. Köln, Weimar, Wien 1995.

James, Harold: »Hjalmar Schacht — Der Magier des Geldes«. In: Smelser, Ronald (Hrsg.)/Zitelmann, Rainer (Hrsg.): Die braune Elite — 22 biographische Skizzen. Darmstadt 1999.

Maier, Franz Karl: Ist Schacht ein Verbrecher? — Anklageschrift des früheren öffentlichen Klägers bei der Spruchkammer Stuttgart. Berlin 1988.

Moltke, Constantin von: Hjalmar Schacht — eine umstrittene Persönlichkeit. Freiburg i. Br. 1994.

Pentzlin, Heinz: Hjalmar Schacht — Leben und Wirken einer umstrittenen Persönlichkeit. Berlin, Frankfurt/Main, Wien 1980.

Peterson, Edward N.: Hjalmar Schacht — For and Against Hitler. A political-economic Study of Germany 1923-1945. Boston 1954.

Posner, Gerald L.: Belastet — Meine Eltern im Dritten Reich. Gespräche mit den Kindern von Tätern. Berlin 1994.

Schacht, Hjalmar: 76 Jahre meines Lebens. Bad Wörishofen 1953.

Schacht, Hjalmar: Abrechnung mit Hitler. Hamburg, Stuttgart 1948.

Schacht, Hjalmar: Magie des Geldes — Schwund oder Bestand der Mark. Düsseldorf, Wien 1966.

Schacht, Hjalmar: 1933. Wie eine Demokratie stirbt. Düsseldorf, Wien 1968.

Scholtyseck, Joachim: Hjalmar Schacht — Opportunistischer Weltgänger zwischen Nationalsozialismus und Widerstand. In: Bankhistorisches Archiv 33 (1999), S. 38-46.

Weitz, John, Hitlers Bankier — Hjalrnar Schacht. München, Wien 1998.

사진 출처

Archiv für Kunst und Geschichte, Berlin 38하, 65상, 203, 260, 289하, 309상, 436, 461, 472, 480, 481, 485하
Bayerische Staatsbibliothek, München 38상, 60, 212, 223, 234, 240하, 244, 289상, 297상, 302, 304, 381, 392상, 398, 456, 458, 463하
Bildarchiv Preußischer Kulturbesitz, Berlin 29, 31, 140, 144, 324, 384, 404
Bundesarchiv, Koblenz 28, 50하, 51, 65하, 67, 73, 85상, 136상, 158, 196상, 231, 268, 294, 377, 433, 468, 479, 492, 496, 503
Corbis/Bettmann 282
Deutsches Museum, München 114하, 136하.
dpa 201, 259, 332, 397하, 421, 424
W. Fleischer, Freital-Wurgwitz 124
Getty lmages/Hulton Archive 54상, 155상, 309하, 337
- /Time Life Pictures 155하, 162, 164, 173하, 175, 321, 328, 336, 340
Interfoto/München 107, 168, 273, 281, 387하
Keystone, Hamburg 316, 359, 363
- /Topham Picturepoint 283, 360
aus, H. Schacht, 76 Jahre meines Lebens, Kindler Verlag 1953 428, 429
Der SPIEGEL, Hamburg 110
SV Bilderdienst, München 116, 127, 133, 367, 418
-/Scherl 55, 114상, 119, 276하, 346, 356, 376, 387상, 401상, 450
A. Strobel/Die BUNTE 167
Technisches Museum, Wien 353, 355
Ullstein Bild, Berlin 22, 34, 46, 50상, 54하, 70, 79, 80, 85하, 92, 99, 101, 104, 145, 150, 173상, 181, 194, 216, 228, 240상, 245, 252, 264, 276상, 277, 278, 297하, 339, 349, 392하, 393, 397상, 401하, 405, 411, 435, 441, 444, 445, 448, 463상, 485상, 491, 500
US-Space and Racket Center Archives, Huntsville, Alabama, USA 111

이 책의 번역권 계약을 맺으면서 유감스럽게도 수록된 사진들의 저작권을 일일이 허락받지 못했습니다. 이 사진들의 저작권을 소유한 개인이나 기관에서 연락을 주시면 보상 기준에 따라 보상을 하도록 하겠습니다.